2019年度上海广播电视奖（新闻）获奖作品选

上海市广播电视协会 编

文汇出版社

本书编委会

主　　编：林罗华

执行主编：赵复铭

编　　委：林罗华　许志伟
　　　　　赵复铭　王克耀

前　言

在践行"四力"中创新融合
有效提升传播影响力

2019年是新闻宣传的重要之年，庆祝新中国成立70周年，庆祝上海解放70周年，全面落实习近平总书记对上海经济社会发展的谆谆嘱托，实现改革开放再出发再突破、自贸试验区临港新片区启动建设、科创板创新试验、长三角一体化发展国家战略推进实施、城市治理继续下好"绣花针般功夫""五个中心""四大品牌"建设不断增强。这一年中，上海的16个区的融媒体中心建设全面完成，媒体融合创新发展跃上了新的台阶，为新闻宣传展开了新的翅膀。站在时代发展的新历史方位，上海市区两级的广播电视机构锐意开拓，不断推进和实施媒体融合的创新发展，探索全媒体、多样化立体传播的有效手段，在一系列重大主题宣传中精心策划制作了一批导向正、站位高、见思想、有分量、形式新、影响大的扛鼎力作，得到了中宣部、国家广电总局和市委宣传部的称赞。广大的广播电视采编播人员恪守初心，牢记使命，遵循习近平总书记对新闻工作者提出的"四力"要求，努力学习，提高政治站位；把握主线，深入基层一线；扎实采访，善于发现典型；贴近百姓，了解民情民意，采制出了一大批立意高、显情怀、赋内涵、有特色、手法新、传播效果好的精品之作，体现了广播电视人的责任担当，出色地完成了党和人民赋予的使命任务，交出了一份亮丽的成绩单。

2019年是新闻宣传的大考之年，以庆祝新中国成立70周年为主线的主题宣传，任务重，要求高。以融合传播为使命的新传播，挑战大、难度高。广播电视人以敢于创新、勇于突破、锐意进取的精神，迎接挑战，创造佳绩，出现了一大批优秀新闻作品。在2019年度上海广播电视奖的评选中，共有来自上海广播电视台、上海教育电视台和16个区级融媒体中心的245件优秀作品参评,其中优秀新闻类作品183件,包括广播电视的消息、专题、纪录片和融合传播等作品。在这些新闻类作品中,有62件作品以宏大的制作、深刻的思考、独特的题材、精良的制作、新颖的手法脱颖而出,获得了一、二、三等奖。由上海广播电视台牵头制作的大型电视现场直播《长江之恋》,从长江源头到入海口的十二家省级电视台和新媒体端接力式直播,叙事宏大,主题突出,通过具体的场景和细节的演绎,沿江而下,以轴式长卷的手法,形象生动地展示了"创新、协调、绿色、开放、共享"新发展理念下的当代中国,知识性、故事性和现场感融为一体。而无人机和潜水报道的高新技术运用,极大地拓展了视听的现代语言,新颖震撼,引人入胜。电视专题《这就是中国》,由中国学者用自己的观点和话语体系,用主动亮剑的方式,把学术话语、公众话语、国际话语结合起来讲好中国故事,被中宣部称赞为补了中国电视节目"思想贫血"的短板,弥补了中国电视节目长期以来不擅长原创性思想呈现的不足。电视系列报道《优化营商环境系列报道:"店小二"炼成记》从上海大力优化营商环境的大量案例中提炼出"店小二"的典型故事,既有针对性,又有说服力,及时为提升上海营商环境提供了样板,是围绕中心工作的主题宣传,表现形式多样化的典范。广播全媒体系列访谈《从心出发——"不忘初心 牢记使命"2019对话区委书记》,这是结合党中央部署开展的"不忘初心 牢记使命"主题教育而策划的,由全市16个区的区委书记在电波中和市民听众直接对话,就和市民直接相关的诸多具体民生实事,倾听呼声,提出解决之策,充分体现了"一切为了人民"的最高宗旨,受到了人民群众的点赞。广播系列报道《全国首份跨领域"免罚清单"出台之后……》,聚焦上海自贸区推出跨领域"免罚清单"这一上海自贸试验区临港新片区启动建设中的创新性举措所带来的一系列新变化、新成效,展现了改革开放再出发再突破的勇气和决心。广播系列报道《没有围墙的养老院》选择了上海正在推进中的养老事业,切中了上海城市发展中的痛点和堵点,通过脚踏实地的走访,挖掘出了新涌现出的创新做法和经验,运用典型事实予以报道,深入探讨国际化大都市养老事业的方式、体制、机制方面的创新思考,为养老事业多样化发展,提供有价值的借鉴。国际传播《"特斯拉"上海工厂系列报道》,紧紧围绕这个"超级工厂"惊艳全球的"超级速度"这一新闻核心,及时跟踪记录了特斯拉上海工厂成长的每一个关键节点,向世界充分传达了上海乃至中国不断升级优化营商环境、助力海内外企业提速发展的关键信息。

互联网时代,短视频是一个重要的传播手段。顺应网络传播的时代要求,在融合发展过程中对短视频的运用越来越重视,产品也越来越多。在新媒体作品中为庆祝新中国成立70周年精心制作的短视频《彩色新中国》精心选取了苏联摄影队拍摄于新中国成立初期的这批彩色影像,用首次正式公开的天安门城楼开国大典珍贵画面呈现了中国人民伟大胜利的喜悦。通过重返故地,寻访亲历者,独特的视角、温情的故事、丰富的细节等礼赞新中国,讴歌新时代,内容饱满丰厚,带给用户强烈的视觉感受。新媒体传播中,突出贴近性是网络传播的规律,短视频《春运中的"桶"》,记者以独到的新闻敏感和观察视角,在2019年春运期间到上海火车站蹲守七小时,发现回家途中农民工们身边的"桶",着力采访和挖掘出了这一只只小小的桶背后感人的春运故事,亲切、自然、朴实,简洁凝练地生动展示了中国当代农民工简朴但却温馨的小康生态。

在今年的参评作品中来自16个区级融媒体中心的电视新闻和短视频作品,风格清新、题材独到,很接地气。电视长消息《"彭三"食堂今起用 完善配套更惠民》,关注的是社区中居民一日三餐的民生实事,20世纪60年代建起的工人新村,在完成了老旧小区改造后,兴建起了大食堂,让居民一日三餐不再发愁。报道生动活泼、真实感人,也为上海众多的社区提供了样本。短视频《是亲生的?上海一爸爸凌晨把孩子丢到火车站,走前还发个碗让他讨饭》抓住了发生在上海火车站的一个突发事例,及时在网络平台上报道,引发了社会的广泛关注和热切议论,引发了家长如何教育孩子和合理引导读书的讨论。切中了普遍存在于城市家庭中的焦虑,很有实际意义。这些优秀的新闻作品有高度、有深度、有温度、有情怀,体现了新闻工作者的扎实的业务功底和社会的责任担当。

2020年又是一个必须在中国历史上重重记上一笔的年份。突如其来的新冠病毒肆虐荆楚,并迅速蔓延全国,八万多人遭感染,面对突发危及人类生命的严重疫情,以习近平同志为核心的党中央审时度势,果断决策,迅速在全国打响了抗击新冠病毒的阻击战、总体战。党中央一声号令,42 000多名军地医护人员勇敢逆行湖北,展开了一场与病毒搏斗,全力救治患者的特殊战役。这其中,广播电视的记者和白衣战士一样,在全国人民团圆的除夕夜,冒雨出征。他们以新闻工作者的使命责任深入第一线,在金银潭、在雷神山、在火神山、在方舱,用镜头、声音全程记录报道医护人员舍身忘我,不眠不休奋力救治同胞的感人故事。他们用践行"四力"的优良作风书写了一段特殊战场上新闻战士的动人篇章,中共中央政治局委员、上海市委书记李强称赞他们:"也是了不起的英雄!"

  2020年是党中央部署全面建成小康的关键之年,全面完成脱贫目标的决胜之年;是上海扎实推进三项新的重大任务,强化"四大功能"、建设卓越的全球城市和社会主义现代化国际大都市,加快推动长三角一体化发展的关键之年。由于新冠疫情对我国经济社会发展带来了极大的冲击,以习近平同志为核心的党中央号召全国人民团结一心,共克时艰,迎难而上,化危为机,危中寻机,誓夺抗疫和经济发展双胜利,一定完成全面建成小康、全面实现脱贫的目标任务。作为主流媒体的广播电视不仅面临着新挑战,更肩负着宣传、动员、鼓舞、激励的重要使命。广播电视的新闻工作者要增强"四个意识",坚定"四个自信",做到"两个维护",继续发扬践行"四力",发扬"三贴近"的优良作风,提高站位,把握导向,扎根基层,反映时代,传递民声,服务大局,做好党的宣传员。要充分运用5G带来的通信技术新赋能,积极创新完善融合传播的形式和途径,用新思维、新手段、新形态、新传播打好主动仗,把新闻宣传搞得有声有色,为实现党中央确定的目标任务营造正向舆论场,为人民群众传递主流价值观,以我们的扎实工作和精品力作提高主流媒体的传播力、引导力、影响力、公信力。

上海市广播电视协会会长 林罗华
2020年8月

目 录

前言 ……………………………………………… 林罗华 001

广 播 新 闻

一等奖

新闻访谈｜从心出发——"不忘初心 牢记使命"系列访谈 ……… 007

｜别具"心"意的广播访谈—— 简评《从心出发——"不忘初心 牢记使命"系列访谈》 ……………… 江小青 020

｜守正创新，贴近民心，沟通上下——《从心出发——"不忘初心 牢记使命"系列访谈》创作体会 ……………… 崔 翔 022

新闻专题｜全国首份跨领域"免罚清单"出台之后…… ………… 026
（连续）

｜选题重大，构思巧妙，可听性强——评阅《全国首份跨领域 "免罚清单"出台之后……》 ……………… 章 平 032

｜脚步慢点、脚印就会更深——《全国首份跨领域"免罚清单" 出台之后……》创作体会 ……………… 胡旻珏 033

新闻专题｜蹲点日记：没有围墙的养老院 …………………………… 037
（系列）

｜"蹲"下去把新闻写得更鲜活——评《蹲点日记：没有围墙的 养老院》 ……………… 秦恒骥 043

｜谨记"蹲"字诀，写出好故事——《蹲点日记：没有围墙的 养老院》创作体会 ……………… 汤丽薇 汪 宁 044

二等奖

新闻专题｜临港日记 ……………………………………………… 050
（系列）

现场直播	"上海立法实施垃圾分类第一天"现场直播(简介)	057
新闻专题	新上海的70个瞬间	061
(系列)		
新闻编排	990早新闻：纪念上海解放70周年特别节目(简介)	067
短 消 息	"扶贫先扶志"——学子扶贫项目意义深远	070
新闻专题	揭下医美贷的"画皮"	072
(系列)		

三等奖

长 消 息	厘清居委会"一面墙"，为基层干部减负松绑！	081
新闻专题	智慧社区不"智慧"：现代化治理更需要怎样的智慧？	084
(系列)		
新闻专题	一个村一部史，留住看得见的乡愁	088
长 消 息	从两年到两分钟，税务注销新规便捷破产企业注销	094
评 论	别让巴黎圣母院大火烧毁心中的文明	097
新闻访谈	"共话城市治理"特别节目——从执法背后的人情味说起	102
新闻访谈	"直面黑洞"特别直播	122
长 消 息	从一见钟情到"闪婚"，这家跨国"隐形冠军"缘何情定长三角示范区？	132
长 消 息	让信息多跑路，让患者少折腾	135

电 视 新 闻

一等奖

现场直播	长江之恋——长江流域十二省市联合大直播(简介)		143
	主流电视媒体的担当与突围——评《长江之恋——长江流域十二省市联合大直播》	吕新雨	145
	十二家台勠力合作 共同展现新时代长江风采——《长江之恋》创作体会	张 艳	146
新闻专题	这就是中国——谈谈言论自由		151
	《这就是中国》补了中国电视节目"思想贫血"的短板——评《这就是中国——谈谈言论自由》	张涛甫	163
	向世界讲好中国故事——《这就是中国——谈谈言论自由》		

	创作体会 ………………………………… 任　静	164
新闻专题 (系列)	"店小二"炼成记	168
	选择有说服力的案例深入采访——评《"店小二"炼成记》 ………………………………………………… 陈保平	174
	《"店小二"炼成记》系列报道是如何诞生的？——《"店小二" 炼成记》创作体会 ……… 陈慧莹　谢丹青　吴　骥　虞之青	175

二等奖

新闻专题 (系列)	家国 70 载	180
新闻专题 (纪录片)	彩色新中国	190
新闻专题 (纪录片)	上海解放一年间	204
长　消　息	外滩：瞬时客流达 22 万创新高　"雨刷式过马路"首次启动 ……	244
新闻专题 (系列)	一线大调查：区块链上升为国家战略后，中国将"链"向何方？ 	248
长　消　息	数学教育的"上海魔法"在伦敦管用吗？ ………………………	262
新闻专题 (纪录片)	人间世(第二季)——命运交响曲	265
新闻专题	城市晚高峰：老年人孤独，不容忽视的"痛" …………………	284
长　消　息	江苏响水一化工企业发生爆炸　现场不断有伤员被救出 ……	289

三等奖

短　消　息	特斯拉上海超级工厂建设神速　中美联合项目组全力 冲刺 …………………………………………………………	294
短　消　息	"金特会 2.0"：未签署协议　期待进一步接触 …………………	296
长　消　息	周冠宇首驾 F1 飞驰上赛道　中国车手步步接近 F1 ………	299
超长消息	记者关注：初中学生"参政议政"！"校门口"的调研报告 走进政协专题会议 …………………………………………	302
长　消　息	拆除沪浙"堵心桩"　架起两地"连心桥" ………………………	306
长　消　息	"彭三"食堂今启用　完善配套更惠民 …………………………	309
新闻专题 (系列)	市民议事厅："社会监护"系列观察 ……………………………	313

| 新闻专题 | 思想的田野——上海篇：城市的品格 ………………………… 329
| 新闻专题 | "一带一路"上共同的"甜蜜" …………………………………… 352
| 新闻专题 | 代购"救命药"的情与法 ………………………………………… 360
| 新闻专题 | SHANGHAI MARVELS 上海奇迹 ……………………………… 368
（纪录片）
| 现场直播 | 科创板开市大直播 ……………………………………………… 382
| 新闻栏目 | 《今晚60分》节目简介 ………………………………………… 392

国 际 传 播

一等奖

| 新闻专题 | "特斯拉"上海工厂系列报道 …………………………………… 400
（系列）
| 给世界提供了一个持续的观察窗口——评《"特斯拉"
上海工厂系列报道》 ……………………………… 姜 微 403
| 把"上海奇迹"告诉世界——"特斯拉"上海工厂系列
报道创作体会 ……………………………………… 蔡晨艺 405

二等奖

| 短 消 息 | F1"千站大奖赛"轰鸣上赛场　上海市中心街道赛车"首秀"
………………………………………………………………………… 411
| 新闻专题 | 中日新视界——长崎·上海电视周特别节目 …………………… 413

三等奖

| 长 消 息 | 香港特区政府严厉谴责"平安夜"暴力破坏行为 ……………… 424
| 长 消 息 | 上海成功实施全市首例针对儿童的心脏移植手术 …………… 427
| 新闻专题 | "老外过新春"年味系列 ………………………………………… 430
（系列）

媒 体 融 合

一等奖

| 短 视 频 | 彩色新中国 ……………………………………………………… 442

| 在轻松阅看中带给用户强烈感受短视频的传播能量——
   评短视频《彩色新中国》……………………………………… 袁夏良　443
| 用真实细节还原历史，用珍贵影像述说历史——《彩色新中国》
   短视频创作心得 ………………………………………………… 谢申照　444

短　视　频 | 春运中的桶 …………………………………………………………… 448
| 从"小桶"看出大世界——评短视频《春运中的桶》…… 吴信训　449
| 由心出发的力量——《春运中的桶》采访有感
   ………………… 孟诚洁　顾隽契　盛陈衔　常　洛　杨黎萱　450

二等奖

短　视　频 | 丢弃空瓶的正确"姿势"　李强书记为你手动演示 …………… 456
新媒体品牌栏目 |《交叉点》简介 …………………………………………………… 460
移动直播 | 上海昭化路一改造建筑坍塌　消防正在全力救援
   ……… 王幼帆　方哲敏　陈　茜　金计玮　杨柳依　张　鹰　462
融合创新 | 是亲生的？上海一爸爸凌晨把孩子丢到火车站，走前还发个碗
   让他讨饭 ………………………… 张　琦　舒　政　王彦琰　467

三等奖

融合创新 | 纪念上海解放70周年大型新闻行动——"胜利之路"全媒体
   系列直播（简介） ……………………………………………… 474
融合创新 | 我们都是长三角人——对话长三角市长 ……………………… 478
短　视　频 | 会晤刘鹤时特朗普回答了Knews记者这个问题（简介）……… 482
融合创新 | 天目路立交改造功能启动绕行方案戳这里（简介）…………… 484
短　视　频 | 风口调研：双十一店家亏损50万元？和李佳琦合作并不挣钱 …… 485
短　视　频 | 马云、马斯克观点交锋，你站谁？……………………………… 487
融合创新 | 有梦想谁都了不起！自学英语的外卖小哥，还想去进博会
   送外卖 …………………………………………………………… 488

附录：

2019年度"上海广播电视奖"获奖作品名录 ………………………………… 489

第二十九届上海新闻奖获奖作品名录(广播电视部分) …………… 501

第十五届上海长江韬奋奖获奖名录(广播电视部分) ……………… 507

首届(2017—2018年度)中国广播电视大奖获奖作品名录(上海广播
电视) ………………………………………………………………… 508

第三十届中国新闻奖获奖作品名录(上海广播电视) ……………… 509

广播新闻

一 等 奖

2019年度广播电视奖
(广播电视节目)参评推荐表

作品名称	从心出发——"不忘初心　牢记使命"系列访谈		
作品长度	52分48秒	节目类型	广播新闻-新闻访谈
播出频道(率)	FM93.4上海新闻广播		
刊播栏目	《市民与社会》		
播出日期	2019年12月19日 12时03分		
主创人员	集体		
节目评价	1. 恰逢其时，时效性强。2019年年底，正值第二批"不忘初心　牢记使命"主题教育接近尾声，上海各区学习推进情况如何？党员干部"初心"怎样紧密连接"民心民生"？《从心出发——"不忘初心　牢记使命"2019对话区委书记》系列节目，通过十六场关于群众操心事、烦心事、揪心事的对话，十六场叩问党员干部"初心、使命"的交流，聚焦第二批主题教育的"新变化""新实效"。通过老百姓"急难愁"问题的解决，来对照共产党员的"初心与使命"，寻找新时代面对新问题的路径和方法。 2. "谈实情""说实话"。主持人将台上16位风格迥异的"区委书记"与台下40位市民代表凝聚在一起，"奔着问题去、盯着问题改"。面对当下的资源和条件还没有办法解决的"硬骨头"问题，不回避不躲闪，真诚讨论正在努力的路径。比如，上海中心城区黄浦，还有5.5万个马桶，也就是说还有5.5万户家庭没有基本的卫生设施，这个问题需要资金4000亿元。区委书记坦言：很想一夜解决，可是没有这么大能力，但是制定出了2025年完成的时间表。 3. 营造"心心相印"的谈话场，在传播中凝聚新发展的力量。访谈设计了"心心相印""与民共议""三分钟问卷"三个环节，通过融媒体传播，让主题教育带来的新变化、新实效的价值和意义更加凸显，让主题教育更加贴近群众、服务群众的同时，也让群众更加了解党员干部的所作所为、所思所想，对区域未来发展有信心、有愿景，凝心聚力，构建社会治理共同体。		

采编过程	"心"字上做文章,打造多元群体交流互动的平台:本次访谈从场景到环节设计,都紧扣"心"字。1. 开场设计"心心相印"环节,区委书记与市民代表共同写下让自己最操心、最烦心、最开心、最上心的事,通过互相解读、建立起书记与市民就重点民生问题展开交流的对话平台;2. "与民共议":过程中聚焦问题导向,节目组从每个区主题教育活动调研和梳理出的上百个问题中,遴选出最具有区域代表性、又有借鉴意义、传播价值的案例,通过案例抓手,转化有时效和实效的软话题,直击民生,更直击民心;3. 最后设计"三分钟问卷",除了让书记讲出自己对初心与使命的理解,还请书记将调研活动中印象最深的场景打印成照片,现场讲述照片中的故事,有红色纪念馆的改造前后的对比、有令人牵挂的居民居住环境的改善,凝聚成一个个初心瞬间,形成共鸣。 "治"字上深解读,深度探讨中国之治的城市密码:"人民城市人民建",如何真正以人民为中心提升城市治理能力?本次对话区委书记访谈节目中,上海广播还与十六家区级融媒体中心合作,推出16个"初心的力量"短视频。视频聚焦的正是一个由书记领衔整改的民生问题,比如徐汇区蒲汇塘的改造、金山区与浙江省界上拦路桩的拔除、青浦环城水系河道的治理,通过视频将治理前后的对比呈现,用周边市民反映"家门口"变化的生动实况,说明整改的实效和真正给人民带来的获得感。

社会效果	广播＋视频＋图文,"融合"扩声。节目开播以来,广播收听率较去年同期涨幅为134%,市场份额较去年同期涨幅111%;新媒体端阿基米德App同步网络音频图文直播,听友边听边互动,发布内容4822条,直播时间段浏览分享人次达到500万;相关短视频在今日头条、学习强国等平台进行二次分发传播,在今日头条平台上设置微话题#对话区委书记#,阅读量达到6200万。
	  市区两级媒体联动,形成传播涟漪。上海新闻广播官微、上海人民广播电台官微、话匣子官微、上海发布、话匣子App与各区融媒体中心的政务公号、App联动响应,让"初心"声音传达到城市的每一根"血管"。
	  创设交流对话空间,构建社会治理共同体。在对话静安区委书记录制节目现场,市民代表与书记就手拎马桶、旧区改造、老年人送餐等民生事"侃侃而谈",而扎根静安20多年的国际公司负责人有感而发,从事安全检测,却没有"测"出身边就有这么多民生事业可以关注,企业界代表纷纷响应:希望参与社区建设。正是这个真诚交流的空间,让企业、群众、政府等在同一场域形成情感碰撞、资源互通,更就"如何参与建设美好社会"达成共识。

从心出发

——"不忘初心 牢记使命"系列访谈

一只马桶一顿午餐,静安区委书记为何格外牵挂?

主持人:各位好,欢迎来自静安区的市民代表们,我是秦畅。欢迎收音机前的听众朋友、阿基米德《市民与社会》社区里的网友们,跟我们一起进行今天这场"2019《市民与社会》对话区委书记"的系列访谈。

从心出发,向心而行,无惧征途任重而道远,我们期待的这是一场从心出发的对话。当我们回望自己的这颗初心时,我不知道在座的各位会不会问自己这样一个问题:究竟我的初心是什么?而最近这三个月的时间里,各个区正在进行"不忘初心、牢记使命"的主题教育,我听到我的很多同道都在问:我们今天所做的这一切,是在我初心所坚持的道路上往前走吗?我觉得有时候我们奔跑很快的时候,确实需要停下来有一些思考,来望望自己的那颗心。那么在今天的这场"从心出发"的对话当中,我们邀请静安区的市民代表们,和静安区的区委书记一起回望初心,看看在静安区的范围当中老百姓的操心事、烦心事、揪心事,对于这个区域而言难啃的硬骨头,我们似乎在努力地往前奔跑,对照我们的初心我们做得怎么样?

接下来让我们有请静安区委书记陆晓栋,欢迎。

陆晓栋:大家好。

主持人:陆书记到静安工作也好长时间了?

陆晓栋:到静安工作13年了。

主持人:我查了一下,陆书记他的工作就是沿着南京路展开的,从南京东路干到了南京西路,一做做了三十多年,你对这条路要比我们每个人都有感情。

陆晓栋：对，特别对南京西路有感情。

主持人：谢谢，一会儿我们在对话的过程当中听听他的感情有多深。请陆书记入座。在这次的对话当中我们特别设计了一个环节叫心心相印，请每个区的市民代表们和自己区的区委书记一起共答五道题，进入我们的"心心相印"环节。

第一题，请问：说到静安，你立刻会联想到什么？第一批亮出来的都是美、幸福、自豪、优秀、时尚。

陆晓栋：大家有着自豪感。

主持人：对，都是好词。大家再举一下。还有一个人太可爱了，两区撤二建一。

陆晓栋：对，这是一件大事情。

主持人：还有人想到吴江路，我们看看书记说到静安他会想到什么？

陆晓栋：国际静安。

陆晓栋：当时区委区政府在一起思考研究，静安应该用一句什么话来提我们的发展目标，未来的静安应该是什么样的？我们想用最简单的一句话来表述，当时一次党代会马上召开，经过反复的研究，听取大家的意见，最后我们用了八个字"国际静安、圆梦福地"，我们一直坚持到现在。"撤二建一"我们一直在想静安的国际化，这是我们努力的方向，我们想把这个城区建设成为代表上海的、外向型程度很高的国际化城区。

主持人：谢谢，第二个问题最近你有什么操心事？

主持人：母亲生病了操心，孩子升学。

陆晓栋：旧区改造、孩子读书、加装电梯，还有一些个性化的，比如说彭一小区、垃圾分类、道路拥堵、小区停车，还有母亲生病。

主持人：还有一位操心经济，为什么？

市民代表：我感觉我把自己代入到陆书记的位置了。

主持人：您是不是来自企业的？

市民代表：是的，我觉得书记肯定觉得经济应该发展得再好一点。

主持人：你们企业的经济怎么样？

市民代表：今年还不错，明年我想从目前看起来还是偏乐观多一点。

主持人：你猜猜看书记会写经济吗？

市民代表：有可能，我不知道，应该不会。

主持人：应该不会啊？

市民代表：他有更多的事情要操心我觉得。

主持人：阿姨，您觉得书记会操心什么事？

市民代表：还是经济方面的事情，经济搞好了，整个区都上去了。

主持人：你们也希望书记多操心操心经济的事，他又不直接去经营企业。

主持人：有钱好办事了，是吧？

市民代表：对。

主持人：把话筒给前面的阿姨，你觉得书记操心经济吗？

市民代表：是的。

主持人：你操心什么？

市民代表：我操心的是旧改。

主持人：书记难道不操心旧改吗？

市民代表：应该说是的。

主持人：亮一下陆书记的题板。

市民代表：（欢呼，鼓掌）噢！

陆晓栋：其实跟来自静安的同志们一起交流操心事很多很多，这么大一个区，有很多很多的事情我们要去思考、研究，特别我们跟人家不一样的，合并起来的区有更多的操心事，有更多的事情要做，我们还要做融合和进一步的发展，毕竟原来是两个区。原来的基础条件、发展状况都不完全一致，所以这几年我们就非常辛苦地在做这件事情。

但是为什么我写的是旧区改造？我觉得当前最难的还是旧区改造，静安经济当然重要，千条万条发展第一条。这么大的旧区改造需要资金，但是我觉得经济我们可以带领全区一起去做，但是旧区改造的急迫性更强。有相当一部分的老百姓居住环境太艰苦，我们班子这几年咬紧牙关，再辛苦也要推进旧区改造，所以静安区旧区改造成片二级以下旧里到明年一季度可以全部完成。

主持人：非常准确地告知。

陆晓栋：2020年第一季度静安区成片二级以下旧里完成改造，完成成片以后我们接下来还有零星的也要继续在"十四五"努力。

主持人：把旧区改造放在心尖上，谢谢，第三题你们会怎么回答呢？第三题是：在静安你认为最难啃的硬骨头是什么？

主持人：老小区停车难，经济，书记您看到了什么？

陆晓栋：我看到有一条非常好，资源有限、地少需求大。

我们两区撤建以后现在的土地面积也只有37.37平方千米，但是我们现在的经济基数已经非常大了，37.37平方千米每年创造的总税收要达到723亿元，在这样的基础上怎么样再往前走，每年还要增长，资源有限，真的是地少需求人，我完全同意这位女士的想法，当然我没有写这一条。

主持人：你是怎么认识这个问题的呢？

市民代表：感受到了，比如大家说在静安停车还确实非常难，然后Office的面积非常有限，而且价格非常高，怎样留住这些外企在静安能够长期发展，那么领导们肯定要动起脑子去想一想这个问题。

陆晓栋：还有高效地利用每一个空间。

主持人：成本、房价高、居家养老、悬空老人、老年人的晚年生活，各类民生问题、养老、创建文明城区、营商环境。

陆晓栋：非常好，商务成本也是静安要啃的硬骨头，我们中心城区现在商务成本已经非常高了，在这样的情况下怎么样再招商引资吸引更多的企业？要在服务上解决问题，塑造产业优势、提升产业能级上做文章，这样企业才愿意到这里来，否则的话人家凭什么要到你这么高成本的地方经营。所以商务成本是我们要研究的，当然也包括房价、办公楼的租金等，这些（都是）硬骨头。

主持人：陆书记说他没写这个，我还真想不出他的硬骨头写的是什么。

陆晓栋：改善老百姓的居住环境，其实还是旧区改造。

主持人：陆书记您这白头发是不是跟这个有关系啊？

陆晓栋：这几年我们在努力，但是走进我们的小区，走进我们的弄堂看到我们的老百姓还是居住在一个简陋的环境里面，心里不好受。现在我们老百姓生活水平提高了，在家里衣食没问题的，住、环境的改善还是大问题。所以这件事情很操心，也很烦心，也是硬骨头。当然居住环境的改善不仅仅是旧区改造，还包括成套率改造，包括这几年做的美丽家园还有安装电梯等等，各种能做的都是围绕一点：改善老百姓的居住环境。这是区委区政府这几年一直在坚持做的，但是真的很辛苦，也很难，所以我想这一块硬骨头是要啃的。

主持人：接下来第四个题目，最近有什么开心事？各位请亮题板。公司蒸蒸日上，快过年了，灵活就业、白领午餐，我们的电梯装好了，搬到静安了，有孩子了，老工房加装电梯了，健康体检，当了进博会的志愿者，独居老人觉得有关爱，听说今年公司业绩很好……真是各种各样的开心事，书记的开心事我觉得又跟旧改有关系，今天可能就跟旧改画上等号了。大家觉得跟旧改有关系的举举手，二分之一都认为你的开心事跟旧改有关系。

陆晓栋：对，大家猜到了，有望提前完成成片二级以下旧区改造，有望提前消灭手拎马桶，这两件事我们都有望或者说也是必须在明年一季度都要完成。

主持人：最后一题，未来一两年之内你希望静安在什么方面能够发生大变化或者新变化？

陆晓栋：城区新貌、城区面貌，老房子改造、加装电梯、老人的健康长寿。

主持人：更美的公共空间，更国际化这是受陆书记影响的，城市更新、精神面貌，大爷您希望未来在静安的精神面貌上也要有新变化？

市民代表：是的。

主持人：您是我做到第 15 期节目第一个写软实力的。

陆晓栋：这位老同志讲得非常好，我们非常希望未来的静安区市民的精神面貌有很大的提升，静安是全国文明城区，不仅仅是硬件、管理，还有非常重要的是在市民的精神面貌方面，讲得非常好。

主持人：谢谢，谢谢，我猜书记写的一定是旧区改造。

陆晓栋：猜错啦。

主持人：谁愿意猜一下？

市民代表：我猜是营商环境，书记希望更多更好的企业，特别是国际化的企业能够在静安这边发展得越来越好。

市民代表：我觉得文化方面有更大品质的提升，因为文化是一个城市内涵最核心的一部分。

陆晓栋：真的非常有道理，当然静安我们下一步的希望还有很多，希望它进步的地方很多，希望它改善的地方很多，今天我提的一条可以揭开了？

主持人：可以揭开您的谜底了。

陆晓栋：城区管理水平和小区环境进一步改善。因为我觉得作为一个国际大都市，我很期待我们静安的城区面貌给这座城市增光添彩，我们每个小区的面貌进一步改善为老百姓营造一个很好的居住环境，所以我还写了这个，当然还有很多希望，有营商环境、文化环境、精神面貌，等等，我觉得都是我们所期待要改善的。

主持人：谢谢。

（节目片花）

主持人：陆书记，您看这几个词里面非常重要的都说到了静安整个市民最操心、最揪心，或者说让他们此时此刻最有急迫的需求的那个群体的心声。刚才书记很开心地说马桶问题有望能够提前解决了。在这次"不忘初心　牢记使命"的主题教育当中，我也是梳理了每一个区需要重点解决的那些急难愁问题，其中静安区的马桶问题是特别难的。大家通过一部小片来感受一下。

【短视频】

主持人：把这个画面定格在阿姨装上了一只马桶那种感动的、溢于言表的神情里面，我们想告诉大家一只马桶对于某些家庭而言是多么重要，大家也可以看到在片子里那些马桶安装的地方，几乎我可以说它们都在犄角旮旯里。

陆晓栋：对，我们叫一平方米马桶，但是有的家庭一平方米都挪不出来，只有 0.5 平方米做一个马桶。

主持人：你看到最难最难的，要把这只马桶塞进去的地方？

陆晓栋：我走过一个家庭，这个阿姨告诉我她实在没有地方，她很想装，家里地方很小，堆的东西又多，我说阿姨你能扔掉一点吗，扔掉一点空间不就出来了吗，她说领导不能扔的，很多衣服都是年轻时候留下的，这个东西有纪念的也不能扔的，后来没办法我跟街道的同志讲，可以派一个收纳的指导，让她的收纳规范一点，我说阿姨你只有腾出一个床头柜……给她安装好了，真的非常不容易，我们越做到最后，每一个马桶都是一个故事，今年年初的是2029个马桶，我们建立了每一个马桶一个档案，一马桶一策，因为每家都不一样的，到今天为止还有最后39个，最后39个就是硬骨头，再难我们也要帮助居民一起把它啃下来。

主持人：片子当中还有一个信息，有些人很想装，但是你真给方案了，他说我不同意，我又不装了。

陆晓栋：对，有些居民不是不想装，他家里有特殊的问题，有些是有特殊的原因，其实整个解决手拎马桶的过程也是一个群众工作的过程，也是一个社区自治的过程，我们发动群众让群众做群众的工作，我们拿出真心实意来做，每一个故事都很精彩，最后的结果不管是开始同意的还是不同意的，都无一例外的感谢感谢再感谢。

主持人：所以，书记其实你想到的是当我们静安已经把目标定在国际的这个高度的时候，你为什么最操心这个事？国际还有基本居住区的居民是手拎马桶，因为这个不能相匹配。

陆晓栋：对，我们当然要追求繁荣繁华追求国际一流的标准，更重要的是我们要让工作和生活在静安的人们，能够感受到国际静安给他带来的幸福感，这是我们追求的一个目标。

主持人：您刚才说到别看一只小小的马桶，它不是一个设计方案，不是一个政府的财政资金的补贴，也不是最后施工当中标准的提升，很重要的是一个群众工作。

陆晓栋：对。我们一直讲百姓百姓百条心，百条心不是说我们不团结一直不一心一意，而是每家每户都有他的困难和实际情况，解决手拎马桶问题，老百姓的目标是一致的，但是碰到很多实际问题老百姓有难处，而且有的难处对某些家庭来讲是非常大的，所以我们基层的干部就要去帮助他解决这些难处。

主持人：您把他这种个性化的需求，甚至有的时候我们还觉得有点特别自私的需求理解为难处。

陆晓栋：对，每一个家庭对我们来说是我们静安几十万户家庭其中的一个家庭，但是对这个家庭来说他就是百分之百，是他全部的生活，所以老百姓的难处就是我们的需求,我们的工作就要针对这些难处去帮助他寻求解决的办法。

故事是非常非常多,我们基层干部非常不容易,几乎每一个家庭我们都要面对他们解决很多细节问题,都要面对他们去制定一个详细的方案,都要面对他们做苦口婆心的解释工作,这样才能最后得到老百姓的谅解。

主持人:但是做成了之后可能又会有特别的获得感吧?

陆晓栋:对,因为辛苦、艰难,因为跟居民一起在做,所以满足感、幸福感也很强烈。

主持人:太棒了,谢谢,我们今年还有三个月的时间,建议把这39只马桶记录下来,这39个故事估计真的是静安的最后39只马桶。

陆晓栋:后面的故事会更多一点、更复杂一点,过程也会更艰辛一点,因为到最后都是难啃的骨头,居民都有很多的困难。

主持人:到时候我们到静安开一场故事会,主题就叫静安的最后那39只马桶。

说完了马桶的故事,上海我们静安太有特色了,第一个说说马桶,我知道刚才书记说了静安的旧区改造是多层次的,哪怕没有二级以下的旧里了,消灭马桶了,还有非成套的改造,片子的镜头里很多都是非成套的住房,我知道今天也来了一些住在彭一小区非成套住房里的居民。

陆晓栋:我看到了这里面有几个市民朋友几次题板上都提到了彭一小区。

主持人:你们说说住在非成套住房里面感受是什么?

市民代表:我是彭一小区的。

陆晓栋:我去过无数次彭一小区。

市民代表:彭一小区是当时上海最早的工人小区。

市民代表:1958年,当时住到彭一小区的居民是有荣誉感的,当时他们住到里面都是一些劳动模范,包括有技术的劳动工人,他们为了新中国的发展,为当时彭浦工业区的发展他们贡献了一生的精力。

主持人:这批老人目前在彭一里还有多少?

市民代表:还有很多。

主持人:您父辈住在里面吗?

市民代表:我是1995年住过去的,他是从1958年就开始住进去了。

主持人:给1958年那个,您多大岁数?

市民代表:我现在是67岁。

主持人:1958年您多大?

市民代表:我幼儿园就在彭浦新村上的。

主持人:您跟爸爸妈妈?

市民代表：对,1958年造的房子,我们1959年就搬进去了,第一批最老的房子是木头结构的,还有木头地板,但是是合用的,还有卫生间和厨房间都是合用的。

主持人：你今天可以说说看你特别希望彭一怎么改？

市民代表：我们希望彭一能尽早加快速度改造,另外我们希望改造当中厨房间能够放一个冰箱,卫生间能够放一个洗衣机,这是我们的希望。

市民代表：我是1987年嫁到彭浦新村的,我这个房子是一梯八户,三户用一个厨房,四家人用一个厕所,没有抽水马桶的,原来是一个坑,后来是蹲的马桶,我们这个地方是彭浦新村最老最老的楼房,不是管道漏就是厕所漏。

主持人：在外观上一点看不出来。

主持人：你希望未来能改到什么样？

市民代表：我希望早日进入电梯房,我也60多岁了,现在面临很多困难,因为现在对面都建设好了,但是洗澡的全部都拆了,一些老人天冷洗澡很困难的,没地方去洗的,未来一定要有一个能洗澡的地方,独立的厨房,这是我的要求。

主持人：谢谢,书记为什么去过那么多次彭一？

陆晓栋：撤二建一以后,根据区委常委会的分工,我联系彭浦新村,所以彭浦新村街道我是去得最多的,彭浦新村撤二建一的时候我们一起努力做了彭三四期,我们最近又做了彭三五期,彭三四期做完了老百姓回搬以后,彭一的老百姓就比较着急了,但是彭一规模大,情况复杂,有两千多户人家是彭浦新村最后一块非成套的集中居住区。

所以拆二建一之前,原来闸北区委区政府尝试在彭浦新村做成套里改造,把房子要拆掉,让居民搬出去,在外面过渡,整个房子重新造,造起来以后居民按照原有的面积再搬回来,但是搬回来有几个变化,第一,有一个独立的厨房间,第二,有一个独立的卫生间,还有电梯,小区环境也是全新的,所以面貌是焕然一新的。

主持人：书记等一下,以前住的人都是合用的,哪省出来的那些面积？

陆晓栋：像彭一基本上都是三层楼四层楼还有五层楼合用的,我们造的时候把容积率提高,提高以后面积就大出来了,老百姓搬回来以后按照编号进去面积就扩大了,当然居住面积还是原来的居住面积,但是增加了独用的卫生和厨房,这就是成套率增加,还有公共的空间,有过道、电梯,这样使整个居住环境得到改善。

主持人：但是其中有一个很大的问题,由于面积增加了,房型肯定跟以前不一样了。

陆晓栋：不一样,新的房子都是很亮堂的。

主持人：跟每家每户在确认房型、朝向、方位、位置、楼层的时候怎么办？

陆晓栋：我们跟每家每户都要确定你未来的房型，都要得到老百姓的认可，要每家每户签约，跟动迁一样的，要签字，然后大家一起搬出去过渡，以前是三年，现在争取快一点，建好以后按照原来的编号回搬，我认为这是一个非常好的创举，是上海成套率改造中走出的一条对老百姓非常好的路。

主持人：它已经突破了我们原有的规定了，它增加了容积率。

陆晓栋：对，所以我们这几年一直在做，做完彭三四、彭三五以后，区委区政府决定明年要对最后一个最难、最复杂、规模最大的彭一小区进行成套率改造，所以明年就可以实现。

主持人：明年什么时候？是第一季度开始还是第二季度开始？

陆晓栋：我们现在的想法是一过年就要开始进行方案的征询，有很复杂的法律过程，居民也要经过几轮的征询，征询完以后再签约、实施，应该在明年年底之前可以实施，居民要搬出去。

主持人：大家要签好合同搬走，建好还要时间。

陆晓栋：对，所以在跟彭浦新村的领导讨论的时候，我盯得非常紧，我们开了好多次会，这对两千多户居民是大事，我们要全力以赴攻克这个难题。

另外，我跟他们的领导讨论，这么大规模的小区建成以后，它跟彭三四、彭三五还不一样，有两千多户人，还要建很多跟社区、生活、文化配套的一些设施。

主持人：包括一些公共空间？

陆晓栋：对，比如说这里要建一个文化中心，我们还在设想要把彭一小区原来的外宾接待室保留，为什么叫接待室？因为1958年建成，1959年入住以后，当年曾经是外宾来参观的地方。所以这个旧房还要保留的，我们做一个彭浦新村小小的博物馆，我们把彭浦乡村的精神留着、把传统留着，这也是我们不忘初心的一个非常重要的记忆的地方。

主持人：彭一历史博物馆，你们这一下子成了独具特色的绝无仅有的小区了，有自己的历史博物馆。

陆晓栋：对，因为这里老一辈的产业工人为我们作出这么大的贡献，他们这么多年来忍辱负重，居住在这样的环境里面顾全大局，为国家的建设作出了这么多的贡献，我们党和政府应该关心他们，更重要的是我们要把彭浦的精神留下来，这是以后的年轻人要继承、发展的。

主持人：祝贺彭一居民们。

主持人：谢谢，坐在左上角的王林老师一直微笑地看着我们，她举了五次牌，几乎写的都跟文化有关，她肯定在心想，陆书记谈到现在都不肯谈一句文化。

陆晓栋：因为有王老师在，我不敢谈文化。

主持人：上海非常非常资深的风貌规划师，王老师一分钟的时间。

市民代表：我今天是作为静安的居民，我住在静安，特别感动，静安在我的心目中就是高大上，陆书记讲了很多非常民生的问题，他考虑到旧区改造，其实旧区改造最核心的也是民生，给我一分钟我还是要讲，我们做了这么多民生工程里面，石库门里弄的保护和更新，也是静安最体现城市文化和上海海派文化的精髓，我建议我们要把石库门的保护和更新工作跟城市更新、跟静安的国际社区的建设成为一个更完美的组合，一个城市的有机更新和有文化的生长，我觉得静安在这方面一定可以做出表率，我们特别期待。

陆晓栋：王老师讲的话题非常重要，静安区有很多的老房子，改善居民居住环境的同时，一定要把老房子特别是石库门里弄保护好，这是对历史、文化负责，上海这座城市积淀下来的建筑文化、里弄文化传递到我们这里一定要保护好。

主持人：从对话静安区委书记开始起，张园就从一个我们还不知道该怎么办，到开始着手办，到今天2019年的时候已经开始动手进行保护性的修缮，我们看到这几年的过程，张园未来究竟是什么样的规划和定位？

陆晓栋：现在我们在征询方案，在思想研究过程中，但原则是保护为先、文化为魂、以人为本，保护为先是一定要把保护放在第一位，张园所有的里弄建筑我们都要完整地保护下来，一切的措施包括地下设施，不影响建筑、一个不动。

另外是文化为魂，张园的价值就在文化，我们要文化价值完全地保存，通过市场化的运作把文化的价值挖掘出来。

最后要以人为本，这个项目今后是给上海市民的，是给到上海来的中外宾客，所以要围绕人做好文章。

（片花）

市民代表：外观上真的看不出来，不了解。

主持人：太棒了。你有什么操心事吗？

市民代表：我作为在静安上班的白领，我来自欧莱雅公司，欧莱雅在静安已经20多年了，没有离开过静安寺这个区域。

陆晓栋：欧莱雅搬过三次家，都围绕静安寺，我对他们非常了解，第一个阿波罗大厦是欧莱雅中国第一站，欧莱雅初创地方不够了就搬到中华企业大厦，又不够了，就搬到越洋广场，他们三次搬家都在静安公园。

市民代表：就在静安寺区域，我加入公司在静安寺生活以后对我来讲刚开始是非常好的,静安区这边非常国际化、环境好,吃饭、买东西选择都很多,但是时间长了我们还是有困扰的,对于越洋这栋楼的白领来讲,午餐是一个比较头疼的问题。

主持人:越洋下面有好多吃饭的地方。

市民代表:对,选择有很多,但是你要知道开销也是很大的,而且我们确实也很羡慕周边已经有白领午餐的一些企业,所以今天如果有这个机会跟陆书记对话,像越洋这栋楼,不知道这个奢望有没有可能?

另外,从公司内部了解到欧莱雅也一直很体恤员工,我们也一直想做一些措施,但是也不知道能不能得到政府街道的支持。

我们也在想做食堂,食堂的营业执照怎么申请,或者我们可不可以作为企业代表员工采购一些集中的外卖等等,再以比较方便的方式给到员工,对于我们来讲午餐也挺忙的,有的时候要走出去。

市民代表:我跟欧莱雅的妹妹想到一块儿去了,我来自惠氏营养品的。惠氏营养品跟欧莱雅的区别在于,欧莱雅围着静安寺,惠氏营养品是我们从来没有离开过中信泰富,我们是中信泰富最早的客户,为什么我们长期在中信泰富?是因为中信泰富一直以来都有白领食堂的。

主持人:这个原因这么重要?

市民代表:这个非常重要。

主持人:企业一直留在这里是因为能给员工解决一顿午餐。

市民代表:是的,这个非常重要,很多员工希望到中信泰富来办公就是因为有这样的食堂,这体现出了政府对白领的一些关爱,这非常知名,周围的大楼没有白领午餐的特别羡慕我们。

主持人:越洋的能过来吃吗?

陆晓栋:不可以,他们有自己专门的卡的。

市民代表:但是这张卡已经在外面炒得价格很高了。

主持人:卡还能炒啊?

市民代表:对啊,白领食堂我不知道主持人有没有去过,我希望你来试一下,品种多,价格便宜。

主持人:拥有这个卡的人,或者离职的人。

陆晓栋:对,他们卡还在,他们在网上拍卖的价格很高。

市民代表:对,1000元钱一张,这是我们现在面临的困难,我们白领工作非常忙,节奏很快,我们中午12点到1点才能保证用餐时间,当我们走到食堂门口发现这个点我不能吃饭了,没有时间,队伍太长了。怎样管好这张卡?

陆晓栋:没有食堂的人说没有,有食堂的,人又特别多。这几年,我们对老人和白领的饭是下功夫的,我记得十年之前,我当时是静安区管商业商务的副区长,我也很认真地跑到南京西路做调研,第一大问题是吃一顿饭,是我没想到的,我以为是打车或者交通,但是大家所有楼里面都提吃饭问题,除了中信泰富,说明吃饭是一个问题,所以我们就开始做白领午餐工作,静安区是当时上海比较早的开始做白领午餐工程的,但是这个工程也非常艰难。

你知道静安的白领不好伺候,就这一顿饭你要做很多的思考和研究,我们推进了很多白领午餐点,这些白领有的是餐饮店它中午生意不好我们政府补贴它一点,规定它每个盒饭15元以下,不能超过15元做这个,白领一开始很好,后来有意见了,说每天青菜、排骨这些菜,后来我们搞厨师比武大赛,我们经过十多年的努力,现在总体白领午餐的内容、质量有了很大的提高。

主持人:品种非常丰富,价格还好。

陆晓栋:在这个过程中一方面政府扶持白领午餐点,鼓励它们,有补贴,同时我们又鼓励楼宇办食堂,中信泰富是第一家,办得最好、办得最早。所以,中信泰富一家白领食堂办好了以后,就吸引了周边的白领。中信泰富是一个非常成功的白领午餐点,于是就推广到其他楼宇,现在政府在引导所有的楼宇有条件的都要置办食堂,楼宇食堂起来了以后会减轻周边白领食堂的压力,为白领提供更好的服务。

但是这个白领食堂又要符合白领一定的需求,有质量需要、价格需求,还有那么多的静安女,她们对自己的美丽还有要求。

主持人:还要健康。

陆晓栋:所以这个午餐每一个楼宇都有自我的提升,像中信泰富一样,刚才讲到欧莱雅所在的越洋,越洋里面餐饮点是不少的,B2层有一个比较好的餐饮,当时我们也是引导它能够为楼上的白领提供午餐服务,现在看来毕竟是市场因素,价格贵一点,我完全同意,每天难得去吃一顿,每天白领在这里面赚再多的钱他也吃不消的,贵一点,我们要价廉物美健康,这是我们的目标,所以我们还是鼓励楼宇。

刚才讲了一个很好的思路,我们会跟欧莱雅商量这件事情,因为欧莱雅是越洋广场里面员工最多的企业,如果企业有这个积极性,我们大力支持,如果欧莱雅有这样一个想法,我们去讨论,我想我们又走出一条新路子,就是企业自己可以办自己的白领食堂,如果在政策层面、监管层面能够跟上的话,我相信这个服务更贴心一点,因为是自家的食堂,会更贴心、更暖心。

主持人:您等于又找到了一个社会力量愿意一起跟政府解决。

陆晓栋:这件事情相关部门会跟欧莱雅一起商量,今天又听到了崭新的思路,非常好,我们要把白领工作做好,他们非常辛苦,我看很多白领每天中午吃饭是一路小跑,工作压力非常大,为他们做好服务是政府应该做的事情。

还有一个就是老人食堂,静安区已经有64家老人助餐点和食堂,规模不一,静安寺街道是我们比较早建立的,他们这个点是做得非常好的,历史也比较长,而且我真的很感谢居民,特别是老年同志们对我们很理解。

对,其实是众口难调,这一顿饭真的不容易,但是大家的理解、支持我们就更有信心,当然我们在这个过程中不断地听取大家的意见,解决好一顿饭不光政府,我们还调动企业的积极性,刚才阿姨讲到的美丽园大酒店、华东医院还有很多单位一起来做。

我们的老年食堂非常有意思,最近我们在临汾、彭浦新村等街道做了老年食堂,又有新的版本,你看我们老年食堂的肉包子,这个肉包子非常大,老年人讲实惠,我们白领说这么大的包子怎么吃,要精致,老年朋友也要精致,但是实惠是第一位的。

主持人:一个包子绝对吃饱了。

陆晓栋:对,根据老年人的生活习惯,我们包子做得大大的。

主持人:去哪里看大包子?

陆晓栋:临汾街道、彭浦新村街道、宝山街道新的助餐点,都有大号包子,其实一顿饭整个过程非常有意思,这整个过程其实也是政府跟服务对象之间的沟通,跟群众的一次沟通,也是我们一种为民情怀的体现,一顿饭不只是说我有了一顿饭你们来吃吧,建食堂的过程、找菜的过程、提供服务的过程都要用心用情。

主持人:陆书记您讲了两个很重要的问题,一个旧住房的成套改造,甚至改造到一只马桶,为了一只马桶和一顿饭静安会在这里持续发力,您认为它背后锻炼的是一届党委政府的为民情怀和真正服务百姓的综合能力。

陆晓栋:对,我们的目标就是要让各级干部知道,我们为民情怀、为民服务,不忘初心是从一件一件小事做起的,你首先要把一件一件小事用你的真心真情做好了,你才能回答你的初心、使命。

主持人:而且更为重要的是这些小事的背后有细节,更重要的是这些细节的背后不是说光靠砸钱就能干成,都不是靠用钱能解决的事情,一定是在这个过程中用心用情,最终才能跟服务对象之间达成协调统一,这可能就是我们今天在建立一个现代化的治理体系过程当中干部最需要确立的能力。

陆晓栋:对,我们最需要的就是这样的能力,所以我们现在整个工作面向整个社区、城区,你怎样把你的政府服务做到极致,做到让我们的老百姓、白领能够满意,其实发自内心最重要。

所以一顿饭我跟很多街镇领导讲,你没有吃过这一顿饭你没有发言权,你一定要去吃一口你才知道它冷了没有、热了没有、软了没有、硬了没有、甜了没有、咸了没有你才知道,还有针对白领也是这样,你要深入白领的周边去,深入美丽的静安女周边去,你就会知道每天一顿15元钱的盒饭是不能满足他们的,他们每周里面会想要吃一顿蔬菜,有一顿他们要吃一个网红的食品等等,所以在办公楼周边你要培育、你要引进、你要服务一批白领所喜欢的白领午餐点,我敢说中信泰富的白领们不是每天在中信泰富吃饭的,他吃多了一定要到吴江路去转一转,他一定会跑到南阳路吃一顿水果、沙拉等等,这是他们的生活。

所以,政府在营造一个商业生活环境的时候,你就要考虑这些工作在这里的白领,他们的生活习惯是什么,他们所需要的是什么,这一切都需要用心用情,不是完成任务!

主持人:各位你们有这样的感觉吗?一个静安区的区委书记,本来在想他可能关心多少宏大的事情,他一定关心。却没有想到我们在今天的这场对话当中他花了这么多的时间、精力、心思,用了这么多的情感去关心一只马桶和一顿午餐,这点我真的没想到。

别具"心"意的广播访谈
—— 简评《从心出发——"不忘初心 牢记使命"系列访谈》

上海广播电视台东方广播中心副总编　江小青

上海人民广播电台的《市民与社会·区委书记访谈》是每年的常规动作,上海十六个区的区委书记通过节目搭建的平台,与本区内的市民代表面对面交流。2019年的策划紧紧围绕第二批"不忘初心　牢记使命"主题教育展开,落点在十六个区的民心民生,使"初心"与"民心"两相观照,主题宣传实效显著。

一、话题实,抓住民心,叩问初心。2019年年底,正值第二批"不忘初心　牢记使命"主题教育接近尾声,作为一档新闻类的访谈节目,主题定位"从心出发——不忘初心　牢记使命",凸显了立意的高度和新闻性。通过十六场关于群众操心事、烦心事、揪心事的对话,聚焦第二批主题教育的"新变化""新实效",既是叩问党员干部"初心、使命",也是对上海各区学习推进情况的社会检验。比如,黄浦区的5.5万个马桶(5.5万户家庭没有基本的卫生设施);静安区的商务成本过高；普陀区的苏州河整治、旧区改造；浦东新区的家门口服务体系建设等等，每个区的具体案例，就是上海城市发展过程的缩影，既有各个区域的功能定位呈现，也展示了上海经济社会建设发展的概貌。通过老百姓"急难愁"问题的解决，来对照共产党员的"初心与使命"，寻找新时代解决新问题的路径和方法。整套节目完全聚焦问题，没有口号，没有套话，较好地体现了上海在落实习近平总书记视察上海时所提出的：人民城市人民建，人民城市为人民的要求，在构建社会治理共同体的理念上的实践。

二、设计巧，体现匠心，展示诚心。十六个区，十六档节目，相同的主题，难免会落入雷同，要让嘉宾有个性体现，让听（观）众交流顺畅，又能把各自区域的特点体现出来，需要节目制作者的"匠心设计"。专题节目设计了心心相印、与民共议、三分钟问卷三个环节，使节目主题一环扣一环，层层推进。在开场的"心心相印"环节，通过台上嘉宾区委书记和台下市民代表共同亮题板回答主持人的问题，很好地活跃了现场气氛，融洽了嘉宾与观众的交流氛围。主持人的"最烦心的事""最难啃的骨头""最开心的事"这些问题，是嘉宾和市民代表最能产生共鸣的，一块块题板上的答案尽管未必一致，但是相似度极高，都是百姓身边的"急难愁"问题，很能反映出书记与百姓是否"想到了一起"。接下来的"与民共议"环节，就是从问答中的共性问题引发和延伸的，结合每个区主题教育活动中梳理出来的问题，聚焦最具区域代表性、有借鉴意义和传播价值的案例，转化成能交流的话题，书记把本区的建设规划、工作难点与市民代表一一交底，你来我往的交流让访谈现场形成共识的气场，达到了汇聚民心的效果。"三分钟问卷"环节，请每一位书记带来主题教育活动调研中印象最深的场景照片，现场讲解，不仅仅检验了主题教育活动的实效，也使访谈节目主题再度得以升华。比如，徐汇区委书记带来的照片是"龙华烈士陵园"周边环境的整治现场，这也是他主题教育活动调研工作的一个点。从陵园中烈士们用生命回答信仰问题的学习到当代执政党人为人民谋幸福的实践，回应和升华了节目设立的"不忘初心　牢记使命"的主题。

三、传播广，围绕核心，媒体同心。节目主创以上海人民广播电台《市民与社会》节目为制作核心，以广播＋现场＋音视频直播的方式，同步上海人民广播电台官微、上海新闻广播官微、话匣子官微、话匣子 App、上海发布，并联合十六个区级融媒体中心的政务公号和 App，形成了有声势、有实效的传播链。值得一提的是，为了扩大传播价值，制作方通过当今传媒界头部新媒体今日头条、学习强国等平台，将相关视频进行了二次分发。据介绍，"今日头条"上的微话题♯对话区委书记♯阅读量达到 6200 万人次，这一地域性很强的话题达到如此高的阅读量实属不易。

守正创新，贴近民心，沟通上下
——《从心出发——"不忘初心　牢记使命"系列访谈》创作体会

上海广播电视台东方广播中心编辑　崔　翔

"对话区委书记"系列节目已经连续开办6年，是上海广播政务访谈节目的知名品牌，开创了以"快问快答""书记表情包"等为特色的轻松自然、破除刻板印象的政务传播风格，也曾数次获得殊荣。当时间来到了2019年，什么样的主题和形式，才能让这次的"对话区委书记"有突破？带着这个问题，从7月初，这支由专题节目主持人编辑、早新闻主持人编辑、融媒体主持人编辑混编而成的广播团队开始了策划之路。

经典配方，再来一遍吗？做到第7年，"对话区委书记"还能怎么做？听过"对话区委书记"节目的都知道，这不是你问我答或者记者发布会。在这个由主持人、区域一把手和普通市民代表共同构建的谈话场中，谁说、怎么谈、碰擦出怎样的情感深度，决定了节目的好坏。再精妙的节目设计，保证的是节目的下限，而节目主题、访谈主角真正决定了品质的上限。

区委书记是访谈的主角，市民更是。这是这档节目之所以被听众喜爱认可的原因。从主创人员的角度来说，什么样的主题设置，是区委书记能够谈、市民代表、听众网友愿意谈谈的呢？在"不忘初心　牢记使命"主题教育持续深入开展的当下，主创团队将目光聚焦在了"距离群众最近的"第二批主题教育。

主题之后，便是形式。在选择"踏着70后走过的步子来"，还是"跟着90后的想法走"的时候，主创团队经历了数次头脑风暴。"从心出发"这个名字，便是90后编辑的想法，也是从这个名字开始，"2019对话区委书记"在"心"字上做足了文章。

访谈中从场景到环节设计，都紧扣"心"字——开场设计了"心心相印"环节，区委书记与市民代表共同写下让自己最操心、最烦心、最开心、最上心的事，并且通过互相解读，建立起感情的链接。比如，在首期节目的录制现场，来自徐汇的居民为小区的垃圾分类发愁，徐汇区委书记在为区域环境的硬骨头发愁；居民最开心的是滨江贯通，书记最开心的也是徐汇西岸人来人往。

场景布置上，背景板"从心出发"的"心"字被放大，合照区域被设计成镂空的

"心"型，让参与者来到这个谈话空间中，便能感受到节目对表达"真情实意"的渴望。

正是这样带有一些"粉红"色调的现场，加上注重谈话氛围和情感交流的环节设置，使得书记和市民代表融入了对话分享的空间。

"实"字上下功夫，"治"字上深解读，"融"字上广布局，广播需要更"硬核"的内容传播。

节目中谈实情，说实话。面对"硬骨头"问题，不回避不躲闪，真诚讨论突破路径。比如静安区在"消灭手拎马桶"中遭遇"新装马桶紧挨床头"的尴尬，虽确有客观因素制约，但书记认为：装马桶，不能停留在"有没有"，而是得一届接着一届干，心里永远装着老百姓！

本次对话区委书记访谈节目中，上海广播还与十六家区级融媒体中心合作，推出 16 个"初心的力量"短视频。视频聚焦的正是一个由书记领衔整改的民生问题，比如徐汇区蒲汇塘的改造、金山区与浙江省界上拦路桩的拔除、青浦环城水系河道的治理，通过视频将治理前后的对比呈现，用周边市民反映"家门口"变化的生动实况，说明整改的实效和真正给人民带来的获得感。

上海新闻广播官微、上海人民广播电台官微、话匣子官微、上海发布、话匣子 App 与各区融媒体中心的政务公号、App 联动响应，让"初心"的叩问丰富而立体。

在广播段，节目播出期间的收听率较去年同期涨幅为 134%，市场份额较去年同期涨幅 111%；新媒体端阿基米德 App 同步网络音频图文直播、听友边听边互动，发布内容 4822 条，直播时间段浏览分享人次达到 500 万；相关短视频在今日头条、学习强国等平台进行二次分发传播，在今日头条平台上设置微话题♯对话区委书记♯，阅读量达到 6200 万。

在"心心相印"的谈话场中，会看到光。

作为团队内年轻的编辑，很荣幸，在刚刚开始人生奋斗的阶段，参与了这样十六场心与心的对话，听到了这座城市人民大众的心声。到现在，我都能想起那位住在老城厢里的阿姨，看到静安区委书记和她"心心相印"，都牵挂着旧区改造时发出的那一声欢呼。

在这个谈话场中，每一个发言的人，不是在为自己一个人说话，他心里想的始终有群体、有他人。所以，每一个发言，都能带动周围人的思考——"我、我们能做什么"。

比如，在对话静安委书记现场，市民代表与书记就针对手拎马桶、旧区改造、老年人送餐等民生事"侃侃而谈",而扎根静安20多年的国际公司负责人有感而发,从事安全检测,却没有"测"出身边就有这么多民生事业可以关注,企业界代表纷纷响应:希望参与社区建设。正是这个真诚交流的空间,让企业、群众、政府等在同一场域形成情感碰撞、资源互通,更就"如何参与建设美好社会"达成共识。

那一个个被写在题板上的希望、一张张铭刻初心的照片、一件件被现场市民代表认可的实事中,我们看到的是"为人民谋幸福"的初心。2019对话区委书记访谈,通过用"心"对话,谈实效、说实话、问初心、话使命,让主题教育带来新变化、新实效更加凸显。在让主题教育更加贴近群众、服务群众的同时,也让群众更加了解党员干部的所作、所思、所想,对区域未来发展有信心、有愿景,真正凝心聚力,让心与心相连。

人民城市人民建,人民城市为人民。百年未有之大变局,需要我们变得更加强大,拥有强大的实力、强大的信心。希望通过融媒体传播,我们的心能走得更近,一起来推动社会治理共同体形成。

2019年度广播电视奖(广播电视节目) 参评推荐表

作品名称	全国首份跨领域"免罚清单"出台之后……		
作品长度	5分22秒;4分47秒;5分27秒	节目类型	广播新闻-专题-连续报道
播出频道(率)	FM93.4 上海新闻广播		
刊播栏目	《990早新闻》		
播出日期	2019年4月1日7时19分47秒,2日7时25分26秒,3日7时19分23秒		
主创人员	胡旻珏、孟诚洁、赵宏辉		
节目评价	这组系列报道调查深入,采访全面,用鲜活的案例、扎实的采访,客观反映了全国首份跨领域《免罚清单》出台后给市场主体带来的积极意义,一方面构建更为善意、温情的市场氛围,降低企业面临的风险和成本;同时牢牢守住法律底线,不断完善细节,建立起明确且统一的操作指引。 "免罚清单"的出台不是制度创新成功抵达终点,而是在持续优化营商环境的赛道上,一次新的出发。		
采编过程	报道原生态记录了执法人员的实践案例,同时也有一定思辨性,展现了《免罚清单》给上海市场监管执法理念带来的变革——通过探究宽容和审慎之间如何平衡,"法"与"情"之间如何考量,记录政府部门为持续优化营商环境,如何用好这份清单所做的一系列努力和探索。		
社会效果	全国首份跨领域免罚清单——《市场轻微违法违规经营行为免罚清单》的出台,是上海在持续优化营商环境赛道上一次里程碑意义的创新点。报道播出后,在企业中引发强烈反响,纷纷为清单的出炉叫好。 同时,报道调查深入,记者以蹲点日记形式采制最真实的新闻素材,考验"四力"。只有深入基层、深入一线,才能挖掘到最真实的声音。		

全国首份跨领域"免罚清单"出台之后……

之一：上海首创免罚清单，"放一马"绝不是"不作为"

不拼优惠政策，也没有低要素成本，上海要在全球竞争中脱颖而出，靠什么？持续优化营商环境，是一条极其重要的制胜之道。

先行先试，上海又出新招。就在10多天前，上海发布了全国首份《市场轻微违法违规经营行为免罚清单》，对市场监管、消防等领域的34项轻微违法行为免予处罚，力图以执法的包容审慎，向市场释放温情与善意。那么，市场主体的哪些违法违规行为能被免于处罚？法律的严肃性和权威性又该如何保障？围绕这一系列问题，本台记者连续在市、区市场监管部门蹲点采访，探究宽容和审慎之间怎样平衡，"法"与"情"之间如何考量。今天播出蹲点日记第一篇："放一马"绝不是"不作为"。

【在网站上宣传的时候，用了"环保清洗服务，我们最专业"，有个极限字"最"。】

记者第一次在闵行七宝市场监管所遇到创业者乐扬时，他正双眉紧锁，直呼"遇上大麻烦"了。刚刚成立的公司从事汽车零配件清洗服务，因为广告中一句"我们最专业"，不仅可能面临最低20万元的罚款，更"致命"的是，企业信用信息公示系统上还会留下"污点"，所有人都看得到：

【刚开始起步，顾及的面没有那么广，包括这个极限词，我们也是没有考虑进去的，我们这种企业接受不起这样的一个处罚。】

类似的案例并不少见。中小微企业,尤其在创设初期,合规意识和能力较弱,有时难免因为无心之失,踩了法律的"雷区"。这时候,"罚"体现的是法律的严肃,但是否也可以给一时疏忽者一个改过的机会呢?这样的讨论,在一线其实很早就有,上海在全国率先付诸实践。公布的这份"免罚清单",与市场监管领域相关的有28项,占到总数的82%,其中涉及广告的多达9项,像首次使用极限词,或是未标注广告批准文号等违法行为都将免于处罚。这样做,自然是为了减轻企业负担,激发市场活力。但如何避免让外界认为,企业今后就能毫无顾忌地"踩雷"了?记者跟随市市场监管局广告监管处处长应钧采访的这一周里,他在反复思考:

【比如说我们9项违法行为里面,有2项是规定了首次违法可以不罚,其他的7项并没有规定首次违法。但是这个一直都可以不罚,对法律的严肃性是有一定挑战的,所以说我们很重要的一点,就是要去细化这个操作。】

正是基于这样的考虑,市局广告处和法制处在过去一周联合展开调研,听取一线执法人员的感受。浦东花木市场监管所的陈晶晶为"免罚清单"的出炉叫好。她说,过去对轻微的违法违规行为,其实也可以引用《行政处罚法》中"不予行政处罚"的条款,但真放企业一马,会不会被认为"不作为"呢?一线人员心里难免有顾虑。

【《行政处罚法》它也有自由裁量,之前的话可能就不太好把握这个自由裁量。现在有了免罚清单以后,就是心里更有一个底、更有一个方向了。哪些符合这个清单上的,就可以想到给他免于处罚,当罚不当罚有了一个方向。】

在现场,大家抛出了一个又一个疑问——免罚清单免的是罚金还是处罚决定?社会关注度高的案件,一旦免罚会不会引发舆情?还有,广告中是不是所有的"最"都能免罚?广告监管处副处长黄社德明确回答,并非所有都适用:

【"最佳""国家级",它都要有相关的一个依据,如果这种依据也没有,他自己杜撰出来的,这个行为不适用免罚清单。其次,对于一些涉及生命安全的,涉及财产安全的商品和服务,我们也建议它不适用免罚清单。】

还有免罚之后,涉事企业就此高枕无忧?执法人员可以撒手不管?当然不是!应钧说,行政执法的价值,不是"为罚而罚",而是要达到预防违法的实际效果。所以"放"过之后,如何"管"才是关键。

【我在做这个不罚的事情,我必须要让他有一个响动。第一个我是要让大家都知道我做过这个事情,留下记录。第二个是要去触动到当事人。如果当事人他自己都后知后觉,他都不认为他违法了,这变成一个反面教材了。】

从过去的"一刀切"变为"一刀一刀切",广告监管处正围绕这9项免罚规定,不断填充细节。比如,清单中规定的"首次",是要追溯以往处罚记录,还是从现在开始算？条款中多次提到的"及时纠正"和"未造成危害后果"如何认定？黄社德说，这些都要逐步完善，让企业没有"明知再犯"的空间：

【免罚清单并不是说企业的行为不违法。在免于处罚的时候,我们还是会对这个行为予以立案,发免于处罚的一个决定书,通过行政约谈、行政告诫,来督促企业在以后的广告宣传当中能够进一步地予以规范。】

相隔三天，记者再次见到了创业者乐扬，他打开网站给记者看规范的广告用语，脸上带着笑容，仿佛卸掉了一座大山：

【经过他们的一些教育,我们也有一个深刻的了解。他们还是比较愿意去听像我们这种中小企业的一些解释。】

之二：免罚是跨前一步，而非退了一步

上海在全国率先发布《市场轻微违法违规经营行为免罚清单》，旨在给一时疏忽的市场主体提供改过自新的机会，降低企业成本，优化营商环境。然而，记者在蹲点采访中发现，相比已有诸多案例可循的广告监管领域，对于食品生产、经营中的轻微违法违规行为，基层执法人员对是否免于处罚仍有较多顾虑，清单的落地有待思想意识的进一步明晰，操作上也要树立一套严谨规范的流程。请听蹲点日记第二篇：免罚是跨前一步，而非退了一步。

连续一周在市、区两级市场监管部门蹲点，记者有一个很突出的感受，涉及广告领域的免罚，一线执法人员普遍表示理解也愿意操作。清单出台半个月，很多区都有了实操案例。但在食品安全监管上，大家则普遍有很多顾虑，因为一直都说"零容忍"，免于处罚如有不慎，恐怕就会遭来非议。

既然如此，免罚清单中为什么还会把食品安全的内容放进去呢？市市场监管局食品经营安全监管处处长忻元庆说，大家首先要消除的误解是，免罚不是无限度地放任企业，清单中划定的轻微违法违规行为都在相关法律的框架之内。

【出台的这个清单本身也是很审慎的,也是做了很多的调研的基础上,包括我们食品安全领域的也是选择了相对能够守住底线的,不发生食品安全事件的基础上,来做出的目前这个清单。】

对照清单，他逐条向记者解读，涉及食品经营领域的4项条款都强调了"首次被发现，且未发生食品安全事故"。以第二十条为例，"集体用餐单位向无有效

餐饮服务许可证、营业执照的生产经营单位订购膳食,首次被发现,且未发生食品安全事故的",可以免罚。打个比方说,假设 A 企业向没有集体供餐资质的 B 餐厅订购了大量盒饭,首次可免罚的是 A 企业,因为他可能疏忽了,没有要求对方提供相应证明,但对于 B 餐厅,很清楚自己是否具备集体供餐资质,无论是不是首次、有没有发生食品安全事故,都要被严厉处罚。

【你这个用餐单位,你在选择你的供应商的时候,你要严格地进行考核,严格地进行审查。我第一次如果发现你,那我做好记录,责令你进行整改,在规定的时间内,随后我会对你进行回头看,或者随访,如果我再发现你还是同样的错误,那我肯定实施最严厉的处罚。】

既要守住食品安全底线,也要能够宽容、审慎地面对市场主体的"无心之失",如何把握好这个度,给基层执法人员提出了更高要求。记者问蹲点的几个区的市场监管部门,有没有类似案例,以及过去是如何处罚的,结果都被婉拒。最后,根据企业信用信息公示系统上的处罚记录,才辗转找到了一家曾被处罚过的企业。负责人介绍说:

【我们因为一开始不知道对方没有这个集体供餐的资质,每天定了几百份盒饭。后来有一天,监管部门过来跟我们说,这个饭店没有资质。我们不仅被立案查处了,有记录而且也罚款了。】

现在有了免罚清单,这家企业是否就能免于处罚呢?对此,所在区的市场监管部门也没有给出明确答案。因为要发现这样的情况,往往是出现了食品安全事件或是被投诉举报后,但这是否适用清单中"未发生食品安全事故"的大前提呢?长期从事行政法研究的上海对外经贸大学法学院副教授王诚说,这就需要监管更加精细化:

【一个人是初犯还是累犯,是无心的过失还是有意为之,是偶尔一次还是长期游走在灰色地带,通过证据的采集,对事实的判断,由执法者做出一个比较准确的判断。】

不仅要在把握事实的基础上做出判断,更重要的是,执法人员在执行整个程序的过程中都要留痕。在市市场监管局总经济师杜贵根看来,这是最关键也是最核心的——免罚绝不是让法律法规隐形或是靠边站。违法违规行为的性质丝毫没有改变,免罚相比于原先的罚,是执法上跨前一步,而非退了一步:

【免罚清单不罚了,不代表你没有违法行为。过去大家更加注重罚 10 万元还是 1 万元,在幅度上做文章。免罚清单涉及的事项是在企业轻微违法违规的前提下的免罚,所有的被免罚的都留有痕迹和记录的,这个是最关键的。】

之三：不是终点，而是新的出发！

持续优化营商环境，要放宽市场准入，更要在事中事后监管上下大功夫。上海先行先试《市场轻微违法违规经营行为免罚清单》，正是要构建更为善意、温情的市场氛围，降低企业面临的风险和成本。那么，有了"免罚清单"后，如何让基层执法敢用、会用而且能够用好？市市场监管局昨天再次邀请一线执法人员举行座谈。请听蹲点日记第三篇：不是终点，而是新的出发！

【会议现场讨论　压混……】
这样热烈，甚至有些激烈的讨论，过去一周，记者在市市场监管局五楼的一号会议室里经历过很多次。面对层出不穷的疑问和意见，会议召集人，法制处副处长邬立军说，他一点都不介意，相反还很欢迎。

【我们连续两周开了多次会议，召集相关的基层执法人员来参与讨论，目的就是要统一标准、统一口径、统一操作，争取尽快出台相应的操作细则，让免罚清单真正能够落地。】

法治社会、规则林立，既不能让愿意守信的企业因为一个稍有不慎而被行政处罚甚至记入失信名单，但更不能让心存侥幸的企业长期走钢丝、踩红线。这个道理一讲就透，但知易行难。因为宽容和审慎之间，法与情之间，从来都没有绝对。在行政法专家王诚看来，上海这份"免罚清单"的一个突破性的意义就在于执法理念的转变：

【不管三七二十一，只要你违法我就处罚，这其实是一种简单化的思维，这本身其实一定程度上也是一种违反了法律精神的行为。在我们的法学的术语当中把这个称为放弃裁量。你应当要裁量，而且要准确地、要全面地去裁量。】

但操作层面，自由裁量权也不是越大越好，因为紧随而至的可能就是不断膨胀的寻租空间。市司法局副局长罗培新说，全市多个部门联动，对20部单行法规相关规定进行提炼，制定出的这份"免罚清单"，就是明确规则先行。这是对法治精神坚定不移的捍卫和坚守：

【首先，涉及定性问题，这个行为它是违法的，所以才存在免罚的必要和可能。第二，我们还要做精细化的区分，它是否轻微，是否造成后果，是否侵害了法律所保护的法益？这个时候体现执法的精细。如果这个行为一再发生，表明管

理相对人他就没有守法的意愿。】

有了清单,更要敢用和用好,市场监管部门正不断完善细节,建立起明确且统一的操作指引。一周前,记者见到广告监管处副处长黄社德时,他们正在讨论制定涉及广告领域免罚行为的操作细则;昨天,他告诉记者,相关细则在本月底就能出台。而且,在清单之外他们还有新思考。他以绝对化用语为例:

【这个"最"字的使用,并不是说出现了我们就构成绝对化用语。"最可爱""最温暖的""最体贴的""最浪漫的""最时尚的",这个都是一些个人的感受,所以这个我们也不认定它构成一个绝对化用语。】

守住法律底线,又要让企业感受到监管部门的善意和温度,"免罚清单"的发布绝不是制度创新成功抵达终点,而是在持续优化营商环境的赛道上,一次新的出发。市市场监管局总经济师杜贵根说:

【出台免罚清单,这是第一步。还根据免罚清单的实施效果,持续广泛地听取社会各界的意见和建议,会同市司法局实时扩大清单的内容,推出免罚清单的升级版,使免罚清单成为上海优化营商环境的一大品牌。】

《免罚清单》的发布绝不是制度创新成功抵达终点,而是在持续优化营商环境的赛道上一次新的出发。继续来听首席记者胡旻珏撰写的记者手记:《一份清单背后的 N 次讨论》。

连续一周蹲点采访,旁听了市局职能处室几次的座谈会,也跟着好几家基层市场监管所去办了案,每一天,都能看到市场监管人为这一纸清单落地而进行的 N 次讨论、付出的 N 倍努力。

说实话,作为旁观者、局外人,很难想象一则规章制度的落地能有多难,清单列出了 34 条,那就照着来、照着做。可事实上,即使只是其中的一项,即使只是一项中的某个字,他们也会反反复复地讨论好几次。举个最简单的例子,同一家企业,这个月因为在广告中首次用了极限词,适用清单第五条被免罚了。可时隔数月,还是这家企业又被发现过了广告审批有效期,这个时候还算不算首次?还能不能适用清单第九条?这些都有待明确。对基层来说,这不是抠字眼儿,也不是走极端,是在实际操作中会遇到的各种这样、那样的问题。

所以,只有把问题提前想得透一点、全一点,它的操作性就能更强一点,企业的感受度会更好一点。因为所有围绕细节的讨论乃至争论,都是基于公平、公正和公开;而打造一个公平、公正和公开的市场环境,恰恰是我们持续优化营商环境的初心和目的所在,也是每一家企业最期盼和需要的。

选题重大，构思巧妙，可听性强
—— 评阅《全国首份跨领域"免罚清单"出台之后……》

复旦大学新闻学院　章　平

上海广播电视台广播新闻中心报送的专题报道《全国首份跨领域〈免罚清单〉出台之后……》，选题富有意义，角度巧妙独特，素材翔实细致，不失为一篇优秀专题报道。下面分别从选题价值、报道视角、报道内容三方面进行评述。

一、选题重大，契合我国中央政府当下重要工作和重要政策精神，同时彰显上海城市治理特色

《全国首份跨领域"免罚清单"出台之后……》这篇报道，聚焦的是如何为企业创造优良的经营环境这一重要议题，具有重要的新闻价值和舆论引导效应。2019年10月国务院常务会议审议通过《优化营商环境条例（草案）》，将近年来"放管服"改革中行之有效的经验做法上升为法规，对标国际先进水平，确立对内外资企业等各类市场主体一视同仁的营商环境基本制度规范。如何将中央政府的政策精神落地，并促使当地经济运行环境得以持续改善，成为我国各地地方政府地方治理实践中的重要课题。

本篇报道从上海地方政府探索的制度创新入手，报道上海在如何创造良好营商环境这一重大议题上的先人一步，再次凸显上海在全球城市竞争中得以脱颖而出的根本之道，即上海市在城市治理方面所具有的独特优势。

二、视角独特、构思巧妙，令人印象深刻

《全国首份跨领域"免罚清单"出台之后……》这篇报道的新闻价值有二：第一，全国首份，有其新奇性，对全国各地具有示范效应；第二，"免罚"，与违法就该被处罚的普通思维构成强烈反差。报道并未将重点聚焦在清单本身，而是将重点落在清单出台之后的实践与探索。以记者蹲点日记的形式，通过"'放一马'绝不是'不作为'""免罚是跨前一步，而非退了一步""不是终点，而是新的出发！"等三篇具有逻辑递进关系的系列报道，充分呈现和阐释了出台免罚清单的意义及其实践过程中所具有的丰富性和复杂性。

三、采访深入、素材丰富,具有可听性

报道素材丰富,内容翔实,消息来源涉及市场主体、执法者、政策制定者、专家等不同层面政策关联体,显示出记者较为扎实的采访功底。

报道注重故事性,通过对一个个具体执法案例的讲述,呈现政策施行中所碰到的复杂问题和具体矛盾,并引用大量同期声,通过层层设问,引导听众继续收听,总体可听性较强。报道在讲故事的同时又注重提出问题,具有一定的启发性。

脚步慢点、脚印就会更深
——《全国首份跨领域"免罚清单"出台之后……》创作体会

上海广播电视台东方广播中心 记者 胡旻珏

围绕营商环境的持续改善,上海出台了全国首份跨领域"免罚清单"——《市场轻微违法违规经营行为免罚清单》,对市场监管、消防等领域的34项轻微违法行为免于处罚。"清单"出台后,立刻在全国范围内引起关注,但同时也引发了一些质疑:免罚是不是"不作为"?会不会给企业带来寻租空间?这一系列问题,就像是围棋盘上出现的"眼",值得被"新闻的眼光"发现和捕获。

这组报道就从如何让基层敢用、会用、而且用好开始,记者连续蹲点市市场监管局、多个区的市场监管局采访,原生态记录了一线执法的实践案例和探索。

系列报道共围绕三个角度,对这份"免罚清单"在应用中遇到的实际情况展开探讨。在广告监管领域,针对不少企业可能违反的首次使用极限词、未标注广告批准文号等行为,基层执法人员实行精细化监管,从以往的"一刀切"变为"一刀一刀切"。在食品监管领域则有所不同,不仅需要基层执法人员对轻微违法的事实做出准确判断,更需要主动跨前一步,让企业形成不踩红线的意识。第三篇报道再次聚焦"敢用"和"用好"的问题,市市场监管局多次举行研讨会,结合基层使用过程中遇到的实际情况,对清单内容进一步填充细节,出台相关领域的细则。三篇连续性的报道,客观反映了"免罚清单"给市场主体带来的积极意义:一方面,构建更为善意、温情的市场氛围,降低企业面临的风险和成本;另一方面,牢牢守住法律底线,不断完善细节,建立起明确且统一的操作指引。

这组系列报道，展现了上海在持续优化营商环境的探索中，如何守住法律底线、又让企业感受到善意和温度所做的一系列精细化的工作，推动了"免罚清单"操作细则的落地，近一年来，全市已有近千家企业适用"免罚清单"。这样的探索与创新，也形象地展示了上海对打造公平、公正和公开市场环境的不断追求，被视作是上海在持续优化营商环境的赛道上一次新的出发。以"用好清单"为主线，上海各级政府部门如何打造法治化的营商环境，如何探究宽容和审慎间的平衡、"法"与"情"间的考量，这些"新闻眼"，就如同棋盘上的"眼"，一着棋活、全盘皆活。

新媒体时代，记者越来越忙，不管是报纸、电视、还是广播的记者，这是很多记者的感受。大家在报道用好传统媒介的同时，越来越多地需要跨界融合、越来越多地在追求报道第一落点。眼下，在网络新闻就像爆炒米花一般纷繁的大背景下，速度就必须快点、快点、快点。这些都需要我们去努力完成，但很多时候，深入地采访与扎实地调研都需要记者沉下心、放慢脚步，认真采访、认真思考，脚踏实地、扎根基层才能有更多收获。

这组报道，记者连续蹲点采访近一周，与6个区市场监管局的一线执法人员沟通、采访，与多个处室的交流更是多达十几次，同时，还与立法部门、法律专家等反复咨询。这些，如果仅仅只是浮在表面，如果不下功夫，是不可能写出扎实的报道的。

同样，这则报道对我自己也有很深的启示。脚步越来越快，脚印就会越来越浅。新媒体时代首要秘诀，唯快不破。但这个"快"不仅追求最快的报道速度，更要追求人人心中有、个个笔下无的独特发现、视角和见解，这考验了记者的脚力、眼力、脑力和笔力。所以，也让我们脚步慢点、脚印就会深些。因为很多时候，我们不缺新闻，缺的是发现新闻的眼睛、是扎根一线的沉淀。

2019年度广播电视奖(广播电视节目)参评推荐表

作品名称	蹲点日记：没有围墙的养老院		
作品长度	5分52秒、5分31秒、5分23秒	节目类型	广播新闻-专题-系列报道
播出频道(率)	FM93.4 上海新闻广播		
刊播栏目	《990早新闻》		
播出日期	5月26日 7:15、5月27日 8:37、5月28日 8:29		
主创人员	汤丽薇、汪宁、孟诚洁		

节目评价	一篇好的报道比拼的不是新闻事件的大小，而是新闻事实的价值底牌大小，这张底牌的价值更要放在时代的大背景中考量。 　　近年来，"养老"一直都是一个超级民生热词，上海更是连续21年把"增加养老床位"列入年度的市政府实事项目，并持续创新服务模式和制度供给。但尽管如此，"一床难求"的养老现象至今仍然十分突出，这背后的症结到底何在？该系列报道选题立意的"底牌"价值，可谓有着足够的"含金量"。三篇报道通过分别聚焦"养老枢纽站""长护险""养老顾问"三种新型养老模式，以"生根""发芽""开花"这一万物生长规律作为逻辑递进的主题引领，抽丝剥茧地探究家门口"一碗热汤"距离的养老服务在上海如何生长、进化以及破局。 　　一篇好的报道不是"写"出来的，而是"讲"出来的。 　　该系列报道另一特色就是"讲"的能力。面对养老这一如此庞大又牵涉诸多环节的深度问题，如何做到讲得清、说得明、挖得深？该系列报道提供了一个好的样本。这一点从第一篇报道的起笔上就"可见一斑"："每天繁忙穿行于陆家嘴高楼森林的都市男女们……只要穿过第一八佰伴的繁华商圈，拐上几个弯，一个感觉'很不陆家嘴'的老龄化世界就会呈现于眼前。"三篇报道，都选择将所有采访内容融入一个真实的场景、一个形象的人物、一场生动的对话之中，这种在听众耳边"娓娓道来"的诉说感，让报道在有厚度的基础上更增加了传播的感染力和生命力。
采编过程	该系列报道整个采访过程都离不开一个"蹲"字。在媒体获取信息的渠道越来越多样的当下，一篇报道的采写过程，不仅仅是"到现场"，在现场"守得住""蹲得久"显得尤为可贵。 　　记者们从步入第一家嵌入式养老机构开始，就"扎根"了下来，陪老人们

采编过程	做活动、听行业人士说"门道"、到独居老人家拜访、跟随护理员上门服务,坐在养老顾问旁边听他们和家属们聊家常……一周的时间里,记者暂时抛下了自己的职业身份,而是真正融入养老产业链中的各个环节,将自己的角色切换为老人、家属、养老顾问甚至是护理员,以他们的视角审视养老诉求的真正所在,挖掘养老产业"最后一公里"的信息"梗阻"问题,探究养老政策的可操作性,以及不断完善后的养老制度和所能延展出的无限可能的未来——使"没有围墙的养老院"在上海越来越多的地方生根、发芽、开花。
社会效果	该系列报道紧紧抓住了受众对于养老产业"想知道"和"想多知道一点"的心理需求,因此一经播出,迅速收获了众多关注,报道中所提到的各种最新的养老政策,更是得到了又一次有效的传播。 有听众在听过报道后说,"原来上海还有这些好的养老政策",民政部门负责养老工作的相关负责人也表示,有时候"酒香也怕巷子深","好政策"要有"好吆喝",才能得到更好的推广和应用。

蹲点日记：没有围墙的养老院

2019年5月26日　蹲点日记第一篇
生根：社区里悄然出现的"养老枢纽站"

上海的民生热词"老小旧远"，养老排在第一位！根据预测，上海户籍老年人口2020年将达到540万，增强老年人的获得感和幸福感，上海在持续加大投入的同时，不遗余力地创新服务模式和制度供给，让投入发挥出最大的效能。本台记者汤丽薇、汪宁近期就在本市大力发展的"嵌入式"养老机构持续蹲点采访，探究家门口"一碗热汤"距离的养老服务如何生长、进化，使"没有围墙的养老院"在上海越来越多的地方生根、发芽、开花。今天播出蹲点日记第一篇——生根：社区里悄然出现的"养老枢纽站"。

【车水马龙声　压混】
每天繁忙穿行于陆家嘴高楼森林的都市男女们，或许很难意识到，上海这个快节奏的大都市"变老"的速度正越来越快。其实，只要穿过第一八佰伴的繁华商圈，拐上几个弯，一个感觉"很不陆家嘴"的老龄化世界就会呈现于眼前。
【护理员：我来讲一下分数怎么弄，这个里面10分，这里面6分……】
这是位于一所老式居民区深处的"陆家嘴长者综合照护家园"，在这里，一位护理员要教会老人们玩磁铁飞镖，都要花上很多时间。负责人赵正亚说，当外面的年轻人总感叹时间飞逝时，这里要做的却是将漫长的时间填满，让老人们不那么寂寞。
【赵正亚：有的是康复，住院术后的，有的是子女出去旅游，然后家里有特殊情况暂时无人照顾的，在有需求的前提下为他服务。】

这座面积约1000平方米的养老机构,就像一个微型的"枢纽站",里面集合了24小时照顾的长者照护之家、8小时服务的日间照料中心,以及随时可以上门的护理站服务等多类设施。附近的居民,只要有养老需求,到这里几乎都能找到合适的方案。

【吕先生:这是我妈,2016年1月一下子摔了,我们家住在6楼,她爬楼不方便,这里环境还是比较好的,年龄这么大么就是让她开心点嘛。】

当吕先生捧着一饭盒炒素菜从家赶来,看望住在二楼长者照护之家的妈妈时,香喷喷的菜还冒着热气。表达已不大流畅的妈妈,看着儿子坐在面前,脸上充满笑意,吕先生说,从前妈妈对养老机构总有些抵触,可这个离家只有"一碗热汤"距离的地方却让她感到安心。

【吕先生:我家在9号,就一个小区的,我天天来,她要吃什么给她拿点过来。】

长者照护之家总共32张床位,和许多养老院里的床位一样"抢手"。统计显示,截至去年年底,上海的老年户籍人口已超过总户籍人口的三分之一,尽管目前全市养老床位超过14万张,而且每年增加,但在庞大的基数面前依然有些"力不从心"。这里的设施长施君洁说,他们想努力实现的是将人力、物力资源盘活,向周边更多社区的居家老人辐射,提供日间照料和护理服务。

【施君洁:在白天整个照护当中,我们所有资源都会互通共享,星期一到星期五是来这边日托的,如果说星期六星期天,因为我们日托是不开放的,就由护理员上门为他提供一些服务。】

这也就意味着,在护理人员数量基本不变的情况下,综合式"养老枢纽"让有限的床位产生显著的"溢出效应"。这里的经营方上海福苑养老公司副总经理李小华算了一笔账。

【李小华:比方说一个长者照护之家可以同时为30位老人提供服务,街道每年会补贴40多万元。那么像我们这样的综合为老服务中心,除了有30张床位还包含了日间照护中心、护理站、助餐点、养老顾问点等设施,街道一年补贴80多万元,虽然看上去补贴翻了一番,但实际上综合为老服务中心能够服务老人的数量是长者照护之家的5~10倍。】

愿景很美好!但在具体落地运营中,却没有这么理想。扎根社区的这家照料中心,最受欢迎的依然是那32张床位。赵正亚说,同一时期,愿意为日间照料埋单的老人始终不超过十来人,预约上门护理的人数也一直多不起来。

【赵正亚:相对而言日托的需求还是比较差一些,还是没有像长者或者是像敬老院这一块需求量那么高。】

为何除了"床位",这些年,各类形式多样的其他养老服务始终很难"跑起来"?照料中心工作人员汪文婷的切身经历或许多少能揭开这背后的逻辑。

【汪文婷：我父母一个70岁一个80岁，刚才我妈给我打电话，我爸早上也在家摔一跤，住周浦。如果说我现在赶回去都要一小时，他们有些什么情况我帮不了。我希望我父母能接纳的是什么？就是日间有个照应，有人帮你烧饭。他们接受不了，我花钱还要给别人，我为什么？他们两个现在宁愿自己在家里。我说我做了十年养老，为什么我还是劝不动我自己的父母，一个经济上面，一个是老传统观念上面。】

养老服务不能只靠"一厢情愿"，上海如何用好"制度供给"这根针，将养老服务网织牢、织密，使之更加贴合老年人的现实和心理需求，明天我们继续从实践中寻找答案。

以上由记者汤丽薇、汪宁报道。

2019年5月27日 蹲点日记第二篇
发芽：长护险助力破解"床位"困局

上海已经连续21年把"增加养老床位"列入年度的市政府实事项目，但不少地方仍是"一床难求"。相比之下，这几年加速落地生根的社区养老服务业，从市场反响来看，却有些不温不火。其背后，有根深蒂固"养老不离家"的观念因素，也有老人支付能力方面的原因。不过，本台记者汤丽薇、汪宁在蹲点采访中发现，去年在上海启动试点的长护险已经开始逐渐"撬动"这一市场。请听蹲点日记第二篇——发芽：长护险助力破解"床位"困局。

【修路嘈杂音

汪文婷：喂，史阿婆，我是汪汪，你开开门……压混】

跟随陆家嘴长者综合照护家园的工作人员汪文婷，我们来到了距离"家园"步行大约15分钟的乳山二村小区。因为这一天，78岁的独居老人史阿婆没有像往常一样出现在日间照料中心，而她不能准时"报到"的原因，只是因为自家的楼栋前出现了一条改造管网的沟，这对于曾经中风过的她来说，足以拦住去路。

【汪文婷：你这下面凿成这个样子你是不要出来了。

史阿婆：我不敢跑出去。我感到很郁闷的哦，没人讲话。】

阿婆是在去年加入的日间照料中心，当初她得知家附近有个能让老人白天说说话还包午饭的地方，就很快拿了主意，每月从退休金里掏出1000多元钱，给自己"空荡荡"的日子买个"人气"。

【史阿婆：一个人在家里老是这里不舒服那里也不舒服，那里去人多一点，有活动，有高兴的事，在一起嘛时间好过快一点。】

一年下来，阿婆对日间照料中心有了很强的依赖。不过，有件事阿婆一直想不通，这么好的地方，怎么始终没见人多起来？老伙伴们一直就那么几个。

【史阿婆：人少，一共只有这几个。】

老人们都去哪儿了？记者在蹲点采访中发现，如果把"居家养老""日间照料""护理站"等视为养老产业链上的"前端"服务，养老院的"床位"视为"后端"，那么当下大部分老人的养老诉求都"挤在"了"后端"上，也就是说，只有到了"不能自理"那一刻，才会选择养老服务。在市民政局养老服务处处长陈跃斌看来，当前需要大力"撬动"养老产业链上的"前端"市场，让老人们在身体状况还不错的时候，通过专业服务得到有效的健康管理。老人生活质量提高了，也能延缓进入"后端"市场的时间。

【陈跃斌：这一代的老年人需要养老服务的需求还没有爆发。】

社区里一个个悄然生根的"养老枢纽站"，已经将"前端"养老服务送到了老人们的家门口。陈跃斌说，还要找到一根可以"撬动"老人需求的"杠杆"，才能使这片市场豁然开朗。

【陈跃斌：老年人的收入相对来说偏低，第二个他有钱也舍不得花。那么这种情况下，开始要探索支付保障，所以我们这两年推的长护险可以撬动需方、撬动市场。】

根据目前上海试点的长护险制度，年满60周岁的职工医保或居民医保参保人员，只要经评估达到一定护理需求等级，就可享受包括基本生活照料和临床护理在内的42项服务的资金保障，很大程度上减轻了老人家庭的经济负担。不久前，为婆婆成功申请到长护险的薛女士就深有感触。

【薛女士：我长护险帮她申请的就是脚底按摩，对老人相当好。】

薛女士坦言，这种一小时65元的护理服务，放在从前，她宁可自己多辛苦，也不愿自掏腰包，现在长护险能报销90%的费用，这样一来，每周就算护理员上门3次，也完全负担得起。截至目前，全市已有超过30万老人成为长护险的受益者，"上门护理"这一从前颇为冷清的养老服务，随之快速升温。不过，当下长护险所能覆盖的养老服务项目仍较为有限，要想让这一创新的"制度供给"发挥更大作用，需要从顶层设计入手，进一步优化、完善。有行业内人士就建议，将目前只能二选一的长护险和居家养老服务"拼接"起来，为老人提供统一的"菜单式"服务，再比如，将每天收费同样是几十元钱的"日间照料"也纳入长护险。陈跃斌说，如果长护险能覆盖更大的范围，将大大促进养老服务的业态发展。

【陈跃斌：老年人他的获得感会更强，老人起床以后，就直接车子把他接到日托所里面来，晨间护理、吃早饭、然后洗脸刷牙什么的，然后他有一个消费的意愿和习惯以后，那整个这个市场就出来了。】

下午4点半过后，日托的老人们正在家人的陪伴下一个个从综合照护家园里走出来，踏上回家的路。路边一片绿地上，一位60岁左右的阿姨正认真地帮孙女数着跳绳。

【(跳绳音压混)16、17、18、19……快点快点。】

他们很快就会知道，一个月后，增加疾病病种、合理调整降低疾病权重、优化认知症内容与维度的长护险评估标准2.0版将在上海正式上线。这座城市里所有已经或是正在老去的人们，都会成为真正的受益者。

以上由记者汤丽薇、汪宁报道。

2019年5月28日　蹲点日记第三篇
开花：养老顾问，从有限到无限

从资源供给到制度供给，上海在养老领域的投入持续加码发力。然而，政策到达率不高，供求信息不匹配的问题，多年来一直存在，直接影响到资源配置的效率。为打通这"最后一公路"的信息"梗阻"，上海正在完善"养老顾问"制度的基础上，打造全新的信息化"养老服务平台"，力图让养老服务"触手可及"，市民做选择能像"网购"一样方便。请听本台记者汤丽薇、汪宁发来的蹲点日记第三篇——开花：养老顾问，从有限到无限。

【电脑启动音】

早上八点，普陀区长征镇的养老顾问刘振鸣走进办公室，刚打开电脑，一位60多岁的居民杨先生就找上门来，因为家里92岁老人的养老问题，已经拖不得了。

【杨先生：帮我丈母娘就是长护险或者是有养老院的看一看，到底哪一个好，她自己还能动动走走。

刘振鸣：老人有没有一点认知症(障碍)之类的？

杨先生：有脑梗、开始脑萎缩。

刘振鸣：有一些机构比较适合于做认知症的康复……】

几轮问答下来,杨先生直呼自己找对了人。经验丰富的刘振鸣很快就为他敲定了一套养老方案,还带着他步行到不远处的镇社区服务中心,现场就办妥了申请手续。

【刘振鸣:您先取个长护险的号。王老师,您帮他看一下。

窗口工作人员:老人有医保的,对吧?

杨先生:有。】

刚送走杨先生,又有一位"老相识"为了长护险报销的事儿找上门来。记者跟随采访一个上午,刘振鸣接待了四位来访者,又抽空骑车赶到一位老人家看看护理情况,还接到三通咨询电话,从居家养老到挑选养老机构,没有十几二十分钟,手机根本放不下来。中午时分,刘振鸣回到办公室,记者发现,他一早泡的那杯茶一口未动,而此时微信里又已积下了许多未读信息。

【刘振鸣:现在实在是咨询的人多,有时候是有点捉襟见肘的。】

一个字,忙!不仅是刘振鸣,全市眼下几百名养老顾问普遍都有这样的感受:老年人的情况各不相同,服务好他们,不仅要通晓政策,还要懂心理、善沟通,尤其是要有一副把别家事作为自己事的热心肠。这样的人在基层,哪里都缺。养老需求越来越大,更多的顾问哪里去找呢?针对这一难题,上海的民政部门决定借助"互联网+"与"大数据"的力量,打造网上"养老顾问"。在上月15日本台《2019民生访谈》节目中,市民政局局长朱勤皓首次向外界透露,上海正在构建"养老服务平台",让市民寻找养老服务能像网购一样方便。

【朱勤皓:我们将运用大数据和智能化的推荐等技术,让老年人根据自身身体的情况、经济状况等信息,利用平台的自主的查询、智能的向导服务等功能获取各种服务的建议。我也有一个希望,就是未来广大市民寻找养老服务能够像上大众点评找餐馆、淘宝购物一样的方便。】

一个多月过去了,这一平台目前已处于正式上线前的最后测试阶段。在市民政局养老服务处,记者尝鲜体验,在电脑上打开首页,只见智能养老顾问、新版养老地图、养老服务机构查询、养老政策智能搜索等选项卡一目了然。登录后输入身份证号,就能够查询了解到自己的评估等级等信息,结合个性化的需求,获取养老设施和政策等针对性推荐。不过,目前该平台还无法直接预约养老服务。市民政局养老服务处副处长葛健说,他们正在加紧完善,未来通过更多的数据累积和学习后,平台将变得更加全能和智慧。

【葛健:完整准确地把全市所有几千家的养老机构的信息准确无误地搜集上来,我们也同步建立了数据更新机制。我们也在跟各个区讨论,把老年人的一些预约功能,比如说像使用大众点评一样可以直接网上来订餐了,也会尽快把微信版推出,包括 App。】

记者了解到,这一平台还有面向民政系统内的版本,等于说给养老顾问配上了贴身助手。可以期待,当这一平台上线并不断地升级迭代,对接供需的"养老顾问"将从分散且有限的一个点,扩展为全天候、广覆盖的一张网,链接并盘活上海越来越多的养老资源。当供给和需求越发精准地对接,整个市场的确定性持续提升,就会有更多的要素和市场主体投身其中。在距离市中心两小时车程的崇明区向化镇,记者看到十几位家庭妇女集聚在一个养老培训基地里,练习着换床单、推轮椅、按摩等护理技能。施春柳就是其中一位,她期待着,生活由此发生改变。

【施春柳:都在说长护险好嘛,就是在发展这个嘛,现在报名的人很多很多,学了以后为自己做个保障,在服侍老人方面肯定也比较好的。】

"蹲"下去把新闻写得更鲜活
—— 评《蹲点日记:没有围墙的养老院》

市委宣传部新闻阅评组副组长　秦恒骥

上海人民广播电台《990早新闻》播出的这组《蹲点日记:没有围墙的养老院》系列报道,给受众突出的"听觉享受"就是鲜活,因而新闻的特质很明显。这组报道反映的是养老服务,这是当下最热门的话题之一,既是社会问题,又考量着政府的社会治理能力,需要通过新闻宣传不断地推进这一工作。近年来,媒体宣传在这一领域也投入了很大力量,以至成为"老话题"。但既称为新闻宣传,"老话题"也应报道出新意来,"炒冷饭"是断断不行的,新闻性应该成为体现宣传有效性的重要考量。

《蹲点日记:没有围墙的养老院》这组报道选择了上海在养老事业推进中,涌现出的最新的最有新闻价值的典型事实予以报道,探讨如何在方式、制度方面的创新,使养老事业更加丰富多样,提供有价值的借鉴。三篇报道分别介绍了一些社区创造的"养老枢纽站""长护险""养老顾问"三种因地制宜、因人而异的新型养老服务模式。从新闻的本质看,这些都是"新近发生的事实",或者说都是受众所不了解而又欲知的新闻事实,记者将这些做法定义为"没有围墙的养老院",推送给受众,确实令人耳目一新,是切切实实的"硬核"新闻。从采访活动的规律看,这些新闻素材的获取全在于记者对面上状况的熟悉和双腿的勤快。这是新闻能鲜活起来的前提。

好的新闻题材又需要好的表现手法。这一组三篇报道都采用了讲故事的方法。面对养老服务这一大主题，记者善于选择突破口，在突破口上"讲述"，将具有普遍意义的典型事实讲清讲透讲真切，特别注重将采访来的内容融入一个真实的场景、一个典型的人物、一场生动的对话之中，使听众有倾听娓娓道来的代入感，广播新闻的特色又活生生地跳了出来。这是笔者所说的"鲜活"的又一特征。

鲜活的新闻素材的获得，显然又不是"等靠要"得来的。仔细听这三篇录音报道，或仔细阅读文字稿，人们仿佛可以听见记者采访的"咚咚"脚步声。记者在选准采访方向后，采用的是蹲点这一看似最"笨"却是最有效最聪明的采访基本功，一个"蹲"字换来了汩汩流出的清清"活水"。这三篇报道的记者说："好的报道的出现，不仅仅是到现场，还要守得住，蹲得深。"诚哉斯言！试想，记者笔下"一碗汤"的距离、"养老顾问"的一天，诸多细节，记者不蹲在现场仔细观察、认真倾听，是断然"编"不出来的。

记者对行业总体状况的熟悉和掌握，扎实深入的采访作风，善于讲故事的能力，这三者应该是把新闻写得鲜活的基本功。其中记者的"走"，又是核心基础。虽然在发达的互联网条件下，记者获得信息的方式多元了，但"走"的基本功却是万万不可"稀缺"的。否则，鲜活的优秀新闻作品何来？！

谨记"蹲"字诀，写出好故事
——《蹲点日记：没有围墙的养老院》创作体会

上海广播电视台东方广播中心　记者　汤丽薇　汪　宁

近年来，"养老"一直都是一个超级民生热词，上海更是连续20多年把"增加养老床位"列入年度的市政府实事项目，并持续创新服务模式和制度供给。多年来对申城民政养老领域的采访让记者感受到，在这座城市里，"一碗热汤"距离的养老模式正不断汲取着养分，努力走到每位老人的家门口，越来越丰满的服务资源和政策供给，也激活了更多潜在的社会力量去思考、加入申城养老服务的行进队伍中。而类似社区养老顾问制度则打造了一批批织网人，链接起这些资源，让养老服务真正触手可得。

不过，尽管如此，你会发现几乎每个人身边都有老人家庭依然会面临"养老难"的问题，"一床难求"的养老现象至今仍然十分突出，而这背后的症结到何在？

为了寻找答案，一周的时间里，记者暂时抛下了自己的职业身份，真正融入养老产业链中的各个环节，将自己的角色切换为老人、家属、养老顾问，甚至是护理员，以他们的视角审视养老诉求的真正所在，挖掘养老产业"最后一公里"的信息"梗阻"问题，探究养老政策的可操作性，以及不断完善后的养老制度所能延展出的无限可能。

为了尽可能地接近事实真相，在媒体获取信息的渠道越来越多样的当下，该篇报道的采写过程不仅仅是"到现场"，而是在现场"守得住""蹲得久"。而这一个"蹲"字，也使整个采访过程中充满了惊喜。

记者们从步入第一家嵌入式养老机构开始就"扎根"了下来，陪老人们做活动、听行业人士说"门道"、到独居老人家拜访、跟随护理员上门服务，坐在养老顾问旁边听他们和家属们聊家常……记者还曾驱车前往距离市区 2 小时车程的崇明岛东部的向化镇，意外发现，在城市大力发展家门口养老的时候，以这里为代表的郊区并没有因为地处偏远而慢下脚步。在一个不起眼的培训基地，数十名朴实的当地妇女午饭时间仍然聚集在一起，搭班复习着为卧床模型擦浴、换床单、推轮椅等医疗照护证书的考核项目。上海对长护险护理员的需求，让很多三四十岁的家庭主妇找到了实现自我价值的机会，她们中很多文化不高，但却勤恳地完成着一次次教学培训，努力练习养老所需的一个个技能。镇里医疗照护证书考试通过率甚至达到了 100%，入职服务社后，她们还会接受额外的培训和带教以及严格监管。而很多服务社则不断思考着更进一步的发展，比如通过制度设置和培训，让这些有着基础技能的护理人员，再学会刮胡理发、维修、心理疏导等技能，更好更全面地为老人们服务。

这些扎实的采访就好比一大捧好的食材，使得炒出一盘"好菜"唾手可得。最终，记者梳理出一条清晰的脉络，通过分别聚焦"养老枢纽站""长护险""养老顾问"三种新型养老模式，以"生根""发芽""开花"这一万物生长规律作为逻辑递进的主题引领，连续推出三篇报道，抽丝剥茧地探究家门口"一碗热汤"距离的养老服务在上海如何生长、进化以及破局。

为了将好故事讲得动听，面对养老这一如此庞大又牵涉诸多环节的深度问题，三篇报道均选择将所有采访内容融入一个真实的场景、一个形象的人物、一场生动的对话之中，这种在听众耳边"娓娓道来"的诉说感，让报道在有厚度的基础上，更增加了传播的感染力和生命力。报道一经播出，迅速收获了众多关注，里面所提到的各种最新的养老政策，更是得到了又一次更广的有效传播，民政部门负责养老工作的相关负责人也表示，有时候"酒香也怕巷子深"，"好政策"要有"好吆喝"，才能得到更好的推广和应用。

一篇好的报道,比拼的不是新闻事件的大小,而是新闻事实价值的底牌大小,这张底牌的价值更要放在时代的大背景中考量。而该系列报道选题立意的"底牌"价值,可谓有着足够的"含金量"——推动"没有围墙的养老院"在上海越来越多的地方生根、发芽、开花,让上海的老年人,或是即将步入、终将步入老年行列的人群,都感到安心和暖心。

二 等 奖

2019年度广播电视奖(广播电视节目)参评推荐表

作品名称	临港日记		
作品长度	3分15秒;3分11秒;5分07秒	节目类型	广播新闻-专题-系列报道
播出频道(率)	FM93.4 上海新闻广播		
刊播栏目	《990早新闻》		
播出日期	2019年9月2日7时20分01秒;10月12日7时30分38秒;11月28日7时21分39秒		
主创人员	集体(胡旻珏、赵宏辉、范嘉春、孟诚洁、周导、俞倩、李斌)		
节目评价	在同一个地方,每天要找选题,《临港日记》推出之初,记者们的焦虑和压力可想而知。可当真的驻扎到临港,每天和新片区在一起,就像是打开了一个新天地。报道中,有展现职能部门的创新突破与"店小二"服务,有记录总投资超过百亿元项目的集中签约和启动,更有描绘无数生活在这片热土上的普通人的期待与憧憬。 这组报道中,有许多细节——深夜的管委会办公楼灯火通明;食堂里不同部门的工作人员凑在一起还是商讨项目;楼道里所有人就像是上足了发条的机器,走路都带着风。这些细节都记录在了这部有声音的《临港日记》里。		
采编过程	《临港日记》是上海自贸区临港新片区挂牌后,在《990早新闻》中专门推出的一组系列。当新片区来了,新政策来了,临港这片创新创业的沃土上,每天在发生些什么?每天又有着怎样的变化?它用一种日记的形式,每天和听众讲述记者蹲点临港的所见所闻;围绕这一个主题,记录这个地方、这些企业、这些人物的点滴变化。		
社会效果	《临港日记》播出至今,已有超过百篇。其中除了有新片区管委会组织的采访活动外,记者还观察、记录了许多临港的普通人、普通事,从他们的视角、他们生活的变化来展现新片区的独特魅力。这组系列随着新片区建设的不断推进,还将继续呈现,体现记者的"脚力""眼力""脑力"和"笔力"。		

临港日记

临港"特"在哪里

开篇词：

上海自贸区临港新片区特殊支持政策出台，50条力度空前的突破性政策，从不同领域和维度，给予临港发展最大的支持。

新片区来了，新政策来了，临港这片创新创业的沃土上，每天在发生些什么？每天又有着怎样的变化？本台早新闻今天起推出系列报道《临港日记》，讲述记者蹲点临港所记录的新片区、新气象、新未来。

（出片头）

临港似乎和"特"这个字特别有缘。早在2013年，上海在临港建立"特别机制"，实施"特殊政策"，也就是我们所熟知的临港"双特"。6年后的今天，随着临港新片区的揭牌，50条"干货满满"的特殊支持政策，让"特"这个元素更加凸显。临港究竟"特"在哪儿？100个临港人心中或许有100个答案。

对于在临港一家人工智能企业工作的梁博来说，"特"就是更加特别的人才吸引政策。此前一直在北京读书、工作的梁博，去年因为公司总部搬到上海临港，他也来到了这里。不过，由于落户、购房等限制，临港对他来说是工作的地方，却不是生活的"家"。现在，随着"临港50条"中，对符合新片区重点产业布局的用人单位的核心人才，"居转户"年限由7年缩短为3年，让他看到了希望。

【三年的话是我看得见的，是我马上就能够看得见的，所以这个时候时间的缩短对于人才的吸引，或者对于我们的吸引会很大。比如，我可以落户，我落户之后就会享受到很多当地的政策，对于我在这里安家会有很好的一个吸引力。】

去年入驻临港科技城的图森未来，专注无人驾驶卡车的技术研发与应用。副总经理薛健聪，关注的"特"是50条中关于推动无人驾驶产业的特别表述——"探索全面放开智能网联汽车道路测试，布局车路协同设施建设"。

【那有了这样的一条测试的意见之后，我们觉得上海市会逐渐从一个首先开放无人驾驶测试的城市，变成第一个开放无人驾驶和测试运营相结合的城市，这对于整个中国的无人驾驶的行业是有突飞猛进的帮助的。所以，我们也希望我们的无人驾驶卡车可以在临港新片区，早日把无人驾驶和实体经济去做一些结合。】

在上周举行的市政府新闻发布会上，市政府副秘书长、临港新片区管委会常务副主任朱芝松把自己比作是到临港新片区工作的一个新兵，在他的眼中，新片区的"特"，不仅是特别政策、特别环境、特别创新，这里更让人特别向往。

【我是到临港新片区工作的一个新兵，也欢迎、邀请各个领域的人才到我们临港新片区来安家落户、安居乐业，共享我们建设新片区的这样一个成果。在这片热土上，成就我们的个人的人生价值。】

以上是记者胡旻珏的《临港日记——临港"特"在哪里》。

招商推介会上的心动瞬间

(出片头)

昨天，临港新片区迎来了挂牌以来的首场招商推介会。参会的300多人里，有政府、开发园区等招商主体，但更多的是前来聆听新片区新政策、新布局的企业和机构。新片区要拿什么来吸引企业？临港新片区管委会专职副主任武伟一上来便开门见山：临港速度。

【在项目签约上，有70个产业项目已经初步具备了签约落地的条件。在行政审批上，比如新奥动力微型燃气轮机研制项目，从摘土地到拿到用地批准书、规划许可证、建设工程规划和施工许可证，只用了五天。五天就是临港速度！】

以"速度"吸引人，以产业聚集人，也要有完善的配套来留住人。作为临港新片区的001号新注册企业，临港新片区经济发展公司招商服务中心总经理白洋一上台，就向大家展开了一幅未来现代服务区的图景。

【北岛主要是以文化展示为主，到上面总部湾区，非常大的二环的生态公园，再到中央商务区。未来这个区会是什么样子？是一个湖边、一个高低错落，既有高强度的投资的高楼大厦，也有一些低密度的建筑为主的商务区。】

台下坐席上,德国药企勃林格殷格翰的首席财务官冯德奥不停地拿起手机,拍下关键信息。他说,最让他心动的是新片区关于人才引进的政策。

【英文:新片区在人才引进上的政策非常吸引我们。作为一家制药企业,我们需要大量的高端人才,临港在这方面提供了很多便利。我们将会继续关注临港的动态。】

两场情况介绍、八场主题演讲连轴,当天的推介会一直开到了傍晚五点半才结束,但仍然有不少企业留下来与各个开发园区对接洽谈。临港产业区公司招商管理部总监助理陈艺在会后不停忙着与各个企业代表接洽,自己的名片发完了,手里又多了厚厚一沓的各色名片。

【从8月6日,大概有一百来家了。现在接洽进入一个实质性推动的阶段都有好几十家。我们作为开发企业,通过方方面面的优势来支撑企业的发展。】

仙知机器人科技公司副总经理陈光彬也是留到最后的企业代表之一。他们公司已经和张江临港公司达成了初步的合作意向。他说,虽然要赶回公司金桥总部,但他就想多听听、多看看新片区在产业方面的优势和布局。

【初步的想法是先在这边设立一个研发的子公司。如果顺利的话,有可能明年我们就能够一部分开始往这搬进来。产业集聚了之后,人才是可以形成一个集聚的效应,包括相关的配套的一些供应商,对我们成本也是有优势的。】

从筑巢到引凤,从心动到行动,临港规划中的蓝图,已经不远。

以上是驻临港记者赵宏辉发来的《临港日记》。

我和我的临港故事

今天是上海自贸区临港新片区揭牌成立的第100天。从盛夏到深秋,新片区带着最初的激动与兴奋,逐渐走向更深层次的思考与谋划。

对照本月初习近平总书记在上海考察时,对临港新片区建设提出的新要求,新片区正以开路先锋、示范引领、突破攻坚的"闯将"斗志,积极推动内外交流,创新策源,全面参与全球竞争和市场融合,推动中国上海自由贸易试验区临港新片区实现更高质量的发展。

(出片头)

一个地方的成就,凝聚着无数人的才华和奋斗,哪怕是一名建筑工人、哪怕是一位出租车司机。临港,同样如此,在新片区挂牌后的这100天里,我认识了许许多多工作、生活在临港的普通人,听他们讲述自己的临港故事、临港梦。

今年国庆前的最后一个工作日,S2 高速公路海港大道立交匝道新建工程开工。在热火朝天的施工现场,我遇到了上海市政总院道桥院的丁学国,黝黑的皮肤,戴着安全帽,几乎一刻不停地奔波在工地上。

【心情很激动、很荣幸,参与到这个项目的建设来。临港现在不是大发展嘛,我们也会用尽全心全力来做这个项目,把这个项目做好。】

从一片滩涂到一座新城,老丁在临港挖过路、修过桥,现在又在为新片区更便利的交通布局打补丁。这个地方,留下了他的汗水、他的青春。

【临港新城还没建之前,包括这个环湖路、申港大道,我都参与过的。见证了临港一步步发展起来,我觉得临港发展前途很光明的,我自己也会继续奋斗。】

让临港这个地方不再遥远,让人们心里产生向往,冰厂田滴水湖幼儿园园长陈月红的感触就更深了。今年是她到临港的第 10 个年头,还记得 2010 年开办第一个幼儿园园区时,3 个班级 58 个孩子,就连老师都是从其他校区紧急借来的。

【第一年没有人,包括我园长的编制也是在老单位的,就是草台班子。一个是托班,一个是小班,还有一个是中大混合班,一个园长 5 个老师。】

从没有人到有人,从"不愿来"到"抢着来",如今,冰厂田滴水湖幼儿园有两个园区 27 个班级,859 名孩子,其中有不少是从市区搬来临港的。回想当初办园的艰辛,陈月红更愿意提及自己在临港收获的很多美好回忆。在很多场合,她都会说起这样一位家长:

【有一个家长是在物业里边做管道维修的。我一直把这个事情跟我们其他家长说,他虽然文化不高,每一次来都是穿的这件布的白衬衫,尽管有一点皱褶,但是洗得干干净净的,这个扣子扣到第一粒,非常有礼貌地跟老师打招呼。我觉得这个就是一个社会对教育形成的一种文化氛围。】

喜欢临港这种氛围的还有"网红打卡点"大隐湖畔书局的店长庄传锋。新片区挂牌 100 天,在他的书店里都能看出许多变化——人气在变旺,年轻人、非本地人在变多,就连最畅销和最热门的书籍品类都在变。他告诉我一个很有意思的细节,现在很多人一进书店,都是直奔人工智能、无人驾驶、智能制造类书籍专区。

【这个方面的书籍购买量和需求量都有一个明显的增加。像之前有一位客人年龄都比较大了,他就直接买了好多本关于 5G、人工智能,想多了解一下临港的未来也好,临港之后的产业政策。】

当区域定位、产业导向深入到普通人的精神生活,新片区的魅力和气质也在点滴汇聚中不断凝练。在上海天文爱好者群体中无人不知的"水兄"施韡,从小就喜欢天文,经常到芦潮港看星星,后来加入了上海天文馆的建设团队,到临港追逐梦想。

【2009 年的时候,我们这边有一个日全食。在上海地区,只有临港这个地方是观测成功的,当时我就在南汇嘴,这块地方也算是一块福地。】

施韡说,小时候喜欢天文只能算个人爱好,现在作为上海天文馆建设指挥部的展示教育主管,他还有个更大的梦想,让更多人爱上星空,燃起探索宇宙的梦。

【能够在这个地方,又是一片热土,又是一片代表着创新的地方,把我们天文馆完美地展现在大家的面前。之前可能是一种爱好,那么未来就是自己的一份事业。】

来临港新片区追梦的人还有很多,有因为痴迷观鸟,在临港守护湿地的上海海洋大学教授张东升;有为重拾儿时飞行梦,在临港研发轻型运动飞机的毛一青;以及许许多多,或许我们都还叫不出名字的年轻创业团队。他们每个人,都是新片区的开拓者、建设者、见证者和守护者。

以上是记者胡旻珏发来的《临港日记》。

2019年度广播电视奖(广播电视节目)参评推荐表

作品名称	"上海立法实施垃圾分类第一天"现场直播		
作品长度	26分57秒	节目类型	广播新闻-现场直播
播出频道(率)	FM93.4 上海新闻广播		
刊播栏目	990早新闻		
播出日期	2019年7月1日		
主创人员	毛维静、刘匀娴、沈馨、李英蕤		
节目评价	习近平总书记于2018年考察上海时强调,垃圾分类工作就是新时尚。垃圾综合处理需要全民参与,上海要把这项工作抓紧抓实办好。在习近平总书记的指示下,上海于2019年7月1日正式实施《生活垃圾管理条例》。当天早上的《990早新闻》节目通过音视频在传统广播和移动客户端,推出全媒体直播《上海立法实施垃圾分类第一天》,聚焦生活垃圾全程分类首日落实情况,呈现上海市民接受"大考"的决心和过程。现场直播突出第一时间,现场直击。从清晨开始,多路记者来到居民社区、车站机场、商家餐厅等现场,与居民、执勤人员、收运人员、顾客、网友交谈,将所见所闻呈现给听众观众。此次新闻直播是《990早新闻》音视频同步、线上线下联动的一次全媒体直播。 值得一提的是,这一直播节目不仅时效性、新闻性强,而且实事求是,不回避问题。如有上班族留言希望增设延时投放点,还有听众关心垃圾清运后是否仍不分类等,都在直播中连线权威人士予以解答,回应群众关切,化解疑虑和矛盾,推进这项工作抓实办好。而直播中对多个基层点面的充分报道,也体现了媒体人乐于思考、勤于采访、善于表达的素养。		
采编过程	"上海立法实施垃圾分类第一天"现场直播是广播新闻编辑部和采访部通力合作的一次典范。早在节目播出之前,编辑记者就多角度多方位进行了部署。7月1日清晨,多路记者从居民社区、收运转运、机场公交、餐饮商家等具有代表性的现场,将所见所闻第一时间展现在听众和观众面前。节目播出期间恰逢浦东某小区垃圾投放定时点,记者跟随居民一起前往垃圾投放点,		

采编过程	与志愿者交流,并采访城管执法人员,整个过程生动地体现了上海市民对于垃圾分类第一天的充分准备。而在虹桥机场这类人流集中的公共场所,记者通过话筒和镜头,向听众和观众传递了现场井然有序的引导流程。对于市民关心的垃圾"混装混运"问题,记者也跟随垃圾收运车,体验整个转运过程,回答市民的疑问。这些第一现场的情况都通过当天的直播节目第一时间呈现在听众和观众面前。 在多方直播连线间隙,主播还实时与网友互动,有上班族留言希望增设延时投放点,还有市民关心垃圾分类后的去向,这些问题都在《990早新闻》中得到回应。
社会效果	上海是全国第一个立法实施垃圾分类的城市。2019年7月1日,法规正式实施的第一天,全市关注,全国瞩目。《990早新闻》是一档晨间大版块新闻,在整个城市刚刚醒来的时候,最早以现场直播的形式,用话筒和镜头对准垃圾分类的第一现场,展现整个城市为此所作的精心准备和实施决心。来自索福瑞的收听数据显示:节目播出当天,该时段收听率达到1.87%,市场份额超过16%,仅广播端覆盖受众就近30万人。从新媒体客户端来看,阿基米德App《990早新闻》社区当天听众留言就有近百条,产生了良好的社会效应。

"上海立法实施垃圾分类第一天"现场直播(简介)

习总书记2018年考察上海时强调,垃圾分类工作就是新时尚,垃圾综合处理需要全民参与,上海要把这项工作抓紧抓实办好。在习总书记的指示下,上海于2019年7月1日正式实施《生活垃圾管理条例》。全市参与,全国瞩目。当天早上的《990早新闻》节目通过音视频在传统广播和移动客户端,推出全媒体直播《上海立法实施垃圾分类第一天》,聚焦生活垃圾全程分类首日落实情况,呈现上海市民接受"大考"的决心和过程。直播节目突出第一时间,现场直击。从清晨开始,多路记者来到居民社区、车站机场、商家餐厅等现场,与居民、执勤人员、收运人员、顾客、网友交谈,将所见所闻呈现给听众观众。此次新闻直播是《990早新闻》音视频同步、线上线下联动的一次全媒体直播。

此次新闻直播虽然只有半个小时不到,但是从前期策划、方案落实,到宣传推广、实时直播,每个环节都经过了充分准备。7月1号清晨,多路记者同时出击,前往不同地点。小区居民扔垃圾是否按规定执行?是否有违反规定的行为?社区志愿者怎样为条例实施尽心尽责?清运垃圾是否有混装、混运的情况?执法人员如何既秉公执法、又柔性管理?记者通过话筒向听众全程展现垃圾分类的整个过程。

为了丰富直播内容,掌握直播节奏,增加市民听众的参与度,在多方直播连线的间隙中,编辑还适时加入了网友互动留言的板块。有上班族的听众留言希望增设延时投放点,还有听众关心垃圾分类后的去向,这些市民关心的问题也都在《990早新闻》节目中得到回应。同时,主持人还在新闻直播中加入评论,呼吁市民积极参与,共同打好垃圾分类持久战。这既体现了广播新闻人的专业性,也是广播新闻人社会责任的展现。

来自索福瑞的收听数据印证了市民的关注度:节目播出当天,该时段收听率达到 1.87%,市场份额超过 16%,仅广播端覆盖受众就近 30 万人。从新媒体客户端来看,阿基米德 App《990 早新闻》社区当天听众留言就有近百条,产生了良好的社会效应。

2019年度广播电视奖(广播电视节目)参评推荐表

作品名称	新上海的70个瞬间		
作品长度	5分28秒、3分22秒、3分30秒	节目类型	广播新闻-专题-系列报道
播出频道(率)	FM93.4 上海新闻广播		
刊播栏目	990早新闻		
播出日期	2019年5月27日—2019年9月13日		
主创人员	集体(陈逸洁、邬佳力、周仲洋、李英蕤、葛婧晶、金亚、钱秋安)		
节目评价	为纪念新中国成立70周年、上海解放70周年,主流媒体如何从上海这一"共和国长子"厚重的发展史中提炼出一条生动、具象的故事线,从而引领受众捕捉这座城市的生长轨迹?《新上海的70个瞬间》——城市声音笔记以70个集成丰富史料的传奇故事作答,铺展一幅申城"奋斗创造传奇"的画卷。每则声音笔记均充分挖掘音像资料馆的丰富库存和记者的新鲜采访素材,辅以背景音乐、新闻报道剪辑,受众可在闭目聆听中感受城市的发展脉络。对于历史的亲历者而言,这些声音可以勾起回忆,而对于年轻受众,则是聆听上海成长脚步的引子,记录着上海发展的坚实脚印。		
采编过程	新媒体率先推出,多角度集纳奋斗故事,全景展现城市传奇: 提前于传统广播端,《新上海的70个瞬间》城市声音笔记系列短音频率先登陆阿基米德App、话匣子FM双平台首发。并于5月26日全网推送,澎湃、上观、今日头条等平台纷纷转载。该网页持续更新并于2019国庆前夕达到最高潮,全景式展现上海解放70年来,尤其是改革开放40多年来城市发展的巨大成就。 系列短音频以小视角、轻量化、精品化的方式呈现宏大主题: 全系列共70集,其中每集时长3分半左右,内容精练、角度精巧。将上海解放70年,尤其是改革开放40多年来的城市传奇、浓缩为70个传奇故事,以知情者个体口述、记录者客观表达、历史音响还原等方式,展现令人骄傲的时代成就,展现城市精神,发出海派之城的动人声音,同时勾勒出向更高层次发展的未来城市愿景。关键人物的历史声音与当今继承者声音交替,历史动因与现实举措话语对接,音响丰富、充分展现短音频特色。如《上海牌手		

采编过程	表——中国第一名表》一篇中,儿子与父亲两代人的传承对话引出大家的回忆,点面结合,引出上海牌手表,民族制造业的发展前景。再比如"曹杨新村",穿插妈妈合唱团从20世纪90年代到现今的合唱歌曲,让历史在声音中穿梭,体会城市发展的温度。 突出"声音笔记"创新概念,多息手段讲述城市记忆,扩大融合传播效能:系列宣传的片头上运用祖孙对话的形式,探讨何为"城市传奇",并打开"声音笔记"引出城市声音记忆,整个《城市声音笔记》系列充分运用年轻语态,阿基米德新媒体专题页面设置上,以体现广播特色的短视频为主打产品、辅以图文解说、手绘漫画,多样展现"城市声音笔记"。同时配发新媒体海报,通过在微信、微博端的大量流转,实现多渠道分发。
社会效果	该系列短音频从2019年5月27日起登陆上海人民广播电台《990早新闻》黄金时间播放,截止到9月13日,70集在广播线上全部推出。据央视索福瑞统计,日均收听76.8万人次、累计收听人次超5376万。足见,真正的好故事总能"声"入人心。此外,该系列还适应新媒体的传播思路。每期节目均配有专门海报,除提炼出主题文字外,海报印有短音频的二维码,扫码后可在阿基米德或话匣子FM收听收看。该系列的二维码不仅在微博、微信端大量流转,同时登陆上海轨交二号线车厢,实现了乘客扫码收听,最大限度地达成了该档主流节目的多方位覆盖。

新上海的70个瞬间

曹杨新村,中国第一个工人新村

【片头】
【播音】《奋斗创造城市传奇——新上海的70个瞬间》今天播出：中国第一个工人新村——曹杨新村。

【实况】（曹杨新村好风光喔好风光……）
【插播】唱这首杨柳青小调的老人叫赵爱英。1952年,为解决百万产业工人的蜗居问题,上海市政府兴建的中国第一个工人新村——曹杨新村首批住宅顺利竣工。红瓦白墙的小楼整齐划一,配有煤气和抽水马桶,道路上绿荫茂密……对于曾经住在滚地龙、茅草棚的工人们来说,曹杨新村简直是心中的"天堂"。首批1002套住房,只有劳动模范和先进工作者才有资格入住。赵爱英跟着作为优秀汽车工人的丈夫,成为他们当中光荣的一员：
【实况】（心里感动的,好像我做梦也没有想到今天能够住到这么好的房子。）
【插播】纺织系统知名劳模绍森老人曾回忆当年搬家情景：
【实况】（敲锣打鼓,很热闹,跑到屋里摔跤了。这正漆地板锃亮的。旁边四周围很干净。）
【插播】20世纪50年代起,曹杨新村先后建起了商店、学校、卫生所,以及文化活动场所等一系列公共设施,形成了我们现在所熟知的"社区",而曹杨新村也不断扩建,陆续建造了二村、三村直至九村。曹杨新村也拉开了中国城市社区生活的序幕。几十年来,曹杨新村还作为反映上海人民生活的"样板"窗口,接待了来自世界155个国家和地区的外宾10万多人次,外宾们在上海老妈妈合唱团的唱歌中,感受着曹杨新村带给上海市民的传奇。历史翻开新的一页,上海的城市更新和人居环境改善始终没有停步,"留、改、拆"的每一项创举都增加着居民的获得感、幸福感、安全感。这座城市的建筑、街区、公共空间,或修旧如旧,或更新更潮,对标国际,用更先进理念不断诠释着温度和卓越。

(实况:居民歌唱声)

【片尾】奋斗创造城市传奇——新上海的 70 个瞬间,由上海市社联、上海市委党史研究室和上海人民广播电台联合呈现。

解 放 大 上 海

【片头】
【播音】《奋斗创造城市传奇——新上海的 70 个瞬间》今天播出:解放大上海。

【插播】1949 年 5 月 12 日,中国人民解放军第三野战军打响了解放上海的战役。5 月 24 日晚,前卫部队沿宽阔的柏油马路攻入市区,第二天就肃清了苏州河以南的残敌。中共地下党员邹凡扬:

【实况】(1949 年 5 月 25 日清晨,解放军入城了。我那一天一夜没睡。看到国民党军队逃,后面是解放军部队悄悄地进,很平静,没有开枪。)

【插播】经请示中共地下党组织同意,邹凡扬携带新闻稿和中国人民解放军入城布告,只身闯入国民党上海广播电台。清晨 6 点 05 分,"大上海解放了"的声音回响在上海天空,等待解放的上海老百姓纷纷涌上街头,沉寂的城市沸腾起来……

【插播】解放军入城前,陈毅发表了著名的丹阳讲话。要求市区作战不许用重武器以及部队入城后不得进入民宅。最终,人民解放军付出了牺牲七千多人的代价,进入上海。人民解放军跨过苏州河上的外白渡桥,当时留下了珍贵的声音史料:

【实况】(入城部队留下的珍贵的声音)

【插播】进入上海,长长的马队留下这清脆的马蹄声。清晨,许多上海市民打开家门,发现英勇攻取了大上海的胜利之师却睡在马路上,这旷古未有的景象对上海市民来说真是一份大大的"见面礼"。5 月 28 日,汉口路江西路口,上海市政府大楼 2 楼的市长办公室被打扫得干干净净,正虚位以待上海新任市长陈毅的到来。旧上海代理市长赵祖康:

【实况】（5月28日下午三点钟，陈毅同志、曾山同志、潘汉年，还有韦悫到市府来接收了。先开会，陈毅讲话，你们留在这里很好，共产党只要你们是为人民服务的，还是都欢迎的，话讲完之后，他就单独叫我到他的办公室里面去谈话。他希望继续叫我做人民政府工务局局长，我想，我是国民党工务局的，怎么能当人民政府工务局的呢，我心里怀疑了是吧，我就表示，我恐怕不能做，我想去教书。）

【插播】陈毅秘书朱青：

【实况】（赵市长当然有点紧张，陈市长那时候非常能做这方面的工作。你是我们很好的合作对象，请他留下来。）

【插播】赵祖康：

【实况】（赵先生，我们一定能很好合作的，你还做工务局局长，人民政府工务局局长，这句话对我印象很深。）

【插播】1949年5月28日，正式挂牌成立的上海市人民政府发布了第一号布告，由中国人民革命军事委员会委任陈毅为上海市市长，曾山、潘汉年、韦悫为副市长，市政府大楼上升起了鲜艳的红旗，这座城市终于完整地回到了人民手中。上海市委党史研究室主任徐建刚：

【实况】（上海的解放对中国革命是一个标志性的事件。5月30日，《新华社》发了一个社论说上海解放了，这个社论是毛泽东亲自修改的，毛泽东对上海解放的意义作了非常明确的阐述。他就说上海的解放标志着中国人民无论从政治上、军事上还是经济上已经彻底打倒了国民党反动统治。第二，中国人民追求的民族独立的地位得到了实现。这话什么意思呢，其实就是说中国民主革命的两大任务，政治革命和民主革命以上海的解放作为标志。）

【插播】1949年5月27日，上海解放了，历史由此步入了人民当家做主管理大上海的新时代。

【片尾】奋斗创造城市传奇——新上海的70个瞬间，由上海市社联、上海市委党史研究室和上海人民广播电台联合呈现。

上海牌手表：中国第一名表

【片头】
【播音】《奋斗创造城市传奇——新上海的70个瞬间》今天播出——上海牌手表：中国第一名表。

【实况】（应该说父亲一生，他所干的一件很有意义的事就是造了一块表，这是他弥留之际说的一句话。）

【插播】原上海手表厂第一任厂长刘思仁之子李挺每每提到自己的父亲，心中都充满了骄傲。父亲刘思仁是上海手表事业的开创者，上海牌手表也是上海人的骄傲，甚至整个民族制造业的骄傲。1955年4月，上海钟表行业的几十名师傅联名给上海市委写信，希望能够制造中国自己的细马手表。这一倡议得到了市委的支持。很快，刘思仁就从中国钟厂等20多家单位抽调58人组成手表试制小组。李挺说：

【实况】（开始的时候只有十几个人，在一个破庙，破庙的地理位置应该是法华镇路延安西路这一块。而且我记得很清楚的一点就是我父亲跟我说过，什么东西都没有，手表行业有个小的车床叫钟表车床，很小的，这小的车床都是那些老师傅们自己家里带来的。）

【插播】上海表业有限公司董事长董国璋是20世纪70年代末进入上海手表厂的，他也曾听自己的师傅说起过创业时的艰难：

【实况】（他们奋战了三个月，那个时候的零件是什么呢？有一部分是从伞骨，撑的雨伞上的伞骨，在那个很小的车床上车制出来，靠手工加工。）

【插播】为了研制手表的关键部件"马"，钟表师傅们自主设计铣床，自制铣刀，经过前后20多批集中试制，1955年9月26日，中国第一块细马手表在上海试制成功，掀开了我国手表工业史上划时代的一页，自此，上海牌手表踏上了辉煌之路。上海牌手表上市第一天，销售一空，不得不预约登记。很长时间，都需要凭票购买。上海作家胡展奋回忆当年，有了手表就有了显摆的资本：

【实况】（那个袖子管买来怎么这么长？袖子不能短一点吗？最好全世界人都看到我有表。天快热吧，天快热吧……）

【插播】因为过硬的质量、领先的技术，上海制造，成了一种引领全国的行业标准。在打响"上海制造"品牌的当下，那些代表着艺术设计、极致工艺、完美体验的上海品牌，依然"发新芽、长新枝"，续写着新的传奇。

【播音】奋斗创造城市传奇——新上海的70个瞬间，由上海市社联、上海市委党史研究室和上海人民广播电台联合呈现。

2019年度广播电视奖（广播电视节目）参评推荐表

作品名称	990早新闻：纪念上海解放70周年		
作品长度	1小时52分10秒（含广告）	节目类型	广播新闻-节目编排
播出频道(率)	FM93.4 上海新闻广播		
刊播栏目	《990早新闻》		
播出日期	2019年5月27日		
主创人员	毛维静、刘匀娴、沈馨、李英蕤、林思含		
节目评价	2019年5月27日是上海解放70周年纪念日。这是《990早新闻》在当日，将7点档和8点档打通，以近两小时的大体量，用直播手法播出的特别节目，是一次从内容到形式的有益有效创新，做到了内容与形式、传统与创新的有机统一。其主要特点如下： 一、营造的主旋律氛围浓烈。用近两小时的时段，表现重大主题，显示了版面编排中将主旋律奏响、放大正面宣传声音的决心和勇气，体现了新闻工作者强烈的主流意识和能动性，政治意识明显。 二、在对全部内容细致梳理的基础上，做到条理清晰、层次分明，14个板块各有主题，形成了连贯的服从总主题的主体框架，不枝不蔓、不松不散，主题始终突出。 三、节目的新闻性特征始终强烈。主题报道离不开背景和资料，由于对采访和连线环节的精心安排，在板块的组合上，将即时新闻与主题内容有机结合，交替播出，二者相得益彰，以新闻性强提升了主题内容的宣传到达效果。 四、编排的精密度高。近两小时的节目，连线与播音室严丝密缝，一气呵成。显示了编排的精细精心和广播编辑人员的业务素养。 五、广播元素丰满。充分运用了广播的声音元素，节目中大量采用音响素材，如外滩钟声、上海人民广播电台第一声呼号，凸显了历史的厚重感和听众的身临其境感，新闻的感染力强，也极好地提升了传播效果。		

采编过程	该节目的主题是以纪念上海解放 70 周年为切入点,报道中国共产党领导下的人民夺取胜利的艰苦卓绝的斗争;报道新中国 70 年来尤其是改革开放以来上海勇当排头兵、先行者的精神风貌和历史成就;报道党的十八大以来上海在习近平新时代中国特色社会主义思想指引下,牢记总书记对上海的嘱托,创造新时代新业绩的努力和成果。 在前期沟通中,编辑部和采访部根据实际情况和新闻研判,确定 5 月 27 日当天早晨,本台 6 路记者分赴上海展览中心、宝山月浦公园、龙华烈士陵园、上海自贸区、长三角 G60 科创云廊建设工地、证券大厦,第一时间带来现场连线。此外,当天早新闻还联动本台其他节目,进行了资源整合,制作了精良的短音频。从 5 月 10 日起,《990 早新闻》就按照 70 年前的历史节点,每天持续不断报告当年解放大军向上海推进的步伐,在海关钟声、老收音机特效、徐家汇气象档案、《新华日报》当年报道的烘托下,让听众从天天更新的宣传片中仿佛回到当年战火纷飞的历史氛围。在 5 月 27 日的早新闻中,编辑又将这段历史浓缩在 2 分钟的短音频中,让听众再次跟随解放军的脚步重走"胜利之路"。整个采编过程充分体现了全体上海广播人高度的政治新闻敏感,负责敬业的工作态度,以及敢于创新的精神。
社会效果	节目主题鲜明、主调高昂。由于体量宏大,采编播各环节通过精细策划,细分梳理,充分运用广播新闻的特点编排播出,共设置了 14 个板块、前后播出 57 个单篇,内容丰富而不冗长,有一气呵成之功,完美地体现了主题宣传的新闻性思想性,有入耳入脑的传播效果。 节目将持续一个多月的纪念上海解放 70 周年的活动推向了高潮。当天早新闻收听率 2.19%,达到了近半年来的高峰。同时,该节目也是上海新闻广播全天 16 小时大直播的第一炮,为上海新闻广播纪念解放 70 周年主题活动揭开了序幕。

990早新闻：纪念上海解放70周年特别节目(简介)

2019年5月27日是上海解放70周年纪念日。这是《990早新闻》在当日,将7点档和8点档打通,以两小时的大体量,用直播手法播出的特别节目,是一次从内容到形式的有益有效创新,做到了内容与形式,传统与创新的有机统一。

该节目的主题是,以纪念上海解放70周年为切入点,报道中国共产党领导下的人民夺取胜利的艰苦卓绝的斗争;报道新中国70年来尤其是改革开放以来上海勇当排头兵、先行者的精神风貌和历史成就;报道十八大以来上海在习近平新时代中国特色社会主义思想指引下,牢记总书记对上海的嘱托,创造新时代新业绩的努力和成果。

节目营造的主旋律氛围浓烈。用近两小时的时段,表现重大主题,显示了版面编排中将主旋律奏响、放大正面宣传声音的决心和勇气,体现了新闻工作者强烈的主流意识和能动性,政治意识明显。

在对全部内容细致梳理的基础上,节目做到条理清晰、层次分明,14个板块各有主题,形成了连贯的服从总主题的主体框架,不枝不蔓、不松不散,主题始终突出,有一气呵成之功,完美地体现了主题宣传的新闻性思想性,有入耳入脑的传播效果。

节目的新闻性特征始终强烈。主题报道离不开背景和资料,由于对采访和连线环节的精心安排,在板块的组合上,将即时新闻与主题内容有机结合,交替播出,二者相益得彰,以新闻性强提升了主题内容的宣传到达效果。

节目编排精密度高。近两小时的节目,连线与播音室严丝密缝,一气呵成。显示了编排的精细精心和广播编辑人员的业务素养。

广播元素丰满。充分运用了广播的声音元素，节目中大量采用音响素材，如外滩钟声、上海人民广播电台第一声呼号，凸显了历史的厚重感和听众的身临其境感，新闻的感染力强，也极好地提升了传播效果。

2019 年度广播电视奖(广播电视节目)
参评推荐表

作品名称	"扶贫先扶志"——学子扶贫项目意义深远		
作品长度	1分28秒	节目类型	广播短消息
播出频道(率)	FM102.7、闵行广播电视台		
刊播栏目	《新闻报道》		
播出日期	2019年12月11日		
主创人员	符强、薛唯侃		
节目评价	该报道在扶贫攻坚决战决胜的关键时期,以学子利用所学之长参与扶贫的视角,不仅呈现了扶贫成果,更突出了帮助贫困地区年轻人树立脱贫信心的重要意义。报道体现了习近平总书记"扶贫先扶志"的要求,也印证了习近平总书记在今年纪念五四运动100周年大会上说的"中国青年是有远大理想抱负的青年"这一观点。 同时,报道中提到的"从今天的脱贫迈向未来的发展和致富",让该报道的新闻价值得到进一步提升,体现出扶贫不只是眼前的脱贫,更要着眼长远的发展和最终的富裕,意义重大。 该短消息虽叙述精练、简洁明快,但逻辑清晰;虽报道切口小,但主题思想开挖十分深刻。		
采编过程	2019年是扶贫攻坚的关键年,记者发现,除了政府、企业、社会组织这些常见的扶贫角色外,媒体少有聚焦的青年学子也在扶贫中留下了积极参与的身影,并发挥了切实的作用,取得了实在的成果。 不仅如此,记者还发现,年轻学子的扶贫有他们的方式,烙着时代的印记,更有他们的理念,体现着年轻人的思想和抱负。他们不仅要帮助贫困地区同龄人脱贫,更希望帮助贫困地区同龄人思维上摆脱贫困,建立发展、致富的信心。这让记者意识到,这一新闻事实具有重大的报道价值,于是展开报道。		
社会效果	该报道不仅在上海电视台、闵行电视台、闵行人民广播电台等传统媒体平台上播发,更被不少新媒体平台改编转发,取得了很好的宣传效果。 同时,在报道产生的积极影响下,闵行区已开始进一步思考如何将学子网络结对帮扶作为可持续、可推广的项目,形成对内育人、对外帮扶的特色。		

"扶贫先扶志"
——学子扶贫项目意义深远

(导语) 记者今天从闵行区合作交流办了解到,扶贫攻坚,闵行学子也积极行动起来。他们不仅用所学之长帮助贫困地区增收,更帮助贫困地区年轻人树立脱贫的信心。

(正文) 今年10月,闵行四所中职学校的29名电子商务专业学生在区教育局的牵头下,通过网络与16名新疆泽普职校的学生对接,并用专业所学,帮助泽普学生开出8家网店,销售当地特产。闵行学生路静告诉记者:

【采访:闵行学生　路静:主要是帮助他们设计淘宝网店、包装设计,后期的话会有"满减""免减"等活动。】

网店开出后,闵行学子几乎每天都要通过网络与泽普学子沟通网络营销细节。功夫不负有心人,8家网店在两个月里卖出了5500多斤红枣和核桃,销售额近7万元。泽普学生凯比努尔·阿卜力米提通过网络告诉记者,如今他们开始相信,脱贫可以靠自己实现。

【采访:新疆泽普职校的学生凯比努尔·阿卜力米提:利用网络平台,将家乡的红枣、核桃卖得更多,卖得更远。】

区教育局职业教育科科长隋明表示,帮助贫困地区年轻人打开脱贫的思维,意义深远。

【采访:闵行区教育局职业教育科科长　隋明:青年一代思维脱贫了,他们的思路就通达了,才能从今天的脱贫迈向未来的发展和致富,这个也符合我们习近平总书记强调的"扶贫先扶志"的方略。】

2019年度广播电视奖(广播电视节目)参评推荐表

作品名称	揭下医美贷的"画皮"		
作品长度	3分41秒;4分20秒;4分20秒	节目类型	广播新闻-专题-连续报道
播出频道(率)	FM93.4上海新闻广播、FM90.9东广新闻台·长三角之声		
刊播栏目	990早新闻、东广早新闻		
播出日期	4月25日东广早新闻6点21分56秒、4月26日东广早新闻6点18分31秒、12月23日990早新闻7点43分17秒		
主创人员	陆兰婷、吴雅娴、孟诚洁、白瑞、唐晓婷		
节目评价	在防范化解金融风险的攻坚战中,小额贷款是一个重要领域,存在过度借贷、重复授信、不当催收、利率畸高、侵犯个人隐私等突出问题,而且渗透到不少行业,形成了一系列畸形的利益链条。不少民营医疗美容机构就与小额贷款公司相勾连,从医托揽客、虚假宣传、贷款埋单到催收借款,套路环环相扣,给患者带来了巨大的经济压力,也给社会造成很大的危害。记者敏锐捕捉到新闻线索,采访扎实,态度严谨,监督有力,舆论导向正确,切实推动行业主管部门扎紧制度的篱笆,持续加大监管力度。除了广播录音报道,记者还在东方广播中心微信公众号"话匣子"上同步发表图文报道,持续跟踪,进一步扩大了报道的传播力、影响力。		
采编过程	接到来沪务工患者的投诉,记者进行了深入细致的调查,揭露了真美妇科医院一系列违法违规行为,并跟进报道了监管部门的处理措施。为进一步了解行业乱象,记者又对其他医疗美容机构展开暗访,成功找到"深喉",了解到一系列潜规则。整个采访跨度近半年,记者把掌握的所有情况提供给行业主管部门,切实推动其持续加大监管力度。		
社会效果	首篇报道播出后,杨浦区卫健委就与区市场监管局、公安局组成联合调查组,进驻真美妇科医院。除了吊销真美妇科医院的《医疗机构执业许可证》,公安还将该案列入扫黑除恶案例之一。经侦查,真美医院和小额贷公司相关人员被检察院提起公诉。之后,上海市卫健委和公安部门加强了对医美贷的打击力度,除了真美妇科医院,上海还有多家医疗美容机构因非法贷款涉嫌套路贷被公安立案审查,对整个医疗美容行业起到了显著的震慑作用。		

揭下医美贷的"画皮"

第一篇：妇科小病被骗到民营医院做了六个手术，还糊里糊涂欠下了十万元的小额贷款

本台交通频率"1057大家帮"节目昨天(4月24日)中午接到听众涂先生的来电，反映他妻子妇科有点不适，被医托带到了民营上海真美妇科医院，做了六个不相关的手术，还糊里糊涂欠下了十万元的小额贷款。请听本台记者陆兰婷、吴雅娴发来的报道。

涂先生是来自河南的农民工。他的妻子今年55岁，由于小腹有点不适，4月4日在长海医院被诊断为细菌性阴道炎。虽然属于妇科当中的小毛病，但涂先生妻子还是有点着急。有朋友告诉他妻子，上海复旦大学附属妇产科医院也就是红房子医院看妇科病全国有名，于是第二天一早就让涂先生带她来到了红房子医院杨浦院区。挂完号，在候诊室等候的时候，一个女人主动与他们搭讪。

【涂先生：有一个女的，我们也不认识，她说那里做得比较好，叫上海真美妇科医院。她说到那边去就说是挂专家号，就是补11元钱，就可以直接挂专家门诊，就是说很快的。】

于是这个女人很热情地把他们从杨浦区的沈阳路的红房子医院带到了宁国路真美妇科医院。接诊的医生叫王海红，自称是主任。她的一番话，让涂先生夫妇如坠云里雾里。

【她就是说，这也严重那也严重，这个要做，那个要做，最后我说我们没钱做不了，她说做不了没关系，她说我可以给你分期付款。做手术我也不清楚，她在做手术，我也看不见，我也不知道，当时只是想到治病。】

在这个王海红的忽悠下,涂先生的妻子当场就在这家医院做了阴道紧缩术等六个手术。总费用将近 11 万元。而涂先生把自己身上的现金、支付宝、微信里所有的钱全部拿出来还差 9 万元。

【分期付款是 9 万元,我问过她,她说不是小额贷款。她说就是给你下载个软件就行了,她没有说利息。】

于是边上有人从涂先生手上拿过手机,熟练地在他的手机下载了一个"壹美分"贷款软件,几分钟之内,9 万元的贷款就到了医院的账户里。而加上利息,涂先生欠款总额将近十万元。这位靠打零工的农民工一年内每月连本带利要还 8300 多元钱。

【家庭有点困难,小孩子还没找到对象。是河南的。】

记者先看了涂先生提供的病历卡,上面的病情陈述、诊断、治疗等记录写得像天书一样根本无法看懂,唯一能看懂的是一个红颜色的印章,上面写着"您的病情和相关费用已经充分告知,并同意以上告知内容"签名处是涂先生写的妻子名字。节目当场联系了上海真美妇科医院的医生王海红。当她得知是广播电台的电话,没说两句,慌忙挂了电话。

【王海红:我要了解一下,因为我现在在忙,我查一下看看,我现在在忙,我一会儿了解一下,我们这个是这样的,我现在在忙(挂断)。】

在昨天的节目中,打来求助电话的还有好几位有同样经历的听众。那么堂堂的三甲医院怎么会混入医托?上海真美妇科医院的王海红是不是所谓的主任?为涂先生妻子做的六个手术到底是什么手术?和治疗阴道炎有没有关系?如果没有关系医院是否有诈骗嫌疑?等等,这些谜团有待我们一一解开。

第二篇:真美妇科医院已被责令停业整顿

本台昨天(4 月 25 日)播出报道,从河南来上海打工的涂先生带着他妻子到复旦大学附属妇产科医院也就是红房子医院看妇科病,挂完号后,却被医托带到了民营上海真美妇科医院,做了六个不相关的手术。为支付近十一万元的手术费用,涂先生糊里糊涂欠下了十万元的小额贷款。报道播出后,杨浦区由卫健委、市场监管局、公安局等部门组成联合专案组。目前民营上海真美妇科医院已经被责令停业整顿。请听本台记者陆兰婷、吴雅娴发来的报道。

涂先生接受采访时,情绪一直非常低落,他说:自己在上海打零工,生活上一向精打细算,从来都不宽裕。没想到在上海真美妇科医院给妻子看个阴道炎,不光花完了家里一万多元的积蓄,还欠下十万元的贷款:

【回来以后,就是心情非常不好。她病情看得那么严重,小孩子也这么大了,也没找到对象,我自身还有心脏病,一下子背了十几万元的债务。那时候说实话。真的想跳黄浦江的心情都有!】

报道播出后,杨浦区卫健委主动联系了电台。副主任刘欣宇告诉记者:听到广播后,他们当即派出执法人员,赶到位于宁国路313号的上海真美妇科医院,进行检查:

【我们在查实的过程当中,发现了涂氏夫妇的医疗文书和相关的票据,约谈包括院长在内的8个相关的当事人做笔录,发现了它违法的事实。这个人她做了六项的手术,我们调查下来是做医疗美容的这样的手术。

记者:她这些手术跟那个阴道炎?

执法人员:她的六项手术与她的阴道炎这样的疾病,是没有关系的。】

刘欣宇说,当天下午,杨浦区分管副区长还召集区卫健委、市场监管局、公安、街道等相关部门,召开专案组会议,明确下一步的工作:

【这个会议有几点的要求:一个卫健委继续查实、查细上海真美妇科医院有关的违法的事实,公安对涉案的相关的人员给予控制,启动相关的程序,市场监管这一块,继续查处它在其他方面的广告、宣传、价格违法行为,对它的违法违规事实不要遗漏,要查实、查细,尽快地做出对它相关的处罚的结论。】

据了解,上海真美妇科医院仅在最近一年不到的时间里,就因各种原因被杨浦区卫健委和区市场监管局处罚了七次。杨浦区卫监所的单所长介绍:按照《上海市医疗机构不良执业行为积分管理办法》,每个医疗机构一年的不良记录不能超过12分。其中,以雇用"医托"等不正当方法招徕病人的,查实一次就要扣6分。而真美妇科医院今年的不良记录已达到7分:

【记者:前面7分是因为什么原因扣它分的?单先生:它不能开展医美手术,我们查实它开医美手术,记的7分。扣满12分的,暂缓校验。记者:暂缓时间是多少啊?单先生:是1到6个月,它原来的病人可以看,但就不能收新病人,现在是停业整顿。记者:停多少时间?单先生:没时间。】

目前,杨浦公安已经给投诉人涂先生做了笔录,并调取医院的监控,让他辨认、寻找当时的医托。被收取的11万元的费用也将办理退款。另外在昨天(4月25日)中午,上海交通广播《1057大家帮》的直播节目中,有一位听众刘小姐也打进电话,反映了她在真美妇科医院遇到的同样问题:

【我在上周六去了上海新华医院做检查,原因就是没有来例假。我就在排队,她跟我搭讪,告诉我周末这边的话是不能给你进行全面的检查的,就给你打一个激素,然后她说小姑娘千万不能打激素,把我带过去了上海真美妇科医院。我就发现了很多患者就完诊之后,都是表情非常凝重,在哭在借钱或者是在干嘛,我发现我百分之百被骗了。】

以上由记者陆兰婷、吴雅娴报道。

第三篇:真美妇科医院被吊销行医许可证,但医美贷并未被根除!

今年四月,本台连续播出报道,一位外地来沪的55岁阴道炎患者,在红房子医院候诊时,被医托骗到了民营的上海真美妇科医院,做了六个与治疗阴道炎毫不相关的所谓下体美容手术,费用高达11万元。患者无力偿付,稀里糊涂地欠下了十万元的小额贷款。报道播出后引起了卫生监管部门的重视,杨浦区卫健委调查后,吊销了真美妇科医院的《医疗机构执业许可证》。经过长达几个月的侦查,日前,真美医院和小额贷公司的相关人员已被检察院提起了公诉。请听本台记者陆兰婷、吴雅娴发来的报道。

4月25日,本台就此事的第二篇报道播出当天,杨浦区卫健委就与区市场监管局、公安局组成联合调查组,进驻真美妇科医院。区卫健委副主任刘欣宇说,通过调查,他们对于医院和涉事医生都做了顶格处理:

【吊销它的医疗机构执业许可证,第二对涉事的王海红、万小文暂停执业6个月,按照我们上海最新的医师不良执业方案分别给予18分的处理。】

刘欣宇说,患者支付的十一万多元的手术费已经做了退赔,当时由医务人员帮他们下载的App申请的十万元小额贷也已结清。

【这个患者所发生的费用,已经都退赔掉了。】

上海市卫健委医政处的黄锐告诉记者,在吊销了真美医院的执业许可证后,他们将案件移交给了杨浦区公安局。

【公安把它列为扫黑除恶的一个案件之一,经过长达三四个月的一个侦查,在11月份的时候,杨浦区司法机关对真美医院的负责人、涉事的医务人员,以及当时那个没有资质的从事贷款业务的助贷机构,十几个人提起了诉讼,目前最后的判决还没有下来。】

黄锐说,事件发生后,他们加强了对医疗美容机构贷款业务的管理:

【我们也是要求医疗机构和我们的医务人员,不得向就医者主动去推荐这个医美贷的产品,一定要跟有资质的贷款机构进行合作,贷款机构在医疗机构放广

告啊宣传单,也是禁止的一种行为。】

不过,类似的现象目前并没有得到根除。一位医美业内人士向记者透露,这类贷款下来以后,不进入患者的银行卡,而是直接打到医院的账户。而且在他们行业中,还存在着一种门槛更低的所谓"砍头贷":

【目前有牌照的贷款机构也有,但是它审核比较严格,如果审核不出来的话,只能找其他公司贷款,虽然违规,但都有App,比如即分期、超贷,尤其是那个绿色通道,我们叫"砍头贷",就是贷一万元,他直接先砍掉二千到三千元,客户只能拿六七千元。】

这位业内人士表示,正是因为有了小额贷款公司兜底,医疗美容机构开价更是辣手!医护人员鼓动患者,只要下载一个App办个手续,钱就会天上掉下来。记者上周在一家名为容妍的医疗美容门诊部暗访,咨询贷款情况。咨询师表示,如果记者的贷款审核不下来,他们会帮助找"绿通贷"。

【咨询师:这平台有好几家,如果你的资质OK,我上次有个客人贷了十万元也贷下来了。

记者:她在哪里贷的?

咨询师:就这种贷款平台贷的。如果说真的贷不下来,我们到时候考虑再想其他办法,最后那种绿色通道。(什么叫绿色通道)私人贷,利息太高了。】

早在2017年12月,国家有关部门发布的《关于规范整顿"现金贷"业务的通知》中就明确,经营放贷业务,必须取得相应的资质,而且不得向没有收入来源的借款人发放贷款。记者将所了解到的情况告知上海市地方金融监督管理局监管和上海银保监局,但都没有回音。据了解,这几天,上海又有多家医疗美容机构因非法贷款涉嫌套路贷而被公安立案审查。

以上由陆兰婷、吴雅娴报道。

三 等 奖

2019年度广播电视奖(广播电视节目)
参评推荐表

作品名称	厘清居委会"一面墙",为基层干部减负松绑!		
作品长度	3分59秒	节目类型	广播新闻-长消息
播出频道(率)	FM93.4 上海新闻广播		
刊播栏目	《990早新闻》		
播出日期	2019年12月23日7时24分54秒起		
主创人员	周导、曹梦雅、李斌		
节目评价	在"不忘初心　牢记使命"主题教育的系列报道中,记者以居委会的"一面墙"入手,讲述了一个在静安区主题教育开展过程中不少基层干部反馈的问题:居委会的一面墙竟被挂上形形色色30余块牌子,"墙不够用"成了问题! 　　2019年是"基层减负年",一面墙表象的背后,是政府管理中存在的问题。当社会治理过程中,基层工作的基础不断加强,为了更好地服务"最后一公里",越来越多的事务下沉到居委会。但准入机制并未严格把关,事权下放的制度在落实过程中出现了空转。 　　在发现问题的基础上,报道对"一面墙"如何清理及今后如何把关进行了思考。在为基层干部减负的同时,背后是增能,是让墙上的组织架构图、宣传标语"走下来",真正实体化运行。同时,把更多的墙留给老百姓,更多地展示共建共治共享的成果。在主题教育报道中,这篇报道案例典型、真正落到了实处。		
采编过程	记者前往静安区新福康里居委会,实地观察"一面墙"。原先为了挂牌而敲出的洞眼,几乎从墙顶敲到墙底,一个细节展现了原先挂牌之密。与基层干部的对话中,更是了解到,最多时墙上挂了十七八个各部门联系群众的信箱,相应就有许多把钥匙,需要经常一个个打开查看。 　　记者又采访了此次负责居委会挂牌、宣传版面专项整改工作的区地区办负责人,了解目前挂牌的内容,以及如何对类似挂牌进行整理、今后的准入机制是什么。一方面,在今后条块下沉的时候,要考虑居委会实际情况,实现部门与部门间事务的融合。另一方面,有些牌子撤掉了,相关工作还需继续开展。 　　记者也采访了静安区委副书记,在这次主题教育活动中,静安区对于工作作风和如何为基层减负增能有了反思和改进。"一面墙"背后,工作做好远远比挂牌更重要。		

社会效果	报道在广播节目以及微信公众号话匣子上同时传播,得到了不少基层干部的共鸣和反馈:"事务下沉,基层压力山大,应重新列清单,不能一刀切!"静安区各居委会将用一个月的时间将标牌因地制宜地分类、设计、整理,每年都要形成一张清单。让事务不要无谓下沉,也让基层干部更好地为老百姓服务。

厘清居委会"一面墙"，
为基层干部减负松绑！

一个普普通通的居委会，竟然被挂上了形形色色、各种类型的牌子30余块！在"不忘初心　牢记使命"主题教育开展过程中，静安区不少社区干部反映，"墙不够用"成了问题。为给基层干部减负，静安区开展了居委会挂牌、宣传版面专项整改工作。请听本台记者周导、曹梦雅发来的报道。

在石门二路街道新福康里居委会的外墙，原先为了挂牌而敲出的洞眼十分醒目，几乎从墙顶敲到了墙底。居民区党总支书记魏瑛告诉记者，之前一整面墙挂满各条线部门的铜牌，以及市场监管信箱、开门评警评议箱等各种不同的联系群众的信箱，2014年曾进行过一次梳理。但随着时间的推移，颜色不一的新牌子又不断增加了：

【我们当时有十七八个信箱，大大小小有木头、有的是不锈钢(就会有很多个钥匙你得打开，你也不知道这个信箱里什么时候有信)。各个条线部门下来，其实他们的目的是"最后一公里"的服务，我们是能理解的，它是来增能。但我们觉得你即使不放这些牌子，我们的工作一直在做，我还是建议要集约化。】

静安区在2016年曾进行居委会事务清单整理，清单之外还设有准入机制。但不少居委干部类似的反馈，让静安区委副书记黄红反思，事权下放的制度在落实过程中出现了空转。

【我们这一些事权要经过审核才下沉，这个制度其实是没有落实好的。这一件事情反映出我们在工作中间，我们有形式主义的痕迹。其他的我们觉得要放权，但是这件事情我们要收权，让地区办来承担是否可以下沉、怎么下沉的这样"包公"。】

区地区办主任鲍晓丽告诉记者，通过走访梳理，除了规定的党组织、居委会标牌,铺满居委会一面墙的,还有像临时捐助点、妇女之家在内的 28 块牌子,以及 20 多块宣传板。本着为基层减负原则,经过与各委办局沟通,最终将撤除其中的 13 块牌子。比如,居委会的多个信箱将归并到一个"居委会信箱"内。再如居委会原先都设有人大代表、政协委员联络点标牌,这次将予以撤销,将对接工作转至街镇层面,居委会为此减少了工作事项。当然,有些牌子撤掉了,相关工作还需继续开展。

【每个居委每个街道做一个标准化的,既和自己的空间相结合,同时也本着整洁、节俭、美观这样的原则。同时宣传画面它是有阶段性的,我们也要定期清理、定期整理。条块在事务下沉的时候,在街道层面的应该收到街道层面,不要无谓的全下到居委会。】

此外,他们还将进一步完善准入机制,每年针对居委会当年的工作事务和挂牌情况出一张清单。减负的背后是增能,比如,让居委会下属的 5 个工作委员会"从墙上走下来",不仅仅只是挂在墙上的组织架构图,而是真正实体化运行,让居委会核心成员从 5~7 人扩展至 35 人左右,共商共议社区事务。黄红说,更多的墙还要留给居民去赋能。

【居民区的干部,我们要求他更多的是为老百姓服务,要走进老百姓的家里。居民区的活动的空间,也应该更多地展示我们社区治理的创新、社区自治共治的成果和我们的社区居民的公益活动这样的一种成果。工作做好比挂牌更重要!】

以上由记者周导、曹梦雅报道。

2019年度广播电视奖(广播电视节目)参评推荐表

作品名称	智慧社区不"智慧":现代化治理更需要怎样的智慧?		
作品长度	3分22秒 2分48秒 40秒	节目类型	广播新闻-专题-系列报道
播出频道(率)	FM90.9东广新闻台·长三角之声		
刊播栏目	《东广早新闻》		
播出日期	2019年2月16日 06:20:30　2019年2月19日 06:21:18 2019年2月20日 06:15:39		
主创人员	王迪杰、张怡、周导		
节目评价	科技发展速度日新月异,人工智能也使人眼花缭乱,本应为人民群众造福的智慧社区建设,为何给居民带来烦恼?提高城市治理能力现代化,缺乏的是科技水平吗? 　　该系列报道通过"智慧门禁不智慧"这一小切口,举一反三,反映出上海在进行智慧社区建设过程中,管理者的思维更要从"管理"逐渐向"治理"转变,让社区居民真正参与到智慧社区的建设中。		
采编过程	通过深入基层、深入生活,记者率先以高度的新闻敏感性自主发现了这一看似微小的民生选题;继而通过走访群众、持续挖掘,呈现出"智慧门禁不智慧"的悖逆之处,以及管理者应对"智慧不足、人工来补"的荒谬图景。 　　起初管理部门表现出以方便管理为先的"惯性思维"。记者又进一步深入剖析,提出城市管理过程中,是方便管理还是方便群众,该是"加法"思维还是"减法"思维的区别。管理部门态度发生转变,迅速组织专题协调会讨论,提出解决方案。		
社会效果	报道播出后,引发社会广泛讨论,并引起相关管理部门重视,组织专题协调会,迅速提出解决方案,对于原有门禁只能绑定单一号码,多场景应用不便的问题,相关部门开始着手升级智能门禁。之后,可向居民开放更多绑定号码,还可提供传统对讲机、手机App等多种开门方案,供居民自主选择。针对智能车棚人脸识别不畅问题,也在积极与服务商对接,进行升级。居民碰到的烦心事儿得到妥善解决。 　　报道播出同时,在新媒体端也同步发布,多个媒体进行转载。对于上海正在如火如荼进行智慧社区建设起到了促进作用,对城市精细化管理起到了"自下而上"的引导作用。		

智慧社区不"智慧"：
现代化治理更需要怎样的智慧？

东方传呼：智慧社区方便管理，还是方便群众？

欢迎收听东方传呼，我是记者王迪杰。建设智慧社区，出发点原本是为了百姓生活更便利，然而东方传呼热线电话62706270近日却接到徐汇区田林十二村居民郭先生来电反映：作为智慧社区试点小区，他家楼下的智能门禁，反倒令一家老小十分烦恼。

郭先生一家六口。一天晚上，他出门扔了趟垃圾，就回不了家了。

【回来按门铃，她的手机正好是静音的，又是晚上我在下面也不好意思喊，等了有个十几二十分钟吧。后来一楼的人还是听见了我的喊叫，帮我开的门。】

原来，与一般使用对讲机操作的门禁不同，智能门禁需要绑定电话，并且一户只能绑一个。由于家中没座机，便绑在了郭先生妻子的手机上，对此，他的妻子哭笑不得：有时候，明明家里有人却回不了家；有时，明明人不在家，却要不停地被门铃骚扰。

【手机没电了，我自己要回家都进不了家门，因为按了门铃我自己手机没办法开门嘛，然后手机没电也没法通知家人；还要在开会或者工作的时候给家里的门禁开门。】

还有更令人想不通的：碰到人在国外，跨时区给家里开个门，还是国际长途。

【我们之前去国外玩的时候，外面有些快递啊，送餐啊这类的，到家按门铃，

只要接听都算国际长途。成天被这个电话要逼疯了,太麻烦了!】

记者了解到:三年前,田林街道将田林十二村作为智慧社区试点小区,进行了智能门禁改造;郭先生一家的烦恼,此前也有居民反映。对此,街道提供了两种解决方案,田林街道智慧社区负责人戴先生说:

【可以绑定多个号码,一个不应答后续会接到第二个;如果居民觉得我面包机更方便的话,我们也会按照老百姓需求来做这些。】

解决方案很美好,但能否落地?记者又来到田林十二村居委会,工作人员首先否决了面包机,也就是安装传统门禁对讲机的方案:

【面包机没有,这个排线工程太大了。】

绑定多个号码的方案,虽然技术上完全可行,也被否决了。

【从我们管理方面讲的话,如果我多给你一个号,后续会有很多的问题,比如群租,比如流动人口的增加。】

退回到不那么智能的对讲机方案,不行;进化到更智能的多号码绑定方案,也不行。为了管理的方便,郭先生一家只好继续忍受智能门禁带来的不便。

【可以绑一个电话,自行选择是固话或者手机,(只能绑一个对吧?)目前权限只开到这里。】

建设智慧社区,是方便了管理,还是方便了群众?这原本不是一道单选题,但当两者必须排序,哪个应当摆在首位?

感谢收听东方传呼。

东方传呼:智慧社区建设要多做减法,少做加法,让居民更方便!

欢迎收听东方传呼,我是记者王迪杰,东方传呼日前报道了智慧小区试点——田林十二村安装的智能门禁不够智能,令居民郭先生一家徒增烦恼,引发广泛讨论。对此,相关部门表示:郭先生一家碰到的问题只是特例,可以采用智能+人工的方式解决。田林十二村居委会杨小姐说:

【为什么不能让他们多绑一个,因为他们的情况是属于很小的一个特例,他可以找到我们居委找到我们物业,核实好情况我确定你是业主,物业是24小时的,居委也可以过来上门服务,可以愿意为你开这个门。】

无独有偶,在田林十二村科技感十足的智能车棚,存取车需通过人脸识别与车辆识别的双重认证;为此,车主们自行开发了"智能+人工"的解决方案,出车棚时,手动露出人脸。

【最麻烦就是下雨天,本来我在里面雨披穿好,口罩戴好准备出门了,到门口它出不来!没办法,只好把雨披拿掉,口罩拿掉,再到外面来。下大雨的时候,全部脸部都湿了,头发也湿了。我觉得刷门卡反而更加方便!】

我们到底需要怎样的智慧社区?互联网行业资深人士朱旭明认为,与这种"智能不够,人工来凑"的"加法思维"相反,"减法"更重要。

【比如说我出门,我们去坐地铁,以前我们坐地铁刷交通卡,现在可以通过NFC和我的手机绑定了,我只需要带着手机,本来我也要带。现在这种智慧社区加了很多人工智能的功能上去,反而是给老百姓增加了负担。说科技改变生活这是没有问题的,但是这种改变应该是让群众得到切实的方便。】

一"加"一"减"背后,是一"上"一"下"。市人大代表刘正东认为,未来应该更多的自下而上,了解百姓的想法。

【有关部门更习惯于自上而下地去做这个事儿,管理部门想去做,但是不是老百姓想做的事儿?我们现在经常可能有一个习惯是,好的措施但是在老百姓还不怎么完全理解、完全接受、完全习惯的前提下,我们就以一种行政的,甚至是半强制的方式,就把它改变了,这样来讲往往会好心办坏事。】

有两句通俗的话,叫作"爱你没商量"和"其实你不懂我的心",城市管理者想了很多、做了很多,但老百姓可能并不领情。

感谢收听东方传呼。

本台记者王迪杰报道:

本台(东广)早新闻日前报道了徐汇区智慧社区试点小区田林十二村智能设备不"智能",给居民生活带来不便。报道播出后,田林街道高度重视,于昨天(2月19日)组织专题协调会,针对原有电话门禁设备只能绑定单一号码,在一些场景下应用不便的问题,街道已于当天开始升级智能门禁,预计3月底可全部完成。届时,不但可以向居民开放5个绑定号码,还可提供传统对讲机、手机App、人脸识别等多种方案,供市民自主选择。

以上由东广记者王迪杰报道。

2019年度广播电视奖(广播电视节目)参评推荐表

作品名称	一个村一部史,留住看得见的乡愁		
作品长度	16分42秒	节目类型	广播新闻专题
播出频道(率)	金山人民广播电台FM105.1		
刊播栏目	《家在金山》		
播出日期	2019年6月15日		
主创人员	周伟、赵奕翔		
节目评价	2019年5月29日,金山区举行全国首部全区域覆盖村志——金山村志集中发布仪式,涉及金山全部124个行政村的金山村志系列丛书编纂完成。历时8年平均年龄70岁,356名写志人的心血终于结出硕果。节目通过有代表性的村志介绍、写志人精益求精、忘我付出的故事等,系统翔实地反映了金山村志编纂的不平凡历程,凸显了村志系列丛书的历史意义和存在价值:124部村志为研究上海提供了重要的原始素材,让郊区农村与中心城区一起,构成完整的上海历史。习近平总书记强调,乡村振兴一定要保护和弘扬传统优秀文化,延续历史文脉;让居民望得见山、看得见水、记得住乡愁。本节目就凸显了这样一个事实,通过村志可以留住乡愁,留住当地的历史文脉,同时在乡村振兴建设中,如何利用村志、村史馆等来提升乡村文化软实力,也提供了极好的借鉴。		
采编过程	为了反映全国首部全区域覆盖村志编纂的艰辛和重要意义及价值,作者在较短时间内,先后走访了十余个村和单位,采访了十多位写志人和相关人员,获得了大量村志编写过程中的典型素材,特别是方言谚语、红色革命故事、抗日歌谣、手绘资料等极具个性化的事例,展现了金山村志既是一套全面客观的大型资料文献,更为村民留下了完整的乡音乡愁。同时采访中也发现,在乡村振兴中,金山已经开始结合村史馆、村级博物馆的建设,利用和发挥好村志的作用,以此提升乡村文化,这也为其他地区提供了好的经验和做法,这更彰显了村志的历史意义和价值。		
社会效果	节目播出后,引发了村志热。不少的市民、村民对356位写志人表达了崇敬和感谢。写志人成为当地名人,经常被当地学校和村、居委邀请,举办讲座、作报告,传播乡土文化和开展爱国主义教育;一些村史馆也成为"网红地",迎来当地官方和民间人士的参观、探访。此后不久,在金山区委宣传部支持下,356位写志人走进金山人民广播电台,开始录制356期《金山记忆上海岁月——我是写志人》系列访谈节目,讲述写志人故事,在更广和更深层面来弘扬和传承乡土文化和历史。		

一个村一部史,留住看得见的乡愁

2019年5月29日,上海市金山区举行全国首部全区域覆盖村志——金山村志集中发布仪式。当区领导向市档案馆、市图书馆、上海通志馆和复旦大学等单位代表赠送全套124部村志的那一刻,标志着涉及金山全部124个行政村的金山村志系列丛书编纂完成。历时8年124个村,平均年龄70岁,356名写志人的心血终于结出硕果。丛书总字数超过2000万字,这既是一套全面客观的大型资料文献,更为金山村民留下了完整的乡音乡愁。

【现场同期】中共金山区委书记　赵卫星:我们今天编的每一本村志,反映的就是金山的历史,浓缩的是上海的历史。既是一部村庄发展变迁史,也是一部父老乡亲的奋斗史。

文化是国家的灵魂。习近平总书记多次强调,乡村振兴一定要保护和弘扬传统优秀文化,延续历史文脉;让居民望得见山、看得见水、记得住乡愁。

【同期】习近平总书记原声:一定要走符合农村的建设路子,要有农村自己的特点,要留得住绿水青山,记得住乡愁,乡愁是什么意思?就是你离开了这个地方会想念的。

早在2011年,金山区就启动了全区范围内编修村志的工程,努力要留住乡土文化的根脉。那时编修地方志只到县一级,金山区档案局副局长蔡国欢感慨地说,金山区启动村志编纂工作在全国属于先行先试,没有经验可借鉴,困难重重。

【采访】金山区档案局副局长　蔡国欢:当时,我们是带着抢救性的心态来推进村志工作的,城镇化的加速发展,要是再过10年、20年,我们再来编村志,就更加困难了。

金山村志的356名写志人,大部分都是镇、村里有文化的老人,平均年龄70岁。他们饱含着对家乡的热爱之情,专心致志,搜集资料考证史实。今年76岁的宋伯仁,编写的《八一村志》,是全区村志编纂的试点,也是全区最先完成的一部村志。

【采访】《八一村志》主编　宋伯仁：编纂一开始,村里没有书面资料可查,手里没有村志样板可参照,自己也没有编纂村志的经验,所以我找了《方志编修教程》进行自学,多次向档案局专家指导,才渐渐摸出了门道。

【同期】吴德海："白露白迷迷,秋分稻秀齐。"对的,"寒露除水稻"中的"稻"是错的,我认为是"寒露除水到",水不打了,到位。

70岁的《欢兴村志》主编吴德海,对这句谚语有自己不同的看法。大半辈子与农业打交道的他认为,在寒露时节,稻田内就需要停止灌水了,否则到了霜降时节,还有水的稻田将会影响到正常收割,因此用"到此为止"的"到"更为贴切。

【采访】《欢兴村志》主编　吴德海：方言有些是音同字不同,我们写到村志里面一定要用词准确。

农业谚语是千百年来劳动人民智慧的结晶,随着时代的变迁,部分谚语俗语正在逐渐离我们而去,要整理归纳这份属于地方的民俗文化瑰宝,除了需要多方收集,更重要的是字斟句酌。

【采访】枫泾镇中洪村村民　陈勤伟：譬如说到"弯转",我们乡下人都喜欢说弯转,现在小孩普通话说得比较流利,但反过来讲,我们也要告诉他们"弯转"就是普通话里的"虾"。

翻开亭林镇油车村村志,在众多文字图片中,一幅幅简笔手绘画格外引人瞩目。有传统手工业的轧花车、农业生产用的打水车等,寥寥数笔形象准确地把这些已经从人们记忆中消失的器物或建筑呈现在大家眼前。绘画作者也是村志编纂者之一的陆银良,在收集资料和走访时发现,很多过去的事物仅仅用文字描述显得十分苍白,他就萌生了将它画下来的想法。为了能更为接近实物,往往需要和当地村民多次核实。其中一座林家桥始建时间已无从考证,于1954年间被拆除。为了还原这座古桥,陆银良前后跑了10余次,走访30多户村民,大改5次才最终定稿。

【采访】《油车村志》写志人　陆银良：这是中华民族的一种文化,表达出准确的意思,使得后继人、现在的年轻人、下一代、更下一代,继承下来。

精益求精,力求无误是村志编纂者所奉行的,也正是有了这种精神,才能使这份最宝贵的文化资源得以流传下来。

【采访】金山区档案局副局长　蔡国欢：124部村志,每部村志初稿完成之后,都要经过不少于五六次的修改和打磨,力求事实准确,行文规范。

中洪村地处枫泾古镇北部,是金山农民画的发源地。村志记载,20世纪70年代,中洪村里爱好绘画的农民在下乡画家和县文化馆美术老师的指导下,以江南农村生活习俗和劳动场景为题材,创作出了金山农民画,在海内外产生了广泛影响。《中洪村志》的编修不仅记录了这段历史,更彰显了梦里画乡的魅力。中洪村志主编叶尔明表示接下去还将推出村志的英文版。

【采访】《中洪村志》主编　叶尔明:把中国农村的风貌(展现出来),不但是让更多的人留得住乡愁,更要让国外的人了解中国的农村,了解中国农村的风貌。

村志中记载的"中国农民画村",正是中洪村原生态风貌与江南复古民居的有机结合,一大批来自全国各地的农民画家入驻,更是让中洪村成了名副其实的中国农民画之乡。陈惠芳是入驻画村的一名本土画家,她的父亲陈富林是中洪村最早开始创作农民画的农民,受他影响,陈家一家四代九人都会画农民画。

【采访】金山农民画画家　陈惠芳:2006年的时候政府建了农民画村这样一个平台,我们在画村里面,环境清静,又有一个对外交流的平台,所以说在这儿会有更多的人能了解到我们。

近年来,中洪村也依托农民画村的发展,成了金山一大旅游胜地,吸引了大量国内外游客慕名前来,这些发展变迁都在村志中作了记载。

【采访】枫泾镇中洪村村民　陈锦宏:通过村志,让我们知道了老一辈是如何辛辛苦苦、通过摸爬滚打把中洪村建设好的。通过这本村志,对我们都是一次教育。读了这本村志以后激励大家更上一层楼,把中洪村建设得更加好。

而对于一些正在逐渐"消失"的村落而言,村志意义更重。位于杭州湾北岸沿海的漕泾镇增丰村,曾经是金山的农业大村,但随着生态建设的发展,村域内经历了两次动迁,村民也从原来600多户锐减到5户,眼下村庄已经是一个由大片防护林组成的生态绿色村了。村民许雪芳说,无论是留守还是搬迁的村民,他们都不希望这里的历史被遗忘。一部村志由此成了乡土记忆的守望者。

【采访】漕泾镇增丰村村民　徐雪芳:像我这个年纪,之前的事情都根本不知道了,这本村志出来以后,一看就能够了解村以前的历史。再以后的小孩就更不了解了,村志里这些内容都有的,(希望)我们增丰村小的一辈能够多了解。

【采访】漕泾镇增丰村党总支书记　谢军英:可以通过这本村志一代一代地教育下去,一代一代传承下去。

上海最后一个活着的渔村金山嘴渔村,也就是山阳镇的渔业村,又承载着怎样的历史呢?谈起这些,曾担任村支书也是曾经的船老大陆雪云滔滔不绝。他告诉记者,从宋朝开始,这里村民就以捕鱼为业,传承了千年,最鼎盛时期的20世纪80至90年代,这里共有34条船只一同出海捕鱼。

【采访】村民　陆雪云:当时金山的鱼都是我们供应的,整个上海的大部分(鱼)都是我们供应。

然而随着时代更迭,这里出海捕鱼的村民越来越少,这段回忆也逐渐被人淡忘。

【采访】《渔业村志》主编　杨金云:一说到金山嘴,就是金山嘴的捕鱼人。因为我们的业态,所以叫金山嘴渔村。因为捕鱼的缘故,慢慢地命名为渔业大队,后来到(才叫)渔业村。

《渔业村志》的主编杨金云在编写过程中,特意设置了一章《海洋渔业生产》,里面详尽记录了渔村千年捕鱼的历史、渔民们出海捕鱼的作业区和作业方式。

【采访】渔业村党总支副书记　村委会主任 谢彬彬:有了这本村志以后,对于我们这些没有出过海的人,没有经历过艰辛历程、过程的人,能更好地去了解我们渔业村是怎么样形成的,渔业经济怎么样发展,怎么样恢复的过程。

在山阳镇的中兴村,刚刚修建了一座漂亮的村民公园,最醒目的是其中散落的十几座骏马的雕像。中兴村志主编徐龙生现场介绍说:

【采访】《中兴村志》主编徐龙生:这里曾是西汉年间海盐县的县治。明朝初期金山卫城守军将领汤和在此建马场饲养军马,所以取名马棚。

而在新民主主义革命时期,马棚也是出名的红色根据地。

【采访】《中兴村志》主编徐龙生:1928年陈云在这里开展革命活动,在一次行动中,村民潘阿管利用自家的大水缸,巧妙掩护陈云躲过了国民党反动派的追捕。

随着徐龙生的解说,马棚地区长期流传的历史故事、风土人情、方言俚语等,慢慢清晰起来。如今这些传闻、习俗、掌故,作为马棚地区老百姓的共同财富,被收集在村志里,同时也作为村民公园的文化元素,承载着"一方水土养育一方人"的亲切回忆。

【同期】金山人民广播电台《金山故事会》节目片头:金山历史金山人,金山人讲金山事,金山故事会。

【同期】《金山故事会》节目原声:故事《白果树下金鸡啼》。在新义村有一棵远近闻名的白果树。据测定,这棵树的树龄有将近五百年了,关于这棵白果树当地有很多传说……

这是金山人民广播电台《金山故事会》栏目播出的枫泾镇新义村的故事集《白果树下金鸡啼》,来源就是利用村志资源编写的民间故事。漕泾镇护塘村的《西护塘故事》、朱泾镇五龙村的《五龙故事》等都已编印成册,在金山这些有趣而又具有人文价值的史料,正被一一梳理,编成故事,重新走进百姓生活。

【现场同期】中共金山区委书记　赵卫星:要把修志为用的原则落实好,切实发挥好村志鼓舞区域发展的功能,努力在村志中汲取促进乡村振兴的经验和智慧。

在金山工业区运河村新辟的村史馆里,诸多图片、文字、实物,将运河村的历史沿革、名人简介、古迹传闻、地名由来等一一道来。

【采访】《运河村志》主编 何永文:村史馆承载着一个村的历史与文化,可以说是全体村民的精神家园。

一旁的兴民学堂里,最引人注目的就是崭新的《运河村志》与金山区其他120多个村的村志,整整齐齐地排列在书架上。今年70岁的《运河村志》主编何永文介绍说,兴民学堂成立于1909年,是朱行小学的前身。

【采访】《运河村志》主编 何永文:它是运河村也是我们朱行地区教育的根。我们还找到了一个92岁的老人,他说他读过兴民学堂,当时学校里面宣传抗日思想和新文化,还教学生唱抗日歌曲:日本人不讲理,杀我同胞夺我地,我做小兵气雄雄,敲起铜鼓向前冲,一直跑到东三省,赶走强盗逞英雄,咚咚咚,咚咚咚……

上海社会科学研究院研究员周武表示,金山的124部村志为研究上海提供了重要的原始素材,让郊区农村与中心城区一起,构成完整的上海历史。如今,金山区在各村相继建起了村史馆、村级博物馆,让集中了民间智慧和历史经验的村志,全面提升金山的文化软实力。

【采访】上海社会科学研究院研究员周武:一个城市的文化品格,首先是历史的,其次是人文的。如果说"盛世修志"是一项优秀文化传统,那么,把上海最基层一级的文脉内容,通过村志形式,给后人留下共同记忆,无疑是保留城市文脉的有效做法。

乡音亘古今,乡愁暖人心;走遍天涯路,最是乡情深。124本村志留下了金山人民看得见的乡愁。乡愁,就是家国情怀,就是文脉延亘,就是精神归属。记得住乡愁,心即有安处。

2019年度广播电视奖(广播电视节目)
参评推荐表

作品名称	从两年到两分钟,税务注销新规便捷破产企业注销		
作品长度	3分33秒	节目类型	广播新闻-长消息
播出频道(率)	FM93.4上海新闻广播		
刊播栏目	《990早新闻》		
播出日期	2019年8月19日8时14分06秒至17分39秒		
主创人员	俞承璋、李斌		
节目评价	作为改善营商环境中的一个难点问题,长期以来,税务注销一直是破产企业注销的一个"痛点"和"死结"。这篇报道选取了发生在上海的税务注销典型案例,把专业性非常强的税务注销难题解释得浅显易懂。国税总局新政出台后,上海率先实践,取得显著效果。这篇报道通过采访两个对比鲜明的案例:破产企业税务注销在新政前2年搞不定,到新政后2分钟现场办结,巧妙的报道结构安排给人留下深刻印象。报道最后,把税务注销新政提升到改善营商环境层面理解,进一步提高了新闻报道立意。		
采编过程	这篇报道的线索来自记者与上海税务部门的业务交流探讨。由于国家税务总局把大量新政放在上海先行先试,记者经常与上海税务部门交流,寻找报道线索。国税总局破产企业税务注销新政出台后,记者一直跟踪新政实施的效果。在上海税务部门介绍的案例中,记者发现"税务注销两年搞不定"和"税务注销两分钟现场办结"两个案例非常典型,于是联系当事人采访,把税务总局这一改善营商环境的重要举措深入浅出地予以报道。		
社会效果	这篇报道播出后,取得很好的社会效果,并获得上海税务部门的高度评价。		

从两年到两分钟,税务注销新规便捷破产企业注销

法院裁决企业破产,企业注销前必须到税务部门"清税",但是破产企业往往无钱纳税,导致注销程序久拖不决。前不久,国税总局出台新政,7月1日起,对于依法破产纳税人的税务注销即时办理,解开了破产企业注销程序的"死结"。上海率先实践一个多月来,已有65户企业办理了破产企业税务注销。请听本台记者俞承璋发来的报道。

上海浦东电子出版社有限公司虽然早在两年前就收到了法院的破产程序裁定书,但是因为有破产清算后产生的欠税,税务注销一直没能办下来。国税总局新政出台后,负责执行浦东电子出版社破产注销程序的金茂律师事务所刘佳颖律师感到事情出现转机。

【我是破产管理人小组的成员之一。到新政实施的时候,我比较积极地联系了浦东税务局的法规处,就成为浦东第一家用新政注销的公司,比之前我们去进行破产的注销方便了很多。】

刘佳颖举了个简单的例子解释破产企业普遍遭遇税务注销问题的原因:比如一家破产企业,有价值100万元资产,对外欠了300万元债,在企业破产清算后,有200万元债务就不用还了。按规定,这200万元应视作企业所得。

【对税务局来说,没还的这个200万元,要产生税收。那么这一部分税收的钱数是我在一开始预计不到会产生多少的,我要完全走完破产流程,我才能知道我最后这个会产生多少的税收。其实这个企业已经破产了,是没有钱的。那么就没有办法进行注销。】

这样破产企业税务注销就陷入"僵局"。市税务局征管科技处副处长钱文刚介绍,现在,不再把清税作为破产企业税务注销的前提条件,上海率先积极落实,

成效显著。

【从今年7月1日以后,经过人民法院裁定,宣告破产的纳税人,可以持人民法院出具的终结破产程序裁定书,向税务部门申请办理税务注销,那么税务部门将及时出具清税文书,那么对于纳税人存在的欠税,税务部门将按照规定进行核销处理。】

为确保新政顺利落地,本市各级税务部门提前"做足功课",办税服务厅工作人员细化操作流程,并通过各种渠道让破产企业知晓税收注销流程简化。徐汇区税务局副局长王向阳介绍说,前几天,上海天通通信设备有限公司的破产管理经办人带着上海铁路运输法院出具的破产程序裁定书到徐汇区税务局,当场就办结了税务注销。

【我们窗口的工作人员核对了天通公司破产管理人提交的资料,当场予以受理,并在税务系统中录入了人民法院终结破产程序裁定书等相关信息后,当场予以办结,开具了税务注销事项通知书,一共用时不到两分钟,极大地提升了注销税务登记的效率!】

破产企业税务注销从过去两年搞不定,到现在两分钟现场办结,也显示出营商环境实实在在的变化。

2019年度广播电视奖(广播电视节目)参评推荐表

作品名称	别让巴黎圣母院大火烧毁心中的文明		
作品长度	3分03秒	节目类型	广播新闻-评论
播出频道(率)	FM93.4 上海新闻广播		
刊播栏目	《990早新闻》编辑推荐栏目		
播出日期	2019年4月17日		
主创人员	周仲洋、范嘉春		
节目评价	这篇时评以巴黎圣母院发生大火之后,网络上的各种情绪为切入点,为听众描述了一幅怀念、焦虑、非理性等各种心态杂糅的网络朋友圈图景。语言时而饱含情感、时而风趣幽默、时而辛辣犀利,有力引导了网络舆论——究竟该用一种什么态度去看待这起重大的新闻事件。 文章有力批驳了"在巴黎圣母院和圆明园之间建立因果报应"的错误观点,旗帜鲜明,角度新颖,论据充分,观点独到。同时,文章借用了大量和巴黎圣母院有关的典故、著作、电影桥段,还将雨果的诗句进行了配音朗诵,丰富了节目的声音元素,增强了可听性。		
采编过程	这篇时评首先梳理了巴黎圣母院大火后网上的留言、配图、评论,传递信息的同时,与听众一道形成对事件的观点。接着将矛头指向了网络上出现的一种危险声音:认为"巴黎圣母院大火烧得好,这是对当年英法联军火烧圆明园的报应"。文章进而联系到了"9·11事件"、日本大地震,当时这样的声音同样出现过,这是用一种恶去攻击另一种恶的行为,并以雨果的诗句向人们阐明了一个道理:每一种珍贵文化遗产的损毁,都是全人类共同的伤痛。 最后评论给出论点,不能让自己心中狭隘的怨恨情绪来反噬作为一个文明人的良知。不能让狭隘的民族主义,烧毁了我们心中的文明。		
社会效果	评论播出后,被阿基米德App、喜马拉雅FM等新媒体转载,《上海声屏监测》2019年第069期对这篇评论评价指出,就在大多媒体报道更多聚焦火灾事故本身、启示以及探讨修复过程的内容时,广播及时播发的这篇时评,观点正确,理据充分,尖锐泼辣,切中时弊,有力地引领了主流舆论。不仅彰显了当代中国大力倡导的核心价值观,也显示出媒体的文化自觉、责任担当、胆识与底气。		

别让巴黎圣母院大火烧毁心中的文明

【编辑推荐片头】

编辑推荐,总有一种声音与你共鸣。大家好,我是周仲洋。昨天整个朋友圈都在为巴黎圣母院哭泣。八百多年矗立于巴黎的地平线,只不过几分钟就被火焰吞噬,塞纳河畔注视的人群、浅吟低唱的祈福,依然没有挽回塔尖儿轰然倒下的命运,一同折断的还有几个世纪的绚烂文明和法国人的历史情感。

在小编的朋友圈里,画风大概是这样:感叹800年艺术被毁,自己还没去过;感叹自己幸亏去过,并附上了照片;还有既没去过,也没有照片,那就附上一张《爱在黄昏日落时》剧照,并配上一句台词:"你相信巴黎圣母院有一天会消失吗?"再文艺一点的会说"卡西莫多失去了心爱的姑娘,终究也失去了他心爱的钟楼"(这里再强调一下,烧毁的是塔尖,钟楼没倒,跟风群众可以散了);还有作为普通网友的特朗普,着急怎么不用直升机洒水灭火啊?得亏人家法国消防部门没有听他的话,真要如此,水的重量恐怕把钟楼也给带走了……

以上声音都还属于合理怀念与焦虑的范畴,但是有一种声音,非要在巴黎圣母院和圆明园之间建立起因果报应,就好像法兰西民族的文化遗产遭受的损失,便是掠夺其他文明历史文物所偿付的代价。这样的态度,何曾相识。"9·11"的时候它现身了,日本大地震的时候它也现身了——因为悲剧的发生地在历史上铸成大错,就可以找到漠视生命、漠视文化遗产的理由,在一旁幸灾乐祸吗?

英法联军火烧圆明园的历史,当然要永远铭记。不过,我们还应记得,英法联军焚毁圆明园这一行为,在英法两国并不乏批评者。《巴黎圣母院》的作者雨果就曾拍案而起,为中国民众、为中国文化打抱不平,而雨果为圆明园谴责英法侵略军的词句,值得我们今天再读一遍:

【"这座大得犹如一座城市的建筑物是世世代代的结晶,为谁而建?为了各

国人民。因为,岁月创造的一切都是属于人类的。"】

的确,每一件穿越历史呈现在我们面前的前代文明遗存,都是全人类的瑰宝。每一次这些无价文化遗产的损毁,都是全人类共同的伤痛。当大多数人为人类共同的文化遗产陨落而感到悲伤时,有些人非要品读出快感,这怎么看也不是一个文明人的逻辑。用一种恶去攻击另一种恶从来都不是人类文明教给我们应有的态度。

一场大火烧出了人类文明的至暗时刻,但不管是巴黎圣母院还是圆明园,不管损毁有多严重,它们在我们心中依然是屹立不倒。那同样,也别让什么"天道轮回,因果报应,狭隘的民族主义"毁了我们心中的文明。今天,我们应该叹惋一座历史建筑的损毁,更期待烈焰之后的美好重生。

2019年度广播电视奖(广播电视节目)
参评推荐表

作品名称	"共话城市治理"特别节目——从执法背后的人情味说起		
作品长度	49分12秒	节目类型	广播新闻-新闻访谈
播出频道(率)	FM93.4上海新闻广播		
刊播栏目	《直通990》		
播出日期	2019年11月21日		
主创人员	集体		
节目评价	2019年11月初,习近平总书记在上海考察时对上海工作作出指示,要深入贯彻党的十九届四中全会精神,提高城市治理现代化水平。在这一背景下,上海广播电视台新闻广播《直通990》节目从2019年11月18日至22日,播出"共话城市治理"特别节目,共五期。各期内容分别从社区服务、为老服务、公益服务、执法服务、政务服务等方面,讲述社会治理的故事,探索城市治理的规律。 本期内容是其中的代表作,聚集"执法背后的人情味",邀请普通市民,同时也是违法建筑租赁者"现身说法",讲述了个人违法以及面临执法的经历;邀请城管执法队员介绍执法时采用的多种方法;邀请社会学专家解读城市治理中情、理、法如何结合;邀请政协委员作为民意表达的渠道,总结经验的同时记录市民和专家学者、执法者对于城市治理的意见,为推动城市创新治理提供建议、推动后续政策落地。同时,和听众、网友保持互动,共同探讨"如何服务百姓最后一公里"。 节目议题设置导向准确,针对性强。首先,节目编播人员对城市治理中的总体现状了解得深,因而选择的题材比较精准,事例显示的普遍意义强;其次,对案例的思想性分析到位,站位有一定的高度;再次,题材的选择均来自群众的身边,易于为听众所接受,从而体现了新闻的贴近性强。这三方面的因素也反映了采编播人员"脚力、眼力、脑力、笔力"并用的综合素质。 新闻的思想表达力和感染力结合得比较好,节目"入耳入脑"的效果明显。节目从头至尾均在讲事例和点评的交叉中展开。讲事例不枯燥,		

节目评价	点评讲道理、普及法律知识不生硬,加上主持人的亲切风格,整个过程情理交融,讲述、点评、小结,均符合受众认知规律,且层层推进,有较强的感染力。 传播方式多样化。节目采用开放方式播出,与受众交流平台宽阔。节目过程中,通过互动环节,吸引大量听众、网友参与其中,主持人与嘉宾谈心式与受众交流。凸显了广播节目魅力,也提升了媒体影响力。节目配套微信图文稿还在上海城管局和上海市住建委微信公众号转发,影响力广泛。
采编过程	本期节目围绕"执法背后的人情味",分享了几个真实事例。以第一段访谈为例,做客直播间的许先生讲述,自己因法律意识淡薄,租赁了违法建筑,房东对他退还押金的要求不买账,面临城管执法的他起初委屈万分,最后却和城管成了朋友。主持人通过对当事人、城管队员的追问,将这一戏剧性情节还原,不仅提高了节目的可听性,更自然引出城管执法"拆违不拆心"的理念。随后,主持人将问题抛给直播室另外两位嘉宾——上海市政协委员胡海峰及华东师范大学社会发展学院院长黄晨熹:从这一案例能获得哪些启示?嘉宾分别从"普法"和城管"柔性执法"可复制性的角度进行分析。 节目中其他几个案例各有侧重:烧烤店油烟扰民,达标之后仍被投诉,城管部门主动帮助店主安装净化装备减少油烟,体现了执法部门"跨前一步"的作为和响应民声的速度;青浦昆山交界的乱设摊现象,从曾经的无人问津到后来两地城管联合执法管理,体现了长三角一体化的跨区域联动。从市内执法到跨区域执法,是地域范围的层层扩展;从感性的事例讲述到理性评论、总结,是符合受众认知规律的层层递进,也让每一个案例更具普适性。 整档节目通过叙述事例、夹叙夹议的方式展开。题材取自城市治理中司空见惯的、又有典型意义的新闻事实。前后叙述了对违法建筑、任意占路、油烟污染、违章设摊进行治理的四个事例。节目在由当事人讲述和专家点评交叉的方式中推进,针对事实说理,在说理中取得共识。节目围绕在城市治理中普遍存在的历史与现状、现实存在与法规、法规与情感、个别与普遍等矛盾展开,通过分析厘清其中的关系,据理、依法、入情地展开引导。从而突出了"城市管理要用绣花功夫"论述的重大意义,达到了提升新闻引导力的效果。
社会效果	精心安排访谈对象,打造"空中议事厅"。在该系列特别节目策划伊始,节目组便紧紧围绕"服务百姓"设置选题:五期节目分别以社区共享共治、养老制度创新、社会组织赋能、执法能力提升和"一网通办"建设为主题,邀请全国、本市人大代表、政协委员、专家学者、为老服务者、城市执法者、社区管理者、"一门式"政务服务研发者、市民等不同群体,分享经验,答疑解惑,传达民意,将直播间打造成浓缩版"社会协同、公众参与"的"空中议事厅"。

社会效果	汇聚民智,推动建设"共建、共治、共享"的社会治理共同体。节目中,大量听众、网友参与互动,主持人适时与听众交流,凸显直播节目魅力。更有听众打进热线电话分享见闻与建议:市民周先生目睹"双11"期间,大量快递堆积,占据小区周围人行道,城管部门引导快递公司错峰送货并加强值守,他由此总结出了"错位、错时,疏堵结合"的积压快件疏导办法。与受众互动、民意民智的反馈不仅是直播节目的亮色,更是对"共建、共治、共享"理念的生动注解。 多平台联动,善用传播矩阵提升影响力。"共话城市治理"特别节目不局限于将社会治理各方力量"请进来",更注重"走出去",发挥多平台优势,力求影响力最大化。根据每日不同主题,记者下基层、走现场,制作出翔实的录音报道,在颇具影响力的上海广播电视台新闻广播《990早新闻》《今晚》《新闻午间道》等节目中呈现;话匣子App、"直通990"微信公众号同步推送图文版;本市相关委办局宣传平台也予以关注,以本期节目"从执法背后的人情味说起"为例,配套微信图文还在上海城管局和上海市住建委微信公众号转发,影响力广泛。

"共话城市治理"特别节目
——从执法背后的人情味说起

节目主持人:雪瑾、宇皓
节目嘉宾:
  1. 违法建筑租赁业主 许先生
  2. 宝山区城管执法局执法大队友谊路街道中队指挥中心指挥长 王欢欢
  3. 市政协委员 胡海峰
  4. 华东师范大学社会发展学院院长、教授 黄晨熹

【共话城市治理 片头】

  雪瑾:各位听众,早上好,您现在收听到的是上海人民广播电台新闻广播《直通990》"共话城市治理"特别节目,我是主持人雪瑾。

  宇皓:各位好,我是主持人宇皓。从本周一开始到11月22日,我们每天上午9点到10点钟,为大家带来"共话城市治理"特别节目,今天我们邀请到的是市民朋友、政协委员、专家学者,为您共同关注城市治理——从执法背后的人情味说起。

  雪瑾:嗯。在这儿也要通过我们的阿基米德手机社区提醒听众和网友,大家在收听我们上午一小时的节目同时,也可以参与我们的互动,找到我们的直播帖《"共话城市治理"特别节目——从执法背后的人情味说起》,就可以在下面留言了。当然我们的热线电话62780990也为各位开通当中,您可以参与互动的话题,一方面说说这些年来,你觉得在城市治理方面还有哪些顽疾,是有待大家急切去解决的;另一方面,在我们解决这些顽疾过程当中,情、理、法,您觉得这三者如何来协调? 也可以给出自己的一些建议。

  宇皓:是的。来介绍一下今天做客节目的几位嘉宾,首先是我们的市民代

表——当事人许先生,欢迎您!还有一位来自宝山区城管执法局执法大队友谊路街道中队指挥中心指挥长、一级执法员、2019年的十佳标兵王欢欢,另外就是上海市政协委员胡海峰,还有一位是华东师范大学社会发展学院副院长、教授黄晨熹。欢迎几位!

雪瑾:嗯,欢迎我们四位嘉宾啊!今天比较特别,因为我们在前几期的节目当中,主要请到的是我们的小巷总理、我们的社会组织代表以及我们的一些专家学者,(今天的节目)第一次是有市民走进我们的直播室,来参与我们的讨论。所以先问一下许先生了,许先生怎么会和今天的这个主题有密切的联系?能不能跟我们讲进这其中的缘由?

许先生:我是当事人。去年,就去年7月份,就是他们那些城管嘛,城管队员到店里来找到我,然后说我们这个房子,可能是违章(法)搭建。

雪瑾:现在应该算是违法建筑了!

许先生:对对对,我当时就懵了。我都住了这么多年,十几年了,我跟我老婆在这边,带着小孩在这边(在上海生活)不容易。

雪瑾:租的房子?

许先生:对,租的房,然后我就在想怎么就违法了,对吧?怎么就违建嘛,对吧?然后他们城管问我呀,"有没有产证呀?"对吧?

雪瑾:嗯,有吗?

许先生:当时我不知道,我说我哪里来的产证啊,对吧?我从房东那里把房子租下来,我就没有过问过,(也)没见过产证,对吧?关键我也不懂,我也不懂法,对吧,这方面的事我也不懂!

雪瑾:原来你在上海待了多长时间?

许先生:我待了十几年了。

雪瑾:十几年,那么从来的时候就一直租住在这里吗?

许先生:对对对对!

雪瑾:所以没有什么经验。

许先生:对啊!

雪瑾:那后来城管跟你这么一说,你有去跟房东说吗?你这个产证啊,你这房子能租吗?

许先生:我听他们一说啊,我就急着去找了一下房东,房东怎么说呢,他,他不给我一个正面答复呀。

宇皓:所以,你就更着急了!

许先生:对!我就着急了呀!

雪瑾:但是城管来通常要现场执法的呀,换句话来说肯定就是,你知道这个是违法建筑,而且是不能租的,是需要你搬离现场的,是吧?

许先生:对,城管他们过来就开单子呀,说这个房子可能要拆,对吧?我当时就很生气的,我说为什么要拆,这个房子又不是我的,我就是一个租户嘛,这跟我没有关系,对吧?

宇皓:所以说,当时内心也觉得不平衡。

许先生:对对对对对。

宇皓:当时执法队员有没有跟你做进一步的沟通,跟你做一个解释?

许先生:然后,我还是找到了房东,第一时间我还是去找房东,这个房子因为是他的,如果说,我租这个房子,城管他们要拆这个房子,那我这个押金,我去找谁啊,对吧?

雪瑾:你跟房东交涉过吗,说"你把押金退给我",他不肯?

许先生:对啊,房东的意思他也不管,你知道吧,那我就说这一时半会儿我往哪里搬,对吧?

雪瑾:所以实际上啊,他就碰到一个实际的困难了。其实许先生呢也比较坦诚,他说我租这个房子呢,我第一也不太懂法,所以,我也不知道租赁的时候应该要出具相应的一些产证,包括我不知道你们所签的一个租赁合同上面有没有约定啊,如果是搬离或者是怎么样,提前多长时间,然后要支付多少的这个赔偿等等的。

那么这样,我就问问欢欢吧,欢欢,这个事儿啊,就关于拆违这个事儿,一直是城管的执法的范围,但坦白讲拆违太难了,对吧?因为有很多历史遗留的一些问题,当然就包括像许先生刚才所说的这种情况,就是他也有一些实际的困难,那你是接手这个事件处理的主要的负责人?

城管王欢欢:对,我是主要负责这个投诉受理一块的。

雪瑾:当时是谁投诉的?

城管王欢欢:这案子呢,是我们一个市民啊,是打电话到我们中队的,这个案子应该是去年7月的时候发生的,那我们接到投诉呢,他就直接说"在友谊支路某商户呢,他是涉嫌了违法搭建"。那么,我们第一时间到了现场进行勘察,去年呢也正巧了,是我们友谊路街道全面开展美丽街区的店招店牌整体改造的时候,我们去的时候呢,旧的店招已经被拆除了,新的店招还没有安装。

宇皓:这是个过渡期。

城管王欢欢:对,所以呢这个时候房屋原来的面貌就显露了出来,确实看着有点异样。于是,就找到了现场的这个店家小许。嗯!按照我们执法的流程呢,我们要约谈房东,这房东刘老板呢,我们从小许这儿要到电话以后呢,哎哟,很不顺利。

雪瑾：这不顺利是指什么？

城管王欢欢：人家不配合嘛，人家先是说："哎哟！我最近在外地忙，没有办法回上海。"后来呢又说："哎哟，我出了交通事故了，腿受伤了，还要过段时间！"

雪瑾：各种推脱理由。

城管王欢欢：嗯，对。这个时候呢，我们就隐隐觉得事情可能是有猫腻的。

宇皓：是。

城管王欢欢：嗯，然后基于房东的不配合，我们就主动出击了，到区房地交易中心调取了房屋产权证明和房型图纸等材料，结果呢，发现了两个问题。第一个呢是，他的门牌号和实际的产权证号不一致，我们花了很长的一段工夫呢，进行现场对比，才确认了这个地方实际是有证建筑内的院落违建。嗯，第二个呢是，产权人其实另有其人。

雪瑾：就还不是他（产权人）和他（许先生）签合同，那就二房东了？

城管王欢欢：对，二房东。所以呢，我们就立即开具了写有产权人姓名的责令限期拆除违法建筑决定书，这种文书呢送达店内，并且（呢）我们也致电了二房东，一定要求他提供真正的房主的信息，并且要转告这个房主，然后呢我们也告知了承租人小许啊：这个房子的确是要被拆的！

雪瑾：他当时应该挺不能接受的吧！

王欢欢：对，他可不能接受了。

宇皓：但是我想，你们肯定遇到过不少这样的事情啊，按照你的经验的话，你像他又是作为房客，他觉得说不公平又挺委屈的，你们怎么跟他们做工作？

雪瑾：我问问小许，你搬了吗后来？

许先生：后来就是这个事情的话，就是正好我跟王欢欢嘛，这个城管嘛，跟她之后都成为朋友了，然后她也帮了（忙），确实中间也是为我们，就是做了很多的实事，然后真的是（感谢）。

雪瑾：小许用了"朋友"两个字啊，这个有点意思。她帮你做什么事儿？

许先生：就是，房东那边的押金嘛，帮我就是追回来了呀！

宇皓：哎哟，最实惠的，因为对你来说，你们最担心这个钱回不来。

雪瑾：不过，我倒是有一个问题啊，其实你看很多听友都在说，这挺理解小许的，因为他这做小生意的。但我们就说呢，国有国法，家有家规，没有规矩不成方圆，所以如果是违法建筑的话，你一定不能够来租用，同时也不能够来营业的。但是面临实际的困难，欢欢，他说，他说你跟他成为朋友了，帮他解决问题了，这是不是已经超出你的执法范围了？

城管王欢欢：这肯定是的，从拆除违建来说，这是硬任务，从执法层面，我们只要把违建拆除了就完成工作了，业主和承租人之间的经济纠纷呢，我们完全可以不用参与的,让他们自行协调或者是通过司法途径解决。但是现在呢,我们只要是不违背"拆违"基本原则,我们都是尽可能地将工作做得更加细致,那么拆违工作呢,直接涉及了相对人的利益,所以,能让所有人满意真的非常难!比如像这个案件中,咱们的房主,真正的房主他是不愿意退租的,他说跟他没关系,我们的二房东呢,他是怕承租户狮子大开口,承租户咱们小许呢,他人搬走了钱要不到啊。

雪瑾:各有各的难。

城管王欢欢:对,所以他们彼此之间都相互不信任,所以这个时候呢,我们城管就成了他们的"老娘舅"了啊!我要一边联系房主啊,沟通拆违的具体事项,并且呢要做专业的指导,指导他拆后的修复工作;那么一边呢,我们还要协调二房东啊,你该退的还得退啊,押金还得退,并且呢我们做了建议,要求他在租金上做一定的减免。同时呢,我们也实际考虑到承租户小许他的现状,也特地宽限了拆除的时间。但是我也告诫了小许,过分的要求我们也是不予支持的。最终呢,通过努力呢,用跨前一步做好服务的方法,将这起经济纠纷妥善地解决了,避免了很多的后遗症,也真正做到了"拆违不拆心"!

雪瑾:"拆违不拆心"!听半天,我们市政协委员胡委员,包括黄教授,两位听完他们(讲述),一个是当事人,一个是城管执法者,听完这个事例,胡委员怎么看?

胡海峰委员:我感觉,像小许这个案例啊,是一个比较典型的案例,因为他承租的时候呢,是违章(法)建筑,但在签订协议的时候呢,当时可能没有查证,现在租户呢一般都要看房产证,因为你要去登记的话,或者是办营业执照都需要,所以我想呢,这是给大家提个醒。

雪瑾:对,这是一个普法啊,得给大家说说。

胡海峰委员:第二个就是说呢,让我们现在的租户啊,大家都检查检查,你的程序是否规范,要是以后遇到问题再来呢,就比较麻烦一点。另外,我看城管执法这块呢,做得很好,我认为我们现在执法,法是有原则的、是刚性的。

雪瑾:对。

胡海峰委员:但是呢,我们做事呢,执法过程又遇到很多问题,那么在他工作之外,做了(很多工作)而且成为朋友,我认为这个是我们执法队伍应该学习的。这样就是讲,我们更加有情感处理这个问题。其实做到最大的一个问题是什么呢,把大事化小,小事化了,否则的话也闹得发生很多的大的纠纷、官司很多问题,但由于我们城管做了这个工作,这其实就为社会啊,减少了很多的矛盾,我认为这个案例很好,值得大家学习!

雪瑾:好,那我们听听黄教授(的感受)。

黄晨熹教授：我也同意委员的这个意见，其实现在拆违的问题，可能会有历史的因素，也就是说，他可能住十几年，都住在违章（法）建筑里面，里面有非常复杂的利益纠葛。我觉得我们的城管处理的两个点特别值得来学习，第一个点呢就（是）细致，把房子的所有的来龙去脉，各种的属于谁都弄清楚了，然后来做（接下来的事情）；第二个呢，是非常有情感的关怀，也就是说每个人在这个事件里面都可能会有一些利益的损害，那如果大家只按照法来执行的话，那大家三方都会受到损害，但是我们有人情关怀的措施让大家都得到比较满意的结果，这样呢，能够很好地处理，而且也完全没有后遗症。

宇皓：就是换位思考。

黄晨熹教授：所以我觉得，"拆违不拆心"这个太重要了！

雪瑾：嗯，我刚刚看到啊，我们很多的听众也在参与讨论，包括这个163（网友网名）他说要"实事求是、因地制宜、坚持原则、要灵活处理"；另外的话chengcheng（网友网名）说："我觉得法律是严肃的，法律背后其实我们的法官也是温馨的，而在执法同时，对于有特殊困难的经营户，当然也要想方设法地去解决困难，解燃眉之急。"好！包括还有很多听众提出了目前城市一些治理顽疾的问题，我们稍后一一来解读一下。我们来接听一路电话，这位是周先生。周先生，您好！

【热线电话接听】

听众周先生：主持人您好！

雪瑾、宇皓：你好。

雪瑾：你好，请讲。

听众周先生：是这样子的，我呢是嘉定区南翔镇的居民，我住在德华路上，我家附近呢有个学校，学校旁边有一个快递网店（点），平时呢倒还好，就是说快递量也不是很大的。

雪瑾：最近不行了吧，双十一了。

宇皓：正是（消费）最热的时候啊最近。

听众周先生：对对对，分拣货物平时他都是放在室内的，平时我们寄快递也到那边，老方便呢（沪语发音），但是这次双十一呢，一下子人行道上快递就铺开来了，这里一堆快递，那里一堆快递，搞得我们呢路也不好走。我妈妈她是要接我小孩的，一到放学的时候呢，就是说路上呢，人、车子、快递他们混在一起，有的时候人行道就堵掉了，我们有时候走路就见缝插针绕着走，有的时候还要下到机动车道上，我感觉万一有什么紧急情况呢，老人带着小孩容易出交通事故！

雪瑾：所以要投诉这个情况吗？要投诉这个情况？

听众周先生：是这样子的，就是说，这几天呢，快递乱堆物的情况看不到了。所以呢，我跟我妈也交流了一下，我妈妈说，"城管来过了"，她说这不光要叫他们搬进去，城管还专门安排了早晚高峰的时候蹲点驻守，我觉得倒蛮好的。前几天啊，我去接我小孩，看到有两个年轻的城管队员穿着制服在巡查。还有，主持人，我发现一个现象倒蛮好的，我早上呢上班蛮早的，六点半我就要出门，我现在看到啊，这个快递网店(点)门口啊，一帮快递员在分拣货物，分好一堆运走一堆，分好一堆运走一堆，也留足了行人的通行空间。到了七点半，小朋友上课了，这条路又通了，双方都不受影响，我觉得现在，咱们城管的执法也非常人性化。你说我作为老百姓，我将心比心来讲，双十一我也买了不少东西。

宇皓：您挺坦诚。

听众周先生：我也要寄快递。

雪瑾：那些快递里面也有你的一份，是吧？

听众周先生：有有有，所以说我这个叫"邻避效应"。

宇皓：您还挺懂。

听众周先生：然后呢快递多，(往)人行道一放，路就堵住了。我们城管去执法呢，这些货物总归要找个出口运出去的。

雪瑾：对。

市民周先生：现在呢，"空间差"打不了，现在就打个"时间差"。

雪瑾：嗯。

市民周先生：利用早上、中午人流少的时间，快递公司就把这些快递快点消化掉，到了早晚高峰呢，城管同志执法了，道路也畅通了，我们行人出行也顺畅了。我觉得啊，这种以人为本的"双赢"的做法，我们作为老百姓来讲，是点赞的！

雪瑾：好，谢谢，谢谢周先生啊！

宇皓：谢谢。

雪瑾：感谢，周先生，时间关系啊，就不多说了。我觉得周先生他分享的案例也很有意思啊，包括我们刚才很多听众听的时候其实也在留言。这样我们先进一段广告，回来之后呢，我们就周先生刚才提出的话头，再来聊一聊。

今天，我们是"共话城市治理——执法背后的人情味"，在城市治理当中还有哪些顽疾您觉得是亟待解决的，可以通过阿基米德(App)的平台发送给我们，包括在治理的过程当中，法、理、情三者的关系如何来处理？您有什么样的观点和建议？也可以拨打电话62780990。

【广告】

【宣传片花】

雪瑾：好，欢迎继续回到我们特别节目，本次节目呢，我们请到我们的城管执法（队员）王欢欢、还有请到了我们的市民许先生，以及我们市政协委员胡海峰和华东师范大学社会发展学院副院长、教授黄晨熹，黄教授。

雪瑾：刚才啊，在前20分钟，我们其实听到了两个事例。我觉得市民周先生比较有意思，他说因为最近快递比较多，快递堆物的话造成了占路，给过往的一些居民造成了影响，他说没有想到城管响应速度还挺快。可我觉得周先生，我想跟胡委员和黄教授讨论，有没有发现，其实我们现在的市民都是火眼金睛，而且是经验提炼者。周先生说了，他发现了，第一，他觉得情况有改观，然后他还会跟自己的母亲去摸索一下到底是什么原因导致这种改观，结果发现是因为城管去执法了，而且这个执法还是有方法的，比如说要蹲点，还给这个快递公司要提出经验，就你可以错时，错地点你是错不了了，错时可以来（解决）。我觉得这个呢，想请问两位，听完周先生的电话之后是什么感受，胡委员？

胡海峰委员：我感觉周先生就是很用心，很愿意观察，也想很多的办法，我认为我们的市民素质，现在来说越来越高，既看到我们城管在执法，也想到快递"双十一"问题也客观存在，确实也影响到市民的交通、安全很多方面，后来他又发现，就是说错位、错时效果挺好。

我认为我们很多市民有很多好的点子，所以，政府执法，政府很多事情，要多听取我们市民的建议，这样更加容易落地，更容易执行，然后就有很多好的方法、好的策略！

雪瑾：是，我看到"我会再来"（网友网名）说，他说："我觉得现在市民维权意识，也会越来越强了，有的时候也会倒逼着我们城管执法需要更加人性化一些"；另外"163"（网友网民）说："我觉得城管执法，我提供一个方法，先是在旁边注视着，让对方觉得不好意思，禁止违规避免冲突。"黄教授，怎么看？

黄晨熹教授：我们平常对社会治理可能没有太直接的感受，好像很空，但其实这个小案例就告诉我们，在非常具体的事情上我们是怎样来治理的。我这有两个点：第一，周先生把违规占道的事情报告给相关的部门，OK，这就是治理的一个方面；另外一点，他还对怎样来做好不占道的行为提出自己的建议，其实我们的治理意识就是要大家共同来维护我们好的环境，大家共同来出谋划策，这样才可以达到治理的效果，大家都像周先生一样，我想我们的治理一定会做得很好！

宇皓：所以说这处罚不是目的，是不是？还是要想一想，换位思考看看，我们怎么样能够自己做好，同时，投诉不是唯一的方法。

雪瑾：嗯，而且呢就我看，其实我们很多市民朋友也在（参与评论），觉得现在在城市当中还是有许多的顽疾，比如说：刚才有听众提出来，像楼道堆物的情况，包括有的呢还提出来社区安全的问题，说老人现在在家里面会装铁门，然后说万一如果碰到一些火灾安全隐患的时候呢,不便于逃生,像这个做工作也做不通……其实都落得挺细,也许这些工作未必说跟我们每一件执法都是有关联的,但是至少我觉得,第一个,大家去关注社会问题的这种的意识是不断地提升了;第二个就参与社会治理的这种意识也在不断地提升了。

当然在这方面,我觉得从城管(来说),其实以前我们的感觉,总感觉"有法可依、有法必依、执法必严",觉得法律啊,总是有点冷冰冰的,当然它是守护我们社会正常运行的底线,但是其实真正的执法者在这过程当中,包括像刚才欢欢,包括可能像我们周先生所提到的这些,它其实就糅进了很多情感的部分。但这个情感的部分,我也想问一下欢欢,欢欢从事城管的工作啊,有多少年?

城管王欢欢:说长不长,说短不短,六年。

雪瑾:六年,你自己觉得,你个人觉得就是说,在你们现在执法的过程当中,包括和市民接触过程当中,有变化吗?

城管王欢欢:有变化,我自己亲身的感受,我觉得我们也是与时俱进的。

宇皓:嗯,怎么说?

城管王欢欢:第一点呢,从单一的执行政策啊,我们变成了从实际出发,努力去解决问题,或者是缓解矛盾;第二点呢,是我们从被动地等待受理投诉变成了现在的主动发现问题,能够掌握信息也是更迅速了;第三呢,我们自己啊,从执法者的身份变成了"引导员"的身份,用更多的基础服务来减少后期可能出现的强制执法。

宇皓:嗯,所以说你看,这些变化的话在你从事这个专业之前可能没有想象到。

城管王欢欢:对,隔行如隔山嘛,如果说我不从事这个工作,我根本难以想象城管做些什么东西。

宇皓:另外,这六年来啊,不知道你在一线工作的时候有没有感觉到,我们的市民或者是说违法者(面临被执法),他们的反馈怎么样?

城管王欢欢:嗯,我们城管执法啊,我们执法事项目前有428项,试点区县的话可能会更多,我们的理念是"721"的工作理念——7分服务,2分管理,1分执法。尽可能地是为市民啊,提供更多的服务,宣传更多的政策,由此将可能出现的问题遏制在萌芽中。随着咱们路面上的市容管控的常态化,很多违法现象都已经被有效地遏制了,市容管理进入了良性的循环,而社区里的一些问题呢就会不断地冒出,所以呢,我们城管中队,根据市、区城管执法局的整体的部署,在每个居委都设立了社区城管工作室,安排了一位社区工作的联络员,有任何的问题,居委啊、居民啊都可以找到我们这位联络员进行咨询。那其中有一个案子呢,就是宝钢二村有户居民,他正准备装修,那么他特地拿着设计图纸来找到了我们联络员,他说准备敲堵墙做个移门,我们联络员就跟业主就到现场一看,哎哟,马上告诉业主"千万别敲",肯定是承重结构,同时呢,他也看了一下并且告诉业主,哪堵墙不是承重结构可以做稍微的调整,业主听了以后就及时变更了他的设计方案,避免了可能造成的经济损失和出现的麻烦。

雪瑾:嗯,但是我觉得啊,在这些案例当中我听了,对于城管执法队员,他的要求反而是越来越高了,因为你原先可能仅仅是对法务方面你需要非常地了解,包括处罚的条例等等,包括像我们今年生活垃圾分类,城管作为执法的部门,实际上真的到市民的这一端去解决问题的时候,你发现不仅仅是需要解决法律的问题,有的可能还得要懂点儿心理学,还要懂点儿社会学的方法,方方面面都需要一点,这真的是对你们提出更高的要求。

"顾家洪"(网友网名)说:"都说国有国法、家有家规,我觉得管理者与被管理者本身是矛盾的,但希望大家能够遵纪守法,因为这个城市这样的话肯定会更加美好。"

谢谢"顾家洪"(网友网名)在我们阿基米德平台上给我们留言。另外,我觉得还有呢,这个"163"(网友网名)说:"我们在处理的过程当中啊,就是要注意对方的接受程度,然后逐步去调整自己的手段,不要去激化矛盾。"还有"小侦探"(网友网名)说:"我就说说现在我们也有一些顽疾吧,比如说像回收家电器的,他整天高音喇叭开着在小区兜圈,我们门口城管是守着但是好像感觉效果不好,他说每天也就来这么几个时段能制止吗?这个我好几次出门呵斥了,但是他好像都是冷眼旁观。"你看依然在城市治理过程当中,还会有一些问题,是还有待解决,需要大家调整方法的。

那在我们节目当中呢,其实还碰到过有一个比较有意思的事儿。原来呢,是有一位听众,他就说啊,他经常被投诉,投诉什么呢?他自己是开店的,烧烤店,烧烤店开在哪呢,开在居民区。这个其实也很有意思,就像刚刚才周先生说的,也是"邻避效应"——开得近一点吧挺好的,晚上夜宵有去处了。

宇皓:喜欢吃的人特别欢迎。

雪瑾:对吧,住在边上的吧,苦不堪言。因为你也涉及餐饮店,一定是会有油烟嘛,所以呢,他说后来店主就经常被投诉,投诉说什么呢,说有居民就反映了,你现在在这开个烧烤店吧,我想把这房子出租出去,想卖出去,都没人租、没人买,所以就经常投诉(到)城管。面对这样的一个问题,实际上我们城管也是想了很多的办法来解决,我们接下来连线的浦东城管环境监察支队二级主办胡雯,胡雯对这方面的事儿啊,特别有自己的一些经验,我们也来听听她在这个事情当中是怎么来处理的,胡雯,你好,胡雯。

【连线胡雯】

城管胡雯:您好!

雪瑾：唉，胡雯，也是我们一位女城管啊。

宇皓：嗯。

雪瑾：唉怎么就，我们现在是因为是"情感性"的执法，所以女城管会多一点吗？胡雯，我刚才讲了一个事例啊，其实就是从你们的一个投诉里面来的，是吧？

城管胡雯：对对对。

雪瑾：嗯，你自己接手的。

城管胡雯：嗯，

雪瑾：能不能跟我们讲讲经过，后来怎么治理的？

城管胡雯：因为这个信访，前前后后经历也是有一段时间了，一开始就是，这个烧烤店油烟扰民的问题被投诉人投诉，投诉之后呢我们也是介入了，介入了我们提出了相应整改的要求，烧烤店呢对执法人员提出的整改要求呢，也是比较积极地去配合去执行的，他也做了相对应的整改，整改完了以后呢，也做了油烟废气的监测，监测数据也是达标的。对那个烧烤店老板来说，他认为基本上也是按照你们的要求做整改了，第二也达标了，他觉得我还是做到位了。但是呢我们在反馈给投诉人过程中呢，投诉人觉得一开始还可以，然后呢他觉得，这个效果不是他想象当中那么……

雪瑾：立竿见影，明显，那他就是不满意嘛，说到底就是他还不能够完全满意。

城管胡雯：对！完全没有达到他心里的一个（预期），他呢相对的也是住得比较近嘛，他对现场就像实时监控一样，因为是住在他马路对面，他的楼层比较高，烧烤店低于他的一个视线，所以他实时可以看到油烟排放的情况，所以，他对整个油烟排放的情况，结果还不是很满意！

雪瑾：那后来怎么，采取什么措施了？

城管胡雯：所以就是说，对于我们执法人员的难题就是说，既要维护老百姓的一个权益。

雪瑾：对。

城管胡雯：对吧，生活中的权益，也要站在那个烧烤店的老板（角度来看问题）。

宇皓：又是一个平衡体。

城管胡雯：对，这是要平衡。但我觉得，最终我们还是希望对烧烤店，还是做出进一步的整改措施。在这整个过程当中，我们跟这个（烧烤店主）之间还是多次进行沟通协调，把我们整个信访的，我们之间有过的一些好的经验或怎么样，我们对处理设施的净化的效果，我们再做探讨，我们也为烧烤店去做好服务工作，我们有好的一些（方法），让他们有所借鉴，因为烧烤店行业的性质嘛，油烟相对会比较(多一点)。

雪瑾:多一点。

城管胡雯:对,多一点,这样子的。达标不等于零排放,我们希望是以人为本,为了社会的和谐,为了老百姓的美好的生活的环境,我们还是让他们做出更大的努力。我们从他们的角度来说,从我们(执法人员)双方来说,应该是尽最大的可能去减少油烟废气对周围环境的影响,这是我们最终的目的。

雪瑾:嗯,好!非常感谢胡雯啊,因为我知道后来呢,其实他们也是说服了这个老板,通过在这个烧烤店又增设了更多的一些净化的装置,也让周边的居民老百姓呢,就实实在在地看到他的油烟指标的下降。

但我也在想啊,其实有的时候投诉者,包括我们的一些老百姓,第一他觉得这个问题挺难的,第二呢,我觉得他其实也在考察城管是否对他的这个投诉有迅速的响应程度,有没有真正地去做实事;再其次,我觉得还是用时间,就是增进双方之间相互的了解,另一方面,也通过这些实际行动,让彼此看到都在为解决同一个问题在进行努力。

黄教授怎么看刚才胡雯所分享的这个案例啊?

黄晨熹教授:其实我想,一般的老百姓会来投诉,更多的一定是和他自己生活密切相关,影响到他生活了。

雪瑾:对。

黄晨熹教授:有的时候也会因为一些公共利益来进行投诉。不管哪一种,他都希望得到及时的回应,因为我来投诉如果没得到回应,我的心冷了,我会对这个有看法,其实你时间长,反而变成了一个(不信任)。

宇皓:不信任了。

黄晨熹教授:对,所以作为我们城管的部门,我们不需要担心,我想他来投诉,对于我们来讲,对社会治理来讲是非常好的指示或者指标;那另外一点,我觉得是跨前一步,就怎样为了妥善地解决问题,我们除了要分析这些法律上的问题以外,在实际上面,可能是刚刚我们城管的讲的,可能超出他们(执法)范围的东西,我们往前跨一步,通过再往前跨一步,能够把问题解决掉,那这是非常好的一种做法,所以我非常高兴。我们现在城管的服务,不仅仅是管,有70%是服务,那我想都是按照这样的思路,所有的城管的问题都能够很好地妥善地解决。

雪瑾:嗯,"神仙鱼3860"(网友网名)说(我觉得刚才这讲到,他说):"还有老小区违法搭建的拆除啊,真的是挺难解决的,但是我觉得法律是严肃的,讲人情执法是不是不能彻底解决问题?"所以其实一些老百姓,他也会提出一些自己的问题,那我们都觉得情、理、法,它一定不会说特别有明确的一些界线,有的时候很多的问题它是完全交织在一起的,但问题就在于说,其实我们讲从城市治理的这个角度来说,用哪一种方法更有效,那这可能是需要我们具体问题具体分析了,胡委员是否认同这样的一种说法?

胡海峰委员:我认同,因为法呢,是刚性的,就是必须执行的,但如何执行,这是艺术或者是方法,所以我们刚才听到欢欢说"721"这样的"7分的服务,2分的管理,1分的执法",把法律放在最后,这是底线。

宇皓:嗯。

胡海峰委员:刚才讲了,我们专家也讲了,就是一定要做好沟通、做好协调,做好双方的相互理解,以人为本要考虑各个方面的利益,不能光考虑你的利益或者影响其他人利益,这方面涉及平衡的问题,所以说我们现在对城管提出更高要求,要求他们是"多面手",对吧?所以讲现在女性城管多点是对的,为什么呢?耐心比较好。

宇皓:是不是真的会在一线,女性的执法人员工作会比男性更顺利一些?

城管王欢欢:应该更有亲和力!

宇皓:哦,有这个优势。

雪瑾:那真的就是说,据你们所了解,现在目前一线的,我就好奇嘛,因为男女比例啊,因为你看有些听众就说了,现在我们都用大数据说话,就是数据背后分析的东西是很有意思的,问问欢欢,就你自己的感觉,就像一线的这种执法人员,你们的男女比例会刻意地去调整吗?

城管王欢欢:如果从走社区来说,肯定是要做一定的调整,女队员的比例要升高,但是如果是做拆违啊、路面的管控啊,那肯定男队员多一点!

雪瑾:嗯,还是会分的啊。来,我们在广告之前再接一位张女士啊,张女士您好!

【热线电话接听】

市民张女士:您好。

雪瑾:唉,请讲。

市民张女士:唉,你好,我是青浦区白鹤镇时代名邸小区的居民。

雪瑾:嗯。

市民张女士:我们的地理位置的话,(因为)更加靠近昆山花桥,产权呢是属于上海青浦的产权,因为地理位置上更加靠近昆山,所以来说我们这边存在的问题会比较多。

雪瑾:什么问题?

市民张女士:主要是设摊问题。

雪瑾:哦,乱设摊。

市民张女士:对对对,乱设摊比较多,乱设摊的话,还带来的就是车辆乱停以及道路交通拥堵问题。

雪瑾：那这个可以跟城管投诉啊。

市民张女士：对，是的，我们投诉了很多次。

雪瑾：嗯。

市民张女士：他们也来过，然后基本上是他们管控的时候是会（好一点）。

雪瑾：好一点。

市民张女士：对，好一点，然后如果他们（城管）休息的话，就是会容易反复。

雪瑾：长效机制没有，是吧？

市民张女士：对对对。

雪瑾：那怎么办呢？

市民张女士：后来的话，现在有所好转，后来因为他们（城管）联动了白鹤和花桥一起联合执法。

雪瑾：花桥是昆山的是吧？

市民张女士：对对，花桥是属于昆山的。

宇皓：白鹤也是？

雪瑾：白鹤是属于青浦，上海的。

市民张女士：白鹤是青浦，属于上海的。

宇皓：哦。

市民张女士：等于说是他们跨地区联合执法了，因为以前的话，如果上海这边执法他们可以直接跑到这，他们说我们是属于昆山的，你们没权，对我们没有执法权。

雪瑾：哦，就那个摊贩他有的是这个昆山的，是吧？是这个意思吗？

市民张女士：对，摊贩他只要地理位置上跑到昆山的话，我们这边就没办法了！

雪瑾、宇皓：就没办法了。

市民张女士：就没有办法再去（执法了）。

宇皓：所以这个联合执法还跨越整个省界啊。

雪瑾：这是不是也是长三角一体化的概念？

宇皓：是，还真是！

雪瑾：嗯，所以你想说的是，就是说实际上在地域交界的地方，现在像这种联合执法的话，对于你们（市民）来说，可能是会更有效果的！

市民张女士：对对对，对于我们这种在交界处的，他们跨区域联合执法起到的管控效果会比较好！

雪瑾：嗯，好的，谢谢张女士啊！好，时间关系呢，我们又要进广告了啊，今天我们的"共话城市治理"特别节目,是从执法背后的人情味说起,城市治理其实是需要我们方方面面地去关注,提出自己的一些建议,当然有一些顽疾可能也需要不断地提,去不断地找方法。所以大家都可以在我们的直播帖下面跟帖留言,或者给我们打电话,62780990。

宇皓:是,也可以参与我们的阿基米德互动,给我们留言。我们和上海福彩推出了有奖互动的环节,如果您参与的话,就有机会获得由上海福彩提供的奖品,助力公益,乐享生活,广告之后,我们马上回来。

【广告】

【宣传片花】

雪瑾:好,欢迎在广告之后继续回到我们的"共话城市治理"特别节目。特别感谢,今天有很多的听众都第一时间打来电话跟我们分享,在城市治理过程当中他们感受到的一些变化。当然在我们平台上,还有很多听众也在反映一些顽疾,比如说垃圾分类的治理效果如何更加持续?比如说楼道堆物的效果如何持续?还包括有一些社区可能仍然周边还是会存在乱设摊的现象。所以是需要大家不停地去保持长治久安的这样一种处置的机制的。

我也想请问一下我们的两位嘉宾,就刚才我们这位女士所提到的联合执法的概念,我觉得这是不是也是我们,不管是从城市的发展啊,或者从长三角一体化发展上面来讲,它这种联动是不是说,城市的治理的概念更是"大城市"治理的一个概念,胡委员?

胡海峰委员:嗯,现在长三角一体化会解决很多问题,因为就是联合执法啊,包括相互之间呢,沟通啊协调得比较好,有协调机制。我认为就是长三角一体化能解决很多的城市治理中过去的难点、痛点,这些问题特别是在交界的地方,执法的时候,你这边执法跑到那边去了,那边执法到这边来了,(就是)刚刚讲到这个问题。所以我想呢,就是说,我们政府在这方面呢,大家之间还需要相互联动,城管跟我们这个工商之间、市场监督管理局之间也是联合执法,我认为联合执法是不同部门,另外是不同区域,只要有共同的问题,大家(一起)解决就比较好。以前呢,不太好的就相互推诿,就是说……

雪瑾:部门和部门之间的界限比较明显,对。

胡海峰委员:推诿,另外,区域跟区域之间也不联动,我想呢,社会治理还需要联动。

宇皓:其实换个角度看的话,以前的相互推诿就完全可以变成打组合拳,对吧,我们形成合力对话,可能效率更高一些。

胡海峰委员:对,特别是习近平总书记对上海提出城市治理管理一定要像绣花一样精细。

雪瑾：精细，对。

胡海峰委员：精细这块呢，有的一个部门是解决不了，还是要综合、联合，这样的情况下共同执法，推动整个社会的共同进步。

宇皓：是。

胡海峰委员：改善市民的生活。

雪瑾：我们一直说啊，就推动社会治理的现代化，它其实是多种手段、多元主体共同来参与的，我们说到这个所谓多元手段，比如说（你说）法治的手段、自治的手段、德治的手段、科技的手段，可是我觉得我们今天可能更多的是"情治"的手段。

黄教授，你怎么看待城市治理当中，其实又回归到我们这个大的话题了，情、理、法三者交织在一起，如何互相更好地去配合？包括这种多元手段的一种变化啊，它体现了我们在城市治理发展过程当中，一种什么样的（这样一个）背景呢？

黄晨熹教授：情感应该说是一个非常重要的社会现象，每个人都有情感，我们通常拿人跟动物比较，以前是我们会制造（这个）工具，是人和动物的区别，但其实还有情感，而且有丰富的情感，也是一个人和动物非常重要的区别。社会治理我觉得有几个层面：第一个，我们宏观地怎样让社会有个好的局面？社会治理一定要落到社区，最后（其实）都是街道居委会来和居民打交道，但是在社区的层面，我们治理要面向个体，每一个个体。那怎么样来治理每个个体？每个个体可能更重要是看行为，但行为背后，其实又跟感情和心理是紧密联系在一起的——我今天高兴和不高兴，我做的事完全不一样。

雪瑾：两种态度嘛！

黄晨熹教授：所以，大的方面来讲，我们其实需要法律，需要制度，需要有一个非常强有力的执行的队伍，但是从微观层面来讲，我们怎样能够走入内心，能从内心的角度来提出一些符合人心的、以人为本的措施，那这样的话，会让我们治理也好、执法也好更加顺畅、更加有效！

雪瑾：嗯，但是您刚才所提到的，其实您就强调了这个"情感"的因素，从社会学的角度来说，它其实属于城市社会治理当中的"情感治理"，是吗？那"情感治理"是一个全新的概念吗？它对于我们社会治理的，比如说未来的发展啊，它如何更好地去服务于我们的社会治理，您有什么样的一些建议？

黄晨熹教授：应该说，情感治理也是在最近几年社会学里面讨论比较多的一个话题，以前其实我们更加强调理性。

雪瑾：但这种转变是说我们现在更人性化了吗？或者说更考虑个性的这种不同的需求了吗？

黄晨熹教授：我觉得也是跟大家的价值观，需求越来越多元化其实是密切相关的,现在我们都讲是"00后"变成大人了,"00后"和我们"70后"或者"50后"其实有非常不一样的观念,他们更希望强调自己的这个权利,更希望把自己的诉求反映出来,所以在这样的背景下面,多元化价值观背景下面,让我们管理不能太刚性,不能讲条条框框,怎样从心理的这个角度,来对大家提出的问题给予回应,可能是未来更重要的一种趋势!

雪瑾:嗯,但刚才呢,因为黄教授也在说啊,包括条条框框,就像胡委员刚才也提到了,你说今天我们来做客节目的许先生,包括我们的欢欢,我们大家生活在一个法治的社会当中,我觉得"法"还是最基本的一个保障。就所谓的条条框框大家对于它的理解,包括在各个媒体或者说其他的一些手段,普法必须要做的,因为所谓的规矩啊,一定得有,当然在规矩之上呢,可以有更多的一些探索,具体问题具体分析,这又回到现在在城市精细化治理当中,要考虑"人"的因素,要考虑他(生活)背景的因素,可能要考虑治理方式效果的因素。

欢欢,我们今天从每个人不同的一个角度,从执法队员的角度,你觉得如何更好地去推动我们的城市治理,给出自己的一点点建议!

城管王欢欢:嗯,我觉得沟通很重要!

雪瑾:嗯。

城管王欢欢:而且是面对面的那种沟通,我觉得沟通多了呢,大家就不会再说我一定要打投诉电话,用投诉的方式来跟你们沟通事情。通过我们的执法队员,我们有"五走进",叫——走进社区、学校、工地、商铺、机关——这"五走进",通过这样的"走进"呢,大家都知道有一个城管队员,或者有一批城管队员,和我们所有的方方面面的人员是有一个沟通的环节的,那么这样呢,我们也切身地感受到全年的投诉量啊,逐年下滑了,但是收到的表扬信越来越多了。

宇皓:这是一个好数据。

雪瑾:这是效果,嗯。

城管王欢欢:对。

雪瑾:所以,一个是渠道要畅通;第二个就是要拉近距离,更多地去"走进";接着我们说的要接地气,你去做市民的服务也好,你不走进你怎么知道他的需求呢?小许,你觉得呢?从市民的角度,你觉得怎么更好地去参与社会治理?

宇皓:时间不多了,给你一两句话的时间,还有吗?

市民许先生:像我这种啊,怎么说,不懂法的,现在我就是……

雪瑾:多学法。

市民许先生:唉对对对。

宇皓:好好学习。

市民许先生:经过这件事的话,我之后会回去好好地,好好地学习学习。

雪瑾：然后把你自己的一些经验，带给我们更多的一些市民朋友啊！

宇皓：好，也特别感谢大家收听我们为您推出的"共话城市治理"特别节目，明天呢，我们将从"一网通办"说起，欢迎您继续关注！

本次节目的编辑小佳、责编迟迅、监制毛维静，欢迎您的收听，明天再见！

2019年度广播电视奖(广播电视节目)
参评推荐表

作品名称	"直面黑洞"特别直播		
作品长度	21分07秒	节目类型	广播新闻-新闻访谈
播出频道(率)	FM93.4上海新闻广播、FM90.9东广新闻台·长三角之声		
刊播栏目	《十万个为什么》		
播出日期	2019年4月10日		
主创人员	傅昇嵩(旭嵩)、叶欣辰、郑子凌(子凌)、龙敏、乐祺		
节目评价	"直面黑洞"特别直播制作精良,语言生动流畅、通俗易懂、注重自然科学与人文科学的结合,可听性非常强。主创团队抓住"全球首张黑洞照片揭晓"这一热点话题,在发布会召开前推出系列短视频预热;在发布会召开时进行线上线下音频视频图文直播,邀请专业嘉宾,连线前方记者,采集市民观点,呈现了一台兼具新闻性、专业性、知识性、趣味性的科学节目;直播结束后,又精心制作符合互联网传播特性的音频与微信图文,真正实现全媒体传播。 节目组依托传统FM广播的资源优势,跨屏(频)联动,利用新媒体平台实现二次传播,并辅以视频、图文等对科学事件进行前期铺垫和后期整理,针对不同受众群体、以不同的渠道和媒介开展多视角、多层次传播,回应公众期待,形成重大科学事件的热点信息流,为重大科学事件的新闻报道与科学普及开辟了独特创新的传播模式。		
采编过程	北京时间2019年4月10日晚21:07分,包括中国在内的世界多地天文学家同步揭晓首张黑洞照片。上海人民广播电台"科学家族"工作室旗下《十万个为什么》节目当天20点整开始"直面黑洞"特别直播。直播间嘉宾是上海天文馆建设指挥部展示教育主管、上海市天文学会副秘书长施韡,语言风格幽默生动,与两位主持人搭档默契。 直播开始前,节目组提前一周在互联网平台推出黑洞科普系列小视频,每期3分钟左右,为零基础网友打下根基;同时在"阿基米德FM"社区邀请听众画出你心目中黑洞的样子,增强节目的互动性。		

采编过程	节目直播中,通过穿插街头采访录音,拉近黑洞与每一位听众的距离;通过讲述广义相对论与导航、时间、通信、能源等之间的关系,让普通人了解黑洞研究的意义;通过前方记者连线,时刻感受现场的氛围;通过信号切换与移动视频图文直播,第一时间呈现发布会实况;通过嘉宾专业解读,深入了解天文学研究的科学方法。两小时的节目,将新闻事件与科学普及完美融合。 　　直播结束后,主创团队第一时间制作音频精华版上传互联网进行二次传播,将传播规模再次扩大;同时整理微信图文,提供不同形式、不同风格的内容,满足不同受众的需求。
社会效果	"直面黑洞"特别直播结合传统媒体与新媒体优势,对国际重大科学事件进行了全方位的呈现,得到了非常好的社会传播效果。 　　传统媒体平台集聚资源优势。 　　节目通过上海新闻广播和东广新闻台·长三角之声两台四频联播,以最传统的方式将全世界最受关注的科学热点事件第一时间传递给听众,节目收听率0.7%,覆盖人数25.2万,带领广大受众从电波中感受科学探索的乐趣,也体现科学传播"接地气"的一面。 　　多元化传播方式增强吸引力。 　　前期特别制作的"问不倒TV"黑洞三期系列小视频广受好评,每期3分钟左右,通过轻松娱乐的表演方式解释与黑洞相关的各种专业名词。视频点击播放量近5万,许多观众留言表达了对此类科普小视频的喜爱,希望可以看到更多有营养、有内涵、有价值、同时又很有趣的科普小视频呈现。普及科学知识,也要针对不同的受众,采用不同形式。 　　新媒体平台助力加速传播。 　　在广播节目直播的两小时里,阿基米德App"十万个为什么"社区相关留言互动点击量近8万。直播结束后节目音频上传至网络进行二次传播的音频精华版,点击量超过200万。通过话匣子App、网易App等视频端对广播节目和发布会现场进行同步直播,播放量近40万,让"广播"节目兼具可看性。节目进行中,不少网友表示,一直觉得黑洞离我们很远,但其实,它背后的广义相对论我们每天都在使用,许多科学研究看似没什么用,那只是我们知道得太少。通过一期节目,可以让公众了解科学、了解科研,是科学传播者最大的欣慰。 　　节目结束后,微信公众号持续发力。在黑洞照片公布的第一时间,节目组与嘉宾共同撰写的科普文章《刚刚!史上第一张黑洞照片公布!》在话匣子FM、上海新闻广播微信公众号等平台发布,并立即被国内知名科普公众号——中国科协旗下"科普中国"署名转载,阅读量10万+,随后又被"学习强国"署名转载,极大提升了广播自有科普品牌影响力。 　　"直面黑洞"特别直播是传统广播在新闻发生第一线进行媒体融合传播的有效尝试,除了内容精良外,在传播方式上也多元开拓,进一步彰显了广播新闻报道品质的专业性和思想性,发挥传播社会主流价值的主渠道作用。

"直面黑洞"特别直播

【直面黑洞片头】

多方参与、全球协作,人类首张黑洞照片正式揭晓;发布会现场直击、直播间深度解析。上海新闻广播、东广新闻台·长三角之声,与您一起直面黑洞!

【音乐:Interstellar——Dust(星际穿越)】

旭紫:各位听众、各位观众,这里是 FM93.4 上海新闻广播、FM90.9 东广新闻台·长三角之声双频联播的"直面黑洞"特别直播。各位好,我是旭紫。

子凌:大家好,我是子凌。我们的节目同时也在话匣子 App 进行视频及图文直播。今晚,就让我们共同直面第一张黑洞照片的揭晓。

旭紫:是的,其实不仅仅是直播间里的我们(子凌:嗯),这两天我相信各位的朋友圈应该是已经被一位叫作"黑洞"的"网红"给刷屏了,好像所有人都在好奇它的真面目到底是什么样。

子凌:是的,这些朋友原本可能也不怎么关心天文(旭紫:嗯),但是最近也都在凑热闹!

旭紫:其实这背后啊,自然是有原因的——北京时间今天晚上 9 点、协调世界时 13 点整,人类历史上的第一张"黑洞照片"就要揭开神秘面纱、正式发布了!

子凌:没错。这次的发布会,将在比利时布鲁塞尔、智利圣地亚哥(旭紫:嗯)、中国的上海和台北、日本东京,以及美国华盛顿六个地方同步举行,这场发布会的重中之重就是向全人类公布"有史以来的第一张黑洞照片"!

旭紫:其实我还记得在 2015 年的春节(子凌:嗯),引力波的探测当时是引爆了全球媒体。某种程度上,那是我们"听"到了、或者说是"摸"到了双黑洞合并产生的时空涟漪。

子凌:而一个多小时之后,我们就真的是要看到黑洞了!

旭紫：是啊！曾经以为只存在于理论中，不可能真正被我们看见的黑洞，它到底会长什么样子呢？更关键的就是，科学家们又是去如何一窥它"真容"的？

子凌：嗯，在接下来的两小时里，我们将和大家一起来见证这一历史性的时刻！

旭紫：是。那么在今天的直播间呢，除了子凌和旭紫，还有我们的老朋友、我们的"科学观察员"——上海市天文学会的副秘书长施韡。施韡你好！

施韡：主持人好，各位听众大家好！

子凌：嗯，在期待一个多小时之后揭晓的重磅照片的同时，我们也期待施韡带给我们更多的生动有趣的科学讲解，让我们从很直观的角度去了解什么是黑洞（旭紫：嗯）。而在发布会的现场呢，我们的前方特派记者孟诚洁和雪梅，也会第一时间给我们带来最新的动态（旭紫：是）。现在，就让我们来连线一下孟诚洁。孟诚洁你好！

孟诚洁：子凌你好，旭紫你好！

旭紫：给我们介绍一下今天你在现场准备的情况吧！

孟诚洁：好的，那么现在距离发布会呢，还有不到一个小时。我们前方报道组同事已经来到了位于徐家汇南丹路上的上海天文台三楼的会议室。这个房间一点都不大，只有一百多个座位，但是今天晚上会汇集亿万人关注的目光，来见证人类历史上科学探索的一个高光时刻（旭紫：是）。现在这里已经一座难求了，但是还是提前被拆掉了两排座椅，就是为了保证我眼前密密麻麻的这些摄像机能够有一个非常好的视角。再过一会儿，你打开我们话匣子 App 等各个新媒体平台，都能通过网络直播成为首批看到黑洞照片的人类。其实从上周末开始，就像刚刚旭紫说的，黑洞一下子成了一个网红，被所有人谈论，我觉得这似乎也非常符合黑洞本身的特性，它非常神秘，同时又具有无穷大的吸引力（旭紫：对）。说到今天现场的期待，首先我们当然很好奇，今天发布的这张照片到底是属于离我们更近的超大质量黑洞人马 A，还是离我们更远的、更大质量的 M87 的中心的黑洞。另外更重要的是，这张照片会不会呈现出一种神秘的美感，以及黑洞的第一张证件照，是否跟科学家们通过广义相对论的理论和数学算法所构筑的模型高度一致，这个问题的解答其实就关乎我们的理论认知是否还能解释我们宇宙间客观的存在，我们的科学探索有没有走弯路（旭紫：嗯）。我想如果爱因斯坦今天能够出现在现场的话，他现在一定会有那么一丝忐忑。

旭紫：是，能感受到孟诚洁的激动。

孟诚洁：第二个关注点，就在于上海能够成为这次全球发布这个成果的六座城市之一，我们能够站在前排看历史这个机会，不是天上掉下来的，要归功于我们中国的科学家、我们上海的科学家，他们作出的巨大努力，作出的卓越的贡献。那么,这些成果究竟会聚焦哪些方面,在待会儿采访当中,待会儿发布会上,我们会着力在这方面进行探究。主持人!

旭紫:嗯,谢谢孟诚洁,我们也共同期待。那么,他们会在现场给我们带来最新的消息,与此同时还有一个重要任务,就是在发布会后半部分有互动环节,他们会带着我们的听众和观众的问题,直接去向现场的科学家来提问。

子凌:也就是说,你的问题,我们听众观众的问题,有可能经由我们的记者直接转达给科学家们。

旭紫:是的。是不是一下子觉得好像自己离科学的最前沿更近了(子凌:是的),提问的方式其实也很简单,在阿基米德App"十万个为什么"社区找到我们今天节目的直播帖,直接在下面提问就可以了。

子凌:嗯,而且问题最终入选的提问者,我们还有惊喜送给您。

旭紫:那此外呢,今天还有一个有奖互动环节,也很好玩,就是希望大家来描述一下你心目中黑洞的样子。大家可以用文字,或者直接画张画拍给我们看,来描述一下你心中的黑洞。那如果说你描述的这个状态和最终黑洞照片最为接近,我们也会给你准备一份额外的惊喜!

子凌:嗯,那同时呢,也欢迎大家在直播的同时,到阿基米德社区参与实时互动,共同期待黑洞真容的揭晓!

旭紫:是。

【片花:黑洞小调查街采】

问:你理解的黑洞是什么呢?

小朋友:嗯,就是像怪兽一样的,会把地球也吃掉。

老人:我印象当中好像一个像深渊一样的,很大的一个洞。

小孩:黑洞有点像向日葵的样子。

男士:就是质量相当于一个星球。

小伙:质量很高的,然后可以吸收周边的光线、物质这种的一个东西。

问:你觉得黑洞长什么样?

小孩:黑洞当然是黑色的咯。

女士:看不见的吧,应该是。

小伙:应该是一片漆黑,什么都看不见的。

小孩:嗯,就是一个球体,人家爱因斯坦这个科学家都说过,一个无限循环,就是进去之后就永远不出来。

问:用一个词来形容黑洞的话,你会用哪个词呢?

男士:一个点。

女士：深渊吧。

小伙：无穷无尽那种。

女士：未知。

老人：深不可测。

旭崟：真的是一千个人心中有一千种黑洞的模样。

子凌：是的，刚才街访中，大家描述心目中黑洞的样子。其实说到黑洞的样子，可能每个人在第一次听到这个词的时候，心目当中都会有一幅图画出现，是吧？你看刚才，听众朋友说到的各式各样的。我说一下我自己吧，我觉得我第一次听到"黑洞"这个词，就是可能会很字面去理解它，就是一个黑色的大洞嘛。

旭崟：宇宙当中凭空出现了一个洞。其实，我最开始或许也是这样一种印象。再后来呢，稍稍接触了一些科学之后，大概在我心目当中黑洞的模样就是当年那个电影《星际穿越》（子凌：嗯）其中的那个"卡冈图雅"它的这个形象。我也很好奇，施韡，你心目当中的黑洞，尤其是像你是一直在接触天文的，专门做天文科普的，你觉得黑洞是什么样的？

施韡：我心目中啊，这个问题提得很好。实际上我一开始听说黑洞很小，小时候，其实这个感觉跟很多人一样，这是一个洞，让我马上就想到了什么？窨井（旭崟：哈哈哈）。就是扑哧一下要掉下去的感觉。那后来呢，其实慢慢了解到，其实所谓的黑洞它是一个三维的，就是它是一个球体。

子凌：嗯，并不是平面的我们以为的一个洞。

施韡：对，这一定要搞清楚。就是我们看到很多的科学绘画，都是把它画成一个平面的，它实际上直观上面是有一些误解。所以我们讲，从电影里面，旭崟提到的卡冈图雅，的确是它画得非常好，能够感觉到这玩意儿就是一个球体。

旭崟：就说我们假设可以像电影那样环绕这个黑洞飞行的话，在黑洞外面，我们不管从哪个角度去看，它都是黑黑的一个球。

施韡：对对对，当然因为它是黑的，它并没有一些表面的纹理，是吧，所以你可能感觉不到什么反光能够判断出它是一个三维的，这是一个很大的区别。同时，我们等会儿其实也会深入地去探讨这个问题，黑洞它所含有的这种内涵远大于"黑洞"这两个字。

旭崟：是。当然我们把它想象成是什么样，大家可能心目当中都会有一个固定的关于黑洞的图像，我们马上会亲眼看见真实的黑洞到底是什么样的。而且有生之年能够看到黑洞的样子，我相信大部分人的心情都和我一样非常激动。但是与此同时，很多人心中还会有这样一个问题就是，我们为什么非要去拍黑洞的照片？（子凌：嗯）

施韡：这个实际上是一个非常简单的问题，因为我们很好奇，因为不知道黑洞到底长什么样,所以肯定是希望能够拍一张照片,能够亲眼见一见,它到底是不是长得我们想象的那样。其实很重要的一点,因为黑洞是来源于理论的,我们第一个问题实际上是,黑洞到底存在不存在?当然这个问题经过几十年之后,应该是基本上板上钉钉。

旭岽:我们会觉得是板上钉钉的,你想,都有引力波双黑洞合并了是吧?

施韡:对,但是这些东西呢,我们是通过其他的一些方式,包括X射线等等,当然也是电磁波,但并不是描绘了一个非常完整的黑洞的造型,只是说那个地方它那种辐射的强度、它的空间大小、它的质量,等等,根据我们已掌握的理论来看,它只能是黑洞。

旭岽:我开始还担心施韡会说,就是满足人类的好奇心,但是我相信,很多朋友,尤其是普通人,他们会觉得,光满足好奇心的话,搞那么大阵仗,对吧,花那么多的科研经费,难道就为了看个照片吗?其实,从天文学研究本身,它的意义已经非常重大了。

子凌:嗯。但是获得这个黑洞的照片,还有一些实际意义的是吗?就是可能会和我们的生活更加相关一些。

施韡:很多人都会问这样一个问题,包括天文也好、航天也好,很多,这些好像很高大上,跟我们生活到底有什么关系?怎么说呢,我们讲,黑洞,尤其是离那么远的黑洞,对我们生活来讲的话,的确没什么关系,哈哈,但是这个只是说,它没有一个直接的影响。但是我们去研究黑洞,实际上会应用到很多的方法。同时,我们讲黑洞,前面我们前方记者也说了,它实际上是可以检验我们的相对论。相对论它是基础物理学,实际上对我们现在生活来讲,它是非常重要的支柱,很多东西其实来源于这些理论的基础,你说没有牛顿力学,那生活中很多东西你就谈都不能谈。

旭岽:话是这样说,但是我记得,当时引力波被证实观测到的时候,也是咱们做的特别节目,那时候也谈到引力波本身就是验证广义相对论(施韡:嗯),那已经验证了,为什么还要在黑洞的照片再来验证一次呢?

施韡:实际上是这样的,广义相对论已经是经过无数次的验证了,说实话,并不是说验证过了为什么还要验证。实际上,因为我们讲,理论它要描绘这个东西,我们现在其实是想通过一个实际的观测来验证它描绘的对不对,那么同时,有一些东西可能是需要进行修正的。因为我们讲,广义相对论是一个原则(旭岽:对),在这个基础上,它要跟其他的东西进行匹配,比如我们讲,气体的流动力学等等,其他的东西要附加在这个上面,才能描绘出黑洞的样子,到底准还是不准,对不对。实际上还有很重要的一点就是,宇宙中还的确存在着很多很多的未知,很多很多的一些细节。

旭岽：不能说我们现在的理论就是真正完美了，完备了（施韡：对），所以需要反复地去验证，哪怕发现其中有一点点好像和预测不符的情况，说不定这就是向更进一步的理论迈进的突破口。

施韡：对！它这个理论可能是总体上没问题的，但是可能是需要进行一定的修正，对吧。除此以外呢还有就是，我们去研究黑洞、拍摄黑洞，会引发很多的技术性的进步。技术方面的进步，实际上可能会影响到我们的生活，给我们带来未来的一些发展，比如说通信方面的，包括能源方面的、计算机方面的等等，等会儿我们也会提到，拍黑洞真的非常不容易。

旭岽：别着急，说不定若干年之后，你用到的或者你再习惯不过的某项技术，可能就是源于这次观测所积累的一系列的技术应用。其实刚才孟诚洁的连线中也提到了一个非常大的悬念，就是我们今天拍的这个对象，或者说我们的黑洞模特到底是谁。因为其实在此之前，网上有各种各样的版本，好像有一派主要说的就是那个银河系中心的黑洞（子凌：嗯），离我们非常近的一个超级黑洞，还有一个说法是 M87 中心黑洞（施韡：嗯），这个词很多人就觉得很陌生了。先想问一下施韡，为什么会出现这种情况？

施韡：实际上我们讲，事件视界望远镜它的确有两个观测目标，一个是银星黑洞，一个是 M87 星系的中心黑洞。M87 实际上是一个星系的编号，跟我们银河系一样，也是一个星系，甚至说它的质量要比银河系还要大许多。那么，之所以我们之前宣传的时候都在讲银河系黑洞，实际上，是帮助大家去理解银河系的中间有这样一个黑洞，实际上在所有星系中，我们现在认为，都有一个超大质量的黑洞。但是如果一下子就跟你讲 M87 星系，可能大家一个是觉得比较高冷，会记不住，另外一个可能比较抽象，而且离我们那么远，好像一下子比较难接受，那么银河系就好像我们自己家一样，就在这里面有这样一个黑洞，实际上这两个东西，根本上来讲是一回事。

旭岽：很关键的一个词就是我们这次亮相的黑洞照片，如果要加一个定义的话，就是超大质量黑洞（施韡：对对对），是这样一种类型的黑洞（施韡：嗯嗯）。这两个黑洞都有什么样的特点？因为银河系就在我们家门口，刚才你提到，M87 星系离我们非常遥远，虽然说这个星系很厉害，比银河系大得多，但是毕竟离得远，我们为什么家门口有了，拍拍不就够了吗，还要拍那么远的地方？

施韡：对对对，这是一个很好的问题。因为银河系中间的黑洞离我们也很远，大概有 2.7 万光年，实际上尺度很小，大小直径比我们水星到太阳的距离还要小，大概只有五分之一，所以说，那么远的一个距离我们去看它，是非常不容易的。它的分辨率相当于什么呢，相当于我们站在上海，比如说看北京，子凌站在北京，我在上海，我能看到子凌的一根头发丝。

旭紫：我开始以为能看到子凌已经很厉害了（子凌：对）。

施韡：哈哈哈，相当于这样一个分辨率的要求。为什么会选择 M87 呢？它虽然远，大概是 5000 多万光年，非常远，但是它的质量更大，它的质量实际上是我们银河系整个的一千多倍，它的视界尺寸也大概是我们银河系，现在还有一些不太确定，可能一千倍可能两千倍，最多三千倍吧。这样一个尺度放在五千多万光年，我们发现跟我们银河系的黑洞差不多大。

旭紫：就是虽然远，但是块头够大，同样是你刚刚的例子，在北京看子凌，可能看这个就是看子凌的眼球了，哈哈，不是很恰当的比喻，但这是跟头发丝相比。

施韡：对，就相当于一个是，我站在上海看北京的子凌的头发，还有一个是，我站在地球上看月球上面的一个，比如说之前打过一个比方是一个橙子，我觉得可能还要更小一点，是这样子一种概念，所以说，它虽然远，但是它大。

子凌：所以这两个难度来说（施韡：差不多）可能是旗鼓相当的（施韡：差不多）。现在在我们阿基米德平台上，已经有很多网友提出了他们的问题，我来选一个叫"甲胡古笛"，他说了一个脑洞大开的问题，黑洞与黑洞如果相遇了，将会发生什么？

施韡：好问题。这个是之前我们讲引力波的时候，就已经碰到了（旭紫：对），黑洞与黑洞相遇就会产生引力波，我们讲的相遇是指什么呢？就是相互绕转，绕转之后会产生引力波，然后碰撞在一起，这个引力波就会非常强大。

旭紫：其实我觉得这里倒是可以和大家额外做一个解释，因为引力波的时候我们也讨论了黑洞，但是我没有记错的话，当时我们用了一个名词叫"恒星级黑洞"（施韡：对）。

子凌：但是今天说的是超大质量黑洞。

旭紫：这两者有什么区别吗？

施韡：这个必须要说一下。恒星级是指什么？它的质量和恒星差不多。几十倍，我们现在观测到的是百万倍的太阳质量，这个是恒星级的。那么超大质量是个什么概念呢？是多少万，百万倍的太阳质量（旭紫：后面差了好多零），好多零。甚至它可以把这个范围扩大到几十亿甚至上百亿倍的太阳质量（旭紫：哇），所以这个跨度是非常非常大的。所以它们表现出来的一些性质也会不太一样。包括我们讲引力波的情况，它的频率也会不一样，包括我们讲黑洞的形态、吸积盘的明亮程度，还有不同的电磁波辐射的强度，真的是差异会非常巨大。

旭紫：所以虽然都叫黑洞，但是在宇宙中黑洞的类型有很多种。

施韡：我们大致是按照质量来进行分类，当然还可以通过其他方式，旋转啊等等，还有其他分类的方式。

子凌：嗯，原来是这样的。好的，现在时间来到 20 点 19 分，按照之前的计划,发布会即将开始,媒体入场了。不知道我们身处现场的记者都准备得怎样了? 现场有没有关于黑洞真容的蛛丝马迹呢? 我们马上来连线前方的记者雪梅(旭崟:有没有剧透啊,雪梅)。雪梅你好!

雪梅:你好主播,听众朋友们大家好!

子凌:给我们介绍下现场的情况。

雪梅:嗯,好的。那我现在就是在上海天文大厦的三楼,我右手边就是接下来即将在九点召开创新发布成果的报告厅。我看到,相比较前一个阶段我的同事孟诚洁做连线的时候,现在整个发布厅已经是满满当当了,而且在我面前的空间当中,已经有多家媒体利用间歇期,采访了多位他们能够找到的到会场的专家,提前想了解到一些关于今天的成果信息(旭崟:是)。我们也是在此前采访中,打探到一些信息,比如说,我记得今天上午的时候,上海天文台台长沈志强老师,他在给我们讲的时候,他没透露多,他只说到目前为止,外界的无论是媒体的还是公众号透露的一些信息当中,关于今天这个成果的,有真也有假(旭崟:悬念很强啊)。对对对,这句话让我们一下子对今天晚上揭晓的这张照片到底是什么,它能让我们看到什么,充满了期待(旭崟:是)。那到底今天晚上的照片能够透露一些什么信息呢? 我们也找到一位专家,我们的专家就是上海天文台的副研究员左文文,左文文老师,她现在就在我旁边,我们现在就来对文文老师做一个现场采访(旭崟:好的好的)。您能不能跟我们说一下,据您了解,能够给我们今天晚上的成果,这张照片,能够透露什么样的信息? 透露一点点。

左文文:首先我们要知道,黑洞它本身就是一个广义相对论预言的天体。因为它引力非常非常强,以至于它有一个边界,连光都没有办法逃离出这个边界,这个边界我们称之为"视界"。那么这里面有一个点,大家始终要记得,视界里面的东西,光肯定是没办法出来的,那我们看到的照片,如果说有光的话,肯定是视界以外的……

2019年度广播电视奖(广播电视节目)
参评推荐表

作品名称	从一见钟情到"闪婚",这家跨国"隐形冠军"缘何情定长三角示范区?		
作品长度	3分40秒	节目类型	广播新闻-长消息
播出频道(率)	FM93.4 上海新闻广播		
刊播栏目	《新闻午间道》		
播出日期	2019年11月7日 11:07		
主创人员	姚轶凡、俞倩		
节目评价	这篇录音报道中的主角跨国"隐形冠军"企业身份多重？这家年产值400亿元的瑞典上市公司海克斯康首次参加进博会，并且在第二届进博会开幕的第二天就"实锤"落户仅揭牌才六天的长三角生态绿色一体化发展示范区，成为示范区揭牌之后敲定落子的最大一项高新科技产业项目，同时，海克斯康此举也展现了进博会溢出效益的最大落脚点——吸引世界头部企业扩大投资，将"决策大脑"落地中国，参与中国长三角一体化重大国家战略的建设和推进。 一家跨国优质企业从考察到敲定落户示范区，仅仅用了4个月时间，这期间"从一见钟情到'闪婚'"，背后发生了怎样的故事？ 随着报道的深入展开，原来"一见钟情"基于示范区内青浦区招商引资的不懈努力。报道援引青浦区副区长彭一浩的回忆说，6月的一天，得知海克斯康大中华区新产业集团总裁陈屹飚正带队在上海周边考察物色一处地方布局华东总部。 "当时我们知道这个信息，那天再晚，也请他们一定要到青浦来看一看，哪怕只是看一眼。姻缘就在那一天开始。"彭一浩说。 这个小细节很动人，从中看到了基层领导干部是以"抢的意识、拼的勇气、实的作风"，不忘初心，努力为建设示范区创新发展新高地默默地努力着。而这种"担重责,扛重任"的朴实作风也感动着海克斯康的团队，正如文中陈屹飚所言，只用了4个月就决策落户示范区，很大一部分原因还在于碰上了青浦这支靠谱的团队，公司落户这里，有这样一支甘当"店小二"的团队，他们也放心。		

节目评价	"一个靠谱的地方和一个靠谱的公司,加上两拨靠谱的人,'联姻'结合得出一个靠谱的结果。"文中妙语为这段"姻缘"给出点睛总结。总之,本文看似切入点不大,但紧扣将进博会"越办越好"和长三角一体化发展两大战略,立意高远,是一篇非常不错的广播录音报道。
采编过程	"将支持长江三角洲区域一体化发展上升为国家战略。"2018年11月5日习近平总书记在首届进博会开幕式上的讲话,掷地有声。而就在第二届进博会开幕前夕,11月1日,长三角生态绿色一体化发展示范区正式揭牌,标志着长三角区域一体化发展已经作为国家战略进入实质性实施阶段。 　　作为长期联络进博会和青浦区的记者,作者一直关注着进博会和长三角一体化发展两大国家战略在推进中呈现的点滴新动向。在得知海克斯康在进博会期间敲定落户示范区的时候,作者查阅公司背景,惊于这家"隐形冠军"的无人驾驶、智慧城市、测量测绘等业务在全球都处于领军地位。而让记者更为惊讶的是,这样一家各地纷纷抛出橄榄枝要"抢"的重大投资项目,却仅用了4个月时间,就"仓促"做出这一重大战略决策,原因何在? 　　带着这个问题,作者对政府及企业两方团队进行了深入采访,原因逐渐明朗,原来,这个看似"仓促"的"闪婚"并不是一时头脑发热。地处长三角生态绿色发展一体化示范区的青浦区区位优势明显,而对于海克斯康团队来说,他们更为看中的是要挑选一个极为可靠的政府团队,这才能为公司发展提供更为可靠的政策及应用场景的保障。 　　采访中,两个团队领军人物妙语连珠,也为这一严肃题材报道增色不少,使得稿子成稿之后可听性很强,过耳不忘。
社会效果	这篇报道因立意高远,被上海电台多频率的多档节目采用播出,覆盖百万级收听人群,影响深远。

从一见钟情到"闪婚",这家跨国"隐形冠军"缘何情定长三角示范区?

昨天,当前来参加第二届进博会的海克斯康全球副总裁李洪全从青浦区委书记赵惠琴手中接过证照编号末尾四位数为"0001"的营业执照时,标志着长三角生态绿色一体化发展示范区揭牌之后,又一个全球行业领军企业选择落地示范区,落子青浦。而这张营业执照也是第二届进博会期间颁出的首张企业项目营业执照。请听本台记者姚轶凡发来的报道。

海克斯康,一家主营测量、智能制造、无人驾驶的瑞典上市公司,公司六大板块中,五大板块技术在各自的细分领域排名世界第一,是一家不折不扣的"隐形冠军"企业。海克斯康落地青浦之时,恰逢第二届进博会举行。在"四叶草"3.1号馆的海克斯康500平方米的展台上,前来咨询和洽谈的客商络绎不绝。

【这是无人驾驶的系统集成,路测的稳定性和精度是最高的,到毫米级的。像百度的阿波罗无人驾驶平台,整个平台是基于我们这个平台来做的。】

而一旁的一套手机检测系统,其市场占有率也相当惊人。

【全球85%以上的手机软件监测,包括硬件检测,苹果啊,华为啊,都是用的这款设备。】

听着这样傲人的数据,青浦区副区长彭一浩终感过去四个月艰难的谈判都是值得的,而对于海克斯康大中华区新产业集团总裁陈屹飚而言,4个月前能接到彭一浩的电话,临时起意到青浦来看看,这一看就看对了。彭一浩回忆说,6月的一天,得知陈屹飚正带队在上海周边考察物色一处地方布局华东总部。

【当时我们知道这个信息,一定请他们,那天到青浦的时候四点多了,那天再晚,再晚一定要到青浦来看一看,哪怕看一眼都可以。姻缘就在那一天开始,然后我们就一直和他们在主动对接。】

既然要设立华东总部,区位优势必然是海克斯康首先要考虑的,青浦地处上海西大门,又身处长三角生态绿色一体化发展示范区的腹地,这无疑是一个绝佳的理想之地。陈屹飚说,其次,就是看人,这个"人"就是对方地方政府的团队是否靠谱。通过那次短短几个小时的游朱家角,看赵巷,顿时双方犹如一见钟情,情投意合。

【一见钟情,情投意合,一下子就说赶快怎么"结婚"?所以我们这神速"闪婚",真是我们想要在一起过日子,抓紧要领这个证,就为了领这个证,他们进博会期间多繁忙,他们几位,一个月都没回家了。】

一个靠谱的地方和一个靠谱的公司,加上两拨靠谱的人,"联姻"结合得出一个靠谱的结果。已有三十年的历史,年产值已经超400亿元人民币的海克斯康,近年来依然保持了15％的年增长率,净利润达24％,旗下的200多家子公司均在各自细分领域处于领先地位。未来,随着100多亩华东总部在赵巷市西软件园的拔地而起,陈屹飚说,海克斯康将首先引入旗下最精锐的20家子公司落地青浦,辐射长三角。

【长三角一体化,产业互联网恰恰是非常好的一个手段,它可以打破围墙,未来我们的生意不是在青浦,我们坐在青浦做天下生意,当然第一步先辐射长三角,哪里有生意去哪,但是对不起,总部在青浦。】

2019年度广播电视奖(广播电视节目)参评推荐表

作品名称	让信息多跑路,让患者少折腾		
作品长度	3分53秒	节目类型	广播新闻-长消息
播出频道(率)	FM93.4 上海新闻广播		
刊播栏目	990早新闻		
播出日期	2019年8月26日7点13分02秒		
主创人员	吕春璐、李斌		
节目评价	这则广播报道精心选取"不忘初心 牢记使命"主题教育活动中的典型事例,从生动鲜活的案例入手,充分发挥广播现场音响特点,采访深入扎实,案例具体生动,展现出主题教育活动不是一种形式或是"一阵风",而是扎扎实实做实事,办好事。把相对"硬"的主题报道,写活了,能够让听者入耳入心。		
采编过程	为了能够把相对"枯燥"的主题教育活动写"活",能够打动人,记者跟随一名患者把医院改进服务的每个环节都亲自走了一遍,体验了一次,报道中有记者所见所感,同时报道中还加入了患者的亲身体会,使整个报道鲜活生动,具有感染力。		
社会效果	这则广播报道不仅在传统广播平台进行播出,同时还在话匣子App等新媒体平台进行传播,在新媒体平台不仅有广播音频,还有图文甚至视频等形式,更加丰富了报道的形式,取得了非常良好的社会效果。		

让信息多跑路,让患者少折腾

为了扎实推进"不忘初心　牢记使命"主题教育,上海市第一人民医院以患者"少走路""少排队"为"任务清单",通过对院内职工、就诊患者、患者家属进行深度访谈及问卷调查,即知即改,不断升级优化智慧医疗功能细节,努力"让患者再少跑一次",使患者就医体验大大提升,请听本台记者吕春璐发来的报道。

根据此次主题教育的专项调研,医技预约等候时间成为患者最不满意的"痛点":"各类检查预约分散,医院楼宇众多,来回奔波耗时间""多项检查并行,不知道先约哪一个"等等。就此,市一医院开发了智慧医技预约系统,医院在开展多渠道预约挂号的同时,将医技预约也纳入其中,医师在诊室便可直接为病人预约,如果病人有多个检查项,系统会智能优化,尽量合并在一天完成检查,每个预约精确到小时,而更让患者感觉方便的是,医生开出检查预约单后,患者在诊室内即可诊间付费,不必再去收费处排队。

【31日是礼拜六,我的门诊最接近的是9月2日,我再给你约在八点钟第二个可以吗?可以的,那你是微信方便还是支付宝?你就打开微信扫一下我这里就行了。】

出入院耗时过长也是病人抱怨最多的问题。主题教育活动中,市一医院根据2018年全年患者信访投诉进行了梳理、分析发现:楼上楼下跑、办理住院手续要等,住院手术检查也要等,怎么破?市一医院率先在眼科病区及日间医疗病区设置自助入院办理机器,患者不出病区,只需几分钟便可办理入院。针对患者入院后术前等待时间过长,设立集约化出入院服务中心,患者在门诊登记入院时,医生同时开立各项检查医嘱。护士长王仙说,根据医嘱,护理人员会提前为患者预约,患者在入院当天就基本完成所有术前检查项目,检查结果通过信息系统自动推送给主诊医生。

【只要他入院手续办好以后,在我们出入院中心这里帮病人抽血做检查,心电图,那边阿姨带出去直接拍片子,检查做好了直接到病房里去。】

通过优化检查预约,住院患者等待检查的时间减少了81.18%,平均每个患者节省近11小时,而患者在多个检查部门间往返跑的距离缩短了50.18%。

【我觉得还蛮好的,蛮方便的,它给你约的很精准的时间。反正我就按照这个点过来就好了。这边还是很人性化的。】

市一医院今年6月针对门诊患者开展了满意度专项问卷调查发现,环境不熟悉,一步一问,成为影响就医速度的一大阻碍,于是结合医院微信公众号,推出"AR导诊智能云管理平台",具有实时叫号、查看等候时间、地图实时导航等功能,目前日均接入使用的手机终端达到1500多个,使用总量超过25万次,在第三方患者满意度调查中,该平台获得了97.6%的好评。市一医院党委书记冯运表示,上海卫生系统正在打造医疗领域的上海服务品牌,患者的需求就是改进服务的原动力。

【医疗服务的品质应当体现在医疗过程中的每一个细节。不断提升医疗服务品质是公立医院的目标。通过深化医疗服务潜能全面升级,打造智慧医疗暖服务体系,进一步改善医疗服务质量,确实提升患者看病就医满意度和健康获得感。】

电视新闻

一 等 奖

2019年度广播电视奖(广播电视节目)参评推荐表

作品名称	长江之恋——长江流域十二省市联合大直播		
作品长度	选送长度62分07秒 (含3分钟宣传片) 当天直播总时长420分钟	节目类型	电视新闻-现场直播
播出频道(率)	东方卫视		
刊播栏目	特别报道		
播出日期	2019年6月30日9时00分		
主创人员	集体		
节目评价	该大直播是12家省级电视台围绕重大主题、联合策划并共同完成大型电视新闻直播节目的一次成功实践和探索；也是攻克技术难题，第一次在一天内将长江从源头到入海口进行接力全景呈现。在主题表达、内容挖掘、手法创新、融合传播以及播出效果上都具有大的突破和提升。该直播展现了当代中国电视具有的直播能力和直播水平，既有历史意义，也有专业价值，是向建党98周年、新中国成立70周年献上的礼赞大制作。节目播出后获得了中宣部、国家广电总局的高度赞扬。		
采编过程	这是一次向建党98周年、新中国成立70周年献上的礼赞，是一次主题鲜明、站位高远、影响巨大的跨区域大联播。该直播是由中宣部点题，国家广电总局指导统筹，上海广播电视台牵头，联合浙江、江苏、安徽、江西、湖南、湖北、重庆、四川、贵州、云南、青海共12家省级电视台共同承制的大型电视新闻节目。跨区域联动直播紧扣习近平总书记关于长江经济带"共抓大保护、不搞大开发"战略思想这根主线，全方位生动反映了长江流域依循"创新、协调、绿色、开放、共享"五大发展理念取得的最新成果，全景式立体呈现出一幅长江全域生态显著进步、文化日新月异、人民群众获得感、幸福感、安全感不断增强的壮美图卷。直播在展现长江概貌的同时，也让观众感受了"同日不同景"的长江丰富景观。选送时段为整个直播节目的中段(贵州和四川)，其时，设在上海黄浦江东方明珠号游船上负责总串联的上海室外主演播室因雨临时移入备用室内透明演播室，灵活机动地应对了这一突发状况。		

社会效果	该直播当天在5家卫视频道全程并机直播,其他7家地面频道全程并机、卫视频道分段播出,并在"看看新闻Knews"等12省台新媒体客户端同步呈现。据统计,直播在各台的累计触达观众超过5111万。同时,在新媒体端的影响力也表现不俗,精彩内容分发至人民日报新媒体平台,以及今日头条、百度、腾讯、新浪、爱奇艺、网易、一点资讯、微博、YouTube、抖音等20多个互联网平台,受到全国受众的广泛关注和好评。其中,有一位92岁高龄的浙江观众,专门向节目组发来短信说:"我从上午9点看《长江之恋》,一直到下午4点结束,有点累,但很有收获。"截至2019年7月1日12时,联合大直播相关产品的全网总浏览量达2285万。

长江之恋
——长江流域十二省市联合大直播（简介）

《长江之恋——长江流域十二省市联合大直播》是向建党98周年、新中国成立70周年献礼的大制作，由中宣部点题，国家广播电视总局指导统筹，上海广播电视台牵头，联合浙江、江苏、安徽、江西、湖南、湖北、重庆、四川、贵州、云南、青海共12家省级电视台共同承制的一档大型电视新闻直播节目，在建党98周年的前一天，即6月30日9:00—16:00对外播出。其中，上海、湖北、重庆、四川、青海5省市在卫视频道全程并机直播，浙江、江苏、安徽、江西、湖南、贵州、云南等7省在地面综合频道全程并机、卫视频道分段播出，并在"看看新闻Knews"等十二家省级电视台主要新媒体端同步呈现，取得了预期效果和反响。

一、扎根主题，多手法讲述十二省市特色发展。联合大直播紧紧围绕习近平总书记关于长江经济带"共抓大保护、不搞大开发"战略思想这根主线，通过从长江源到入海口的接力直播，全景式展现长江从源头到终点的概貌，生动反映了长江流域秉承"创新、协调、绿色、开放、共享"发展理念取得的最新成果，立体呈现出一幅长江全域生态显著进步、文化日新月益、人民群众获得感、幸福感、安全感不断增强的壮美图卷。直播沿长江顺流而下，青海、云南、贵州、四川、重庆、湖北、湖南、江西、安徽、江苏、浙江、上海依次呈现，让观众感受长江流域"同日不同景"的丰富景观。

在青海篇中，直播团队为观众展现了当地人民守护中华水塔的感人事迹；四川篇，记者以保护野生大熊猫、长江鲟的案例，展现建设长江上游生态屏障的发展成绩；重庆篇，库区消落带种出了水上森林；湖北篇，有当地严厉打击非法采砂、整治港口码头、修复百里长江岸线、共护母亲河的多种举措；湖南篇，讲述92岁环保老人朱再保，用大半生精力和积蓄守护长江的故事；江苏篇，展现当地将曾经污染严重的沿江工业带变为生态湿地的有力作为。

联合大直播适逢 7 月 1 日党的生日前夕，节目组尤为注重彰显长江流域的红色基因。在云南篇，石鼓镇诉说着金沙江畔红军北上抗日重大战略转移的伟大胜利；贵州篇，赤水河记录了当年工农红军和两岸百姓的鱼水情深；江西篇，井冈山红军剧场告诉后辈"吃水不忘挖井人"；安徽篇，渡江战役纪念馆展现百万雄师横渡长江天堑决胜千里；浙江篇，一节特色水上微党课在嘉兴南湖的红船旁开讲；上海篇，中共一大会址的革命精神，激励着一代又一代共产党人不忘初心，砥砺前行。

呈现手法上注重创新。贵州台记者站上高达 540 米的清水河大桥顶端，用小型无人机展现这座横跨天堑大桥的雄伟壮丽；湖南台记者使用 90 多倍长焦镜头守候长江"微笑天使"的身影；上海台、江苏台记者则不约而同潜入水下，一个与中华鲟欢畅伴游，一个观察太湖底的水下森林，高难度的潜水报道分外惊艳。

可以看到，这场全区域、多点位、实时连线的大型电视新闻直播节目，在勾勒出万里长江壮阔的风景线的同时，也成为了洞察中国当下发展的一个剖面。

二、融合传播，实现全网分发同频共振。据统计，联合大直播在各电视台的累计触达观众总数超过 5111 万。这意味着全国 13 亿人中，每 25 人中就有 1 人通过电视收看了《长江之恋》联合大直播。

融媒体传播方面，联合大直播不仅在"看看新闻 Knews"、"芒果 TV"、"中国蓝新闻"、"荔枝新闻"等 12 家省级台新媒体客户端同步呈现，还将精彩内容分发至人民日报新媒体平台、今日头条、百度、腾讯、新浪、爱奇艺、网易、一点资讯、微博、YouTube、抖音等 20 多家互联网平台，受到全国受众的广泛关注和好评。一位 92 岁高龄的浙江观众，专门向节目组发来短信说："我从上午 9 点看《长江之恋》，一直到下午直播结束，有点累但很有收获。12 个省市彻底改观，母亲河长江得到有效保护与发展，太伟大了，祝祖国繁荣昌盛。"截至 2019 年 7 月 1 日 12 时，联合大直播相关产品的全网总浏览量达 2285 万。

直播当天，上海台融媒体中心的外宣新媒体产品"ShanghaiEye"的海外 Facebook、Twitter 账号，也同步直播《长江之恋》，其间收到来自澳大利亚、以色列等地海外用户的互动，互动率 36%。快剪《贵州清水河大桥》短视频，在 Facebook 上获得逾 23.9% 的单帖高互动率，有海外用户留言："其壮观超乎言语可形容""太厉害了"。

主流电视媒体的担当与突围
——评《长江之恋——长江流域十二省市联合大直播》

华东师大新闻传播学院院长　吕新雨

以上海广播电视台牵头,联合浙江、江苏、安徽、江西、湖南、湖北、重庆、四川、贵州、云南、青海共12家省级电视台共同进行主题策划、共同承制的大型电视新闻直播节目《长江之恋》,在6月30日,即建党98周年纪念之前一天,从长江源头到入海口进行接力式直播,时长达7小时,并通过卫视频道、地面综合频道和十二家省级电视台新媒体端同步播出,获得了不俗的社会反响。这也是主流媒体在新媒体时代一次集担当与突围于一体的亮丽行动。

传统的广播电视业在新媒体时代如何突破社交媒体平台的围追堵截,已经成为决定电视业发展的生死考验。如何集中优势力量发出主流媒体的声音、确立主流媒体的地位,此次联合大直播是一次有益的尝试,也是成功的实践。究竟什么是主流媒体的优势？从此次联合直播中可以总结如下：

一、协同大兵团作战的主题报道策划优势。主题报道,涉及的都是长江沿线各省市的"硬核"新闻内容,主流电视机构接力报道,大处着眼,小处着手,体现了主流媒体的议题设置能力。通过把宏大主题通过具体的场景和细节予以演绎,沿江而下,展示了卷轴式的"创新、协调、绿色、开放、共享"发展理念下的当代中国,知识性、故事性和现场感融为一体,引人入胜。既有统一意旨,又各有地方特色,发挥各地方台的优势特长,做到各美其美,美美与共。

二、统筹协调复杂传输系统的大直播技术能力。接力报道、无缝衔接,实现播出标准"三统一"：技术标准、播控细节、包装视觉,需要的是深厚内功和内力,是对主流电视媒体集团技术能力的一次大考,既是练兵,也是鼓气,而对无人机和潜水报道的技术运用,极大拓展了视听语言的现代运用,使得直播过程精彩纷呈。

三、整体检阅十二省市主流电视台技术、导播、记者、摄像、主持人专业水准和专业能力的比拼大舞台。十二省市主流电视台记者、主持人记者同台亮相、出场,客观上成为强化和激化主流电视台从业者队伍专业素质训练和理想、信念与专业认同的有效手段,大比武、大练兵,是一次极好的锻炼。

四、融合媒体时代全网分发与主流传播渠道同频共振的能力与实力的检验。联合大直播在"看看新闻Knews""芒果TV""中国蓝新闻""荔枝新闻"等12家省级台新媒体客户端同步呈现,还分发至人民日报新媒体平台、今日头条、百度、腾讯、新浪、爱奇艺、网易、一点资讯、微博、YouTube、抖音等20多家互联网平台,以及上海台融媒体中心的外宣新媒体产品"ShanghaiEye"的海外Facebook、Twitter账号,有效地扩大了同频共振的效应,体现了主流电视媒体在社交媒体时代突围的能力、决心与信心。

主流电视台需要以此为契机,重整队伍再出发,持续改革:从话语形态、技术运用到组织架构,真正地牢固占据主流话语的制高点。

十二家台勠力合作
共同展现新时代长江风采
——《长江之恋》创作体会

上海广播电视台融媒体中心　张　艳

一年前的此时,正好是《长江之恋——长江流域十二省市联合大直播》准备工作开始启动。2019年6月30日,这场从9点到16点、连续7小时的大型电视新闻直播,在全国12家省级台的电视及新媒体端掀起了大小屏联动声势,5家省级卫视和7家省级主力地面频道全程并机、7家卫视分段同步播出,引发热切关注并受到广泛好评。

《长江之恋——长江流域十二省市联合大直播》由中宣部主要领导点题,国家广播电视总局指导统筹,上海广播电视台牵头联合青海、云南、贵州、四川、重庆、湖北、湖南、江西、安徽、江苏、浙江共12家省市级电视台共同承制。联合大直播紧紧围绕习近平总书记关于长江经济带"共抓大保护、不搞大开发"战略思想主线,生动展现了长江流域十二省市秉承"创新、协调、绿色、开放、共享"五大发展理念所取得的最新成果,在主题表达、内容挖掘、创新手法、融合传播等方面都具有显著特色。如果用关键词来梳理,可以概括为"精美"和"精细"。

——精美。

首先,"长江之恋联合大直播"的主演播室设在上海陆家嘴紧靠黄浦江边的一艘游船上,周围环绕着现代高楼与历史建筑相互交融的滨江景色,美不胜收。

其次,联合大直播结合电视与新媒体,用"快""慢"结合的方式递进展示长江的实时美景。"长江之恋联合大直播"是第一次在一天之内将长江从源头到江尾的所有地区进行接力全景呈现的大型电视新闻直播。早晨,电视直播的画面从青海沱沱河起步,一路顺流而下展现沿江风景,最后连贯到下午的长江入海口,全景式呈现了长江由源头至入海"同日不同景"的壮阔景色。伴随着电视直播,上海广播电视台还在"看看新闻"客户端同步推出了"慢直播",各台分别在青海可可西里、云南金沙江、四川大熊猫馆、湖南洞庭湖、南京长江大桥等地点架设起景观镜头,12路信号实时回传,网友可以随时选择观看。

镜头语言更是别出心裁。十二家电视台在视觉表现上,充分利用直升机、无人机、水下摄影等设备,"水陆空"多维度立体展现出一条不同寻常的长江。"嗨……"贵州台记者站在540米高的清水河大桥顶端,通过无人机拍摄向观众打招呼,令人印象深刻;湖南台记者使用96倍长焦镜头,守候长江"微笑天使"的过程,令人充满期待;上海台、江苏台、重庆台记者不约而同深入水下,或与中华鲟欢畅伴游、或观察太湖底的水下森林、或感受白鹤梁博物馆的历史文韵,令人无限向往;湖北台记者充满烟火气的小龙虾"吃货"体验令人垂涎欲滴……

再次,视觉包装精美。上海广播电视台专门设计了一套包含字幕、动画、角标等元素在内的统一视觉包装产品,使得联合大直播中的十二个版块虽然出自各家台,但包装风格一致,节目浑然一体。

——精细。

周到的细节。直播时正值雨季,直播方案中特别设计了详尽的应急预案对付天气多变。仅上海主直播点,除了在游船主演播室旁就近搭建室内透明演播室,还在上海广播电视台的新闻演播室内,准备了带有精美3D虚拟前景包装的内景直播点,可以随时应对各种突发情况。

严谨的对接。按照直播方案,十二家电视台的各自版块时间都统一规定在26分钟内,而且绝不能超时。为了严格控制时长,避免出现衔接上的时间误差,直播团队设计了包括开场和结束时的标准交接语、通信对话应答规范、倒计时对表、广告切口落幅画面统一等各细节在内的一套直播对接操作流程。在联合大直播当天,十二个版块的实际误差均不超过30秒,真正实现了精准对接。

充分的保障。"长江之恋联合大直播"的技术系统十分复杂,涉及光缆、卫星、微波、4G等多种传输形式。高峰时卫星传输26路信道同步并发,突破上海卫星地球站系统的历史极限值。为了确保万无一失,上海广播电视台联合各台编制了专门的技术手册,围绕转播、传输、通信、应急等四个系统搭建出一套技术保障体系。其中,仅通信系统就分为四级,连通了上海到其他台的 34 条通话链路,通信容量创出新高。

《长江之恋——长江流域十二省市联合大直播》是中国电视史上第一次十二家省级电视台围绕重大主题、联合策划并共同完成的大型电视新闻直播,相信它的成功实践必将为今后各台联合创作重大主题项目提供参考与借鉴。

2019年度广播电视奖(广播电视节目)参评推荐表

作品名称	这就是中国——谈谈言论自由		
作品长度	41分40秒	节目类型	电视新闻专题
播出频道(率)	东方卫视		
刊播栏目	这就是中国		
播出日期	2019年12月16日		
主创人员	集体		
节目评价	《这就是中国》坚持用原创的中国话语体系,讲好中国故事,助力中国观众坚定道路自信、理论自信、制度自信和文化自信。节目受到了党和国家领导人的肯定与赞许。 节目坚持从实际出发的理论阐述,每一个理论观点都有着大量的事实作为依据,同时依托多家新闻媒体定期汇总时事热点、新闻事件以及前沿理论,确保节目的学术和理论扎实。 节目运用中国话语的独特表达讲述中国故事,节目独特的中国话语是融合了学术话语、大众话语和国际话语三种话语的组合。 节目打造多方观点碰撞的"思想广场",节目舞美在设计时突出"沉浸式"演讲氛围,让主持人、主讲人、嘉宾和观众处于一个平等地位,形成一个零距离的"思想广场"让不同观点和看法互相碰撞产生热能和活力。		
采编过程	《这就是中国》节目以努力做"习近平新时代中国特色社会主义思想的模范践行者"为目标,由复旦大学中国研究院院长张维为教授担任主讲人,何婕担任主持人,本期专题邀请了台湾地区知名媒体人黄智贤担任嘉宾。 节目采用"演讲+互动讨论"的形式,从当时引发热议的NBA火箭队总经理涉港不当言论风波,到英国媒体对"偷渡者惨案"起初的不实报道,进行深度分析,挖掘出埋藏其中的西方国家对待中国言论自由的"双标"陷阱。 张维为通过讲述自己在西方生活学习的经历,客观地阐述了西方国家的"言论自由"与"政治正确"的紧密关系,分析了中西方在日常生活和政治领域的言论自由的区别,列举了西方主流媒体不负责任的言论案例,并提出了自己关于言论自由的看法和观点。另一位嘉宾黄智贤,则从自己在台湾媒体的从业实例开始,讲述自己因为"言论自由"而"被失业"的故事,揭示台湾地区		

采编过程	言论自由的"双标"问题。节目中观众也提出了例如"在当今世界这样一个不利于我们新闻媒体发声的状况下,我们应该如何应对"等问题。本期节目实例丰富,问题尖锐,引人深思。

社会效果	本期节目 CSM55 全国收视率 0.35,省级卫视同时段(含电视剧)排名全国第三,本期节目也是 2019 年《这就是中国》收视率最高的一期。
	  《这就是中国》节目被评为国家广电总局 2019 年第一季度创新创优节目。节目众多选题也都引起了社会各界的广泛热议,成了网上的热点话题。新浪微博"这就是中国张维为"话题具有 3.3 万讨论及 8635 万阅读(截止到 2019 年 11 月)。
	  节目网络版在 PPTV 和 bilibili 弹幕网都有播出,并登陆了《学习强国》平台。截止到 2019 年年底,bilibili 弹幕网节目官方账号播出超过1300万人次,全站超 3000 万播放量,其中 30 岁以下年轻受众占比 60%。在海外视频网站 YouTube 上节目视频观看次数超过 633 万,视频点赞量超过 6 万,吸引新订阅用户 3.7 万,视频内容被分享 8.5 万次。

这就是中国
——谈谈言论自由

张维为：西方经常用言论自由来攻击中国，可以很肯定地说，在日常生活中的言论自由，中国人要比美国比西方多得多。

黄智贤：这一次莫雷他所发表的事情，更可怕的事情就是双重标准。

观众：他们认为中国的媒体是受政府管制的，所以我想问一下老师的观点。这就是中国，听张维为说。

主持人：大家好，欢迎来到《这就是中国》，让我们在这里一起定位中国，也读懂中国。

前段时间美国职业篮球联赛火箭队的总经理莫雷的一段极不负责任的涉港的言论，可以说是触及了中国的底线，在中国引起了轩然大波，很多中国民众说他必须要站出来道歉，但是对于莫雷的这些言论的美国民众的看法却说这是一种言论自由，包括NBA的总裁肖华也持着同样的观点，这样的一个事件让我们对西方所谓的言论自由有了深刻的理解。

今天我们在演播室请到了复旦大学中国研究院的院长张维为教授，同时还有来自中国台湾地区的著名的时政评论员黄智贤女士一起来讨论相关的话题。

张维为：言论自由是很大一个话题，西方人老是用言论自由来攻击中国，包括这次讲的NBA事件也是这样的，说这是言论自由，实际上非常荒谬的。我自己在西方长期生活过，对他们这个言论自由，所谓的言论自由，非常了解，所以我也很愿意探讨这个问题。黄老师，您在台湾地区也经历所谓的言论自由，肯定也有很多话要说。

黄智贤：对，我从小在台湾地区经历过争取言论自由，然后被言论自由打击，然后到最近我成为大家都知道的在台湾节目被关闭，一夜之间失业，只不过因为我说我是中国人,我们这一代要把台湾带回去。所以,言论自由在西方跟台湾地区就是两套标准。

主持人:对,黄女士有切肤之痛,所以接下来我们一一地来聆听大家的观点,首先我要请出张教授来做演讲,稍后黄女士也会给出她的观点,最后我会开放现场讨论。首先把时间交给张教授。

张维为:西方经常用言论自由来攻击中国,而我特别喜欢和西方学者讨论、辩论言论自由。我经常问他们,你们讲的言论自由到底指什么?他们一般这样回答,想说什么就说什么。那我就对他们说,你这个言论自由肯定比中国人的言论自由要少很多很多,为什么?因为西方今天的社会是叫"政治正确"的社会,英文叫 politically correct,就讲什么话都要考虑它是不是"政治正确"。在一个"政治正确"的社会,怎么可能想说什么就说什么呢?一定是很多禁忌的。比方在中国你见到女孩子,你可以叫她美女,对不对?见到男孩子可以叫帅哥。尽管她可能不一定很美,也不一定很帅,但没有关系,这是常用的,比较随意的轻松的打招呼的方式。但这样的话在美国英国是不能说的,这叫作 condesending,讲白了就是什么呢?就是你怎么能够居高临下地判定这个人是美还是丑呢?对不对?你没有这个权力的。坦率地讲,中国文化整体上比西方文化更加自然,更加贴近生活,更加包容,是个经过大世面的文化,几乎什么话都可以说。但一个心智成熟的人都知道,凡事讲一个度,如果你把握不好这个度的话,人家只能说你还没有长大,你的心智还不那么成熟。同样别人也从你的谈吐来判断你的人品、学识、品位等。

我再举一个真实的例子,中国人喜欢聚会,你比方 50 后、60 后小学同学聚会,40 多年没见面了,初次见面,大家互相都不认识了,你见到了老同学,你发现他头发少了,你说老兄你怎么谢顶了?这话在中国是可以说的,在美国你千万不能说,这叫作"基于生理缺陷的歧视"。这就是"政治正确",在西方无处不在。你只要学过点英文你就知道了,绝大多数场合你不主动问别人年龄、收入、宗教信仰、是不是有男朋友女朋友、是否结婚、是否参加工会,这些都不问的。在美国,某些族裔人群犯罪率比较高,但这是不能碰的话题,因为政治不正确。

实际上随着社会的发展,人们对很多问题的认识在深化,在不少方面一定的"政治正确"是有些道理的。比方说过去人们说瞎子,现在说盲人,我觉得这种表述方法或多或少显示了更多对残疾人的尊重。但以我自己对西方社会的了解,西方的"政治正确"绝对是走火入魔了。比方说随着女权主义的发展,英文中这个词 chairman 现在不怎么用了,因为里边有 man 男人,所以多数情况下要用 chairperson。那么这种逻辑如果套到中国的话,你比方说外婆、外祖母这些词都不能用了，会被认为是对妇女的歧视。我说 mind your own business，管好你自己的事情，你们女子结婚到今天还要改随夫姓，对不对？你们男女同工同酬现在还没有实现，这些才是真正的严重的男女不平等，对不对？其实语言是一个民族文化传统非常自然的延续，它绝对不是简单的黑白两分法可以概括的，语言是活着的历史，特别像中国这样延绵不断数千年，这种文化传承，里面包含了自己很多的文化底蕴和智慧。

那么再看美国，可能是一个长期的"政治正确"，把美国人的言论自由压抑得太久了，所以结果干脆选一个领导人，他基本上不顾"政治正确"，满嘴跑火车，真的假的儿童不宜的，他都敢说。所以一些人总算感到了美国人久违的言论自由，但另外一些人很纠结，怎么这样的人也能当总统？认为他当总统就重创了美国的软实力，让美国在整个世界面前没有面子。所以究竟什么是真正的言论自由，实际上今天很多美国人比中国人还要纠结。

所以我是这样看的，如果把言论自由分为两大类，一类是日常生活中的言论自由，一类是政治领域的言论自由。那么可以很肯定地说，在日常生活中的言论自由，中国人要比美国比西方多得多。因为中国人的"政治正确"相对来说，还没有西方那么走火入魔。在政治领域内的言论自由，应该说双方都有各自特点。我希望我们自己社会建设的过程中，我们要了解西方，要吸取西方"政治正确"走火入魔的教训，维护我们自己的文化传承，维护我们自己的真正的言论自由。那么我觉得研究政治问题就是对社会现实要有一个比较正确的常识判断。任何一个社会实际上真正关心政治，十分关心政治的人都是少数，绝大多数人普通的百姓最珍惜的一定是每天日常生活中的言论自由，否则生活会变得太枯燥，太压抑。我老说，一出国就爱国，很大程度上是因为中国人觉得西方日常言论中禁忌太多，能讲真心话的人太少，"政治正确"的人太多。所以见面就是今天天气，哈哈哈，你家狗，我家猫，拜拜……所以热爱生活的中国人总觉得这样的这种生活实在有点枯燥。

那么现在我们来比较一下，政治领域内中西方言论自由。不久前，前面我们主持人也提到的，NBA 火箭队总经理莫雷支持港独的言论引起国人的愤怒，然后 NBA 总裁和美国媒体又以言论自由的名义为他辩护，引来我们很多中国人的愤怒，因为这种辩护是站不住脚的。其实任何一个国家的言论自由都有自己的特点，都有自己的度。比方说，英国不允许歌颂希特勒，日本不允许批评天皇，泰国不允许开国王的玩笑，法国不允许说科西嘉独立，美国不允许播放本·拉登的讲话，维基解密这个网站出一个，美国就封一个，出十个封十个，出一百个封一百个。现在你在美国讲中国好就是政治不正确，你就要冒相当大的政治风险。刚才黄老师也说，在台湾要讲统一，你就冒巨大的风险，网站被封杀等等。不久前乱港行为引起中国人的愤怒也是的。但是脸书、推特这些公司成百上千甚至上万地封号,他们非常害怕外部世界了解香港发生的真相。

那么在政治领域内,一个国家在自己历史和文化形成的过程中,都会对某些特定的话题比较敏感。比方说美国,它因为长期实行种族主义,后来还有民权运动,使种族问题变成一个在美国超级敏感的话题,比方说你不能对黑人说我请你吃西瓜,因为历史上有这样的传说,说一个奴隶干活干得比较好,奴隶主可以奖励这个奴隶吃西瓜。后来这个话又衍生出各种各样带有贬义的意思。再比方说,NBA 快船队的老板曾经被罚过 250 万美元,因为他和他女友聊天的记录被人捅了出来,其中含有歧视黑人的话。所以今天用言论自由的借口来为 NBA 负责人的错误言论辩护,显然是站不住脚的。

那么西方长期与苏联阵营冷战,使"共产党"这个词在美国和西方也成为一个非常敏感的词,一个人说共产党好,他会立即被西方国家的主流媒体或者西方国家整体上打入另类。所以我在《这就是中国》里边多次讲过,西方读不懂中国的一个主要原因,就是读不懂中国共产党。我也讲过,西方今天极度缺少中国人讲的实事求是精神,极度缺少真正的理性精神。当然我也觉得这种局面的持续更多损害西方自己的利益,因为他们读不懂中国。那么台湾和香港的主流媒体面临同样的问题,他们号称有言论自由,但跟大陆近在咫尺就是读不懂中国大陆,读不懂中国的政治制度。即使有一些人或多或少读懂了,他也不敢说出来,因为控制他饭碗的老板,也就是资本的力量,不允许他说出真相,他说出来的话,他肯定要被炒鱿鱼了。

那么与美国的政治文化一样,中国政治文化中也有比较敏感的话题。近代中国饱受西方帝国主义侵略和欺辱,付出了数千万人的牺牲,才赢得了国家独立。所以,中国人对涉及国家主权和领土完整的话题非常认真,不容许任何人在这个问题上羞辱中国。所以 NBA 火箭队总经理莫雷支持"港独"的推特,以及后来 NBA 总裁肖华所讲的话,触犯了中国人的底线,自然受到中国人民强烈的谴责,这是必然的。如果他们连这一点都不了解的话,那实在太缺少对中国政治文化的了解了。

但这种无知实际上正是西方今天实际状况,我经常讲,对西方很多人,我们有一个对他们再教育的过程,这种话语交锋是不可避免的。过去这种交锋主要发生在外交场合、学术场合。现在互联网世界,我们普通中国人老百姓都觉醒起来了,自动地开始对西方话语、西方偏见、西方傲慢进行抵制,进行批判,我觉得是非常好的事情。中西文化交流中这个坎是一定要过的。

那么从治国理政角度来看,西方人今天把言论自由绝对化,否定言论自由与责任的关系,实际上很大程度上是在损害西方自己的利益。首先我们看到西方的政客普遍长于空谈，短于做事，结果就是中国人讲的空谈误国。你比方说奥巴马总统上台的时候，口号是变革change，但执政八年几乎没有什么变革，唯一的变革就是一个医保方案，但特朗普上台又把它推翻了。

  第二是西方主流媒体言论越来越不负责任，导致假新闻泛滥。关于中国的假新闻更是铺天盖地，专业水准之低，令人汗颜。结果西方永远读不懂迅速崛起的中国。我上个月在英国剑桥大学有一次演讲，我专门提到西方媒体，你要拿出勇气告诉西方读者一个非常简单的事实，就是多数中国人为中国取得的成绩感到自豪，多数中国人认为自己国家走在正确的道路上。我专门找了民调机构Ipsos最新的民调，2019年发表的民调，91％的中国人认为自己国家走在正确的道路上，而英国只有21％，法国只有20％。所以我说你们西方媒体要有这个勇气把这么一个简单的事实真实地告诉西方的受众，否则就是没有起码的实事求是。坦率地说，西方媒体关于中国政治的报道，这个质量是如此之低，我们几乎完全可以反过来读他们的报道。他们说"是"往往就是"不是"，他们说"不好"，往往就是"很好"。最新的例子，就不久前英国广播公司振振有词地撒谎说，39个偷渡英国的遇难者都是中国人。实际上，对于这个世界最大的消费市场，世界最大的投资市场，事实上世界最大的经济体，根据购买力平价，对于走在世界新技术革命最前沿的中国，竟然如此无知，如此傲慢，如此孤陋寡闻，我想只能损害西方自己的利益，我还是那句老话，如果他们一定要坚持这样，我们也没办法，让他们继续留在黑暗中吧。

  那么第三，就是西方领导人自己也利用言论自由散布各种谎言，结果是自己国家的信誉和软硬实力一路走衰。自从特朗普使用假新闻这个词fake news描述西方主流媒体后，美国政客与美国主流媒体之间互相掐架，好一番热闹。大家发现就是假新闻固然可恨，但美国领导人自己的言论也充斥了谎言，光是中美贸易战就有多少谎言，导致美国整个国家信誉不断丧失。中国人对政治人物要求很高，认为言必信，行必果。西方今天政治人物特点是言而无信，行而无果。这不正是西方政客在本国也日益不得人心，而西方整体实力普遍走衰的一个主要原因吗？

  实际上如果我们从理论上来看的话，这一切也背离了西方自己的许多政治传统，比方说英国著名的思想家洛克一直强调自由的两个重要的前提：一个是理性，一个是法治，没有理性和法治就没有真正的言论自由可言。德国哲学家黑格尔也明确地区分什么是自由，什么是任性，强调自由不是任性，自由不是为所欲为。另外就是还有战后形成的联合国的一系列的人权公约，最有名的就是联合国《公民权利及政治权利国际公约》，它里面对自由的论述也是既强调自由又强调责任的。大家可以认真读一读联合国《公民权利及政治权利国际公约》，特别其中第 19 条,它一方面说:人人有自由发表意见的权利,但另一方面又明确规定,行使言论自由权利时带有特殊的义务和责任,包括遵守法律规定,包括尊重他人的权利和名誉,包括保障国家安全和公共秩序等。

另外从中国人的哲学观来说,这也不符合中国人的哲学观。因为中国认为自由和责任这当中一定要有个平衡的,否则将是灾难,一个社会将无法良性地运转。以中国人自己的眼光来看,言论自由与责任是相联系的,是现代国家治理能力的最起码的要求。但在西方今天主流政治话语中居然出现了讲自由就是正确的,讲责任就是错误的,匪夷所思。但我们不要过多地为西方操心,你不可能叫醒一个不想醒的人。

我们再来看看美国自己的宪法,美国人经常引用的所谓美国宪法第一条修正案,认为它保护了美国公民的言论自由,但实际上美国最高法院处理言论自由的案件中,一些法官是坚持绝对原则,就是什么言论都可以保护,只要你不付诸行动就可以了。但也有很多法官表示反对,认为应该采取行动原则。因为言论本身就是一种行动,如果美国公民诽谤他人而不受到追究,那么只会做出荒谬的判决。事实上,你看一下美国的历史,它为了限制反对和批评的声音,曾出台过不少限制第一条修正案的法案。比方说 1798 年就通过一个《危害治安法》,规定只要有人煽动人民仇恨政府,憎恨政府,抗拒法律或总统就要被判刑。1917 年,以自由主义者自诩的威尔逊政府制定了《反间谍法》,当时美国想参加一次世界大战,这个法案惩罚任何阻碍参战的行为。如果一个人要说服他的朋友不要参加一战,认为这个战争是不正义的,那么他就会受到法律的制裁。到 1940 年,美国又通过了《史密斯法》,授权行政当局事先检查的方式,来查禁一切不利于政府的言论和邮件,诽谤政府就可以入狱,而且相关的案件不计其数。这个法案一直用到 20 世纪 60 年代,最后才有点缓和。

那么 2001 年的"9·11"事件之后,美国国会又通过了《美国爱国者法案》,以反恐的名义允许美国安全部门查看民众互联网邮件通信的内容,许多美国人都认为这是对言论自由的大规模的侵犯。在今天这个网络世界,美国政府对言论自由的控制变得更加广泛,根据"棱镜门"的主角斯诺登的爆料,脸书也好,YouTube 也好等将近八九个公司,他们都配合美国政府参与棱镜监控计划,美国政府甚至公然监听欧洲主要国家领导人电话,这是全世界都知道的秘密。但欧洲国家为了不得罪美国,不得不忍气吞声。

所以刚才通过中西方比较,我和大家探讨的言论自由这个重要的话题,也简单涉及了新闻自由,可惜今天时间不够,否则我们可以专门谈一谈新闻自由,这个题目太精彩了。所以我们留一点点遗憾,下次有机会我会专门再谈新闻自由。

好,今天就和大家谈这些,谢谢大家!

主持人：好，谢谢张教授。

主持人：谢谢张教授的演讲，刚才深度地告诉我们什么叫作西方的特别是美国的言论自由，其实我们知道台湾地区的很多体制，它都学习美国，包括媒体的运作，包括所谓的言论自由，恐怕也是。黄智贤女士近距离地接触台湾的言论自由，所谓的言论自由，近距离地有感受，你能不能告诉我，你在岛内感受到的又是怎样？

黄智贤：很简单，我失业了。这就是台湾现在言论自由的后果。民进党陈水扁执政的时候，他就用公文去每天监看各个电视台，当他在讲到上海讲到北京的时候，他就讲我国上海、我国北京，还是讲中国上海、中国北京，就用这种行政的手法强制压抑打击你的言论自由，所以没有言论自由。

在今年6月初开始的时候，我警觉到，这一次香港的事件其实是非常大的一个动乱的开始，香港人暴乱然后纵火打警察没有"违反社会善良风俗"，我报道了这个真相，然后我就开始不断地接收蔡当局她给我的公文，同一天给我两张公文，说我"违反社会善良风俗"，连续要罚款。当我到海峡论坛讲了我是中国人，我们这一代把台湾带回家之后，我还没有下台，我还在台上的时候，因为是直播，台湾就同步对我发起了所有的批斗，用所有的媒体，绿营所有的力量在网络上媒体上洗版批斗我，说我"舔共"，回来之后三天我节目立刻下架。你如果台湾有言论自由，为什么99％的电视节目、99％的媒体都是一面倒？

我在美国念的大学，在英国念的硕士，老师刚刚讲过，在西方或者在很多地方你有很多禁忌，不要讲别的，在台湾就发生过，有高中学生演很多学生剧，他演什么？就有人扮演纳粹，就演纳粹怎么怎么样，立刻以色列的代表，第二天立刻发公文严厉谴责，最后这个学校校长、老师、学生一起全部出来公开开记者会道歉，就这样。

然后你到英国去，你可不可以随便在街上乱骂英国皇室，一个明星或者NBA要不要到德国去支持纳粹？要不要到南非去支持种族隔离？要不要到美国去支持3K党？试试看，NBA要不要公开，他讲说言论自由，他要不要公开羞辱，公开用脏话骂黑人试试看，然后要不要讲男女不平等的话？所以那都是骗人的。

这一次莫雷他所发表的事情，更可怕的事情就是双重标准，当讲这一套时候，要不要去看西班牙的加泰罗尼亚，它要追求独立，它公投追求独立，结果欧盟全部都说我们尊重西班牙的主权领土完整，我们反对加泰罗尼亚独立。好，美国也是一样，可是碰到香港就我们支持香港，怎么会这样子呢？好，那同样的标准，苏格兰独立，北爱尔兰独立，大家都一起独立。欧盟每个国家都会崩溃，因为每个国家它们都有内部分裂的问题。所以我觉得戳穿所有的谎言就是一个事情，就是用双重标准这件事情拿量尺来看，看你有没有双重标准，如果你那么诚实那很好，如果没有的话请你自重。

张维为：这次很有意思，就是刚才讲到西班牙加泰罗尼亚示威游行闹独立，他们非常明确的就是我们采取香港一样的模式，香港怎么做的，我们也这样做，占领机场用各种各样的标志，扔燃烧弹等，Russia Today《今日俄罗斯》，它就把西方媒体是如何报道香港的，如何报道加泰罗尼亚的，介绍你看怎么搞的双重标准，就前面黄老师说的，一个是正义的追求民主，追求独立自主权等。一个就是破坏一个国家的主权。所以这个比比皆是，我每天都看到。

主持人：是，刚才举到加泰罗尼亚的案例，我还记得当时莫雷的言论风波出来之后，NBA的肖华还站出来给他洗地说这还是言论自由，我们要捍卫等等，紧接着再有一场NBA的比赛上有一段表演就是加泰罗尼亚追求独立的那些人拉出了独立旗。所以很多人其实就意识到，当你对别人做出不负责言论的时候，这个不负责言论会有后续的效应，越来越多的人会把这个地方当成一个可以发表不负责言论的平台。

黄智贤：我补充一下，香港现在的状况变成 Hong Kong style "香港模式,香港风格"。然后西方媒体在说"香港模式"是如何的伟大如何什么，结果马上他们国内纷纷出现"香港模式"的时候，他们怎么处理呢？他们的警察是比香港警察强悍一百倍的，他是画一条线，你超过我警棍下来，我用脚，我用马的脚就踩你，然后我立刻抓你。占领华尔街的时候，很多占领华尔街的人是用和平非暴力的方式占领了华尔街旁边的一个小公园，立刻被抓走，然后当成恐怖分子来起诉的。然后英国也是，你要去英国占领大本钟前面的草地，英国警察就告诉你，不准你有帐篷，日落前你要走，日落前不走以后，日落后我们来搜身，每一个人只能够拿一个这么大的一个东西，说我叫你走你就要走，所有都这样，而且游行示威都要批准的。当这一次他们全部都学香港，蒙面，在当地的国家怎么样？全部抓起来，全部违法，当然是这样了。

主持人：是，所以今天关于言论自由的话题，我想在座的各位也有自己的观察角度，甚至也有思考，所以我们来看看大家的问题都在哪儿，来，这位朋友，欢迎。

QB：我知道西方自诩的言论自由，它背后事实上都是有一些资本的控制的，就在这样的情况下，他们号称的自由的背后到底有多少真实性？谢谢。

主持人：请坐，其实都是钱的力量。

张维为：最新的研究是美国是六家主要的公司控制美国90%的媒体。那么你比方说 Time Warner 时代华纳，它控制 CNN，控制其他一些主要的媒体，所以你可以看到资本力量是非常大的。那么资本力量非常大,就产生一个问题,它是代表资本利益的。为什么西方媒体几乎都是推动"颜色革命"的?因为华尔街希望"颜色革命",希望每个国家都采用西方的政治制度,最好有100个政党,他一定在里边支持他支持的那个党派,其他他都不支持,因为你选上任何人都不是真正的民主。实际上现在俄罗斯这个民主比美国彻底得多,他真的一人一票直接选总统,美国是间接选举的。但是他不承认的,一定要他认可什么亚夫林斯基这些人上台,那才是代表民主,要亲西方的,亲美国的上台。所以背后是他的经济目标,就是要把你利益席卷一空。

所以我觉得这个是非常丑恶的,西方媒体老讲他有自由,我说开国际玩笑,你看看你金融危机前怎么报的,全是为"新自由主义"唱好,结果美国老百姓一场危机来财富减少四分之一,连声道歉都没有的,谁负责任?没有的,一笔糊涂账。伊拉克战争一边倒地支持伊拉克战争,"颜色革命"一边倒地支持,"阿拉伯之春"一边倒地支持,你这个叫言论自由吗?对不对?背后当然是英文叫 agenda,因为你的特制的议程,你就是要这样做,代表资本的力量,然后要把世界搞乱,还代表军工集团的力量,对不对?你可以卖军火等等等等,所以这个我们看得非常清楚。

主持人:而且我觉得最遗憾的就是各个地方的老百姓人民他身处其中而不自知,就好像我们关注香港的时候,大家都知道香港有很多资本的力量,它可以买报纸,它可以出很多很多的报纸,或者是购买电视台去发布它想要发布的让老百姓看到的东西。

张维为:我补充一个例子就是香港,香港是为数不多的地方,人们还读纸媒体,相对落后了一点。报纸都这么厚,含金量之少,信息之少。大概读两页就够了,其他都是广告,基本上是房地产的广告。香港最尖锐的问题实际上是住房问题。结果这报纸谁都骂,特别骂中国大陆但就不骂香港的地产商,资本的力量控制的报纸,就这么简单。

黄智贤:因为甚至可能是地产商他拥有这个报纸了。有些香港的媒体老板,他拥有报纸,他要跑到台湾来做媒体,然后顺便在台湾炒房地产。所以所谓的媒体的力量其实就是资本的力量。

张维为:你比方香港它现在住房问题是最棘手的问题,特首说我们要填海造田,就可以有更多的土地建房子。但这个时候媒体它有各种各样的手段,你比方最简单,他搞一个环保运动填海造田某种鸟就要灭绝了,某个树种就不行了。就操纵媒体操纵议题,他们炉火纯青我跟你说,所以这我们要看得非常清楚。

黄智贤:如果香港政府都掌握不到话语权,甚至人民都掌握不到,而是特定的老板,媒体的老板掌握话语权,而媒体跟房地产商又是二合一一合二,媒体、房地产商、民意代表大家都是一家亲。所以就很自然在一个资本主义的社会,利用言论自由这个东西,其实是把绝大多数的人放为奴,因为现在的美国贫富的悬殊是远远高于中国跟印度的,美国的贫富悬殊是比19世纪的美国还要可怕的。

可是你去做民调,美国人会说我们贫富很平均,他们会被洗脑的,他们认为美国是世界上最伟大的国家,所以他们不会知道真相。而就像刚刚老师讲,其实你媒体掌握在少数的几个集团里面,大家就决定,这些集团也就决定了美国总统是谁。

主持人:所以其实所谓的言论自由在西方它是被资本集团所控制,是为了能够保证资本集团的本质的利益,就好像刚才您举的香港的例子,包括张老师也说到填海造田为什么那么长时间会受到大家的抵制?会受到公众的很多反对?其实就是资本在算计,因为一旦填海造田,一旦老百姓的房子可以造得更多,房价就会下来,地产商的收益就会下降。所以这个是他不愿意看到的。所以大家要看清楚这个背后深刻的含义。

我们再来看看还有没有哪些朋友对言论自由……好,来这位朋友高高地举起了手,来传递一下话筒。

QC:英国媒体BBC他们之前有报道,对成千上万的英国民众走上街头,喊出约翰逊可耻,约翰逊下台这样口号,他们对这样国内的大事是充耳不闻,却对远在万里外的中国香港问题就是关怀备至、指手画脚。那么就是在当今世界这样一个不利于我们新闻媒体发声的状况下,我们应该怎么办?或者说我们应该做出怎样的反击?谢谢。

张维为:我建议因为CNN的记者经常去外交部新闻发布会,他每次提问题,我建议我们的发言人都问他,上次讲的话请你道歉,真的,西方媒体没有道歉的习惯,他很晚才道歉,请你现在就道歉,承认自己犯了错误。

黄智贤:比如说,这一次非常不幸的39位越南人偷渡,为什么英国当地的警察他就看到一两本中国护照,他立刻就放消息说全部都是中国人。因为我在英国生活过,正常状况下,警察绝对不会讲,因为警察是被训练我要一切保持怀疑。39个人我看到几本护照,我就说全部都是中国人,这不对,然后又被记者写出来,然后BBC马上跟进,然后CNN马上立刻连接到新中国成立70年,为什么你的人民纷纷用这么极端的状况往外跑,那你就完成这个套路了。

如果我是记者,我一定去堵个麦,去问这个CNN的记者,你上次不但涉及错误的报道,你把它跟新中国成立70年连接起来,然后要用这样的对比去羞辱中国,你觉得这样专业吗?好了,这符合你在学校学的新闻学吗?你的老师这样教你吗?是哪个老师我再去采访他。

张维为:这个好。因为我确实对他们太失望了,你比方说你对70周年国庆阅兵的报道,它几乎始终是两个画面,一个是我们的阅兵,一个是香港的示威游行。这是完全不同性质不成比例的事件,但它放在一起报,它这个意图非常清楚。刚才讲 39 人的遇难也是公开的标题都是中国人,谎撒大了,自己打自己的耳光。我去年 6 月碰到联合国的秘书长古特雷斯,他就问我,他说张教授什么样的英文杂志能够帮助我们更好地了解中国? 我说现在真的十分好的还不是很多,但如果实在找不到好的,你就看《Economist》,但要反过来看,他一下子理解了,OK, I'll try. 我试一试。我到香港我也说的,你把《苹果日报》,你把它过去 10 年、15 年、20 年,对中国主要事件评论看一看它怎么发表社论,怎么评论的? 我还没有仔细地研究,但我基本上判断可以反过来看。

黄智贤:《苹果日报》在台湾就是 2014 年支持"太阳花",它一贯的主轴很简单,就是反中,结束了。就任何事情,结论就是反中,然后就好了。自由就是你有骂北京的自由,就这样结束了。你在西方国家也一样。

主持人:好,我们继续来开放提问,还有没有哪位,来欢迎这位。

QD:西方的一些人士认为中国的媒体是没有言论自由的,他们认为中国的媒体是受政府管制的,按照他们传统的观点就是只有不受政府管制的新闻自由才是真正的言论自由。所以我想问一下两位老师的观点。

主持人:好,请坐,恐怕她提的问题也是很多人心头的疑问。

张维为:实际上是这样的,就我们现在看到讲这种话的一种就是你讲的是西方媒体,它里边有一个偏见。你比方看西方媒体现在对中国的报道,它用大写的 C, Communist run, 就是共产党管的什么什么东西,那么它里面本身就带有贬义的,所以我在给他们解释,我说你要知道在中国,中国共产党是一个非常积极的正面的力量。但另外一面就是我觉得我们要指出它是资本力量控制的。你跟他辩论时,你可以讲,如果你说中国是政府控制,那么你是资本力量的控制,对不对? 这是一种辩论的方式,把这个问题点出来。

国内我们也说党管媒体,那么怎么看这个问题? 如果你把我们共产党看成我讲的是代表人民整体利益的一个政治力量,然后呢,对媒体它的言论要负责,特别它的整个报道的方向,我们讲实事求是。从现在情况来看,我不是说我们媒体做得十分好,还有大量的可以改进的余地。但是有一点是肯定的,如果你看中国的媒体,包括东方卫视,包括央视,通过中国的媒体来了解西方,和通过西方的媒体来了解中国的话,那么我应该说中国媒体对西方的报道更为实事求是,也就是你得到的信息相对要更准确一点。如果这两个一定要比的话,我觉得我们的报道更为准确,这样我们可以做得更好。

但我们现在有这个问题,就是我们对媒体的管理也好,实际上也存在很多问题。我们有些时候你看到媒体官气太重、套话太多,中国这么精彩的故事讲不好,我们都着急,怎么讲都能讲好,闭着眼睛都能讲好,但我们官方媒体反而讲不好了,全变成官话套话的东西,一个生机勃勃的事业,所以我觉得这是非常可惜的,就说明有大量的可以改进的余地。

黄智贤:我先讲西方的脉络。媒体它有个第一顶帽子是"第四权",所以要批评。但是我是某一个公司下面的媒体,那这个媒体的CEO老板,我是要对董事会负责,董事会只看你什么?收视率。第二个看什么?业绩,广告拉多少,就很简单。这里面没有公共利益。比如说我在做节目实际上的状况就是我今天讲了日本,讲了钓鱼岛,然后当天晚上或第二天一早,日本公司的电话就来,就到业务部施压了。

在台湾,日本这一点是做得非常彻底的。只要任何节目骂日本,它一定找过来,然后它下了大量广告费,扶持很多节目,每天说日本好话,钱你要不要赚?业务部接了以后就要来找,赶快我们来做一个节目,然后来讲,然后每天报日本的好,美国也会下广告,美国宣传美国的牛肉,要宣传什么。

主持人:好,刚才您举了那么多生动的案例,我们回过头来讲,西方那么多年一直拥有非常强大的话语权霸权,它的自由、民主、人权,包括言论自由,都是这个话语体系里面很重要的一个部分。那张教授我也想问一下,我们今天在这里算不算是把言论自由,它们所标榜的言论自由讲清楚了?在解构它的这个部分里面,您觉得还有什么想说?

张维为:就是资本力量对媒体的控制,我们可以总结基本上两个途径,一个是直接控股,这个公司就属于我的,CNN属于华纳公司的,还有就是通过广告,大量的广告费用来影响你的观点,所以这是两个主要的途径,这样我们就知道了。随着资本控制的媒体给西方社会给西方老百姓带来多少问题,美国是将近30年多数老百姓收入都没有提高,还有就你讲的,还培养出一大批美国的傻瓜,30年工资没提高,我们的制度好,我们还是民主,我们不是你们的专制,还在那儿自豪,变成傻瓜了。

主持人:我记得习近平总书记曾经引用过国际红十字会的创始人杜南的一段话,那段话的大概的意思是说我们的敌人不是我们的邻国,而是人类的贫穷、饥饿、无知、迷信和偏见。所以,我们刚才讨论这么多关于言论自由的话题,尤其是西方的所标榜的言论自由背后的深层次的那些运作的力量,背后深层次的双重标准,我们会发现这种无知,这种偏见其实还是非常严重。当然我们意识到这个问题,我们可以用我们自己的力量做好民间的使者不断地传播,不断地讲好我们当下中国的故事,也希望能够更多地破除这种无知、破除这种偏见。

好,谢谢两位来到我们的节目当中,也谢谢大家参与我们的讨论,我们这期节目就是这样,下期节目再见。

《这就是中国》补了中国电视节目"思想贫血"的短板
——评《这就是中国——谈谈言论自由》

复旦大学新闻学院常务副院长、博士生导师、教授　张涛甫

《这就是中国》节目是一个用原创性的中国话语体系讲述中国故事的大型思想性电视节目,这一节目补了中国电视节目"思想贫血"的短板,弥补了中国电视节目长期以来不擅长思想呈现和传播特别是原创性思想传播的不足。该节目的新意在于:其一,用主动亮剑的方式,用中国学者自己的成建制、成体系的话语,讲好中国故事,为"中国为什么行""中国共产党为什么能"作出有力的辩护和说明,把理论自信、文化自信、制度自信、道路自信用一套娴熟的话语表达出来,即把学术话语、公众话语、国际话语结合起来讲述中国故事。其二,用"思想广场"的形式,以"演讲"+"互动"方式,强调对话性,注重互动、交流与辩论,激发受众参与,且以开放形式将节目延伸到网络媒体,形成广延的传播网络,社会影响力巨大,传播效果甚好。其三,节目形态有新意,节目空间打造和现场感营造都很用心,富有新意。

这一期谈论言论自由的节目是一个高难度的话题,易燃易爆,风险系数高,特别是中国言论自由,国际社会对中国的误解和偏见甚多,很多带着深刻的政治恶意。这期节目主讲嘉宾是复旦大学中国研究院院长张维为教授,同时还有来自中国台湾地区的著名的时政评论员黄智贤女士一起来讨论相关的话题。节目话题由头从美国职业篮球联赛火箭队总经理莫雷的一段极不负责任的涉港言论谈起,该言论触及了中国的底线,在中国引起轩然大波,但对于莫雷的这些言论,美国民众看法却说是一种言论自由,包括 NBA 总裁肖华也持同样的观点。张维为教授没有从抽象的理论出发,而是从大家所共享的社会经验以及演讲者自己对西方社会熟知案例出发,娓娓道来,抽丝剥茧,把这一困扰人们的敏感话题敞亮明白地讲清楚了。张维为把言论自由分为两大类,一类是日常生活中的言论自由,一类是政治领域的言论自由。指出,在日常生活中的言论自由,中国人要比美国比西方多得多。中国人的"政治正确"相对来说还没有西方那么走火入魔。在政治领域内的言论自由,应该说双方都有各自特点。政治领域的言论自由不能一刀切,它与中西方不同的文化传统和政治道路有关。西方总是用自己的所谓正确的言论自由标准评判中国的言论自由。张维为这么分析下来,逻辑性和说服力都很充分,以理服人。同时有台湾知名媒体人黄智贤呼应,进行双重印证,增强了说服力。

另外,通过互动形式,主讲嘉宾与现场观众的互动问答,释疑解惑,现场有平等的交流感,而不是居高临下的说教,效果甚好。节目主持人何婕具有很高的理论素养和现场驾驭能力,能充分调度嘉宾和现场观众的表现。总之,该节目各个角色的表现和互动,几乎天衣无缝,这是该节目之所以成功的根本所在。

向世界讲好中国故事
——《这就是中国——谈谈言论自由》创作体会

东方娱乐副总经理、《这就是中国》监制　任　静

"西方经常用言论自由来攻击中国,而我特别喜欢和西方学者讨论、辩论言论自由。我经常问他们,你们讲的言论自由到底指什么?他们一般这样回答,想说什么就说什么。那我就对他们说,你这个言论自由肯定比中国人的言论自由要少很多很多,为什么?因为……"

这是《这就是中国》"谈谈言论自由"一集中,张维为教授演讲的开场白,正是这期节目,创下了节目自2019年1月7日开播以来的收视新高。对于"言论自由"这一看似敏感而又热门的话题,人们普遍关注度高、争议性大。那到底该怎样把它讲好讲透、如何做到既客观又全面?节目组在"谈谈言论自由"这期节目的创作过程中,紧扣新闻热点,全面梳理观点,剖析问题焦点,用独特的"中国话语"解读了言论自由这个词在现今世界所代表的真正含义。

在此,浅谈一下本期节目的创作体会。

一、选题策划:既要"有热度",更要"有深度"。提到政论节目,观众总会不自觉地贴上"枯燥艰深""理论灌输"的标签。但是《这就是中国》节目以"努力做习近平新时代中国特色社会主义的模范践行者"为目标,坚持不讲套话官话,以朴实自然的风格直面国内外公众关心的热点问题,与听众保持互动探讨甚至辩论,并由此切入,把中国道路、中国制度、中国理论和中国文化的特点和优势讲清楚。

"言论自由"一直是节目组希望深入探讨的话题。2019年10月,美国职业篮球联赛(NBA)休斯顿火箭队总经理莫雷在个人社交网站上发表公开支持"港独"的言论,而NBA总裁肖华则明确表态支持莫雷"行使他的言论自由"。这一事件引起了中国人民的强烈愤慨,由此也引发了民众对"言论自由"的激烈讨论。在此热点下,节目组与张维为教授展开策划,从莫雷的不当言论风波入手,全面梳理中西方关于"言论自由"的案例,对中西方的"言论自由"进行分析对比,对相关人物进行深入采访,挖掘中西方"言论自由"背后的制度与文化根源。节目坚持不仅要抓住有热度的话题,更要确保把这一话题讲得全面、讲得"有深度"。

作为节目主讲人,复旦大学中国研究院院长张维为教授用自己丰富的中外工作经历,向我们讲述了中西方的"言论自由"。张教授曾担任邓小平高级翻译,自20世纪80年代中期开始陪同小平同志等国家领导人走访了100多个国家和地区,接见过诸多外国首脑政要,可以说既亲历了中国改革开放的全过程,又深入观察了西方国家民主制度的演变与困惑。

张教授从日常生活中的言论自由和政治领域中的言论自由这两大类入手,通过贴近百姓生活的案例,比如人与人之间的称呼、聚会的聊天方式、男女的社会地位、美国的民权运动、中国台湾和香港地区问题等,来对比中西方的"言论自由"。通过对比,张教授认为,可以很肯定地说,在日常生活中的言论自由,中国人要比美国、比西方多得多。在政治领域内的言论自由,应该说双方都有各自特点。第二,张教授指出,西方主流媒体言论越来越不负责任,导致假新闻泛滥,关于中国的假新闻更是铺天盖地。在节目策划当月(2019年10月),英国广播公司在警方调查结果暂未公布之前,振振有词地说:"39个偷渡英国的遇难者都是中国人",而后警方调查证实遇难者为越南人。这一新闻热点恰好也印证了西方主流媒体不负责任的报道和肆意妄为的"言论自由"。张教授通过列举此类西方新闻媒体的众多不实报道,以及美国宪法第一修正案和后期与之矛盾的一系列法案的制定等事例,揭露了西方国家针对中国的言论自由搞"双重标准"的骗局。第三,张教授认为西方领导人自己也利用"言论自由"散布各种谎言,结果是导致自己国家的信誉和软硬实力一路走衰。最后,张教授还特别强调了联合国《公民权利及政治权利国际公约》,指出《公约》对自由的论述也是既强调自由又强调责任的,而西方的"言论自由"早已丢掉了责任,缺少理性与法治的约束。

张维为教授在节目外曾经多次强调:"原创性的中国道路研究,中国话语非常之重要。而西方对中国的话语是学术话语、大众话语、国际话语,是三种话语的组合拳,我们反击也要有这三种话语的组合拳。"这种由浅入深、由表及里、层层对比、层层递进、有理有据的"组合拳"在节目中比比皆是,也成为《这就是中国》既有深度、又接地气的独特的思想传递方式。"言论自由"这期节目播出后,微博上许多网友都留言表示,终于看清了西方国家对待言论自由"双重标准"的真相,很多人甚至去找来了张维为教授在节目中引用的联合国《公民权利及政治权利国际公约》里关于言论自由的章节,贴在网上,声称恍然大悟。

二、寻找特色嘉宾,鼓励观点碰撞,打造"思想广场"。"谈谈言论自由"这期节目的嘉宾,我们邀请了中国台湾地区著名的媒体人黄智贤女士。她以自己的亲身经历讲述了台湾地区的"言论自由"情况。在 2019 年发生的香港暴乱事件中,黄智贤主持的《夜问打权》节目是台湾地区第一,也是唯一连续 5 集详细摆事实,播出香港警察被暴徒殴打画面的节目。然而,蔡当局却颠倒是非,连下雪花般的文件,让她写报告解释节目内容。此外,蔡当局还以节目"违反善良风俗、妨害社会秩序"为由,要对黄智贤罚款。紧接着,黄智贤在海峡论坛上发表演讲,掷地有声地表示,"一国两制"是对台湾最大的尊重与体贴,两岸必然统一,"我们这一代要把台湾带回家",回台湾三天后,她主持的节目立刻就被下架。黄智贤从自己的从业实例揭示了台湾地区言论自由的"双标"问题,同时也一针见血地指出西方媒体在评论"香港模式"和对待本国暴乱时,同样存在明显的双重标准。

黄智贤女士丰富的从业经验,与张教授扎实的理论研究相结合,让"谈谈言论自由"这期节目迸发出火花,引发现场观众积极思考和提问,形成了一个百花齐放的"思想广场"。理论联系实践,客观全面真实地讲述中西方的"言论自由",这正是这期节目取得 2019 年最高收视率的重要原因。

不仅仅是"谈谈言论自由"这一期节目,在《这就是中国》每期节目的创作过程中,我们都在不断思考如何做得更好。经过一年多的积累,我们打造了三大"法宝":一是联动上海电视台融媒体中心,观察者网等新闻机构,定期整理汇总国内外的时事热点、新闻事件以及前沿理论,确保选题"有热度";二是邀请了复旦大学中国研究院的教授、各个领域的专家学者,以及资深的新闻工作者,共同组成了节目的"专家智囊团",力求内容"有深度";三是设立定期的节目研讨会机制,精挑细选、细心打磨每一个选题,确保用最鲜活的案例事例,直面舆论热点,用冷思考回应热关注,用带有"热度"的传播方式,在荧屏上塑造中国表达,向世界讲清楚并且讲好中国故事。

有温度的演讲,有热度的讨论,多维度的碰撞,《这就是中国》用"中国话语"助力中国观众坚定了道路自信、理论自信、制度自信和文化自信。未来,节目组将会在以往成功经验的基础上,继续以努力做"习近平新时代中国特色社会主义思想的模范践行者"为目标,守正创新、大胆突破,向世界讲述中国故事,传播中国文化。

2019年度广播电视奖(广播电视节目)
参评推荐表

作品名称	"店小二"炼成记		
作品长度	14分28秒(4分56秒、4分51秒、4分41秒)	节目类型	电视新闻专题-系列报道
播出频道(率)	新闻综合频道		
刊播栏目	《新闻透视》		
播出日期	2月27日至3月4日		
主创人员	集体		
节目评价	《"店小二"炼成记》系列报道是一组采访扎实深入的优秀报道,切实反映了上海在取得显著进步后,如何进一步对标世行标准,努力挖潜,迎难而上,持续优化上海营商环境的过程。每一集关注的焦点都与城市发展息息相关,表现方式多种多样。既有新闻特写般的《发票窗口是怎么"搬家"的?》,也有纪实手法的《包容审慎的红线在哪里》,用案例说话的《169.5天是如何减到97天的?》,形成了良好的宣传效果。		
采编过程	优化营商环境是2019年市政府着力推进的主要工作之一。本次系列报道,就是记录了上海各行各业出台"优化营商环境2.0版"的具体过程。系列报道从对标世行报告的六大指标和上海自身改革需求出发,选取了办税便利、包容审慎、开办企业、施工许可等方面的主题,采用蹲点式的拍摄方式,记录政府相关部门在制定政策前、中、后的场景。记者与相关政府部门积极沟通,得以近距离地记录政策出台前矛盾的交锋、思想的碰撞和出台后企业受益的实际案例。系列报道采访深入、案例生动,制作精良。		
社会效果	《"店小二"炼成记》系列报道在《新闻透视》栏目播出后,获得了政府各职能部门、行业企业的高度认可。因为展现了"放管服"过程中的困难,也使得攻坚克难的过程十分真实与生动,表达了上海政府在创新管理和优化营商环境上的决心、信心和智慧。		

"店小二"炼成记

(一) 发票窗口是怎么"搬家"的?

【导语】

因为发票管理的特殊性,企业在完成工商的开办手续后,必须去税务大厅跑一次,完成税种核定、发票领取等环节后,才能真正开始营业。有没有可能让企业在拿营业执照后,不用再跑一次税务大厅,当场就能领到开业发票呢? 为此,虹口区行政服务中心开始想办法为"发票"搬家了。

【正文】

发票,记录经济活动内容的一个载体,和每家企业的生产经营密不可分。

(记者出镜 陈慧莹:对发票这样一类票证的管理,有点类似于现金人民币。因此在每个税务局(大厅)都有这样一个储存内仓,有专人来管理。我们来看下这个房间,按要求它不能有窗户,而且这里安装有两个跟公安连通的红外线报警系统。)

内仓的发票经过清点、登记,送往外仓;外仓再按照每家企业的核定数量进行发放。因此,每个税务大厅的发票窗口往往都是最忙的,像虹口,全区42000多户存量企业,每天业务量300多件。所有新开办企业,也必须来这里进行实名认证后才能开展业务。

(张冰夏 国家税务总局上海市虹口区税务局办税服务厅工作人员:(新办企业)可以来完成10项初始化的涉税业务,比如说税种核定、发票票种核定和税控设备发行等。)

(纪峥嵘 中视汉晨有限公司工作人员:前两天先去了虹口区工商局拿了

营业执照。回到公司后,网上申报了税务的东西,今天再跑这边来拿发票,下周还要去社保局去办社保的东西。)

要开办企业,得先跑部门,是目前一个不得不面对的问题;能不能让开办企业涉及的环节,都集中到一个地方、一个时间受理呢?今年,上海提出,税务的发票申领窗口进驻各区行政服务中心。因此,虹口发票"搬家"工程启动了。

(实况:三个窗口都要放,我们是通办的。企业在领票之前,有税控设备需要到外面购买,所以我们要把这个窗口也放进来。)

进驻中心,要窗口是第一步。然而,这个大厅只有900平方米公共接待面积,要容纳300多个法人事项,面临一个很现实的问题,就是坐不下。好在,"一窗受理"改革适时推进,20多个部门的一大半事项被压缩进6个综合窗口,其余位置便腾空了出来。

(王宏强 虹口区行政服务中心副主任:那会只进来17个部门,但是窗口就不够了。现在26个部门进来,窗口还空余。因为这个改革税务能进来,螺蛳壳里做道场,我们把它精简合并。)

发票库房的选定,也费了好大劲;二楼不合适,领票太慢;一楼靠近受理窗口的房间,又不能安装防盗门;最后敲定改造这处茶水间,大小合适又没有窗口,符合安全要求。紧接着就是排电话线,装电源插座,安装和公安联网的报警设备。

(实况:电话线你要帮我留根管子,所有线都从上面穿下来,那尽快啰。)

排人手、搬设备、安装调试……不到两周,虹口行政服务中心的税务新小一站式窗口正式开张了。

(裘晓俊 国家税务总局上海市虹口区税务局征管科科长:目前是开设三个全功能窗口,集发票发售、开业登记和变更。所有事项能在这里办完,主要是能和工商有个对接。)

(实况:发票来了,我们核对一下。)

2月25日上午,新开办的上海虹运材料有限公司在这里领取营业执照,现场购买税控设备,自助完成税务信息录入后,企业在行政服务大厅顺利领取到开业发票。

(实况:增值税普通发票50份,专用发票25份,您自己核对一下。)

发票窗口和库房顺利入驻,意味着第一步"物理"整合的完成;接下去,是推进跨部门间的"化学"融合,工商、税务,包括公安的印章刻制环节,都将继续打通。

(金贝杯 国家税务总局上海市虹口区税务局总经济师:把窗口进一步融合,系统进行融合,最终实现营业执照和发票一窗发放。)

【编后】

记者全程参与了虹口的发票"搬家"过程,有个很深的感触,就是营商环境的改善,需要大处着眼,小处着手,比如,库房的挑选放弃二楼,是计算了企业的等待时间;再比如把税控机发售也搬进大厅,是为了让企业不用再进进出出一扇门。一个个小细节的微调、叠加,最终让企业体会到切实的改变。在优化营商环境的这条路上,上海正以今日的"积跬步",换取明天的"至千里"。本期节目内容您可以下载看看新闻客户端点击查看。感谢收看今天的新闻透视。

(四)"包容审慎"的红线在哪里?

【导语】

最近,市司法局、市场监管部门在调研中发现,不少企业因所涉业态较新,现有政策法规来不及跟上,容易误踩禁区,一旦被罚,还可能影响征信和未来发展。由此政府部门在探索,有没有可能对一些轻微违规的行为,设立一个容错机制。那么,什么才算轻微违规?"包容审慎"的红线又在哪里呢?来看报道。

【正文】

启迪云控是一家依托互联网、大数据和云计算技术提供满足智能网联驾驶需求解决方案的平台企业,超前的业务模式,常常会让公司在经营中碰到政策瓶颈,比如,能不能通过在道路上布控摄像头,来采集公共交通信息、获得数据呢?

(上海启迪云控CEO 李家文:现在整个路测是没有这套东西的,需要谨慎,有更大的包容性帮助我们去落地相应的新技术实施。)

前来调研的嘉定区相关部门坦言,近年来,他们也常常碰到现有政策法规跟不上新业态需求的情况。

(嘉定区市场监督局公平交易科副科长 谢咏敏:可能对一些新业态,从文字上有一些禁止性的规定,但是这个新业态有没有客观地在经营中有危害性?这个是没有的,是我们看不到的。)

到底哪些必须监管,哪些应该适度松绑呢?大家展开了头脑风暴。

(实况 嘉定区科委副主任 金世珍:我们现在所提倡的包容,也不是无限制的包容。)

(实况 嘉定区审改办审改科科长 李娜:不危及群众个体利益的情况下,针对这些违规行为的处罚,可以从一个柔性执法的角度来推进。)

最终,大家明确了两条红线,第一,经营行为本身是不是扰乱社会主义市场经济秩序;第二,是不是会损害人民群众的生命健康安全。近期,嘉定区市场监管局已探索,对部分在区内集中登记地注册,但存在跨街镇经营行为的企业,取消了行政处罚。今年,嘉定区还将出台包容审慎监管方案。

(嘉定区市场监管局副局长 陶伟:只要不涉及有前后置审批项目的,如果当地的市场所要制发责令整改通知书,必须经过我们局里面同意,也就是一般我们跟所里说不要发了。)

(嘉定区副区长 沈华棣:平时我们要更好地去关注,更好去服务,使企业尽量不要去犯错误。如果有一些小失误的话,那要包容它,要慎用处罚手段。)

目前,上海正在制定全国首份《市场轻微违法违规经营行为免责清单》。因为此前,很多企业反映,初创时因不小心犯错,不仅被高额罚款,还影响到征信。事实上,《行政处罚法》第二十七条规定,企业违法行为轻微并及时纠正,没有造成危害后果的,可以不予行政处罚。当然,什么程度属于轻微并没有详细界定,这就亟须一张可实际操作的免罚清单,来实现执法统一。在大量走访企业后,目前,市司法局、市应急局、市市场监督管理局已开始起草清单草案,但不少细节仍待推敲。

例如,企业在其网站上发布了一部视频短片,虽然广告特征明显,但没有标明"广告"字样,这样的行为能否免罚呢?

(实况 上海市司法局行政执法协调监督处 吴玉霜:比如说当时提到的广告领域处罚的行为,体现在了第9条,然后关于服务标志类的,体现在第10条和第11条。)

(实况 上海市司法局行政执法协调监督处处长 诸晓鸣:一方面我们要抓紧,另外我们还是要更加慎重。)

据了解,该清单将涵盖消防、工商、食品监督等多领域。今后,企业首次出现的轻微违法违规经营行为,或将免于处罚。

(上海市司法局副局长 罗培新:在全市各个区、各个执法单位,按照这个清单统一来执法,就达到了法律标准的统一。让市场主体感受到政府对扶助企业的善意和温情,同时我们也特别希望企业主能够意识到,依法合规诚信经营,还是自己企业发展的底线。)

【编后】

目前,上海正在为企业经营行为探索设立容错机制,并对免于行政处罚的首次轻微违规行为制定一份清单,以此在激发企业活力和避免选择性执法之间,找到一个平衡点。当然,第一次可以容错,第二次企业再犯,就要受到重罚。通过这样的包容审慎监管,为新业态、新模式留足发展空间。本期节目内容您可以下载看看新闻客户端点击查看。感谢收看今天的新闻透视。

(五) 169.5 天是如何减到 97 天的?

【导语】

在上海优化营商环境 2.0 版本中,施工许可办理是大刀阔斧改革的内容之一,方案明确,要把办理中涉及的 19 个流程环节缩减至 14 个,办理时间从 169.5 天缩减至 97 天,那么这 72.5 天将被如何减下来呢?来看报道。

【正文】

这栋位于浦东临港环湖西二路、香竹路上的写字楼项目刚刚完成施工,即将面临一场"新式大考"。来自消防、规土、住建、绿化等近 10 个部门的工作人员,同时到场,对整个项目进行竣工验收。

(赵建飞　临港地区建设项目管理服务中心安全质量监督人员:看到透气孔这一块目前防水的一些措施,还稍微有一点不足的地方。这边的话已经缺失了,这一块的话我们会督促建设单位再做好进一步的整改工作。)

以往,项目的竣工验收通常需要跨度几个月,一个部门验收完毕后,再由下个部门进行验收。而现在,多部门统一竣工验收的"考场"直接摆到现场,各部门需要使用到的核验项目资料和信息一应俱全,工作人员根据自己所属板块进行对应核查,企业也可以根据现场汇总的问题,尽快进行改进。

(吕海东　上海欣展置业有限公司项目总经理:现在改革以后,几天就可以完成。时间缩短,成本降低了,时间就是效益。)

(蔡天倩　临港地区建设项目管理服务中心规土综合验收人员:联合验收的话,我们的信息都是通畅的。有条件当场可以沟通好这个问题,为企业增加便利。)

而如果建筑面积低于 1 万平方米以下,那么竣工验收还可以在此基础上,进一步简便。比如这个地处松江的项目,由于规模较小,验收时无须消防、民防等多个部门的参与,大大方便了企业;当然,企业本身作为责任主体,也需要承担更重的安全责任与义务。

(吴翊宇　上海蓝泉塑料制品有限公司总经理:这样我们车间可以马上投入生产,我们是可以承担这个安全责任的。)

根据优化营商环境2.0方案,整个施工许可将从169.5天缩减至97天,其中竣工验收,通过从串联改为并联等,计划能缩减36天左右,另一个重头内容在供排水环节,计划缩减29天。位于宝山美兰湖区域的这个住宅项目,正准备进入全面施工期。和以往相比,这次办理"供排水接入申请"便捷了许多,不再需要跑营业厅,只要在联审共享平台在线提交用水申请即可。

(卓置集团上海公司前期部经理　朱毅捷:对我们来说省时省力,之前也操作过这个事,可能要反复跑很多次受理厅,对我们开发商来讲有些资料可能要重复准备提交。)

根据网上申请,第二天水务勘察人员就会来到现场,与用户研究接入方案。

【上海城投水务集团受理分公司勘察员　石峰:现在他们一次性(提交),我们在联审平台上下载图纸,用户可以不用多跑了,不像以前要陪着我们联系设计院,这些事情就我们来完成了。】

完成现场勘察后,在4个工作日内完成技术审核,送用户确认,之后的接入通水环节在15个工作日完成。也就是说,从在线申请到通水只要20多天,比以往缩短了一半时间,而且全流程由供排水部门提供一站式代办服务,且不收取任何费用,大大减轻了用户负担。

(上海市水务局法规处处长　李剑:从之前的三个环节57天,现在压缩到两个环节最多25天完成,对我们自身也提出更高的要求。发现问题的话我们还会进一步修改,或者完善。)

事实上,从2017年开始,上海就对施工许可进行了大刀阔斧的改革,审批、验收时间从最初长达300多天缩减至2018年的160多天,再到今年计划降至100天以内,缩减周期总计超过了三分之二,政府部门刀口向内,一大批审批权限被下放或直接取消。

(裴晓　上海市住房和城乡建设管理委员会副主任:施工许可的改革为什么比较难,因为它流程多,还有一个是部门多。首先我们是合并,把它集中在一块儿,进行综合验收,企业的主体责任,必须要让企业承担。那么政府的监管责任,政府还是要承担的。所以说我们把政府的责任和企业的责任分开。)

【编后】

为了方便企业申请办理施工许可,早在一年多前,上海就推出了施工项目联审平台,目前在线联审项目已达700多个,网上部分的平均审批时间在20天左右,而下一步,政府部门还将通过不断优化流程,缩短办理时间,为企业提供更多便利。感谢收看今天的新闻透视。

选择有说服力的案例深入采访
—— 评《"店小二"炼成记》

市委宣传部新闻阅评组组长　陈保平

　　政府部门要以"店小二"的精神服务企业,这是市委、市政府的要求,也是各界对上海进一步改善营商环境的共识。但政府部门如何当好"店小二"? 这是认识问题,也是作风问题,但更是一个实践问题。选择什么样的案例,针对性是否强,有无说服力,是报道能否成功的重要原因。这组系列报道选择的几个案例看得出,对企业当下最企盼什么样的服务,政府部门该如何放下身段服务,策划者是费过一番心思的。第一个案例写"发票窗口搬家",让企业一次完成营业执照拿到就能开业的程序。看似很简单的一件事,但职能部门为搬这个"窗口"费心费力,几番周折,不厌其烦。足见其从思想上认识做好"店小二"的意义,而不是单纯地落实领导的指示。案例讲的是虹口区税务局办税窗口的事,但对全市税务部门都有指导意义。

　　另一个报道"'包容审慎'的红线在哪里?"是探究政府部门官员探讨对小微企业"包容审慎"的红线在哪里? 这是一个直面交流、思想交锋的节目。官员们结合各自管理的实践,就市场行为的模糊地带、新业态的规范缺失、法律的边界、初次犯错和重复犯错的不同处置方式等,直言不讳,坦陈自己的观点。这个节目的特点是监管部门的官员都能站在企业发展的角度谈监管的尺度,能宽则宽,能容则容,又始终坚持红线思维,使监管的职责和"店小二"的服务身份融于一体。看得出,节目组事先做了大量调查,对小微企业发展存在的法规障碍心里有谱,与访谈者有较深入的事先沟通,才能对这类难点问题把握好度。

　　"169.5天如何缩减到97天?"也是这个系列报道中很有说服力的一个案例。它从验收竣工项目由原来的不同部门逐个进行,到现在多部门统一进行,详尽介绍了这个"缩短"过程,强调验收部门的主动作为,自我加压,从而突出了"炼就店小二"中"炼"的主题。当我们把攻坚克难作为一个口号在宣传的时候,公众更希望看到一个个被攻破、被克服的困难。这个系列报道的成功,就在于主动对标世行对营商环境的六项标准,找到上海的差距,然后设置议题,深入采访。从上海大量锤炼"店小二"的故事中,选择既有针对性,又有说服力的案例,及时为提升上海营商环境提供了样板。

值得一提的是,即使是这类围绕中心工作的主题宣传,节目组还是努力追求表现形式的多样化。既有新闻特写的手法,如"发票窗口怎么'搬家'的?"也有纪实性访谈方式的"'包容审慎'的红线在哪里?"还有用案例讲故事的方式,让观众不感到单调、沉闷。工作性报道在矛盾中展开,这是一条可总结的经验。

《"店小二"炼成记》系列报道是如何诞生的?
——《"店小二"炼成记》创作体会

上海广播电视台融媒体中心采访部记者
陈慧莹　谢丹青　吴　骥　虞之青

优化营商环境是2019年市政府着力推进的主要工作之一。为此,《新闻透视》栏目策划了这一组系列报道,记录了"优化营商环境2.0版"出台的具体过程。

系列报道从对标世行报告的六大指标和上海自身改革需求出发,选取了办税便利、包容审慎、开办企业、施工许可这些与优化营商环境息息相关的主题,采用蹲点式的拍摄方式,近距离地记录政策出台前各政府部门的头脑风暴、思想交锋以及出台后企业受益的实际案例,采访深入、案例生动,十分难得。

年初,记者就从市税务局得知,各个区都要开始进行发票"搬家"工程了,那么为什么要搬呢?这背后定有文章。于是,当得知虹口率先启动这一工程时,记者立即开始了蹲点记录。在区里的税务大厅,对于发票的管理类似于对人民币的管理,整个领取、发放流程非常严密。但这带来的问题是,企业在行政服务中心办好工商执照后,还需要专门跑趟税务大厅,完成10项初始化的涉税业务。让开办企业涉及的环节,都集中到一个地方,让企业少跑部门,这就是发票"搬家"的初衷。可以说,发票"搬家"的背后,搬的是一整个部门体系,人手调配、库房选择、窗口设置……这都需要多个部门之间一次次的沟通协商。营商环境的改善,需要的是大处着眼,小处着手,通过一个个小细节的微调、叠加,最终企业才体会到切实的改变。

法治环境的打造也是优化营商环境中非常重要的一环。然而,监管部门调研中发现,不少企业因为所涉及的业态比较新,现有政策法规还来不及跟上,企业就容易误踩禁区,而如果一旦被罚,则会影响到企业的征信和未来发展。系列报道中《"包容审慎"的红线在哪里?》这一集,记录的就是上海各级政府部门的一次全新探索:有没有可能对一些轻微违规行为,设立容错机制,激发企业活动,又避免选择性执法。

参与报道的两位记者,一路跟随上海市嘉定区的市场监管部门走访新兴行业企业,直面企业因为法规空白而遇到的发展瓶颈,了解一线行政执法人员的困惑。更重要的是,这路记者还完整记录了嘉定区十多个政府部门研究制定"包容审慎"机制的协商会议:哪些行为必须监管,哪些应该适度松绑,"一条红线"到底应该摆在哪里。在此过程中,记者充分客观地展现了政府部门的这场"头脑风暴",不回避问题,也展现了创新和突破背后的严谨和不易。

另一路记者,则采访了上海市司法局,拍摄记录了上海是如何制定全国第一份《市场轻微违法违规经营行为免责清单》的。整篇报道点面结合、层层递进,把"包容审慎"这个概念很好地做了解剖。

营商环境好坏另一个重要、直观的表现,体现在企业开办注册的便捷程度。记者了解到在浦东临港,有一家企业正试图将"地效翼船"这一新名词加入企业注册名称中去。当时,无论是国民经济行业分类抑或上海市新兴行业分类指导目录中都没有相关表述的名词,这也使得企业在注册时犯了难。但是,对于一个未来有着巨大前景的行业来说,谁能最先摘得"名正言顺"的企业名称,谁就能拥有先发主动。市区两级市场监管部门为此也进行了执着不懈研究和沟通,最终做出了支持企业在行业表述上有所突破的决定,为其颁发了第一张写有"地效翼船"的执照。

通过记者对于整个过程的记录,展现的是上海对于新兴业态的包容。事实上整个系列中选取的所有案例,无论是容缺受理也好,包容新兴业态也好,施工许可办理大刀阔斧地缩减时间也好,都展现了政府作为"店小二"是如何"摸着石头过河",积极改革创新的。

《"店小二"炼成记》系列报道在《新闻透视》栏目播出后,获得了政府各职能部门、行业企业的高度认可。通过对"放管服"过程的客观记录,也使得攻坚克难的过程十分真实与生动,展现了上海政府在创新管理和优化营商环境上的决心、信心和智慧。上海正以今日的"积跬步",换取明天的"至千里"。

二 等 奖

2019年度广播电视奖(广播电视节目)参评推荐表

作品名称	家国70载		
作品长度	13分4秒(4分51秒、5分01秒、3分12秒)	节目类型	电视新闻专题-系列报道
播出频道(率)	新闻综合频道		
刊播栏目	《新闻报道》		
播出日期	2019年9月13日——9月26日		
主创人员	集体		
节目评价	《家国70载》系列报道是上海广播电视台融媒体中心新闻采访部献礼国庆70周年推出的一组系列报道,以一个家庭三代人的变迁来映射一个国家七十年的前行。报道的对象涵盖三代航天人家庭、三代音乐公益家庭、五代守灯塔家庭、四代金山农民画家庭等等,以小见大,从小人物看大历史,从家庭视角透视国家发展,生动诠释了"家是最小国、国是千万家"这一主题。		
采编过程	摄制组深度采访、精心拍摄、细细打磨,以五代守塔之家的拍摄为例,摄制组出差一周,辗转多岛,每天凌晨四五点不到就起来拍摄,力图捕捉到拍摄灯塔的最佳时间,采访的场记,都有万余字。四代金山农民画家庭,记者开场就设计展现了受访家庭创作的一幅长达26米的农民画画卷,先声夺人,展示了社会主义新农村的风采。三代航天人家庭,记者特地设计了爷爷和孙子通过视频对话的形式,看现在我国航天技术的突飞猛进。报道着力突出不同家庭的坚守、奉献、亲情和信念,以多代人的薪火相传,勾勒出行业的发展脉络与祖国的发展壮大。		
社会效果	系列报道在国庆70周年前夕推出,播出后引发社会各界热烈反响。据统计截至9月28日下午1点,以该系列报道为主体的融媒体产品全网总点击量逾2700万。上海本土明星推介《家国70载·一家五代守护东海灯塔》的宣传登上微博开机页,短视频观看量达355余万次。系列报道也得到市委宣传部新闻阅评督查组评点表扬。		

家国70载

航天三代人　一个飞天梦

【导语】

家是最小国,国是千万家。共和国70年波澜壮阔,我们每个人、每个家庭始终与时代同频共振。20世纪60年代,一群拓荒者按照国务院"一、二线"搬迁的要求,怀着豪迈的创业激情,背井离乡,奔赴黔北高原大三线。在群山深处,他们开山筑路,白手起家,唤醒了这片沉寂了千年的土地。上海航天卫星装备研究所罗世杰的外公,郑信章便是这其中的一员。而当年他的这一去,开启的不仅是中国的航天梦,也是他们一家祖孙三代几辈人的航天情结。

【实况】

这张照片是1957年的,30来岁嘛,很帅的。

中秋佳节,阖家团圆。91岁的郑信章和女儿、女婿们聚在一起,聊得最多的就是与贵州有关的话题。

【实况】 郑信章　"一代"航天人　061基地退休职工

天无三日晴,地无三尺平,人无三分银。

【实况】 郑菊芬　"二代"航天人　061基地退休职工

吃杂粮,夹25%玉米,我们是咽也咽不下去。

虽然嘴上说着当年的"苦",其实心里早已化成了"甜",浓稠得需要细细品味、慢慢回忆。

【转场】
1969年,作为上海市劳动模范,郑信章牢记陈毅市长"建设国防力量"的嘱托,带着妻子和三个女儿,义无反顾地扎进了黔北高原。

他所在的工厂没有名字,只有编号,在那里三十多家航天企业组成了航天科工061基地,在大山的庇护下,在广阔的天地中,开始了战术武器的研制和生产。

【转场】
【采访】郑菊芬　"二代"航天人　061基地退休职工
我的爸爸从小教育我们,航天的精神就是特别能吃苦、特别能奉献、特别能战斗。

罗世杰的妈妈郑菊芬,跟着父母到贵州的时候还不满15岁,从航天职业学校毕业后,她也进入了基地内的航天企业工作,在那里遇到了罗世杰的父亲罗伍忠,组成了第二代航天家庭。

在贵州的近40年时间里,罗伍忠参与了一系列工艺革新,亲眼看见了我国航天技术的进步与发展,同时也意识到与其他先进国家的差距与短板所在。

【转场】
【实况】
妈,我回来了。

1998年,儿子罗世杰填报高考志愿时,当得知航天企业眼下最稀缺的是冶金铸造类的专业人才时,罗伍忠不顾别人劝说,毅然决定让儿子报考这个并不吃香的专业。

【采访】罗伍忠　"二代"航天人 061基地退休职工
我就跟我儿子说在这方面要好好努力,为国争光,把国家的落后面貌改变过来。

【转场】
　　父亲的决定,也是罗世杰的选择,从小的耳濡目染让他只有一个愿望,就是成为一名航天人。

　　2002年,罗世杰大学毕业后通过招聘进入了上海航天系统工作,如今,他是上海卫星装备研究所的一名环境模拟试验工,先后参与了"风云二号"和"风云三号"气象卫星等重大项目。

　　这把游标卡尺是罗世杰的宝贝,时刻都不离身。它的历史比罗世杰的年龄还要大,是外公用过后传给父亲,父亲退休后又传给他的。

【转场】
【手机视频对话实况】罗世杰　"三代"航天人　上海卫星装备研究所环境模拟试验工
　　外公,这是我们的试验大厅,现在都电脑操作了,不再是手工记录了。您看,这是我们上海航天的卫星空间模拟中心,风云二号、风云三号卫星都是在这个真空试验罐里做的真空试验。

【手机视频对话实况】郑信章　"一代"航天人　061基地退休职工
　　设备比过去先进了,好好学习,做一个(优秀的)航天人。

【转场】
【采访】郑信章　"一代"航天人　061基地退休职工
　　我是航天人,第一批的。接下来女儿女婿第二批,我的外孙、外孙媳妇也在航天下面的厂,我觉得蛮骄傲的。

【采访】罗伍忠　"二代"航天人　061基地退休职工
　　接力棒一代代传下去,从外公手里传到我手里,然后我又传到我儿子手里,希望我儿子能跑得比我们快,走得更远。

【采访】罗世杰　"三代"航天人　上海卫星装备研究所环境模拟试验工
　　我们的初心就是使中国的国防事业强大起来,祖辈父辈为之奋斗的航天事业,我有幸继承。

【实况】

罗孙尧,你长大了想干什么呢?

我长大了,也要和太外公、爷爷奶奶、爸爸妈妈一样,成为一名航天人。

【音乐结尾】

一盏灯点亮一片海　叶氏五代百年守望

【导语】

东海海域的舟山群岛,近1400座岛屿撒在浩瀚无垠的大海中,12座大型灯塔点缀其间,为往来上海与周边港口的船只在茫茫大海中校正航向、指引迷途。从清朝光绪年间起,叶氏家族便开始守护舟山群岛上的灯塔,一岛一塔五代人,用一百多年的传承与坚守,书写着"人在灯亮"的誓言。今天的家国故事,就让我们来认识这个特殊的守塔之家。

【画外音+配乐】

叶超群:你可以想象这样一个画面,经历了狂风暴雨,一艘渔船可能没有及时返港,离大陆最近的地方突然出现了一盏闪亮的灯光,它知道这是灯塔,是家的方向,就感觉离家很近了,我终于安全了。

【字幕:七里屿灯塔】

在距离宁波镇海3海里的这个小岛上,"85后"叶超群驻守这座150岁高龄的灯塔,已有六个年头。这个弹丸小岛,是船舶出入宁波、上海等航线上的重要标志,在它的指引下,几万吨数量级的货轮,每天开足马力,将中国的商品销往世界各地。

【采访】叶超群　叶家第五代守塔人　东海航海保障中心七里灯塔塔长助理

把灯器检查一下,顺便把灯罩擦一下,因为灯罩如果脏的话,就会对灯塔的射程造成影响,现在我们的工作量其实少了很多了,以前爷爷那个年代,老的设备是机械化结构的,不像现在是电动的。

从叶超群往上,叶家自曾曾祖父起,便开始了这份守塔事业,至今整整130多年,跨越5代人。

【转场】
　　20世纪50年代,叶超群的爷爷叶中央,19岁便登上唐脑山,成了家族第三代,也是新中国第一批灯塔工。

【资料画面】
　　那时,灯塔用来照明的是煤油灯,塔灯360度旋转要靠手动上发条,每小时必须上一次。为了让"大海的眼睛"常亮不熄,叶中央曾顶着12级台风、冒死给塔灯上弦;而日常的生活更异常艰苦。

【采访】叶中央　叶家第三代守塔人　原东海航海保障中心白节灯塔主任
　　我们自己有一句口号,人在灯亮,灯塔就是国家的门户,人家看到你的灯塔就是要进到你的大门来了,你灯亮了就是等于门开了。

【采访】叶静虎　叶家第四代守塔人　宁波航标处养护中心后勤管理
　　他是没日没夜地工作了,把灯塔当家一样。我们这帮小青年儿都在想,灯塔上又没人,卫生啊擦玻璃,脏一点就脏一点了,他一定要擦得刷刷亮。

　　20世纪80年代,叶家第四代守塔人,叶静虎在父亲叶中央的劝说下,放弃原本几倍的收入,也加入了守塔队伍。那是仍需要每天记录来往船只,以防它们发生不测的年代。在与父亲共守白节岛的5年里,叶静虎从最初的不那么理解逐渐体味到守塔的责任。

【字幕:花鸟灯塔】
【实况】叶静虎　叶家第四代守塔人　宁波航标处养护中心后勤管理
　　这边(这个方向)就是上海港,我守塔几十年船越来越多,从小船到大船到现在的万吨轮,对于我们守塔人来说责任越来越大。

　　2012年,儿子叶超群带着祖辈的期许,又踏上孤岛,成为第五代灯塔人。如今,灯塔岛上接通了网络,安装了电动旋转机,灯塔都由遥感和电脑监控,海上GPS的使用,也让记录船只往来不再需要。不过,茫茫大海上的孤独,仍非大多数年轻人所能坚守。

　　在2000多平方千米的浙东沿海海域,有12座大型灯塔,里头有父子,有兄弟,有爷孙,数代人传承着不变的誓言。随着数字化时代的到来,未来,灯塔无人看守或许将成趋势。

然而,对于守塔人而言,斗转星移,百年守望,守护那一束光的信念,已然超越时空。

【画外音】叶超群　叶家第五代守塔人　东海航海保障中心七里灯塔塔长助理

这个时代的变迁、社会的进步,这都是我们祖孙三代人亲眼见证。新中国成立之后的70年,从爷爷那时候还是要手摇的小舢板,慢慢发展到铁壳子的渔船,到我们现在集装箱船,吨位越来越大,航道越来越繁忙,传到我已经第五代了。这种坚守、一百多年的传承,我希望把它延续下去。

传承三代人　63年守护上海电网安全

【导语】

作为经济发展的"先行官",电力为中国经济70年快速发展,提供了可靠的保障。而浦东作为改革开放的桥头堡,其繁华璀璨,自然也离不开电力的有力保障。今天的家国70载系列报道,让我们走进一线电力员工沈祝萍一家。63年来,沈祝萍一家祖孙三代薪火相传,坚守岗位,守护着上海的用电安全。

【实况】

工作忙吗?

忙的,周六周日都要上班。

忙嘛,国庆节了,要保电。

在沈祝萍家里,这样的对话是再平常不过的,去年刚退休的沈伟强,在饭桌上经常会嘱咐女儿在工作中必须认真细心。

【转场】

沈祝萍的爷爷沈德福,1956年就在浦东供电所工作,从线路工到操作班班长,辛勤耕耘30多年。

【采访】沈伟强　国网上海浦东供电公司退休员工

以前没有 BB 机没有手机的,一打公用电话来叫了,有事情了。(爸爸)以前骑自行车的,骑车到单位来。

1981 年,爷爷沈德福光荣退休,父亲沈伟强也进入了浦东供电公司,负责日常检修、排查消缺等工作。如今虽然已经退休,沈伟强依旧会回去班组,和老同事聊聊工作。

【实况】沈伟强　国网上海浦东供电公司退休员工

(安全帽)颜色是变了,样子没变,还是老样子。戴帽子有规定的,帽带子一定要扣好,要戴成这样,标准。

20 世纪 80 年代的浦东,还是农田连成片的乡村风貌,电力供应常常跟不上,故障报修也比较多。遇到电网有突发故障时,沈伟强常常牺牲休息,保障给居民及时送电。

【转场】

而到了 20 世纪 90 年代,浦东开发开放热火朝天,变电站、高压线的建设加快推进。对于在一线的沈伟强来说,这也意味着工作更加忙碌了。

【采访】沈伟强　国网上海浦东供电公司退休员工

我刚刚进单位的时候,从 14 个变电站到现在是 35000 伏的变电站,有 200 多个。我们以前每年(增加)1 个变电站,后来最快的时候浦东(每年)造 3 只、5 只。

【转场】

深受父辈的感染,沈祝萍从小的梦想也是当一名电力人。2003 年,从上海电力工业学校毕业后,沈祝萍和爷爷、父亲一样进入浦东供电公司,成为全公司仅有的两名女调度员之一。

【打电话实况】

低压一号分支箱从热备用,改为运行。发令时间是 15 点整。

调度是整个电网的中枢,碰到日常检修或突发的电网故障时,调度员必须快速切换线路,指挥调度最合适的抢修人员到现场作业。当班时,女儿也常常会给父亲发工作指令。

【采访】沈祝萍　国网上海浦东供电公司调控中心员工
　　老爸总是说,电是看不见、摸不着的,他说你多向老师傅多看多学,要耐得住寂寞,你坐下来一定要冷静头脑,再去判断这件事情。

　　一脉灯火、三代传承,沈祝萍一家用坚持和坚守,已经接力守护电网 63 年。

【采访】沈祝萍　国网上海浦东供电公司调控中心员工
　　作为电力人,守护电网的安全是我们的职责。我们每个人都把自己的工作做好了,那么整个城市都会更加美好了。

2019年度广播电视奖(广播电视节目)
参评推荐表

作品名称	彩色新中国		
作品长度	50分钟	节目类型	电视新闻专题
播出频道(率)	东方卫视、纪实频道、新闻综合频道		
刊播栏目	/		
播出日期	2019年10月1日 东方卫视21:36播出；纪实频道20:00播出；新闻综合频道22:30播出		
主创人员	集体		
节目评价	《彩色新中国》，通过征集的珍贵彩色历史记录影像，第一次赋予新中国青春色彩，同时，把当时苏联记者拍摄的历史纪录影片零碎素材，整合成一部流畅完整的纪录片。全片从今天的角度，用历史的素材，重现了重大历史事件。视觉角度以小说大，用情感人，大历史的写意串联起历史的线索，领袖和普通民众的点点细节还原历史的真实，用镜说史，由史带事，以事感人，特别是许多历史当事人回忆，同当年的历史影像有机结合，使历史纪录片富于时代特色。		
采编过程	1949年9月，开国大典前夕，苏联派出了一支摄影队来到中国，帮助中国拍摄彩色纪录片。他们和中方摄影师合作，走遍大江南北，用苏联独特的电影手法再现三大战役，也记录下当时中国各地的风土人情。新生的喜悦，未来的憧憬，这是朝气蓬勃的彩色新中国。 本片新中国彩色历史影像资料由上海音像资料馆采集并提供。创作团队从这批彩色素材中，挑选了五座最具特色的城市，重返故地，寻访亲历者。通过独特的视角、温情的故事、丰富的细节礼赞新中国，讴歌新时代，展现中国气象万千的新风貌。《彩色新中国》唤起70年前的记忆，让观众感受到新中国的朝气，从这些英姿勃发的身影上、从这些纯真的笑脸上获得感动和力量。		

社会效果	纪录片播出后,在收视、口碑、影响力等方面成绩不俗。东方卫视播出当晚,52城收视率0.34,收视人群达3235000人,取得了全国卫视频道专题类节目排名第三的优异成绩。 　　同时,节目授权爱奇艺全网独播。爱奇艺首页和爱奇艺纪录片频道首页都推荐了此片,热度高达2245(自今年9月起,爱奇艺关闭前台流量,以综合用户讨论度、互动量、多维度播放类指标的内容热度)。有几百万人同时在线观看,网友热评持续增加。很多观众看到这些首次披露的彩色资料表示相当震撼。

彩色新中国

【字幕：谨以此片献给中华人民共和国成立70周年】

解说：

这组中国人熟悉的画面是70年前由北京电影制片厂的摄影师拍摄的。从这个镜头可以发现，在天安门城楼上同时工作的还有另一组人员，他们就是来自苏联的摄影团队。

摄影师使用当时最为先进的彩色胶片拍摄，被称为"五彩队"。

【字幕：中苏合拍开国大典彩色历史影像】

【解说同期声：北京天安门广场只能容纳百万人，然而今天，数亿中国人的心都在这座广场上。】

解说：

这就是他们拍下的画面。70年后依然清晰生动。

【解说同期声：城门上站着的是共产党领导人刘少奇、周恩来，人民解放军的将军们，中央人民政府副主席张澜、李济深和宋庆龄……"毛主席万岁！"大家都叫他毛主席……】

【字幕：北京　上海　广州　南京　杭州　重庆　武汉】

解说：

除了拍摄开国大典，从1949年到1950年，中苏联合摄影队走遍了中国15座城市，拍摄了200本胶片，为新中国留下了30多个小时的彩色影像，并制作了《中国人民的胜利》《解放了的中国》以及《锦绣河山》等多部纪录电影。

【字幕：俄罗斯　莫斯科】

这里是俄罗斯国家照片与影像档案馆，收藏了从十月革命以来制作的大量影像资料。2018年，上海音像资料馆的工作人员在这里找到了这批珍贵的彩色胶片。我们挑选出其中最为精彩的片段，追忆70年前的彩色新中国。

【字幕：上海】

解说：

2019年初春，我们跟随上海音像资料馆的工作人员来到上海市建国西路的一座老房子，拜访了94岁高龄的吴珉老师。

70年前，她曾经参与了中苏摄制组合作拍摄彩色纪录电影的工作。

【同期声：

汪珉：谢谢。我们因为带来一些当年苏联拍的影片，当年肯定您也参与陪同的。所以，一方面，也麻烦您帮我们看看这里面的一些大概的背景。另一方面，有些当年的一些情况想跟您请教。

吴珉：好的，没问题。】

解说：

吴珉从小在东北长大，能讲一口流利的俄语。1949年9月，吴珉被中苏友协选中，担任来华的苏联摄影队的翻译。她接到的第一个任务就是跟随摄影队前往北京拍摄开国大典。

9月30日深夜，苏联摄影队匆匆抵达北京火车站，他们顾不上休息，就开始商讨第二天的拍摄计划。

【采访时任中苏联合摄影队俄语翻译吴珉 94岁：我们这边是（摄像）徐肖冰跟（摄影）侯波，徐肖冰领导的，几个人和苏联摄影队谈开国典礼的事，我就是参加翻译的。那个时候摄影队里面有一个是头儿，这个人叫阿让·立波夫维奇·哈夫琴。所以他看见我讲俄文好，他就说选我跟他。具体是谈开国典礼，城楼上要几个人，还有下面游行队伍也要几个人，那么分配。分配了哈夫琴跟另外的一个苏联摄影师在城楼上。】

解说：

当时，在天安门城楼上拍摄的另一位苏联摄影师名叫弗拉迪斯拉夫·瓦西里耶维奇·米克沙。他后来在回忆录中这样写道："十月一日的清晨，我负责的位置在主席台边最重要的点——麦克风的旁边，那是中国人民的领袖，伟大的毛泽东即将发表这历史性演讲的地方。天安门笼罩在蓝色的天空和鲜艳的红旗之下，宣传画印着毛泽东和孙逸仙（孙中山）的巨大肖像。我站在高高的平台上，肩膀紧贴着栏杆，在我前面不到几米的地方，就站着所有中国的领导人们。"

【采访时任中苏联合摄影队俄语翻译吴珉 94岁：开始的时候，很安静。后来一下子主席上去了，就宣布开国典礼，下面"哇"，那个声音可响了。】

解说：

米克沙抓住机会，拍下了毛泽东缓步走向麦克风，并向人群招手的镜头。他后来回忆那一刻的心情："我不知为何开始感到不安起来，正如我在红场拍摄初见斯大林时一样,我的手开始颤抖了起来。"

北京电影制片厂的摄影师徐肖冰也在天安门城楼上。这张珍贵的照片是徐肖冰在开国大典上唯一的一张工作照。

自21岁参加八路军,他用手中的摄影机记录下了中国共产党人从延安一路走到北京,终于赢得了胜利。

【采访摄影师徐肖冰、侯波之子徐建林 77岁:你看我父亲他在护栏外头去了。等于那个脚就踩着城墙那个砖,再有一步就下去了。左手紧紧扒住这个护栏,右手拿着这一台35毫米电影摄影机。他自己说,当时就听到毛主席讲"中华人民共和国成立了",这个手激动得都哆嗦。】

解说:

为徐肖冰拍下这张工作照的是他的妻子侯波——天安门城楼上唯一的一位女摄影师。1949年6月,侯波进入中南海担任摄影科科长,这次她的任务是为开国大典拍摄照片资料。

【采访摄影师徐肖冰、侯波之子徐建林 77岁:她拿的照相机是向童小鹏同志借来的一台——德国如莱的120的照相机。为了开国大典这一天,给她配了8个胶卷,德国阿克发胶卷。一个胶卷可以拍12张照片。要拍算好了用,舍不得啊。因为什么呢?这些胶卷是国家花了外汇从香港地区买来的,不知道要老百姓多少小米才能换这一个胶卷。所以,母亲,那一天,那一整天在天安门上,一共用了4个胶卷,就是拍了48张照片。】

【徐建林同期声:总理,这个是沈钧儒……】

解说:

我们把这段珍贵的开国大典影像带给徐建林夫妇观看,回忆起70年前的这段历史,老人格外激动。

【徐建林同期声:我父亲徐老他是《解放了的中国》的总领队,我们中国很重视,周总理亲自抓这个事。哎,这个就是我妈,这个就是我母亲。】

解说:

由于恰巧站在了苏联摄影师的对面,正埋头工作的侯波也在开国大典这样的历史时刻留下了自己的身影。

【采访摄影师徐肖冰、侯波之子徐建林 77岁:她就在这个前廊,她要想照的话,怎么增加这个景深?她就要把身体要往后靠,往外头靠,尽量地靠。你靠出去了以后能增加一点距离,能拍得多一点。】

解说:

侯波一生拍摄的照片中,这一张是得意之作。她生前经常对儿子讲起拍摄开国大典的一段往事。

【采访摄影师徐肖冰、侯波之子徐建林 77岁：就在毛主席宣布中华人民共和国成立的那一刻，拍下了这张照片。等拍完照片以后，她才发现，她当时都顾不得自己会不会摔出去，掉出去了。有人在拽着她的衣服。谁在拽着她的衣服？周总理，非常感动啊。周总理就说你放心拍，就拽着她的衣服角拍了这张照片。所以我母亲一提起这张照片，必定要提到周总理，就掉眼泪。】

【字幕：纪录片《中国人民的胜利》片段】

【毛泽东同期声："同胞们，中华人民共和国中央人民政府今天成立了！"……】

解说：

阅兵仪式上，中国人民解放军受阅部队列成方阵，迈着威武雄壮的步伐，第一次由东向西通过天安门广场，接受人民的检阅。与此同时，刚刚组建的人民解放军空军17架飞机，凌空掠过天安门广场，观礼台上掀起阵阵高潮。

开国大典从下午三点持续到晚上九点。中苏摄影队工作人员紧密合作，全面记录了当天的盛况。最终在纪录电影《中国人民的胜利》中呈现了6分钟的精华部分。从这一天开始，新中国也有了色彩。

【字幕：上海】

解说：

维克多·贝利亚科夫长期在俄罗斯国家影像档案机构工作，特别对有关中国的历史影像做了不少研究。这一次，他特地来到中国，帮助我们解读1949年至1950年这批中苏合拍的彩色影像。

【采访 莫斯科国立电影学院研究员维克多·贝利亚科夫：从现有的资料中可以看出，当时的请求是刘少奇同志提出的。因为现在保存下来的有他当时和苏联的通信信件，以中共名义向苏联政府发出的对中国革命的拍摄请求，是刘少奇同志签署的。在1949年7月，斯大林批准前往拍摄两部关于中国革命运动的新闻纪录片，其中一部被要求是描述中共在与国民党斗争的过程中取得的成功；第二部要求描述中国人民在解放区的生活状况，在新中国人民翻身做主人的生活。】

解说：

为了完成这项艰巨的任务，苏联派出了两支摄影队。一队是以导演瓦尔拉莫夫为首的苏联中央文献电影制片厂的前方摄影队，由北京电影制片厂摄影师吴本立负责协助，主要拍摄解放战争的内容。另一队是以导演格拉西莫夫为首的高尔基制片厂的后方摄影队，由北影厂的摄影师徐肖冰负责协助，主要拍摄后方的建设。

在拍摄完开国大典后,两支摄影队分别前往全国各地开始了紧张的拍摄。由于当时解放战争中的重大战役已经结束,导演瓦尔拉莫夫决定采取原班人马、原地重现的方式补拍辽沈、淮海、平津以及渡江战役。

【采访莫斯科国立电影学院研究员维克多·贝利亚科夫:拍摄战争主题的纪录片所遇到的问题就是当时"二战"的时候遇到的最为尖锐的问题。不光只是苏联遇到了这样的拍摄问题,其他的国家也是一样。因为任何的战斗动作这方面都是非常快速的,当然摄影师在很多时候是不可能跟上本身战斗的速度的,为了让人们能够看到这些镜头,他们需要在镜头中重塑战斗的场景。莱昂内德·瓦尔拉莫夫当时是莫斯科纪录片制作室的导演,他所拍摄的影片是比较成功的,大家都觉得当时他还原的场景非常真实。特别是在他做了一系列关于"斯大林格勒战役"的纪录片之后,人们都非常欣赏他的专业。】

解说:

【字幕:纪录片《百万雄师下江南》片段】

1949年4月20日,渡江战役打响。中国的战地摄影师在现场拍摄了珍贵的影像,可惜只是黑白的画面。

在导演瓦尔拉莫夫看来,中国江南秋天的景致和春天有些相似,因此摄制组决定首先到长江边补拍渡江战役的部分。他们以黑白影像为参考,还原了战士们渡江的场景。

【字幕:纪录片《中国人民的胜利》片段】

【解说同期声:这不只是船,这同时也是穷人和普通人的居住之所。他们自愿把自己的所有财产交给了军队,跟战士们一起在船上的是同一个家庭的妻子们和母亲。没有人民的帮助,这样的渡江是难以想象的。】

解说:

70年后,我们在长江边的渡江胜利纪念馆中,找到了同样的木船。当年,长江上还没有一座大桥,人民解放军就是靠着这样的木船渡过滚滚波涛。

【采访时任第三野战军34军101师302团2营副教导员李剑峰 94岁:我们北方人没有见过那么大的水。我们老百姓有个说法,叫江无底,海无边。就到江边搞训练,介绍长江情况。然后就练习坐船,坐小船,在船上转圈子,不晕船。我给你介绍,这个船是咱们山东、河南、苏北,各个地方动员来的民船,每一条船上都有一个乡级干部或村级干部带船。我们每条船上就坐上一个排,这一个排有机关枪小炮。渡江的时候可以独立作战。跟部队失掉联系了,我这几个船可以直接战斗过江。】

【字幕:纪录片《中国人民的胜利》片段】

解说:

或许导演瓦尔拉莫夫由长江联想到了苏联的伏尔加河,这条同样伟大的河流激起了苏联人的某种情感。镜头下的渡江战役充满了革命浪漫主义色彩,体现了苏联电影特有的美学。

唯一遗憾的是,当时的道具出现了小小的失误,让这面1949年6月才颁布的"八一军旗"提早了一个多月亮相。据说脾气暴躁的瓦尔拉莫夫因为这个错误大为光火。

【字幕:南京】

打过长江,解放南京。总统府长长的走廊激发了苏联导演瓦尔拉莫夫的灵感,他特别设计了一个战士们冲进总统府的充满气势的长镜头。

【字幕:纪录片《中国人民胜利》片段】

【解说同期声:这就是人民的叛徒、美国的走狗和傀儡蒋介石的总统府。不久前蒋介石还宣称绝不离开南京。】

解说:

其实,南京解放时,部队执行严格的入城纪律,总统府也被第一时间保护了起来,有的战士因为破坏了总统府的设施还受了处分。

【采访时任第三野战军34军101师302团2营副教导员李剑峰 94岁:进南京,打倒了蒋介石了,不看看总统府吗?上级跟我们讲,说上级有个通知,总统府全封闭。担任总统府警卫的是我们34军的侦察营,咱的部队在那里站岗,政委就讲了:"可以,领你去看看。"一路到了办公室二楼上,一上二楼楼梯,右前方第一个门就是蒋介石的办公室。在门前站着看看,蒋介石的戎装像还挂在墙上。】

解说:

除了渡江战役,摄影队又补拍了辽沈、淮海、平津战役,并跟随部队南下、西进,拍摄解放华南和西南的战斗。

这场横跨中国、规模空前的拍摄总共用了八个月的时间,获得了大量军队和群众的支持。

中方摄影师吴本立后来回忆:"为了圆满地完成任务,各野战军和海空军首长们,把重要干部派到摄影队里直接参加工作,每当拍一材料时,首长们很精细地供给导演材料,部队的指战员们,不顾严寒和酷热,完全以自我牺牲精神,完成了这一艰巨的任务。这给予我们友人苏联同志极深刻的记忆与感动。"

解说:

就在前方摄影队拍摄气势恢弘的战争场面时,由格拉西莫夫导演带领的后方摄影队正在深入中国的城市、农村,考察并拍摄新中国各地的生产建设和自然风光。

【采访 莫斯科国立电影学院研究员维克多·贝利亚科夫:现保存下来的格拉西莫夫的旅途日记中他记载道,当时的火车在沿线的重要火车站都会停一下。每个车站上都有人民热情欢迎他们。在停留的过程中他们甚至会待一段时间,就是为了研究一下这到底是怎样的国家和人民,为了能更好地拍摄这部影片。】

解说:

格拉西莫夫在中国工作的日记手稿字迹潦草,如今大部分内容已经无法辨认。但从他拍摄的影片来看,这位苏联导演对中国的历史和文化都表现出了极大的兴趣。

【字幕:纪录片《锦绣河山》片段】

【歌曲《山那边哟好地方》同期声:老百姓呀管村庄,讲民主呀爱地方。大家快活喜洋洋……】

【采访杭州解放亲历者 进步学生吴新华 90岁:"山那边哟好地方",当时是在国统区,国民党统治区大家唱这个歌。特务对我们没办法,他知道我们讲的"山那边"就是解放区,但是我们没有明说解放区,就说"山那边哟好地方,一片稻田黄又黄。"同学们经常这样唱,表达我们对解放区的向往。】

【字幕:纪录片《锦绣河山》片段】

解说:

在反映杭州的影片中,导演格拉西莫夫特别选择了一所学校,那就是坐落于西湖风景最美处的国立杭州艺术专科学校。

【解说同期声:大自然是年轻艺术家最好的老师。学院的学生们很多课都在外写生,城市的美景,尤其是它的那颗明珠——西湖,将艺术家们吸引至此。】

解说:

"上有天堂、下有苏杭",苏联导演通过艺专学生们的一次写生来表现杭州风景如画的主题。而同样美丽的是那些朝气蓬勃的脸庞。

【字幕:杭州】

解说:

2019年8月,我们来到杭州的一家养老院,拜访国立杭州艺术专科学校的几位老校友。

【老校友同期声:倪贻德!这是我们的老师倪贻德。这里拍的是西湖艺术研究所的那个镜头。啊,茅君瑶!茅君瑶,这是我们的同学。】

解说:

通过几个特写镜头,国立艺专的老校友们认出了画面中的这位红衣女孩。我们多方联系在上海找到了她。

【茅君瑶同期声:哇,哈哈哈,这个人在广州。那个熊样子,哈哈哈,好年

轻啊!】

【采访原国立杭州艺术专科学校1948级学生茅君瑶 87岁:要来拍纪录片,要大家穿得漂亮一点,去写生,在西泠印社,地址就在我们学校旁边。那个时候你想我17岁,实足只有16岁,很小了,嘻嘻哈哈地从学校里头走出来就是这样。我正好买了一件红的衬衣,穿一个背带裤,这个背带裤很大,就对着西湖写生。】

【纪录片《百万雄师下江南》片段】

解说:

1949年5月3日杭州解放。在中共地下党、地方游击队和广大群众的密切配合下,杭州没有遭到破坏,这座古老的城市完整地回到了人民的手中。

听闻解放军已经进入市区,国立艺专的学生们带着鸡蛋、载歌载舞地去迎接解放军,分享胜利的喜悦。

【解说同期声:同学们自动地募集了鸡蛋,慰问战士们,他们都像多年的老朋友,亲切地在一起谈着人民的胜利。】

【采访原国立杭州艺术专科学校1948级学生黎力 90岁:我们女同学就拿着鸡蛋往这些年轻战士的口袋里塞,我们就唱着"朱大嫂送鸡蛋啊,咕哒咕哒",那时高潮就起来了。那是军民一家,那个气氛直到现在记忆都非常清楚。当时部队的领导就派人到我们学校来慰问。他说,我们也欢迎你们参加(解放军),到我们队伍里面去,解放全中国,打到台湾去。当天晚上我们就有好多同学就马上表态,跟着解放军,参加解放军。】

【采访原国立杭州艺术专科学校1947级学生郑朝 91岁:那个时候太兴奋了,不能待在这个地方了,一定要改变自己的生活。那么想来想去,参军是最好的。我原来叫作郑福朝,朝字前面有个福字。这是我爷爷给我取的。希望我幸福。那是封建的大家庭希望我的幸福。我参加了革命,我要革自己的命,所以把福字去掉了,改名为郑朝。】

解说:

杭州刚一解放,国立艺专就有一百多名学生报名参军,占了全校总人数一半以上。就在苏联摄影队拍摄后不久,1949年11月21日,茅君瑶也离开了学校,要求到部队去锻炼。

【采访原国立杭州艺术专科学校1948级学生茅君瑶 87岁:现在想想离开很正确。那么当时到教务处去,老师们都劝我,我的西画老师叫庄子曼教授,画油画画得很好。他说,你不要走,你不走你将来就是画家。我说我不要当画家,我心里头很不平静。】

【字幕:纪录片《锦绣河山》片段】

解说：

那正是一个大变革的时代。苏联摄影师的镜头不仅拍下了杭州的美景，更记录了回到和平环境的人们安定与幸福的生活。

1950年11月，国立杭州艺术专科学校改名为中央美术学院华东分院，也就是现在为人熟知的——中国美术学院。

【字幕：2019年7月北京】

【声音 版画家王琦之子王炜：70多年了，彩色的感觉我们都不知道，只是留下了模模糊糊的一个黑白照片。色彩只能凭我当时的感觉。我是跟这幅画一块儿回到新中国的。】

解说：

画家王炜创作的这幅油画是他童年的一段记忆，也是对父亲王琦等一批艺术家的怀念。

1948年，正是国内战乱之际，6岁的王炜跟随父母来到香港，投奔一个叫作"人间画会"的组织。这是当时中共地下党在香港美术界的一个进步团体。后来在中国美术界颇有影响的黄新波、关山月、廖冰兄、黄永玉等人都曾经是这个组织的成员。组织者黄新波受苏联作家高尔基的小说《在人间》的影响，取名"人间画会"。

解说：

1949年广州解放前夕，"人间画会"的艺术家们决定在香港创作一幅巨大的毛泽东画像送回广州，庆祝这座城市的新生。

【采访原广东省立艺术专科学校学生谭林海 86岁：都是爱国的美术家，关山月、黎雄才啊，很多有名的画家，他们在香港组织起来，画毛主席的像都不够钱，要找人捐款。在香港搞了以后呢，为了迎接解放，他们用这个来出一份力。】

【解说同期声：广东，是一个革命之城，是一个起义之城，这个城市的每一块石头都纪念着历代革命烈士。】

解说：

1949年10月14日，广州解放。广州军民在市中心举行了好几次游行庆祝活动，规模最大的一次是11月11日的大游行。

【采访原广东省立艺术专科学校学生谭林海 86岁：我们就从学校出发了，在门口集中。一路跳秧歌一直跳回来，跳到现在广州中山四路五路，一直跳拐一个弯到长堤，到爱群大厦那个大画像，又搞了一个圈，从江边，就是现在的人民路，就回学校，跳了一个大圈。】

【字幕：1949年广州彩色影像】

解说：

这是1949年广州解放后,苏联摄影师拍摄到的珠江的画面,矗立在江边的这座高楼就是广州的标志建筑——爱群大厦。它始建于1937年,以64米的高度保持了"广州第一高楼"的地位整整30年。70年前,王琦等一批在港艺术家绘制的巨幅毛泽东画像就曾经悬挂在这里。

从当年留下的照片可以看出,这幅画的确尺寸惊人。据说,这是当时中国最大的一幅毛泽东画像。30多位国画家、版画家、油画家……一起上阵,采取了分工合作的办法。

【采访版画家王琦之子王炜　77岁：你想想10米宽,30米高,这样一个画面,相当大。当时分了三个组,第一组,毛主席头和手这是一组,这一组由张光宇组长带领几个画家。还有一组就是老爷子,就是我父亲王琦他带这一组,主要是画衣服。那么再有一组,调颜色,它是油漆啊。它不像我们现在油画颜色,它是油漆。当时实际上是在10月15日开始的,就动手了,就开始构思了,构图了。那么10月25日就完成了。然后就开始包装,用车运到罗湖,罗湖坐火车运到广州,交给了广州市军管会。我那时候也随着这些画家们回到广州。】

解说：

当时,16岁的谭林海在广东省立艺术专科学校读书,他和同学们被召集起来搬运这幅巨大的作品。

【采访原广东省立艺术专科学校学生谭林海　86岁：爱群大厦挂毛主席的像最理想。在安装的时候呢,这个画很大的,就分13段组合起来。13段加起来就三十几米高,十米宽。我们是搬运,我在最后一个小组,抬毛主席的大皮鞋,就是刚好一段,8个人抬一双皮鞋。】

解说：

1949年12月7日,这幅巨像被悬挂在爱群大厦的墙上,面朝广州沙面。30多位艺术家的共同创作成了当时广州解放的集体记忆,70年后依然历历在目。

【采访版画家王琦之子王炜　77岁：护送毛主席这幅巨像到广州,那就算结束了在香港的"人间画会"。他们都有这样一种愿望,就是认为解放必须回到新中国的怀抱。那么这一批"人间画会"的人大部分就回到了广州。】

【字幕：1949年广州彩色影像】

解说：

当时的广州百废待兴,许多离乡避难的百姓纷纷回来重建家园。在苏联摄影师的镜头里有一座沉在珠江中的断桥,它就是著名的海珠桥,也是当时广州人过江的唯一一座大桥。1949年10月14日黄昏,为了阻挡解放军进入广州,海珠桥被撤退的国民党部队炸毁。第二年,人民政府重建海珠桥,仅用了六个月的时间就让大桥恢复通车。

解放后的广州重获生机,广州人民舞狮子、扎彩船,用最具岭南特色的庆祝方式表达着心中的喜悦。

【字幕:1949—1950年上海彩色影像】

解说:

1949年10月15日,就在广州解放的第二天,由47人组成的苏联文化、艺术、科学工作者代表团来到了上海。当天的《解放日报》特别以套红的标题报道了苏联代表团的到来,并刊登了部分成员的照片。其中就包括两位正在中国拍摄的导演:瓦尔拉莫夫和格拉西莫夫。

作为第一个与中华人民共和国建交的友好国家代表团,他们所到之处都受到了高规格的礼待。

【采访时任中苏联合摄影队俄语翻译吴堉　94岁:苏联人跟我们的同志就说,你们是热水瓶,你们很热心,但是你们都是像热水瓶里面滚烫的,外面不露的。】

解说:

导演格拉西莫夫还应邀到大光明电影院与中国的电影工作者交流。来到上海这座中西文化交融的大都市也让苏联摄影队的成员大开眼界。

【采访时任中苏联合摄影队俄语翻译吴堉　94岁:他们提出一个要求,要求看美国的电影。因为美国电影比他们早。所以选了一些片子,所以害苦了我,天天要翻给他们听,幸亏我还懂得一点英文。】

解说:

1949年,苏联摄影队把先进的彩色电影技术带到了中国。其实,这些珍贵的彩色胶片源于一个保守了多年的秘密。70年后,苏联的影像专家为我们揭开了这些彩色胶片鲜为人知的历史。

【采访莫斯科国立电影学院研究员维克多·贝利亚科夫:1945年苏联有一件幸运的事,苏军和美军在德国会师并占领了德国的城市格列本。最重要的德国电影工厂阿克发电影胶片和器材工厂就在这个城市,而且当时在那里已经有几百万米的彩色胶片。苏联占领那里后,政府部门意识到了可以用这些胶片来拍摄各种苏联电影,包括拍摄艺术电影和纪录电影。当时因为来中国拍摄纪录片是件很重要的事,苏联政府决定用彩色胶片来拍。】

【字幕:上海】

解说:

无论怎样,我们都要感谢这历史的巧合,让上海这座中国电影业最发达的城市一下子从黑白影像升级到了彩色影像。

从南京路到外滩,从苏州河到黄浦江……70年前,苏联摄影师用镜头记录下了新生的上海,格外明艳动人。或许是感慨这座城市百年来的历史性变革,苏联导演把这段影片命名为《人民的上海》。

【采访莫斯科国立电影学院研究员维克多·贝利亚科夫:现代的上海给人印象深刻,和老资料里的上海相比发生了翻天覆地的变化。现代化的城市、生活和摩登的人们。上海很值得一看,来感受一下上海的气息,我非常喜欢。】

【字幕:纪录片《锦绣河山》片段】

【同期声:休假的时候,劳动者们聚集在中山公园。上海市市长陈毅等领导同志,都来欣赏最受尊敬的人们创作的成就。业余文工团的表演表现了人民创作的天才。中国民间艺术受到广大观众的欢迎。这是养正幼儿园的音乐队……】

解说:

1949年重阳节,上海中山公园举行了一场游园会,一支由幼儿园小朋友组成的小乐队在现场像模像样地进行表演。70年后,我们通过媒体发出了寻人启事,当年的小朋友们又重聚在一起。

【采访原上海市立养正国民学校幼儿园小乐队成员陈瑞琪 74岁:70年以前,我们是养正幼儿园小乐队,当时在中山公园是重阳节,那时我们小乐队在这里表演。这位是小指挥。她和我呢,我们两个打铃鼓。后面几个男同学是敲木鱼、敲三角铃、敲小的铃铛的。我们当时大概四五岁的样子,所以我们是跟共和国一起成长,也是共和国发展壮大的见证者。】

【字幕:上海 中山公园】

【《我和我的祖国》歌声起】

【现场采访陈瑞琪:我们70年以后又聚在一起,大家都很高兴。】

【现场采访同学一:我们是祖国的第一代花朵。】

【现场采访同学二:我们那时四岁半五岁,那么现在75岁。我们跟祖国一起成长。】

【现场采访同学三:我们在这70年里面生活是越来越好。】

【齐声:我爱你,中国!】

解说:

70年风雨同舟,70年转瞬而过。中国共产党人始终牢记为中国人民谋幸福,为中华民族谋复兴的初心和使命,带领中国人民开展社会主义建设,推动改革开放,走进中国特色社会主义新时代,用智慧和汗水让古老的中国焕发出勃勃生机,在这片辽阔的土地上创造了举世瞩目的奇迹。

今天,中国人民在以习近平同志为核心的党中央坚强领导下,为实现两个一百年奋斗目标,为谋求中华民族伟大复兴的中国梦砥砺前行,不断书写国家富强、民族振兴、人民幸福的美好篇章,不断创造无愧于历史和时代的辉煌业绩。

【各地彩色资料/现代城市镜头混剪】

【完】

2019年度广播电视奖(广播电视节目)参评推荐表

作品名称	上海解放一年间		
作品长度	3集×48分钟	节目类型	电视新闻专题
播出频道(率)	东方卫视、纪实频道		
刊播栏目			
播出日期	东方卫视5月27日21:00播出;纪实频道5月27日—29日每晚20:30播出		
主创人员	集体		
节目评价	纪录片《上海解放一年间》充分发挥电视视听语言优势,历史资料丰富,讲述故事有细节,所选用的当年视听素材真实感强,以直观的方式再现上海解放真实场景和上海解放初期的面貌,让历史鲜活起来。正如片中引用的上海解放后首任市长陈毅的原声所讲:"资本主义者曾经预言,不仰仗他们的鼻息,我们管理不了这座大城市,但是现在连预言者自己也不得不承认,我们对这座城市的管理水平超过了他们。"纪录片能使广大电视观众通过重温这段历史,从当年的共产党人的艰苦奋斗中汲取新的营养和智慧,"不忘初心,牢记使命"。		
采编过程	纪录片以新近发现的上海解放初期彩色历史影像为基础,重返故地、寻访了近20位耄耋之年的亲历者。从政治、经济、社会三个方面重温上海解放一年间的历史,用一个个生动的故事展现中国共产党人如何克服重重困难和挑战,解放上海、接管上海并赢得民心。		
社会效果	纪录片播出后,在收视、口碑、影响力等方面成绩不俗。东方卫视播出当晚,在全国卫视同时段收视排名中位列专题类节目第一名,同时段综合排名第三,超过了许多综艺娱乐节目。同时,节目授权哔哩哔哩网站同步更新,平台上线两天播放量已接近5万,有几百人同时在线观看,网友热评持续增加。		

上海解放一年间

第一集 生 与 死

片头：上海解放一年间
字幕：谨以此片献给上海解放70周年

引子：
（胶片放映 苏联彩色影像）
这是苏联摄影师拍摄的上海解放初期的彩色影像，是新生的上海最初的面貌。

【采访陈毅之子陈昊苏：国民党说你能够打下上海，但是你管不了上海。解放上海是中国革命最大的难关，或者叫最后的难关。】

【采访上海交通大学历史系教授刘统：中国共产党将面临一个重大的转折，就是从打天下转到坐天下，从破坏一个旧世界到建设一个新世界。】

【清晨好八连武警在南京路上列队巡逻】
解说：
98年前，中国共产党在这里诞生。
70年前，人民解放军进入上海，接管了这座城市。

【采访陈云之子陈元：上海是全国的经济中心、金融中心、商业中心，所以拿下上海就能解决全国问题。】
【采访 中共中央党史研究室原副主任 章百家：在差不多一年的时间里

就把物价完全稳定住了,这是非常不容易的。那另外一个呢是扭转了财政赤字,这都是非常了不起的成就。】

【航拍】
解说:
这一年间,
在华商证券交易所,
在高桥海塘,
在杨树浦发电厂,
共产党人经受住了一次又一次的考验。

【采访 旧上海最后一任代理市长赵祖康之子赵国通:凡是困难的,风口浪尖的事情,共产党的领导亲自到第一线。共产党人是值得信赖的,是真正为中国人民谋福利的。

【采访上海党史研究室主任徐建刚:中国共产党解放上海,完全是一个新的社会革命。它完全是一个新的政权,一个为人民的政权。】
(外滩钟声 《东方红》)

【上海春景《竺可桢日记》】
解说:
1949年5月3日早晨,上海天气多云。气象学家竺可桢一早起来就听到了黄鹂鸟的鸣叫,他特别在日记里写道:"过去三十年来经验,在京(南京)沪杭区樱桃上市、洋槐开花与黄鹂鸣均在同一时期,实为一年中最好之季节矣。"

【杭州解放资料 上海1949年5月资料影像】
这一天,杭州解放了。上海的春天虽然也如期而至,但城市的面貌和南京、杭州截然不同。

这是外国新闻记者拍摄的1949年5月初的上海。街道上堆满了沙包、铁丝网,机场码头人满为患,外国侨民开始撤离。上海已经陷入人民解放军的包围之中,大家纷纷猜测战争何日到来。

而此时,刚刚渡过长江的人民解放军第三野战军部队,正在向距离上海不远的小城丹阳集结。

【江苏省丹阳市】
解说:

江苏省丹阳市,距离上海200千米,水陆交通便利,是世界最大的镜片生产基地,有"中国眼镜之乡"的美誉。70年前,这里还是一个小县城。1949年4月23日,丹阳解放,原本只有3万多人的城区周围驻扎了20万解放军,陆续到来的还有党政军各路精英3万多人。这里是解放上海的总指挥部,也是筹备接管上海的大本营。5月3日这一天,陈毅从南京来到丹阳,住进了这个名为戴家花园的小院子。

"这是我父亲当年住过的房间……"

当时,他接到了7岁的儿子陈昊苏从济南寄来的家信,信中说:"爸爸,我在济南读书了,你把上海打开,派汽车接我们去吧……"如何把上海"打开",正是陈毅几个月来一直在思考的问题。

【采访陈毅之子陈昊苏:尽管国民党有幻想,守半年。很多人都知道,其实根本靠不住的,他们挡不住解放军。他们说你能够打下上海,但是你管不了上海,最后要遭受失败。所以我父亲当时肩负着这个责任,如履薄冰、如临深渊。】

1949年3月,中国共产党七届二中全会在西柏坡召开,大会特别分组讨论了上海的接管和建设问题。毛泽东提出要"慎重、缓进"的方针,他说:"进入上海是中国革命的一大难关,要稳,要慎重,为此就是慢点也不要紧。"

【采访上海党史研究室主任徐建刚:对于上海这座城市,就是说毛泽东有一个判断,它是有国际影响的。就是说我们没有绝对的把握,不要过早地把它解放。这个绝对的把握是什么东西呢?就是我们现在讲的,物资上的准备,人员上的准备。没有这两项,我们光用军事上占领上海是没有意义的。】

【上海档案馆《陈毅丹阳讲话记录稿》】

1949年5月10日上午,解放军第三野战军排以上干部聚集在丹阳县城大王庙开大会,陈毅发表讲话:

"上海是个帝国主义的吞吐港,有青红帮、反动势力等,很复杂,诸如此类,我们都不大懂。我们不能自大,吹牛。上海一天要烧二十万吨煤,六百万人这一张大口又要饭吃,要解决几百万人的粮、煤及生活问题。单是每天的大小便问题不解决就不得了。每天的垃圾不解决,几天就堆成一座山……"

【采访曾任华东军区司令部通讯局机务员相守荣(86岁):陈毅呢,我们是第一次见面,过去呢我们知道但是没有见过面。就是在丹阳第一次见面,第一次他讲话。我那时候16岁,学无线电机务的,给他搞的扩大器,就是扩音设备。我记

得是四月底或者二十几日,然后一直到5月10日,陈毅和邓小平在丹阳。】

【采访华东师范大学历史系教授张济顺:他说我们共产党是占领过城市的,进过城的。比如大革命时期,我们就进过南京、上海,但是都被人家赶出来了。他说这次能不能站住脚,就要看我们自己。】

(《城市常识》AE 特技)

"红灯亮时停止,绿灯亮时通行。"

"电车停止时再上车,上车时要有次序。"

……

1949 年 3 月出版的这本名为《城市常识》的小册子,是第三野战军政治部特别编印的学习材料。在今天看来,这些常识人人知晓,无需介绍。然而,70 年前它却是解放军进入城市必备的秘密武器。

【采访上海交通大学历史系教授刘统:这本小册子可以说是城市政策的一个杰作。一个细节我特别有深刻的感受,就是说解放军的工作细到什么程度。说学生啊有的时候穿美式军装,但是小册子告诉你,这些军装上没有领章、没有军衔,所以他们是学生不是军人,给你说得清清楚楚。我觉得连这个细节都考虑到了,可见共产党的观察力还是很敏锐的。】

从四月底到达丹阳开始,三野战士一直期盼着快点开赴前线,早一点解放上海。然而,部队在丹阳的集训一直持续了 20 多天。《入城守则》和《约法八章》等内容不仅要逐条讲解还要全文背诵,这对于许多不识字的士兵来说比打仗还要困难。

【采访曾任华东军区司令部通讯局机务员相守荣(86 岁):进上海都要背的。然后,每天都要学习,学习怎么样入城,遵守纪律,这个纪律特别严。因为陈毅在丹阳专门批评了一些违反纪律的现象。有的人到剧院去看戏,没有票,一定要进去,在那吵。他特别强调,我们野战军到了城市不能野。】

20 天的丹阳整训,为接管上海打下了坚实的基础。陈毅在讲话中鼓励大家,要有革命胜利的信心和虚心谨慎的态度。"今天,世界上没有任何力量可以阻止我们接管上海。……共产党如果搞得好,中国一定是共产党的。"

【上海音像资料馆汪珉进库房拿胶片】

上海音像资料馆收藏了许多老上海的历史影像,在库房里,我们找到了一本从民间收集来的胶片。

【(现场)上海音像资料馆综合编研部主任汪珉:这本胶片外观虽然看上去锈迹斑斑,也可以知道这个年代是非常久远的,实际上它的拍摄年代已经要在70年前了。它里面拍摄的是1949年七八月间上海交大学生在校园前游行的这样一个画面。交大在上海解放之前也是号称"民主堡垒",所以呢我们对这本胶片也非常重视。那么伴随着这本胶片,同时还有一本有照片和手写的这样一个回忆录的文献。这本文献实际上当时没有署名,只是在这个照片下面注明了"第二人为拍摄者本人",然后我们找到了校史馆研究交大历史的专家,他正好认识张洪森先生,一看就知道这是张洪森先生。】

张洪森是交通大学电机系1952届学生,知名校友。我们通过上海交大校友会与他取得了联系,相约在上海交大见面。

【上海交大　汪珉和张洪森见面现场】

(汪:我们呢是在收集过程当中发现了一份材料,因为原来呢下面没有署名。
张:吴有训校长在这儿。
汪:您也在里面?
张:是啊,我也在里面。而且这个都是我写的,都是我收集的。我们是交大的摄影组,地下党、新青联我的同班同学都有。
汪:我们还有一本电影拷贝,我不知道您看过没有,我给你看一下。照片和电影胶片是同一个人拍的吗?
张:那个时候有动的(画面)啊?
汪:哎,动的。你知道大概是谁拍的吗?
张:学联,学联派人来拍的。交大当时是上海的"民主堡垒",它就是搞学生运动起带头作用。)

上海交通大学早在1925年就成立了中国共产党和共青团组织。从宣传抗日救亡到"反饥饿、反内战、反迫害",交大地下党组织经过一次次爱国运动的锻炼洗礼,堪称上海高校中坚实的"民主堡垒"。上海解放前夕,交大学生们通过演讲、海报等各种方式宣传进步思想,校园内还有一个由九只扩音器组成的高音喇叭"九头鸟",日日播音。

【采访交大电机系1952届学生张洪森(90岁):"九头鸟"是广播的,喇叭,这样的话,使得这些消息传得很远。那么我们班就负责这个工作的。我们这个学生会相当积极,就每天都发广播,介绍我们解放军各种的战绩,在从辽沈战役、平津战役、淮海战役一直到渡江战役。】

1949年4月24日,南京解放的第二天,汤恩伯在上海下令严整战备,颁布了十条"必杀"令。国民党的飞行堡垒凄厉的警报声让整个城市不得安宁。这是美国《生活》杂志记者杰克·伯恩斯和山姆·塔塔拍摄的一组照片,他们不约而同地把镜头对准了一次恐怖杀戮。上海的地下党员和进步学生正是抓捕的重点。

(实况介绍 "这位是我交大的同班同学周耐德,而且呢也参加了地下党的工作,所以是值得我学习的学长。")

经张洪森老人介绍,我们见到了他的同学周耐德。上海解放前,交大学生组织了护校运动,周耐德亲历了一个惊心动魄的夜晚。

1949年4月26日凌晨,国民党军警突然对上海各大学进行了一次大规模搜捕,上海交通大学的地下党员也在名单之列。

【采访交大电机系1952届学生地下党员周耐德(90岁):那时我入党不久。当时给我的任务就是,万一国民党来的话,我要拿这个中院,就是拉警报以后,就到这个体育馆去集合。"四二六"那一次,国民党就从现在图书馆后面那个门,国民党就冲进来了,装甲车把这个门打开,所以它速度很快。我们是住在钟楼上面。等到我们知道的时候整个都布置了。我们就躲,躲在屋顶的下面那个房子。】

(姚海康 现场:这个呢是原来的交大上院,4月26日国民党来大逮捕的时候呢,我的同学周耐德就躲在天花板上。

问:你们两个是很多年的同学、朋友是吧?

姚海康:1947年一起参加学生运动。)

姚海康是周耐德在沪新中学时的同学,读书时两人都喜欢拍照,成了志趣相投的朋友。1949年4月,他们刚刚入党不久就碰上了"四二六"大搜捕。

【采访原大同大学地下党员姚海康(89岁):周耐德打电话给我,他说,"阿康,你快开车到我们交大的淮海路新华路口的后门来接我。"我就开了车到交大后门去接他,结果在交大后门的时候,窜出来满身是灰的一个人,朝我汽车奔来,我也看不清那个人是谁,结果他到了我车边上,拉开门就朝里坐,那个时候,我才看清是我的一个同学周耐德。】

周耐德后来才知道,"四二六"当天,国民党军警在全市各学校逮捕了350多人,仅交通大学就有52人被捕。从此,交大被迫停课,学校也不能住下去了。满身是灰的周耐德不敢回家,他和另外两名家在外地的同学一起住进了姚海康家里。

当时,姚家在苏州河南岸经营一家木行,房子大,进出的人又多,便于掩人耳目。这里成了中共党组织的一个秘密联络点,最多时家里住了10多名地下党员。侦察敌情、搜集情报、编辑进步刊物……大家一边秘密工作一边焦急地等待着解放军的到来。

【采访原大同大学地下党员姚海康(89岁):1949年4月2日,我被正式批准为中国共产党的预备党员。我入党以后,组织上就交给我一个特殊任务,就是叫我马上学会开汽车。学习了两个礼拜以内,考了那个驾驶执照。那么在这个情况下面,我又买了五十加仑一大桶的汽油,准备随时解放上海的时候使用。】

【江苏省　丹阳市】
1949年5月6日,正在丹阳休整的第三野战军终于接到了中央军委的命令。为了避免国民党军把大量物资从海上运走,要尽快攻打上海。
(地图　AE特效)
战前,三野指挥员粟裕制定了三套方案,一个是长期围城,一个是攻打苏州河以南城市防御薄弱的地区。这两个方案在军事上有利,但必然给城市和市民生活带来损害。第三个方案就是要钳击吴淞,切断敌人从海上逃走的退路。

【采访上海党史研究室主任徐建刚:毛泽东解放上海,很重要的一条就是完整地保全上海,为未来新中国的经济建设服务。所以完整地保全上海,是整个上海战役当中,最重要的思想。所以毛泽东反复讲,解放上海不是个军事战役,是个政治战役。所以在整个筹划上海解放过程当中,不是有三种方案吗,一个长期围困,一个是攻入市内,到最后采取的是,钳制浦东和吴淞口,调市区之敌到郊外

决战。】

（地图　AE 特效）

按照中央的决策，5月10日，粟裕正式下达淞沪作战命令。第10兵团从上海北面进攻宝山月浦一带，与从南面向浦东高桥进攻的第9兵团形成了钳形攻势，封锁吴淞口。

1949年5月12日，上海战役打响，第三野战军28军、29军一路急行军，在几乎没有遇到抵抗的情况下占领浏河、太仓、嘉定。进展之顺利出乎意料。许多三野官兵产生了轻敌思想，认为上海不是打的问题，而是接收的问题，作战的时间表几乎变成了行军的时间表。

然而，第二天形势就变了。守卫月浦的国民党军成了进攻路上的拦路虎。

【上海月浦镇】
上海市宝山区月浦镇东临长江口，是通往吴淞的必经之路。70年前，这里是上海解放战役中打得最为惨烈的地方，整个月浦镇几乎变为废墟。如今，重建后的月浦镇已经大不一样，只有这个以碉堡为主题的纪念碑矗立在月浦公园的一角。

1949年年初，国民党司令汤恩伯在上海修筑了4000多座碉堡，一万多个永久工事，宣称要死守上海，把上海变成"第二个斯大林格勒"。

【资料采访：这个地方，当时解放的时候呢，已经成了一个无人区，这个碉堡的地形很开阔……】

这段影像中的受访者名叫钱华生，是月浦战役的亲历者。我们通过多方打听，终于联系上了钱华生老人，现年83岁的他依然居住在月浦镇。

【采访月浦居民钱华生(83岁)：1949年，我当时还只有13岁，为了做碉堡，我就是每天被国民党军队抓到这个工地上去干活，给他们做碉堡。老百姓的房子都拆了，被他们都夷为平地。老百姓家里种的树、竹林都砍光，甚至老百姓种的庄稼都不存在了。】

当时，和钱华生一起被抓了壮丁的村民共有12人。从1949年1月下旬开始，他们就在工地上扎钢筋、修碉堡。到上海战役打响的那一天，他们总共修筑了大大小小300多个碉堡。

【傅德明　现场：就是这个碉堡,实际上我们(照片)切掉半边……】

今年93岁的傅德明曾经参加过月浦攻坚战,当年如何对付这些碉堡他记忆犹新。

【采访原29军87师259团1营2连连长傅德明(93岁)：这个碉堡你们看到啦,它接近不了的啦,它是钢筋水泥制造的。我们过去在苏北都是土堡,泥土堆的碉堡,所以开始的时候伤亡就比较大。我们把一个班化成几个小组,我们用分散的办法,不能正面,几面包抄它。全靠手榴弹,我把手榴弹都捆起来。后来连里也给了一点炸药包,炸药包很小,实际上你要杵到它那个眼里去。你说它都机枪封锁的,你怎么能杵进去啊,杵进去就把你捅出来啦,对不对？有时候也能捅进去,炸啦！】

5月14日,傅德明所在的解放军29军87师259团向月浦街区发起进攻,战斗持续了一整天。为了躲避炮火,钱华生等人藏进了一个地洞里,不料却被国民党守军发现。

【采访月浦居民钱华生(83岁)：为了阻挡解放军的进攻,他们丧心病狂地把我们地洞里的12个人赶出去。赶出去干什么呢？就要我们站在那个碉堡前面,不让解放军进攻,我们老百姓就知道到碉堡前面要死人的,大家都急得大喊大叫。(解放军)本来就是想用炮火把它轰掉的,现在不行了,(解放军)只能带着几颗手榴弹,就是从这个碉堡前面,200多米的地方,一步一步地往这个碉堡方向爬,离碉堡越近,人越少了。为什么呢？都牺牲了。】

当时,259团战士要面对的除了地上的碉堡工事,还有头顶上国民党飞机的轰炸,来自江上军舰的炮火也十分猛烈,有时刚刚拿下阵地,就遭到敌人反扑。为了了解前方战况,5月15日清晨,259团团长胡文杰亲自上了前线。

【采访原29军87师259团1营2连连长傅德明(93岁)：我说团长,你怎么跑到前线来了？团长同我说我要连长、营长开一个临时指挥所,临时指挥所人还没有到齐,敌人扑过来了,一个炮弹打过来,团长牺牲了,打在胸部,当场牺牲了。一个副教导员也牺牲了,还有一个他的号长,吹号的,负伤了。第二个炮弹又打来了,这个时候我负伤了,一个弹片正好打在我的脑袋上,当时我就昏迷过去了,我一点也不知道了。】

【照片】

月浦之战仅259团就牺牲了300多人，团长胡文杰成为上海解放战役中牺牲的职位最高的烈士。

为了保住海上的退路，汤恩伯被迫从市区调出3个军增援吴淞和高桥，三野战前制定的牵制敌军到郊区作战的目的已经达成。鉴于形势变化，上海战役总前委指示，从敌人防御薄弱的苏州河以南地区对市区发起进攻，多面攻击，会师于苏州河北岸。

此时，上海市区进入了紧急状态。从5月19日开始，每天晚上9点至次日清晨5点，上海全面宵禁。繁华的"夜上海"被战时的肃杀和冷清所取代。

5月24日凌晨，上海工务局局长赵祖康突然被一阵急促的电话吵醒，对方请他马上赶到汉口路193号的上海市政府见陈良市长，有要事商量。

【采访旧上海最后一任代理市长赵祖康之子赵国通：当时我父亲不知道接他去干什么。深更半夜，而且时局很紧张。知道解放大军已经打过来。去了以前他已经担心，会不会跟地下党的接触东窗事发了。就关照他老朋友交大教授梁伯高家里，跟他说，"万一我有不测，你去找颜惠庆等社会的知名人士来营救我。"】

赵祖康到了市政府才发现，原来陈良等人已经准备离开上海，想要一位有资历的"技术型"官员来做"代理市长"，他们希望赵祖康来接下这块"烫手山芋"。是去是留，已经到了决定的时刻。

【采访旧上海最后一任代理市长赵祖康之子赵国通：地下党事先都对他有过（接触），打过招呼的。有机会，你尽量把市政府的一些权力接过来。那么他又稍微客气、推托了一下呢。也就同意了。陈良呢，如释重负，马上叫他的秘书把上海市政府一个大印和上海市市长一个小印，红布包了，交给我父亲手里。所以他接这个大印已经是5月24日凌晨一点左右。】

自从接下代理市长的职务，赵祖康就开始了一生中最为紧张忙碌的日子。从他当年留下的日记中可以看到，"代理市长"除了要保证上海市区的水电煤供应，还要协调各方面的关系。战争之时，千头万绪，赵祖康连饭也顾不上吃，每天从清晨忙到深夜。

1949年5月25日,苏州河南岸解放。这天清晨,家住提篮桥附近的陈应善被一阵隆隆的炮声惊醒。他知道期盼已久的时刻到了,于是立即出了家门,赶往苏州河北岸的邮政大楼。

【采访曾为邮政局地下党员的陈应善(97岁):出门看到这个电车都停驶了。行人他们都说,"你不要去了,那边很紧张。你不要去,很危险。"但是我想到党的任务重要,我就赶来了。赶到四川北路天潼路这个路口,国民党的军警他们戒了严了。我就指着我胸口的一个勋章,我说我是邮局的,处理紧要的邮件的,我不进去不行。】

很快,邮政大楼的大门封闭了。陈应善发现,大楼里驻扎了国民党青年军一个通信营,大概200多人,他们集中在靠近苏州河一侧的高层,居高临下把守着四川路桥。

【采访曾为邮政局地下党员的陈应善(97岁):邮件的部门,有些士兵要去乱闯,要闯进去。我们的职工就在门口跟他们说,里面都是一些邮件、包裹,都是老百姓寄的。这里面很可能有你们家人的,亲人的信,你们别进去。】

此时,正在向邮政大楼进攻的是人民解放军27军235团,也就是著名的"济南第一团"。一年前,他们在解放济南的战役中立下了大功,一路南下势如破竹。一个月前,他们顺利渡过了长江天险,来到上海后却被40多米宽的苏州河挡住了去路。在敌人密集的火力下,许多战士倒在了冲锋的路上。曾经第一个跨过长江、勇夺"渡江第一船"称号的12名战士全部牺牲在了四川路桥上。

在进攻上海前,毛泽东和中共中央就做出了保全上海的决定,陈毅比喻为"瓷器店里打老鼠",市区战斗不能使用重武器。此时,27军军长聂凤智面临着巨大的压力。

【采访上海交大历史系教授刘统:眼睁睁地看着国民党军在大楼上用重机枪向我们扫射,但是我们一点办法也没有。所以有的战士当时就向27军军长聂凤智提出来,是资本家的大楼重要,还是战士的生命重要?军长回答说这些大楼现在是资本家的,但是几天之后就回到人民手中,那就是人民的大楼,所以都重要。】

5月25日晚上10点,忙碌了一天的上海市代理市长赵祖康接到了民主人士颜惠庆打来的电话,告知苏州河北岸战事依然在持续,请他想办法劝说国民党守军放下武器。在中共地下党的帮助下,赵祖康与解放军取得了联系,力求和平解决苏州河北岸问题。

【采访旧上海最后一任代理市长赵祖康之子赵国通:解放军就派了一个叫刘光辉的师长,这个师长到了市政府大楼,协助我父亲对他们进行电话谈判。商量下来,就利用我父亲是代理市长的身份,通过邮政局的王局长跟他们说,晓以利害,你的上司汤恩伯什么都全部逃走了,你在那里守毫无疑义,解放大军已经全面包围了。】

电话谈判持续了两个半小时。下午四点多,邮政大楼的窗口终于伸出了白旗。

【采访曾为邮政局地下党员的陈应善(97岁):当时我们检查下来,我们没有损失一件邮件设备,没有损失一份邮件,没有丢失一份档案。我们的职工在大楼的旗杆里面升起了鲜艳的红旗,我们获得了新生了。】

1949年5月27日,上海市区的枪声基本停止了。晚上七点,"上海人民广播电台"这个崭新的呼号开始播音,它向千千万万的听众宣布:大上海解放了!
【钟声】
清晨,许多上海人打开家门,看到解放军战士在马路上整齐地和衣而卧,睡得香甜。胜利之师露宿街头,这样的军队从来没有见过。上海人就是从这一刻认识了解放军,认定国民党再也回不来了。
【采访交大电机系1952届学生张洪森(90岁):解放军就露宿在街头啊,他就不扰民啊,不占民房。我在淮海路,以前叫霞飞路,霞飞路这一条路也睡着解放军。就躺在那儿休息,太累了。那么好多的人民、老百姓看到都很动心,感觉到,解放军跟国民党军队完全不一样。】
【采访曾任华东军区司令部通讯局机务员相守荣(86岁):过去我们在山东都是住在老百姓家里,但是进了上海特别强调这个问题,因为你要进民宅,随便到老百姓家去,你就干扰人家,那就不行了。大城市嘛,从来没有见过,我们其中也有上海人,他说,我们到国际饭店去喝杯咖啡吧,这么讲讲而已,我们也没有去。所以我进了上海唯一的遗憾呢是没照过相。】

当时,不少进城的解放军战士都和相守荣一样,没有去享受城市的繁华。不仅因为口袋里没钱,更有严格的入城纪律时刻约束着大家。其中最重要的一条就是不住民宅。在丹阳集训时陈毅再三强调的这条纪律,让毛泽东大为赞赏,他曾在电报中连说了八个字:"很好很好很好很好!"

解放军进入市区后,地下党员姚海康也接到任务,他开着汽车穿梭在上海街头运送物资和接管人员,所到之处是上海人民庆祝解放的热烈场面。

【采访原大同大学地下党员姚海康(89岁):我到大同大学的沪西区指挥部以后,看到一片热气沸腾的景象,有很多同学在唱:"解放区的天是明朗的天,解放区的人民好喜欢。"】

【上海人民欢庆解放彩色影像】

5月27日这天,竺可桢路过南京路、淮海路一带,看到欢庆的队伍人山人海,"见女学生插鲜花于解放军衣襟上,霞飞路行人观者如堵。"他在日记里感慨道:"解放军之来,人民如大旱之望云霓。希望能苦干到底,不要如国民党之腐败。"

【交大彩色影像】

随着上海解放,许多被国民党关押的中共地下党员和进步学生也获得了自由。上海交通大学的学生们纷纷返校庆祝。

【采访交大电机系1952届学生地下党员周耐德(90岁):国民党跑光了,监牢也没有人管了,他们就出来了,我们集合的地方就是现在的大操场,就在那儿集合,那儿有跳秧歌的了,这个那个,那个花样多了。】

(聚会实况)

每个星期二上午,这些交大老校友都会重返母校聚会,回忆起学生时期的革命往事,依然充满豪情。(老校友现场唱京剧《沙家浜》:新四军久在沙家浜,这棵大树有荫凉。你与他们常来往,想必是安排照应更周详……)

【交大烈士墓】

在上海交通大学的校园里,安葬着两位优秀的共产党员、交大学子——25岁的穆汉祥和23岁的史霄文。当年他们没能逃脱国民党军警的抓捕,1949年5月20日在闸北宋公园遇害。

为了民族独立和人民解放,无数优秀的共产党员献出了宝贵生命。正如穆汉祥生前所说：我愿做地下的泥土，让人们践踏着走向光明的彼方！

【工部局大楼（汉口路193号）】

汉口路193号的上海工部局大楼始建于1922年，曾经是上海最高权力机构上海市政府所在地。它经历了上海从租界时期到新中国成立以来的几次政权交替。

1949年5月28日下午两点半，上海市人民政府的接管仪式在这里举行。代理市长赵祖康将旧市政府印信上交给陈毅市长，这一刻，赵祖康如释重负。

【采访　上海党史研究室主任徐建刚：整个上海解放当中，电没断过，水没断过，通信没有断过。上海的解放不是一般意义上的城市解放，是中国革命实现从革命到建设，从农村到城市的一个很重要的标志。】

下午三点钟，原市政府工作的全体人员集中到会议室开会。陈毅特别关照在市政府工作的所有勤杂工也要来参加，300多人把这间会议室挤得水泄不通。陈毅第一次以上海市市长的身份发表了讲话，欢迎旧政府人员留下来一起建设新上海。

会后，陈毅又请赵祖康单独谈心，他欣赏赵祖康在市政工程方面的才能，希望他发挥自己的专长，继续担任工务局局长。

【采访旧上海最后一任代理市长赵祖康之子赵国通：因此我父亲非常感动。他在日记里写，第一个，"陈对我有好感"。接下来，留下一句非常重要的话，引号的："我们一定很能合作的。"由于我父亲决定留下，副局长等一大批工程技术骨干都留下。而且成为上海解放后城市建设的中坚力量、骨干力量。】

1949年5月28日，上海市人民政府正式挂牌成立。市政府发布了第一号布告，由中国人民革命军事委员会委任陈毅为上海市市长，曾山、潘汉年、韦悫为副市长。市政府大楼上升起了鲜艳的红旗，上海迎来了一个新的时代。

【采访陈毅之子陈昊苏：我父亲曾经对记者有过这样一个回答。就是记者问，你在革命生涯中最感到快乐、最感到欢欣鼓舞的那个时候是哪一段呢？我父亲回答，那很简单，那很明确，那很显然，就是上海解放的时候。】

【2019年　升国旗仪式　龙华清明祭扫】

上海战役持续16天,解放军牺牲近8000人,近万名中共地下党员和进步群众为上海解放贡献力量。

5月29日,新华社发表了毛泽东亲自改订的社论《祝上海解放》。

【字幕】

上海是中国的最大的经济中心,上海的解放表示中国人民已经确立了民族独立的基础。上海是一个世界性的城市,所以上海的解放不但是中国人民的胜利,而且是国际和平民主阵营的世界性的胜利。

——毛泽东《祝上海解放》

第二集 白 与 黑

片头:上海解放一年间
字幕:谨以此片献给上海解放70周年

引子:

上海,建国宾馆,这里正在举行2019年春拍纸钞类专场。近几年,有一类纸钞成为众多收藏家竞相购买的藏品,这就是解放初发行的第一套人民币。2012年,第一套全套人民币曾拍下575万元的历史性纪录。而今天全场价值最高的一件拍品是2128号,第一套人民币"瞻德城"。

同期声:

【拍卖师:第2128号拍品,我们本场的一件重点拍品,我们书面委托出到62万元,场内其他买家还有感兴趣的吗?62万元最后一次,62万元书面委托,62万元。】

它的实际面值仅为500元。

但在70年前人民币刚进上海时,遇到的却是另一番景象。

1949年,时年28岁,自幼生活在上海法租界的犹太姑娘丽莲·威伦斯在日后的回忆录中这样写道:"他们发行了一种新的货币'人民币',在我看来它的代号JMP的真正意思是'只是更多的废纸'。"

1949年5月27日一早,24岁的上海青年吴承惠没有上班。已经在国民党的官僚资本上海市银行工作两年的他,担心自己快要失业了。

【吴承惠(秦绿枝) 94岁 原国民党上海市银行乙级助理员:这一天我家里人告诉我,共产党来了,家里我就打个电话,今天要不要上班?他说今天当然不来了。我就穿了一身西装,我最喜欢的那套灰色呢子西装,走到国泰电影院,电影院里很空,没什么人,放了一部片子《谁在吻她》,我就进去看了一场电影。】

1949年5月27日上海解放后,国民党留给共产党的是一副烂摊子。上海工业已陷入半解体状态。1万多家工厂中,只有30%维持开工。占上海工业产值74%的轻纺工业,陷于半瘫痪状态。与此同时,人民政府接管的大米、面粉仅够全市吃半个月,储煤只够全市烧7天。

【金光耀 复旦大学教授:当时大家都认为共产党在军事上是100分,满分,没话说……但是经济上怎么样,这是一个极大的考验。】
【徐建刚 上海市委党史研究室主任:这个都是我们原来,中国共产党原来没有碰到过的问题。所以毛泽东说:"中国革命要过一道难关。"就讲这个意思。】

正当吴承惠看电影的几小时前,原北海银行发行局外勤张振国带着8辆美国道奇卡车,前一天傍晚从丹阳出发,准时来到了外滩中国银行门口。这些卡车装载的货物极为特殊,日后也将会成为共产党在上海顺利接管的一件威力巨大的武器——人民币。他的家人为我们提供了这段老人生前留下的珍贵影像。

【张振国 押运人民币进上海经办人:一个晚上,我们从丹阳出发到上海。中国银行仓库,全国最大的仓库,最先进的仓库。这样子我们完成了任务。人民解放军打到哪里,我的人民币就要运到哪里,所以我们随时运。】

几个月前,北平解放给城市接管留下的最重要的教训之一就是货币的统一性问题。解放北平时,当时流通的不但有人民币,还有各解放区自己发行的冀币、边币、北海币、西农币等。进城部队把它们带进了大城市,给当时的接管造成了很大麻烦。

在丹阳,各类财经人员为顺利接管上海做了周密的准备。上海解放当日,军管会就颁发布告,自即日起,人民币为唯一合法货币,人民币与金圆券的兑换比例为1∶10万。多年的恶性通货膨胀,让金圆券已成了一堆废纸。

上海市银行博物馆中藏有这样一套无轨电车月票,见证了国民党执政末期,从法币到金圆券的货币贬值。月票的主人名叫龚永庆,在上海金业小学任职。月票的价格从一开始1948年1月的12万元法币,涨到了9月时的1000万元法币。之后因为国民党的币制改革,法币转为金圆券,到了1949年5月,票价变为112.5万元金圆券。如果折合为法币相当于3.3万亿元。也就是说,从1948年1月到1949年5月的17个月间,一张月票的价格增长了2750万倍。

当时,中央经过初步计算,预估要全部回收上海市面流通的金圆券数量,大约需要4亿元人民币。而这么大的数字,仅靠从解放区运进上海的人民币是远远不够的。

1949年5月28日,上海市军管会发布财字第一号接管令,进驻之前负责印制金圆券的原国民党中央印制厂上海厂,并用从解放区带来的钞票原版,以及被地下党保护下来、没有被带到台湾的印钞设备,当天下午即开印人民币。

【翟华　上海印钞有限公司员工:这台设备是最早的一种手动的凹印机,也是生产第一套人民币的一个主要的设备之一,至今它还能用……】

翟华目前在上海印钞有限公司负责整理企业历史。而他还有不为人知的另一个身份,第一套人民币中拾圆面值的设计雕刻师翟英的儿子。

【翟华　第一套人民币拾圆工农像雕刻师翟英之子:这是第一套人民币中唯一的一张,是以人像作为主景图案的钞票。当时因为他们是在山东的一个很偏僻的小村庄里面,找不到更合适的模特,后来他们两个雕刻师的形象就上了钞票。这在钞票史上是一个非常罕见的事例。】

1948年3月、4月间,就在党中央为即将开始的辽沈战役做战前部署的关键时刻,另一种威力巨大的武器早已部署完毕,这就是第一套人民币的设计雕刻工作。

这张照片就是所有参与人员在山东留下的合影。这位就是翟华的父亲翟英,而拍摄这张照片的人,正是拾圆面值的另一位设计雕刻师,同时也是工人模特原型的杨琦。

这一天,翟华带我们去拜访今年95岁的杨琦。

【翟华　第一套人民币拾圆工农像雕刻师翟英之子:我父亲从来没有和我说过这个事情,因为他们的职业特点是,他们的工作性质是不能对外讲,包括自己的家人都是这样。】

问：您后来是怎么自己知道的？

答：后来是我进了企业,我从事的是宣传的工作,以及对企业的历史的研究,开始接触到他们的一些工作特点,他们工作的一些成果。】

【翟华：杨老,您好您好。身体好吗现在？

杨琦：还可以。

翟华：还可以啊？

杨琦：请坐请坐。

翟华：你那个时候,那个上面的一个装饰花边是手刻的还是机器刻的？

杨琦：机器刻的,这个花边装饰有吉祥如意这个花,这个就是我们在(山东)五莲县,开始的时候,我和你父亲两个人帮老百姓劳动,看到老百姓家里有这个东西,这是从年画上面拿过来的。】

除了拾圆面值,杨琦与翟英还承担了其他票面的制作。而在设计之初,第一套人民币上本来还有毛主席的画像。

【杨琦　95岁　第一套人民币拾圆雕刻师：原来要把毛主席的像放上去,我们并不知道,毛主席当时讲了,我是党的主席,不是国家主席,所以他不同意……毛主席也讲了,人民有了武装,人民有了政府,人民有了土地,人民现在也有了银行、有了钞票,这才是真正的人民政府和人民当家作主。】

【翟华：我们两个人还原一下当时钞票上这个动作,你帽子戴好,榔头意思意思。

杨琦：当时我是这样的。这是50元的,拾圆的时候是这样。】

这是一场名为"中国名片"的人民币发行70周年展览。70年前,出乎所有人的意料,人民币在上海解放初的推广远非想象中那么顺利。人民银行早上发行的人民币,晚上又差不多全部回到了银行。市民一拿到人民币,就赶紧购买实物,或者兑换成更保值的货币。人民币虽然进了上海,但还没有进入人心。流通市场上有一个更强有力的对手。

【张振国　押运人民币进上海经办人：我们人民币一到上海,不受欢迎……天天涨价,根本就看不起这个钞票。】

【吴承惠(秦绿枝)　94岁　原国民党上海市银行乙级助理员：当时的人,

（钞票）保值不保值，当时要么（买）黄金、要么美钞、要么银元。】

历史研究者吕峥常年研究一份1917年在上海创刊的英文报纸《密勒氏评论报》。这份周报有一个固定专栏：本周商情，记录了当时流通于市面上的货币与物资价格。在研究了1949年至1950年的每一期报纸后，他为我们还原了上海解放前后银元的价格走势图。

【吕峥　历史研究者：我们先来看看上海解放前夕的银元的价格走势，这个时点离上海解放还有3个月时间。进入5月中旬后，上海战役打响了，市场信心随即崩溃，银元价格狂飙到了令人瞠目结舌的高度，这个时点的银元价格是3月初牌价的2000倍。我们再看上海解放前的最后一周，银元的价格开始了末日狂奔，到5月24日，它的价格已经相当于3月初银元牌价的20000倍！】

然而，银元在上海解放前的狂涨并没有引起很大的重视。上海解放后，银元的价格继续一路飙升。1949年6月1日，《密勒氏评论报》第一次给出了银元的人民币报价，已从官方公布的100元跳到了650元的价位。短短一个星期后，银元的报价已高达1650元人民币，是最初价格的15倍多。与此同时，由于投机商的恶意炒作，银元猛涨刺激物价急剧上升，随之带来的是人民币的大幅贬值。

气象学家竺可桢在5月27日的日记中这样写道："亦有店铺可换人民券者，大头一元换三百元云。"7天后的6月3日已变为："大头换一千元。"

【杨琦　95岁　曾任上海军管会金融处成员：那时候马路上丁零当啷，（银元图案）一个是孙中山，一个是叫袁大头。】
【苏菲　94岁　曾任人民解放军20军党委机要秘书：那个时候很多谣言，就是说，解放军人好打进来，人民币也不可能打进来。】

位于苏州河边上的原国民党中央造币厂，之前就承担了银元的制造。自从1949年5月28日被上海军管会接管后，改名为人民造币厂。

当人民币受到银元的强势阻击后，共产党的第一个想法是用经济手段把银元压下去。

【张跃群　曾任上海造币厂博物馆馆长：在这个情况下，投下去十万枚银元，连反应都没了，水太深，真的水太深。而且中国的这个，上海的这个市场并非一般人想象的，确实共产党这一点是没有估计到的。所以用普通的金融手段去

对付,不行。】

【陈昊苏　陈毅之子：确实是见招拆招,什么问题来了解决什么问题。】

从上海历史上白银的保有量来看,市场对于银元的吸纳能力深不可测。

1949年6月7日,中共中央华东局开会讨论如何让人民币在上海站稳脚跟,即将西征入川的邓小平、刘伯承同志也参加了会议。会上提出了一个解决方案：在金融黑市的重点区域进行一场打击银元运动。会后,陈毅向中央请示,12小时后,毛泽东亲自回电表示赞同。一场"银元之战"即将打响。

汉口路422号,1933年由杜月笙担任董事的上海华商证券交易所,上海解放前曾被誉为"远东第一证交所"。如今这里经过翻新,已经成为一家现代化办公楼。

上海解放后,证券交易功能虽已被关闭,但这里却聚集了一批银元投机分子。我们通过1959年出版的连环画《证券大楼的战斗》复原了当时的"银元之战"。

【杨琦　95岁　曾任上海军管会金融处成员：6月9日晚上把这400个民警集中以后,进行动员,布置任务,谁在几楼,当天晚上一个也不准回去。】

6月10日上午8点,400余名公安干警身着便衣,按预定分工,控制了各活动场所和进出通道。10点,华东警卫旅部队也来到了证券大楼。

【苏菲　94岁　曾任人民解放军20军党委机要秘书：我就是那个时候送过一封信,根据这封信带了一点兵,公安局结合起来,他们去抓,我就在车上看。】

这时,已在大楼内的公安人员亮出身份,命令所有人员立即停止活动,接受检查。

【张振国　曾任上海军管会金融处成员：我负责两个房间,都不许动。所有东西都拿出来了……什么手表、金子、股票、银元、钞票,不管什么,都把它没收。】

从上午10点到午夜12点,公安人员分头搜查了各个投机字号,查获大量黄金、银元和外币。这场行动顺利收网。

【张振国　曾任上海军管会金融处成员：一天一夜都没有吃饭，下面一个饼干厂，把他们饼干都吃光了……我们就把它（证券大楼）端了。】

【杨琦　95岁　曾任上海军管会金融处成员：一千（2000）多个人，当场就放掉了1800人左右，还有200多人，审理就是我和陆明两个人审理的。】

在开展证券大楼行动的同时，全市多个银元黑市被取缔，银元价格立刻应声下跌。人民币终于在上海站稳了脚跟。

【陈元　陈云之子：我可以初步描述一下，如果没有银元之战，银元在中国大行其道，那么银元的价格会一路飙升，中国的经济就会立刻陷入长期的混乱当中，两种货币的混乱。而且由于银元和境外的金银、美元是通的，国外的帝国主义敌对势力会利用银元、黄金和美钞，来进一步捣乱中国的金融市场，进而使我们通过军事上虽取得了全国政权，最后毁在金融上，前景是非常危险和可怕的。】

1949年6月15日，在"银元之战"的5天后，上海市工务局局长赵祖康在日记中写道："与陈毅市长谈上海建设与整个国家经济建设问题，谈及利用外资。"仅仅8天后，1949年6月23日，国民党出动军舰在长江口外布雷，对上海实行封锁，截断了进口原料和粮食的供应。本来大量依靠进口物资的上海被迫切断了与外界的联系。

然而，还有更大的挑战正等着新生的共产党政权。

静安区陕西北路186号，这座房子的主人就是昔日的面粉大王荣宗敬。1937年他逝世后，其子女也陆续离开这里另置住房安家。而在1949年上海解放前，荣家大部分人选择离开上海，留在上海的只有荣毅仁。

这里就是曾经隶属于荣家的申新九厂所在地，现在已变身为上海纺织博物馆。上海解放前，荣家的大部分资金都已转移到国外，一些留在上海的不动产和机器设备也差点遭到国民党的破坏。

在今天的上海纺织博物馆档案室里，保存着两张珍贵的照片。

上海解放几天前，新裕纺织厂的职工自发护厂，将设备和厂房完整保存了下来。几乎是同一时间，第三野战军27军军长聂凤智在沪西申新九厂附近解放以后，奉中央命令派了一支加强的机关枪连，对申新九厂进行军事保护。

【蒋昌宁　上海纺织博物馆名誉馆长：国民党的反动势力，他们是想尽一切办法毁灭这座城市,咱们中国共产党在那么艰苦的环境下,他们未雨绸缪,通过不同的渠道渗透到各个应当为未来建设提供保障的这些企业。】

【徐建刚　上海党史研究室主任:其实当时地下党最重要的一块是什么?护厂和护校斗争。因为和中央的思想一样,就是尽量把上海这座城市能够保全,为上海未来的发展作贡献。】

就在很多民族企业家举棋不定时,也有一些人选择从香港回到了上海。

上海的火柴收藏家李涌金收藏着一封电报,见证了民族企业家刘鸿生所做出的一次重大人生选择。

【李涌金　火柴收藏家:十几年前,有个古玩商带来一批刘鸿生的史料给我看。其中一封电报、一封信件,就引起了我的重视。这封电报是1949年10月25日发出的,发送的具名是天津,它的内容是"鸿公安抵",就是刘鸿生安全到达;"约月底返申",就是月底回到上海。当时刘鸿生就是从香港乘太古轮船,第一站回到大陆的天津,后来又到北京,受到周总理的接见。这封电报实际上也是见证了刘鸿生回归大陆,参加社会主义建设的很好的一份史料。】

就在刘鸿生回到上海的第二天,陈毅市长亲自出面宴请,为其接风。见到刘鸿生后的第一句话就是:"欢迎你平安回到上海,我谨代表六百万上海人民向你表示热烈欢迎。"

但在上海解放前,大部分企业能被抽走的资金还是被转移了,而且这不但是上海的问题,也是全国经济面临的问题。据统计,从1948年至1949年年底,国民党从大陆偷运到台湾的黄金,总价值有5亿美元之多。当时的上海市民为了争抢兑换黄金的机会,结果酿成挤死7人、伤50余人的惨案。这就是1948年的挤兑黄金风潮。法国摄影师布列松受美国《生活》杂志委托来到上海,记录下了当时的场景。

1949年10月1日,开国大典在北京举行,但此时全国的财政情况却暗流汹涌。在刚刚过去的7月、8月间,受中央委托,陈云在上海主持召开了五大区的财经会议,寻求解决上海和全国所面临的经济困难对策。然而,要增加财政支出,一是靠印货币,二是靠发行债券。因为当时通货膨胀已经很严重,唯有印制债券才能解燃眉之急。但是,中央考虑到政局尚不稳定,因此决定暂缓发行公债。

1949年10月中旬,上海又一次爆发了物价上涨。这次涨风不仅涨势最猛、持续时间最长,也是一次以上海为中心的全国性物价涨风。当时物价上涨的主要对象就是被称为"两白一黑"的粮食、棉纱和煤炭等民生物资。

【陈元　陈云之子:党的最高层领导里,有一个对经济非常熟悉的人,这是他们没有想到的。这是大上海培养出来的,而且不是有意地培养,是耳濡目染。】

这是位于上海市青浦区练塘镇的陈云纪念馆。

这里收藏有这样一份手稿。1949年11月13日,陈云为中财委起草了关于制止物价猛涨问题给各地财委的电报,并且立即送政务院总理周恩来。周恩来批示:"如主席未睡,请即送阅。如睡,望先发。发后送阅。"那天,同样工作到深夜的毛泽东立刻批示:"即刻发,发后再送刘、朱。"

1949年11月,中财委连续召开会议,认为仅上海单独作战已不能解决问题,迫切需要在全国范围内作统一部署,以举国之力支援上海。而要实现这个目标,有一个当务之急。

1949年国民党溃逃时,沪杭线大桥7座曾遭破坏,京沪线自1937年秋天断绝以来已有12年,上川铁路设备被炸毁,线路停驶,沪宁线遭受严重损坏。有的铁路线路虽仍能运营,但千疮百孔。

上海铁路系统在铁道工程团的协助下,1949年5月27日,上海解放第一日,上海至南京恢复通车。7月1日,上海至北平恢复通车。8月1日,上海至杭州全线恢复运输。

从1949年下半年开始,全国各地的粮食、棉花、煤炭源源不断地运往上海。

【袁祖才　89岁　曾任驻赣接粮办事处运粮大队成员:我睡是睡在这个米包上面。结果火车开了以后,后来振动什么东西,这个米包高高低低,睡着不舒服了,也没办法,只好仍旧睡在米包上。两个人一个小组就是。有一次我们在南昌吃中饭的时候,两个飞机来了,国民党的飞机,投炸弹投在离开车站五百米左右,后来稻田里面两个坑深得不得了。】

1949年10月下旬,正在物价快要涨到最高峰时,一家全新的百货公司悄然在百货林立的上海南京路开张。市百一店的前身是成立于1949年10月20日的上海市日用品公司,作为上海第一家国营百货公司,它的出现对平抑物价、打击投机起到了很大作用。

同期声：

【马导农：老牌。百年老店了。我是老一店的。我跟你是同行啊。我也做呢绒生意的。料子不错。我解放前学呢绒，就呢绒店的，也是干这行的。

营业员：您是老师傅。

马导农：现在没用了，退了。】

马导农就是当时呢绒专柜的第一批营业员，因为在上海解放前就有零售经验，他被调来参与国营百货公司的筹建。

【马导农 87岁 上海市日用品公司首批营业员：开业当天外面是人山人海。开门的时候，门一开，人像潮水涌进来，我们的柜台，卖呢绒的是我们的柜台，柜台都给他们推进来了。那个人，整个商场都是人。】

开业之前，对共产党自己办的百货公司，很多业内人士冷嘲热讽，但谁也没想到，它第一天的营业额，就占当时南京路"四大百货公司"营业总额的60%。它所爆发出来的其实是来自人民的购买力。

【马导农 87岁 上海市日用品公司首批营业员：当时还有一个说法，中秋，蒋介石要回来吃月饼，就是反攻大陆。因此老百姓思想上不太稳定，都是要买东西。黄牛趁这个机会就抬高，抢购我们的商品，但是，他失策了什么呢？我们是大量地供应，不断销。】

在这本《工商手册》的小册子里，记录了上海解放后建立的一大批国营贸易公司的名单。这些掌握重要民生物资的国营单位，有效地抑制了私营企业投机的现象。

【刘统 上海交通大学历史系教授：重要的生产资料、生活资料不能掌控在私人手里，掌控在私人手里，他们就要兴风作浪、就要投机倒把。所以比如说粮、棉、油、煤都是国家专营的，比如说盐业公司，甚至猪鬃都成立了一个专业的公司，所以这些经验、政策，后来新中国的这种经济模式，主要都是在上海取得的经验，用来指导全国的。】

1949年11月，当投机商还在大量囤积时，带着惩戒色彩的收网行动开始了。

【陈国　88岁　曾任华东财委机要科机要员：我当时翻译过,陈云同志根据毛主席的指示,他写了一篇绝密电报。就是什么时间我们把秘密运了来的大米、煤炭、棉花抛出去。而且抛的时候,要全国统一行动,而且,不能让特务或者(蒋介石)他们知道。运输也是秘密的。投放时间也是保密的。所以在这个时候,当时保密程度是最高。】

11月25日,国家储备物资开始在全国集中抛售。刚开市时,上海的投机商看到有物资售出,即拿出全部资金争相购入,上海的借贷甚至出现以日计息的"日拆"。但上海等地的国营花纱布公司源源不断抛售纱布。投机商为了避免血本无归,只能开始抛售自己的囤积产品,但抛得越多,市场行情跌得越快,价格一天之内就下降了一半。

【张振国　曾任上海军管会金融处成员：上海的投机商都自杀了,他想投机,结果我们大米老是敞开供应,淮南有煤矿,大量的煤,所以这些老板投机没有投上,破产了。】

从11月下旬开始,物价涨势逐步缓和,物价风波得以平息。这次物价上涨使党中央对于发行公债的紧迫性也有了进一步的认识。1949年12月,中央正式通过了《关于发行人民胜利折实公债的决定》,从1950年起在全国范围内发行第一期人民胜利折实公债。

1950年1月,众多电影明星齐聚在上海广播电台播音室,号召市民购买公债。

【同期声：白杨、黄宗英、秦怡、舒绣文、上官云珠、石挥等男女影星们说得舌焦口干。听众朋友们,你们难道还可以无动于衷,还不赶快购买吗?】

【吴承惠(秦绿枝)　94岁　曾任国民党上海市银行乙级助理员：发行折实公债,当时很宣传。比如文艺界鼓动大家购买折实公债……他们一带头,其他人都买了,像我也买了一点。】

【陈元　陈云之子：等到全国解放战争进入尾声,货币太多了,国内的物资太少,所以这个时候只有一个办法,收回货币,货币回笼。】

其实对上海老百姓来说,"折实"这个概念并不陌生。所谓"折实"就是储户存入款项时,将货币折换成实物价值,提取时再以当时的实物价格折算为货币付给,这样可以免受通货膨胀的影响。

从 1949 年 9 月开始,折实单位也开始刊登在《密勒氏评论报》上。

这是一张至今还未兑现的第一期胜利折实公债的实物。当时上海承担了 3000 万份公债,占全国 1/3 的公债购买任务。但一开始,公债的推销在上海并不顺畅。

【同期声:1 月 6 日是上海发行胜利折实公债的第一天,人民银行上海分行公储部暨合作储蓄部开始收受债款。】

截止到 1950 年 1 月底,实际缴款只占不到要求数的 1/10。但二月初一场突如其来的灾难改变了这一局面。

1950 年 2 月 6 日中午,国民党空军共派出 17 架轰炸机,在上海市区投弹 67 枚,对上海多个重要的电力、供水、机电等生产企业进行轰炸。

"二六轰炸"造成的人员死伤和财产破坏,成为最具体和生动的素材,来激发上海人民对国民党的仇恨。上海各大报的显著位置都刊登了大幅标语:"反对敌人轰炸破坏的最有效的根本办法就是:赶快购买人民胜利折实公债,支援前线,解放台湾!"

最后,第一期人民胜利折实公债,上海共计推销公债 2542 万份,回笼货币 6800 余亿元,占国家预期回笼货币的 1/4,有效帮助国家遏制了通货膨胀的恶性发展。与此同时,1950 年,上海实收税款收入占了全国财政收入的五分之一。很长一段时间以来,上海都被称为"共和国的长子"。

【陈昊苏　陈毅之子:这些成绩是党和上海的人民创造的,同时和全国的支援也是分不开的。】

【章百家　曾任中共中央党史研究室副主任:在差不多一年的时间,就把物价完全稳定住了,这是非常不容易的。因为中国的物价从抗战以后就一直是不稳定的。另外一个是扭转了财政赤字……可中国财政赤字从清末开始就持续不断,所以这两个转变从经济上来说,作用非常大。】

如今,当年发生过挤兑黄金惨案的原国民党中央银行,已成为中国外汇交易中心,影响全球经济的人民币汇率正是基于这个市场而生。

如今,当年的上海证券大楼所在地,汇聚了全世界多个国家的企业入驻。它从昔日的证券交易中心,成了东西方文化交流的国际文化中心。

【陈毅讲话原声：资本主义者曾经预言，不仰仗他们的鼻息，我们管理不了这座大城市，但是现在连预言者自己也不得不承认，我们对这座城市的管理水平超过了他们！】

字幕：平抑物价、统一财经，其意义"不下于淮海战役"。

——毛泽东

第三集　新　与　旧

片头：上海解放一年间
字幕：谨以此片献给上海解放 70 周年

引子：

这是苏联摄影师镜头下 1949 年新生的中国，伴随着胜利进军的脚步，北平解放、南京解放，一个时代画上了句号。随着"解放全中国"的口号响彻大江南北，5 月 27 日，上海，这座远东第一大都会，也迎来了解放。

7 月下旬，距离上海解放不过两个月，大街小巷里依旧涌动着欢庆胜利的喜悦。一场空前的气象灾难即将来袭。

这座观象台曾是远东气象第一台。从 1872 年 12 月 1 日建台以来，140 多年里，上海的气象观测没有一天中断过。

【气象局档案室寻访实况】
实况：7 月，8 月，1949 年……
气象档案室中，至今还完好地保留着上海 70 年前的气象资料。为了寻找当年的这场气象灾难的细节，我们从众多的档案中找到了这一本气象记录。
实况：24 日 20 点，对，25 日登陆的。已经来了嘛，这个时候其实是大概能看到的……
1949 年 7 月 24 日午后，上海天气突然转阴，乌云密布、阵风席卷。
这个在气象编年史上编号 4906 的台风，此时已经穿过冲绳列岛，往上海方向扑来。
气象台预测，台风将于 24 日晚在宁波附近登陆，经杭州湾，在 25 日凌晨影响上海。

然而,只有24日的《新民报》晚刊在头版的右下角,刊登了这则台风警报,豆腐干大的消息并未引起上海市民的警惕。

【漆梁波　上海市气象局首席预报员:浙江平湖到金山一带登陆的,这个对上海来说也是历史上少有的,因为上海的台风,通常都是在浙江登陆,然后对我们上海有些影响,这种居多。而像这个强台风级别登陆的是非常少的。】

25日凌晨,台风从金山、平湖一线登陆。顷刻之间,暴风骤雨笼罩了整个上海。

当年的黄浦江市区段没有防汛墙。暴雨袭来,上海市区完全处于不设防状态。

倒灌的江水蔓延至市区的大街小巷,最深处甚至超过两米,上海的街道几乎成了"河道"。

这张照片拍摄于闸北,年幼的孩子们还无法体会灾情的严重。

【刘统　上海交通大学历史系教授:上海当年的排污管道都是通过苏州河,但是这个台风一来,潮水一上涨,把苏州河所有的排污的通道都堵住了,水位上涨了,这样的话就造成了积水排不出去,所以南京路上都是将近一米高的积水。这样的话,上海大量的仓库,还有地下室都被淹,很多的物资都被水给泡了。】

这是当年徐家汇观象台的风速计记录下的台风登陆风速。
【气象局档案室实况(看风速记录)】

这是10。开始风大了,傍晚七点钟,因为登陆是凌晨嘛,25日凌晨,这个超过了11级,可能接近12级。这个30了,超过30了,这太恐惧了。多少,50,55。

【漆梁波　上海市气象局首席预报员:我们从记录本上记的是50,50大概是14级风。14级风经过上海的时候,他们在洋山港观测的,那就能看到人站不住、浪滔天这种情况。像上海台风影响期间,我们东海大桥都是关闭的,因为如果不关闭,桥上开的集卡会被吹到海里去。】

风暴潮袭来,高桥海塘被冲破决口20余处。决口之内,万亩良田瞬间变为一片汪洋,海浪吞噬着来不及逃避的百姓。高桥海塘所属的川沙县,全县淹没农田27万亩,坍塌房屋近6000间,灾民达16万余人。

【徐建刚　上海市委党史研究室主任:这个大的台风对于中国共产党来说,

一个就是你怎么应对自然灾害。第二,就是怎么应对一下子突发的危机事件。在应对这个过程当中,有两条很重要。一个是中国共产党最擅长的,社会动员。然后团结各方面的人士。另外一个就是什么?其实还是从科学的态度,通过筑海塘等等,把这个自然灾害给降了。

一直以来,浦东沿海的海塘就备受台风海潮的威胁。抗日战争时期,国民党守军把高桥的塘堤作为军事要塞,布雷挖壕。这条守护上海的海塘年久失修,已是千疮百孔、险象环生。

【赵国通　赵祖康之子:7月24日,台风来了。把高桥一带的海塘冲破了。当时还牺牲了一些驻扎的解放军战士。还有老百姓的住宅,一片汪洋。那个时候正好我父亲在北京开科学技术会议。等他回来以后,听取汇报,市政府马上还成立了抢救委员会。】

市政府连夜召开紧急会议,组织抢险救援工作。修复工程以"以工代赈"的形式,在抢修海塘的同时积极救济灾民。华东局更调令驻沪部队参与救灾,加快抢险进度。堵决口、筑新堤,成了上至人民政府,下到黎民百姓刻不容缓的大事。

由于风暴潮的冲击,吴家湾炮台浜海塘决口,缺口宽达四十几米。抢险工作屡屡受挫,到8月下旬,已两次失败。要赶在中秋潮汛高峰来临之前堵住决口,作为这一工程的负责人,上海市工务局局长赵祖康心急如焚。

【赵国通　赵祖康之子:前两次都失败了。到第三次,我父亲把茅以升都请出来了,我父亲很尊重,是他的老师。他日记里老是写茅师、茅师。茅以升当时成立一个中华桥梁公司。手下一批都是专家,到现场去研究指导,制定抢修、抢险的方案。研究好以后,陈毅说:"我自己要来看一看。"】

8月29日,陈毅市长来到了吴家湾炮台浜,视察决堤抢修工程。随行的《解放日报》记者,拍下了这张珍贵的照片。

【陈昊苏　陈毅之子:父亲在就任上海市市长的时候,他自然明白他肩上担子的沉重。像这么大的城市,我父亲过去是没有领导过的。那么现在你既然站到领导的岗位上,这些问题都要一一地提到你的面前。他就依靠他的团队,就是我们的党的组织、军队的组织,当然他也自己善于学习,向专家们请教。】

【赵国通　赵祖康之子：凡是困难的风口浪尖的事情。共产党的领导亲自到第一线，不是像过去，"你去做。"完了，（我父亲）他就内心是尊敬，他也愿意献出自己的智慧和力量。】

这本《吴家湾海塘抢险记录》是从赵祖康的遗物中找到的，它完整地记录下了第三次抢险工作。工务局的水利专家们共商对策，制定了沉排堵口方案，更调集了当年上海为数不多的几位潜水员，摸清水下情况。经过连续几个月的忙碌，赶在中秋潮汛前夕，高桥海塘重建完成。

海塘抢险之时，赵祖康的家人所在的福州尚未解放。

【赵国通　赵祖康之子：父亲答应陈毅做局长，但是有个附加条件。我的母亲和太太、小孩还在福州，暂时不要公布，保护我们。等福州解放后再说。陈毅马上关照秘书。这件事情父亲非常感动，真的说到做到。8月17日福州解放，过两天上海报纸就登了。他佩服得不得了，共产党说到做到，效率那么准，那么高，那么关心。后来还知道，地下党还派人在福州关心过我们的安全。】

就在中秋节举行的工程验收大会前一天，赵国通和母亲在一路护送下，平安回到了上海，一家人终于得以团聚。

2019年3月，循着父亲在日记与照片中留下的点滴线索，赵国通踏上了寻找父亲当年足迹的路途。

【赵国通寻找海塘实况：

赵国通：就这一带，我估计这里就是炮台浜。上海解放以后7、8、9三个月我父亲大部分精力就花在浦东吴家湾炮台浜这一带的海塘的抢险、加固工程上面。】

今天的高桥海塘，早已看不出当年的惊险景象，风平浪静、海清河晏。

台风灾害消弭，但市政府内，反省、改正、追责的工作远没有结束。

突如其来的台风给刚刚接管上海的共产党人提了个醒，在听取了专家汇报、做出抢险指示后，陈毅说：我们的气象预报制度还未认真建立起来，没有及时掌握台风动向，造成如此重大的损失主要是领导上的责任。

【刘统　上海交通大学历史系教授：这个事，气象学家竺可桢已经预测到了，预测到以后告诉了陈毅，所以陈毅在台风发生之后非常后悔，就说以后一定

要加强天气预报。】

自4月来到上海后,著名气象学家竺可桢便一直关心着时局的变幻。就在上海解放当天,拒绝了前往台湾邀约的竺可桢在日记中写道:"余谓民十六年国民党北伐,人民欢腾一如今日……解放军之来,人民如大旱之望云霓。希望能苦干到底,不要如国民党之腐化。科学对于建设极为重要,希望共产党能重视之。"

这就是彼时不少像竺可桢一样的科学家们的心声。

【徐建刚 上海市委党史研究室主任:这时国民党还占据着舟山群岛。上海其实处在第一线。我们现在讲这个气象资料、天气预报,对于当时来说,就是最有价值的军事情报。所以,在这个情况下,它可能一下子不能发布。那么从开始不发布,造成损失,到最后,觉得各方面平衡下来,可能还是得发布。我就觉得这是个案例,就是中国共产党怎么学会管理城市的,就是通过一个一个很具体的事例,才能学会,慢慢地学会,怎么去管理这个城市。】

前车之鉴,后事之师,为了避免悲剧重演,军管会通令,今后,各报馆及电台可根据上海气象台的报告发布气象信息。命令一出,上海的台风预报工作渐渐走上正轨。

【陈昊苏 陈毅之子:毛主席在那个时候说过,我们已经善于破坏一个旧世界,我们还要善于建设一个新世界。所以出色的破坏者,不一定能够成为一个出色的建设者,关键就是你对你自己的责任,对你自己的工作,要满腔热忱地去学习,向各方面的朋友请教。首先就是向人民群众请教,因为人民群众在这个城市中生活,他们对这个城市有什么样的问题,他们有深切的感受,你要了解群众的呼声。】

要管理这座城市,要对人民负责,缺乏经验的共产党人们要学习的事情太多了。陈毅后来曾回忆说,竺可桢当初的提醒很有道理,自己不懂,又不听别人的,教训很大。上海这么大,很复杂,光我们管不了,要大家管。

上海解放第四天,大光明电影院举行了一场五卅运动纪念大会,陈毅市长一到会场,看到在场的工人代表们,第一句话就是:"上海的工人老大哥老大姐们,我们归队来了。"

【刘统 上海交通大学历史系教授:上海是中国共产党诞生地,工人运动、共产党的地下活动都是在上海开始的。所以上海这个地方对中国共产党来说，首先就是有特殊、重要的意义。所以进上海之后，我们首先依靠谁？我们首先依靠工人阶级，所以陈毅在开大会的时候第一句话就是我们归队来了，就是共产党又回到上海来了。】

伴随着开埠以来上海工业的不断发展，上海的工人群体也在不断壮大。到1949年解放时，全市已有工人超过百万。要治理好这座城市，广大工人阶级的力量是必不可少的。

中山东一路14号的上海市总工会大楼，是上海解放前外滩区域建造的最后一座大楼。上海解放后不久，这里就被选定为总工会的办公地点。

【上海市总工会离休干部聚会实况】

解放初期我们是中国人民进行建设、实践的探索时期……

2019年4月18日，是上海市总工会每月一次的离休人员聚会时间。今年103岁的李家齐是其中年纪最大的一位。在上海解放之初，他就参与了上海总工会的筹备与成立。

1949年5月27日，李家齐跟随解放上海的大军进入了上海。第二天，他和大家分别，各自前往不同单位，参加接管工作。上海解放初期，上海党的基层组织还没有公开，党和政府需要通过工会，发动和组织群众。上海总工会，见证了中国工人阶级的成长、也见证了新中国的不断强大。

【李家齐　上海市总工会原副主席：那么一个大的上海，你怎么弄？主要是一级级搭起来，总工会、地区、产业，架子搭起来了，就有工作机构了。不然的话那么大的上海，那么多工人，你怎么办？因为政府机构刚刚搭起来，工会有基础。

此时的上海，被连年的战争和通货膨胀弄得民不聊生。工业凋敝，生活物资严重匮乏，这座昔日无限繁华的大都市百废待兴。积极恢复生产、重振经济是上海的头等大事，也是上海能为全国大局作出的最重要贡献。

【李家齐　上海市总工会原副主席：上海一停下来，你怎么办？几百万人。少奇同志都讲话，陈老总，你生产不搞起来，你（经济）有什么办法。】

【陈元：上海又是全国的工业中心，纺织业是当时中国工业的代表产品、代表行业，所以稳定上海，要稳定上海的工业，使全国的经济能继续运转下去。我们虽然接收了大城市，但我们还没能让这些大城市运转起来。】

自第一家动力机器缫丝厂在上海建成,自上海机器织布局成立,上海的纺织业至今已经有150多年的历史。大量锯齿形屋顶的厂房,散布在黄浦江、苏州河沿岸。纺织女工们在工厂里日夜不停地忙碌。纺织业,曾被亲切地誉为上海的"母亲工业",也是上海经济的"摇钱树"。然而由于战乱、封锁,上海解放时,不少纺织工厂,已经停工多时。

【浦亚芳 原国棉九厂工会副主席:当时为什么上海解放初期这些工人会不来上班?主要是国民党接近解放上海的时候,把黄浦江封起来,摆渡船没办法开,当时没有交通。通知人没办法,又没电话,所以我们党员很辛苦,大家分路,特别到浦东去,只好自己叫了小舢板到浦东去。看见码头,看到有交通的地方,都贴我们的告示。所以到第二天,我们基本上都到的,28日就开工。】

要恢复生产,不仅是通知到位,更要为工人着想,恢复工人的生产积极性。1949年10月15日,国棉四厂率先取消了抄身制。这张照片(修改特效)拍摄于当天下班时分,走出厂门的女工们,欣喜之情溢于言表。很快,全市的纺织业都废除了抄身制,当月,纱厂的产量就显著上升。

【浦亚芳 原国棉九厂工会副主席:什么叫抄身制?下了班以后,弄堂全给你拦好,每个人就是抄身,都要摸的,浑身摸,怕你偷东西。对我们这样。想不到上海一解放以后,事先通知大家,我们要废除抄身制了,我们以后就自由了。一到下班,这天宣布要废除抄身制,回去不要抄了,开心得不得了。我们外面摇红旗、放鞭炮,这天是真的翻身,开心得不得了,从来都没有的。】
【徐建刚 上海市委党史研究室主任:中国共产党解放上海以后,工人阶级翻身,首先是政治上的翻身。国民党被打倒了。工人阶级政治地位提高了。接下去经济上翻身。就是取消了抄身制、工头制、拿摩温,是吧?然后就是工人工会,组织工会和资方协商工资。这是一个经济上的翻身。】

工人是工业化生产和城市建设的主力军,然而上海解放初期,工人们的生活条件却不容乐观。作为工商业集中的大都市,上海汇聚了大量的技术工人和靠出卖体力维生的劳动者。由于高昂的地价,拥有一处宽敞明亮的住家,成为这些外来的普通劳动者遥不可及的梦。

【王伟强 同济大学建筑与城市规划学院教授:上海开埠以后,实际住宅建设就是方兴未艾,成为一个很重要的产业。但是应该看到,由于它这些房子的建造是一种市场行为,因此进来的相对来说都是有钱的,有钱人、有产阶级。而相对来说产业工人没有机会进来,他们都住在像杨浦、闸北、虹口这些滨水、滨河,像苏州河、黄浦江,以及上海有各种各样的浜,两岸当时都是大量的工业区和棚户区的混杂。】

曾经的上海,肇家浜、打浦桥、铁路沿线、苏州河沿线,是棚户区最集中的地方。

在当年上海的棚户区里,"滚地龙"最是出名。这里没有一条铺过的道路,只有两脚踩出的烂泥小路。没有自来水、没有路灯、没有下水道,没有垃圾箱,这样的棚户区,全市大大小小有三百多万平方米,再加上零散的棚户,占了上海市居住面积十分之一还多。

简陋、拥挤的旧式弄堂和更为不堪的低矮、脏乱的棚户简屋,这就是当年的底层劳动者们的栖身之所。

衣食住行,是生活的基本,住房更是人们安身立命的居所。中国应该建造怎样的居住区,抗战刚刚胜利不久,建筑师汪定曾就开始了思考。

鲁迅纪念馆、上海体育馆、上海宾馆,这些由汪定曾设计的建筑风格各异,它们是上海城市记忆和风貌的一部分。然而上海解放前,汪定曾的作品寥寥无几。

1939年,汪定曾从美国伊利诺伊大学留学归国,来到了大后方。

【娄承浩 原上海民用建筑设计院档案室主任:开始工作找不到,他到哪里?只好在昆明铁路局当工程师,后来到大后方,到重庆,在中央银行当建筑师。在重庆期间只设计一个项目,我特地到重庆去看,就是中央银行的宿舍。】

从此,居住,成了汪定曾一直以来不断思考的问题:

战后市区重建与解决房荒,已成为都市复兴上的问题。(1947年《市区重建与解决房荒》)

解决房荒,是使每个家庭有地方住;解决住的问题,是进一步使每个家庭住得适当和卫生些。(1949年《上海市居住问题》)

尽管已经在报纸、杂志上发了多篇文章,不断强调自己的设想,然而一切都只能是纸上谈兵。多年来,汪定曾改善市民居住的一腔热情从未得到施展。

【王伟强 同济大学建筑与城市规划学院教授:这是中国历史上的一个遗憾,1945年抗战胜利,第二次世界大战结束以后,西方国家进入了一个战后重建时期,对中国人有很大的鼓舞。但是很不幸,我们又出现一个国共内战的状况。所以你看上海1946年开始做了三版的大上海都市计划,这都反映了当时的政治抱负、城市发展的一些愿景,但是历史总是没法假设的,也没法回溯的,所以这些思想和建设的成就反而倒是为1949年以后提供了一个实施的舞台。】

曹杨新村,是解放后上海市兴建的第一个工人新村,也是全国最早建造的工人新村。这个占地广大、配套设施齐全的新式住宅区,曾是上海的劳动者梦想中的天堂。为工人们建造一种新的住宅区的设想,早在1950年便已开始。

上海解放后不久,根据中央的指示,时任上海市市长陈毅指出:"目前经济情况开始好转,必须照顾工人的待遇和福利。"不久,在新上海市政府和这些憋着一股劲想要做些什么的建筑师们的共同努力下,曹杨新村的设计开始了,汪定曾成了这个工人新村的总规划师。建设一个新上海的工作,在衣食住行,这些最细枝末节,也最贴近生活的方面,开展了起来。

【娄辰浩　原上海民用建筑设计院档案室主任:陈毅市长根据中央的指示,要改善劳动人民的生活条件,特别是体现出要改善工人阶级的居住条件,这方面当时很强调。】

让正在学习治理这座大城市的共产党人伤脑筋的,还有社会治安和市政建设问题。上海解放之初,流散在上海的国民党军官兵有2万人,国民党还留下了八个组织,约有3万多人,加上惯匪、流氓作乱,社会秩序很不安定。

除了这些流散的官兵、特务,黑社会的帮派分子,游民也是旧上海的一大问题。连年的天灾人祸,不少人生活无着,被迫离乡背井,涌入上海。由于缺乏足够的正当劳动机会,不少人沦为游民,以乞讨甚至偷窃、诈骗为生。

位于哈尔滨路溧阳路口的哈尔滨大楼,是上海最大的游民窟。这里原本是美商汇芳公司的大型锯木厂,"八一三"抗战时,被炮火摧毁了大部分。抗战后,这里成了大量游民栖身的处所。上海解放初期,周边地区发生的抢劫或扒窃案件,接近一半都是这些游民所为。

【金光耀　复旦大学历史系教授:他们实际上是一个社会问题,但这个问题如果不解决,整个社会没办法稳定下来。而且在这些人中间,也可能隐藏着一些国民党潜伏的特务等等,所以确实对新政权是一个很大的问题。当时新政权是希望建立一个完全的、崭新的社会,所以要把那些所谓旧社会留下的肮脏的东西都要清扫出去。】

即便没有流离失所的风险,居住在城市巷弄里的居民,同样面临无业、失业的威胁。解放初期,上海大大小小的弄堂里,汇集了众多三教九流的底层民众。七十年来,这些逐渐消失的弄堂,记录下了上海人的精彩与欢乐,也记录下了上海人的烦恼与辛苦。黄浦区外滩街道,西起浙江南路,东到福建南路,南沿金陵东路,北至延安东路。这里有一条老弄堂:宝兴里。上海解放后,在陈毅与潘汉年的指示下,宝兴里作为试点,建立了居民福利委员会。这是中国第一个居委会的雏形。

93岁的须松青在宝兴里住了一辈子,作为当年的居委会副主任,他至今仍然清楚地记得当年宝兴里居民福利委员会草创之时的点点滴滴。

【须松青　原宝兴里居民福利委员会副主任:开始的时候都是义务劳动的。等于是义务劳动,叫"自吃饭,没有工钱,倒贴鞋袜钱"的。这个共产党来了,他做出来的,领导做出来的事情什么的,都是对人民、老百姓有利,老百姓当然拥护。】

解放前的上海,宝兴里、宝裕里、宝安坊和中华里,是出了名的"三宝一中",帮会势力杂居,烟娼赌馆林立的地方。上海解放后,宝兴里内的烟娼赌馆渐渐被取缔,然而这条老弄堂里,穷、脏、乱、差的景象依旧。作为新中国里弄建设的第一代参与者,当年,须松青是宝兴里居民福利会的卫生组组长。

【须松青　原宝兴里居民福利委员会副主任:礼拜四要大扫除了,本来地上是一塌糊涂的。那么也是做很多好事情。从前,家里面是地板,有一种外面都是纸盖的,不是水门汀的。那么要摔跤,阴沟不通,臭气一塌糊涂。老鼠什么的。我们都分工,它也有治保组、有卫生组。】

每逢周四大扫除的传统,一直延续到今天。这个曾经烟赌泛滥,环境脏乱的里弄已是阳光普照。

在里弄工作中,须松青不仅收获了一份记忆终身的经历,还收获了爱情。老伴马敏华当年就是住在须松青家斜对面的楼里,随着居委会的工作不断开展,马敏华也逐渐加入进来,当上了生产组的小组长。

【马敏华　原宝兴里居民福利委员会生产组小组长:里弄里面的工作比较多,福利会担任的工作比较多嘛,那么经常要派我们这些人的用场的。我们那个时候算职务比较小的,小组长嘛,那么像喊喊人啊,这样的。那么认识,我们的前门跟他们后门紧对面,我现在的一个晒台正好对着我娘家的窗口。我二层楼,他三层楼一个晒台看得见。那么日子多了嘛,大家产生了感情。】

居委会干部带头之下,宝兴里变了。1950年2月的《文汇报》上称赞宝兴里:"现在这个里弄变了,它在冬防、清洁卫生、推销公债、反轰炸各种运动中,都起了带头作用,给里弄的组织工作开拓了许多宝贵经验。"从此,建立居委会成了上海基层组织生活的一件大事,众多居民委员会如雨后春笋般出现。

【张济顺　华东师范大学历史系教授:毛细血管渗透到肌肤,渗透到每一个角落。这种强力的渗透,(此前)历届政府都是不可能做到的。它就是依靠群众,就是知道群众要什么,当前、眼前和长远。眼前我的任务是什么?我要解决的目标是什么?然后群众有哪些需求?能够把他们充分发动起来。所以,非常神奇。】

入城不到一年,结束了多年的战乱,消弭了疯狂的通货膨胀,抵抗住了百年一遇的台风,不管是在恢复生产,还是恢复社会秩序方面,共产党人治理城市的能力正得到越来越多的认可。

就在上海渐渐恢复元气之际,新的考验再度来临。1950年2月6日中午,防空警报在上海上空响起,盘踞舟山的国民党空军空袭了上海市区及杨树浦电厂。

【张济顺　华东师范大学历史系教授:大轰炸,就是要全上海的命。他的目标其实很清楚,就是杨树浦发电厂,很清楚的。把你的整个城市的中枢系统都给你打掉了,那是人命关天的事情,而且是这个城市关天的事情。】

杨树浦发电厂的烟囱,曾是当年上海最高的高度。作为当时中国最大的发电厂,杨树浦电厂的发电量占到上海地区总发电量的百分之七十。沿着黄浦江,发电的汽轮机停在一排,锅炉房在另一排。由于缺乏防空手段,敌机在电厂上空长时间逡巡瞄准,命中杨树浦发电厂的炸弹有十枚之多。

【赵永源　原杨树浦发电厂职工:当天我是正巧做早班,在3号炉子间当副的值班工程师,还有一个正的值班工程师,我们在3号炉子间做。3号炉子间吃到炸弹了,我的办公室也被炸飞了。当时办公室下面有些老工人在午休,也遇难了。】

【李启荣　原杨树浦发电厂职工：炸弹下来以后,这地方粉煤灰、煤屑、煤尘,空气当中的灰尘,什么都看不见,只知道人趴在地上,炸弹以后,电力失去以后,锅炉里气压排出来,排气声像吹哨一样,很多尖叫声。】

这段画面是当时在上海的苏联摄影队拍摄下的。1949年9月,苏联受邀派遣了一支摄影队,帮助中国拍摄彩色纪录片。

我们找到了当年陪同这支摄影队从北京到上海的翻译吴堉。在上海期间,数十名苏联和中国的摄影师拍摄了大量素材。

1950年2月6日,摄影队与轰炸狭路相逢。

【吴堉原　苏联摄影队翻译：调去拍的,因为挺紧急的,要保留那个场面,马上就去了,得到消息就去了,是这样的,很紧急的。因为那里有些地方都破坏得很厉害。】

由于三分之二的发电设备被损坏,所有电力设施被迫停止运行。电力中断、工商业停闭、千余人伤亡、五万余人流离失所,中共华东局和上海市委市政府在党中央的支持下,最大限度地发动了广大人民群众的力量,以最快的速度采取措施恢复供电。

【李启荣　原杨树浦发电厂职工：第二天,陈毅市长视察,他提出要48小时恢复送电。这个号召得到厂里职工,特别是码头工人的支援。当时没电了,也没煤,都没了,码头工人是这样的肩挑人扛,硬是把煤送到炉子里来发电。】
【赵永源　原杨树浦发电厂职工：营运人员怎么来安排?你假如值班当班,有空袭警报来的时候,你还是要坚持在岗位上。组织抢修之后,42小时,2月6日轰炸,2月8日上午就发电了。】

上海受到空袭的消息传到中央,迅速转给了正在苏联访问的毛泽东主席。2月19日,一支精锐的苏联防空部队秘密奔赴上海。

【廉洁　原上海市总工会秘书处科长：来带队的人是谁?是在反法西斯战争当中的苏联空军英雄,叫阔日杜布,他在反法西斯战争当中一共打下68架德国法西斯的飞机,斯大林派他到这里来。所以他一上来,在大场飞机场,在接待他们的时候,突然来了,他们马上上去,两个人两架飞机上去,把它一下子打下来。他打起来比较轻松,那时候我们高兴得不得了。】

首战告捷,大大打击了敌人的气焰。随着舟山解放,上海的空袭更是明显地减少了。

防空反特、抚恤善后、平抑物价、稳定金融、复工生产,一系列积极有效的措施,在最短时间内消除了市民的恐慌心理,使社会运行机制恢复到正常轨道。新生的人民政权在此过程中也进一步得以巩固。共产党能不能管理好上海这个大都市,"二六轰炸"后交出的这份成绩单,使所有质疑都不攻自破。

这一年五一劳动节,中山公园里,举办了一场盛大的游园会,庆典上,人们载歌载舞,一扫二六轰炸以来的紧张气氛,这是全上海所有劳动者的庆典。

上海解放一周年之际,《解放日报》辟出专版,回顾这一年来所取得的成就。

【刘统 上海交通大学历史系教授:上海解放的第一年,共产党一方面是善于学习,另外一方面是不断地纠错。】

【章百家 中共中央党史研究室原副主任:基本保障一年以后,这个城市能够安定下来,老百姓能够正常生活。】

【金光耀 复旦大学历史系教授:通过这一年的过程,共产党确实是赢得了上海各个阶层的民心。】

【徐建刚 上海市委党史研究室主任:什么叫新社会和旧社会,是以上海的解放为标志,它不是一个简单的政权的更替。】

【陈昊苏 陈毅之子:一个时代开始了。上海年轻的活力,刚刚释放出来。】

"我们不但善于破坏一个旧世界,我们还将善于建设一个新世界"。上海解放一年中,毛泽东在党的七届二中全会上的预言成了现实。上海解放一年间,中国共产党管理城市的能力得到了充分检验。

一年不是结束,而是起点。一个新的时代开始了。

2019年度广播电视奖(广播电视节目)
参评推荐表

作品名称	外滩：瞬时客流达22万创新高 "雨刷式过马路"首次启动		
作品长度	2分31秒	节目类型	电视长消息
播出频道(率)	新闻综合频道		
刊播栏目	《新闻报道》		
播出日期	2019年10月3日18时37分05秒		
主创人员	李恩蟾　屠佳运		
节目评价	外滩大客流可谓逢节必报道，如何在这样节点性的常态报道中做得"新"、做得耐看是个难题，这篇报道记者没有遵循以往的惯例，"套路化"地去处理，反倒是做到了"人人眼中有,他家笔下无"，实属不易。		
采编过程	报道中,记者用高机位延时拍摄的方式,生动地展现出了外滩的客流密度之高,画面震撼。在报道中,还首次提炼总结出了"雨刷式"过马路的新方式,并结合现场出镜,不仅营造了生动的现场感,也给人留下了深刻的印象。节目充分利用电视新闻的特点,展示了"上海是如何在让游客们不扫兴的前提下,进行大客流疏导的"。		
社会效果	记者在现场连续的蹲守过程中,还不断与台内正在播出的新闻夜线节目联系,提供第一手的信息。不仅报道的刊发速度快于全市各个媒体,在报道中首次概括提出的"雨刷式"概念,之后还被其他媒体广泛应用,让中外游客很快记住了上海面对大客流时,应对有序的"精细化"措施。更重要的是,报道也呼应了习近平总书记多次考察上海时,对上海提出的"大城市精细化管理"的指示要求。		

外滩:瞬时客流达 22 万创新高"雨刷式过马路"首次启动

[导语]

女:台风过后、天气转晴,外滩昨晚迎来超大客流。晚上 6 点 50 分左右,大外滩地区的瞬时客流达到 22 万人,创历史新高。截至晚上 11 点,外滩区域全天总客流超过 55 万人次。

男:为应对超大客流,上海警方今年将"开关式过马路",首次升级为"雨刷式过马路",通过分批次放行,避免大客流对冲。

昨晚 7 点左右,外滩核心区域人流逐渐增多,滨水区内瞬时客流超过 7.2 万人。而外围仍有近 15 万游客在向里挺进,多数游客为观看浦江两岸的光影秀而来。警方对外滩江堤采取了只下不上的管控措施,中山东一路的交通管制同时启动。

为确保行人安全,防止大客流对冲,武警和公安民警首次启用三角形环岛"雨刷式"导流措施。即由武警和民警组成人墙,在路口站成三角形标兵线,将进出外滩的游客隔离,并随人群一起移动,分批次将客流疏导到滨江地区。

(外滩治安派出所所长刘海波:外围南京路沿线我们都是波次放行,同时到了中山路沿线,我们打开马路。这时候和灯光秀有个匹配,灯光秀结束的时候,正好是下来人流,当江堤空出一定空间的时候,我们再把中山路的人放到江堤上去。)

延安路、河南路合围区域内,交警部门采取了临时交通管制,将机动车道变为步行街,稀释人群密度。游客在武警和公安民警的引导下,分批进入外滩区域。

记者出镜　李恩蟾:"在我身后,就是进入外滩的一条主干道——南京东路。左手边是往外滩方向,右手边是人民广场过来的客流。我们跟着镜头看一下,现在还是很明显的,进来的客流比出去的多。为了确保外滩区域的整个人流密度不要太大,武警和公安民警,在四川中路的南京东路这个路口,现在是形成一道人墙,那么现在是一个放行的过程。"

晚上10点半,当天最后一场光影秀结束,外滩客流密度开始显著下降。在数十辆警用摩托车的开道下,中山东路恢复通行,六千余名警力逐步撤岗。

11点多,轨交人民广场站内人流密集,地铁延时运营,全力疏散乘客。

2019年度广播电视奖(广播电视节目)
参评推荐表

作品名称	一线大调查：区块链上升为国家战略后，中国将"链"向何方？		
作品长度	首集：5分42秒 中集：5分20秒 尾集：5分41秒	节目类型	电视新闻专题-系列报道
播出频道(率)	第一财经频道		
刊播栏目	《财经夜行线》		
播出日期	2019年12月2日—2019年12月6日		
主创人员	薛一婧、江晨咏		
节目评价	1. 题材重大　业内人士权威发声 　　2019年年末，区块链技术成为万众瞩目的焦点议题。该系列报道紧扣热点，采访了多位业界权威人士及产业最具代表性的领军人物，理性探讨区块链技术如何真正落地，为实体经济降本增效。 2. 故事生动　专业性与可看性兼具 　　如何做好区块链技术的通俗解读，是做好报道的题中之义。记者对区块链应用进行了实地调研，从区块链在摇号买房中的应用、区块链发票、钻石溯源等民生故事切入，多角度探讨其应用前景。 3. 清晰梳理　助力弄清区块链理念 　　该系列调查不仅为普通投资者厘清了区块链和虚拟货币炒作的关系，给出了强烈警示，同时，报道理性探讨了法定数字货币的发展趋势以及新一代信息技术将如何真正撬动科技创新，推动经济发展。系列报道传递了这样一个共识：中国需要紧紧牵住核心技术自主创新这个"牛鼻子"，在世界竞争中掌握发展主动权。		

采编过程	**1. 反映深度策划 紧扣"技术赋能实体经济"** 　　这是一个新鲜而宏大的题材。在中央政治局第十八次集体学习会议上，习近平总书记强调，要把区块链作为核心技术自主创新的重要突破口，加快推动区块链技术和产业创新发展。记者历时一个多月深入一线调查，采访了多位行业领军企业家、技术使用者、专业研究者及政策制定者等权威人士。五集系列报道从民生领域创新应用、赋能实体经济发展、突破技术瓶颈、防范炒币风险以及数字经济未来趋势五大方面全面解题，深度探讨区块链对中国经济转型的重大作用。 **2. 一线调查独家采访 权威报道厘清错误认知** 　　为扎实做好系列调查，采访团队在策划初期大量研究专业书籍材料，与行业专家多次深入交流探讨，多维度选取典型案例，使报道兼具专业性和权威性。采访团队在近一个月时间里，实地走访调查多家企业，记录多个生动的样本案例，积累了大量独家一手调查素材。通过系统演示及数据对比，展现区块链在整车供应链金融、港航物流等实体经济领域的深度应用情况，为如何解决小微企业的贷款难题、为普惠金融的发展提供了新的技术化路径。同时，区块链技术不等于炒作虚拟币，记者独家采访了陷入"传销币"骗局的投资人，层层揭秘资金盘骗局的各种套路和市场乱象，警示投资者注意风险。 **3. 深入浅出正确引导 全景式问道区块链产业发展** 　　很多媒体上对区块链概念的各种解读或浅显，或复杂难懂，该系列报道中，采访团队对区块链技术及其应用做了充分的采访，对相应的行业做了深入的调查，以通俗易懂的表达和生动的实例对受众进行了一次关于区块链技术发展和场景应用的知识普及和清晰的梳理。同时，系列报道也指出区块链发展存在的问题和瓶颈，传递各方声音，发现症结所在，对产业发展做出了极为有益的专业探讨。
社会效果	该报道充分体现了第一财经电视采访团队对新的热点领域话题潜心钻研、深度解读的专业采编功力，作为第一财经频道在2019年年末推出的重磅系列报道，电视收视表现优秀。一财网、一财客户端、第一财经资讯微信公众号短视频同步呈现，融合报道效果显著。系列报道的相应短视频全网传播流量数据为74万，受到投资人高度关注。同时，报道在行业内部引起强烈反响，多家新闻门户网站、行业微信公众号对报道进行转载，为监管决策提供了重要参考。

一线大调查：区块链上升为国家战略后，中国将"链"向何方？

第一集　记者调查：民生领域创新加速"信任的机器"融入百姓生活

【导语】近日，中共中央政治局举行第十八次集体学习。习近平总书记强调，要把区块链作为核心技术自主创新的重要突破口，加快推动区块链技术和产业创新发展。上升为国家战略后，区块链将给中国经济的转型发展带来什么影响？第一财经记者历时一个多月深入一线，推出区块链一线大调查重磅系列报道。今天，来关注"信任的机器"如何创新我们的生活。

如何确保摇号买房的公平公正？区块链技术将使这个痛点迎刃而解。在苏州，全国首个区块链摇号系统日前正式启用。记者看到，摇号模拟演示过程开始，系统采用密码学随机算法，对所有参选号码随机分组排序，每组结果通过大屏实时显示，同时结果将同步保存在区块链平台上。

【同期声】苏州市相城区公证处主任　吴啸飞

传统的摇号系统一般都是开发商提供的摇号系统，或者是开发的单纯的单机版的摇号系统，但我们这个区块链摇号系统借助了区块链的特征。摇号的时候，即时加密上传，把哈希代码传到司法链存证平台上面去，存在不可更改的特性，对老百姓来讲，公平公正的选房机会得到了一个保证。

【记者出镜】

这套系统上线以来,在苏州当地购房选房、车位选择和学校招生等多个领域都得到了有效应用。很多人问,到底什么是区块链?区块链本质上是一个去中心化的分布式账本数据库,具有不可篡改的特性。怎么理解呢?为中央政治局集体学习区块链技术讲解的浙江大学教授陈纯有一个通俗易懂的比喻。

【同期声】中国工程院院士、浙江大学区块链研究中心主任 陈纯

举例来说,一个村民张三向李四借了 100 元钱,他要让大家知道这个账,他通过村里的广播站,全城广播这个事情,然后全体的村民记在自己的账本上,还进行点对点的核实以后才记下去。

区块链正悄然走进百姓生活。深圳成为全国区块链电子发票首个试点城市。区块链发票将每一个发票关系人联系起来,方便追溯各项信息,有效解决一票多报、虚报虚抵、真假难验等难题。从去年 11 月至今,首批试点企业之一的深圳百果园成功为顾客开出了一万一千多张区块链发票,财务人员切实感受到新技术的便利。

【同期】深圳市百果园集团高级财务主管 卢晓红

第一,我们只需要到税局网站去申请区块链发票,不需要去购买那个试用设备。
第二,我的发票用完了,不需要到市局去领购发票,可以按需供应。
第三,就是可以根据实际的支付情况来开具发票,不受发票限额的限制。

创新不断推进。借助区块链可溯源、不可篡改的特性,钻石从采集、交易、流通,以及到计算分析的每一步记录都可以留存在区块链上,让浪漫和科技并存。

【同期声】众安科技的区块链防伪溯源专家 黄飞

我们可以很便捷地通过我们的溯源小程序,进行查询和验伪,增加消费者的购买信心。目前为止已经有 1200 家(珠宝)门店、5 个品牌把我们的钻石溯源身份证铺到门店里面去了。

区块链技术还成为今年天猫"双 11"的幕后功臣。在区块链的助力下,4 亿件跨境商品有了身份证,500 万电商卖家秀上链存证,小企业跨平台参与全球贸易,身份认证的时间大大缩短。

【同期声】天猫双十一支付发言人　马文婷

如果是在海外，比如说 AE 这些平台上面开店的商家，原来跨平台开店，是需要一个比较烦琐的过程的，但是上了区块链之后，就可以非常容易比较轻松地获得一个认证。他到国内的平台来开店，时间缩短到了 5 分钟就可以搞定。

大批巨头公司和机构加速布局，区块链的应用场景不断铺开。多个互联网科技企业积极探索区块链在产品溯源、跨境结算、供应链体系以及打击假冒伪劣产品等方面的应用。落地项目不断增多，民生领域的"区块链＋"具有广阔前景。

【同期声】同济区块链研究院总监　孙雷

我们老百姓一直要去和政府打交道，特别是出国留学你需要办一些证照，这些证照其实是很多部门协同的工作，它并不是说属于一个部门，所以说区块链在证照类的应用里面是一个广阔的前景，能打破不同部门的数据孤岛。

可以预期的是，区块链技术有助于提升经济运行效率，极大地增强了社会信息化和数字化的程度。

【同期声】腾讯金融科技平台研发部区块链技术总经理　李茂材

技术驱动的过程当中，实现现在的信息化做不到的，通过区块链帮助它实现数字化，在数字化以后，可能很多产业进来，形成一个新的平台模式，新的平台模式后面可能长出新的生态出来。

区块链支撑数字经济参与者的高度协同，从而完成从信息互联网到价值互联网的飞跃。统计数据显示，2018 年中国区块链的市场支出规模达到 1.6 亿美元，预计这一强劲增长态势将在未来三年延续，到 2022 年，预计市场支出规模将达到 16.7 亿美元。

第二集　记者调查：传统产业率先突围
　　　　区块链为实体经济"降本增效"

【导语】继续我们的区块链一线大调查系列报道。除了民生领域的"区块链＋"，区块链也为传统产业转型升级提供可行路径，目前率先落地的应用场景便是在供应链金融及航运物流领域。区块链技术为破解小微企业的融资难题,为实体经济的"降本增效"提供了有力支撑。

成为万向区块链应用事业部负责人之前,赵子龙在汽车行业工作了十年,深度接触一线业务。他发现,整车物流的供应链管理中,承运商多为个体户,货车的过路费、油费、保养费等开支不小。同时,运输业务核算对账周期长,平均应收款账期长,加上自身金融信用低,银行普遍不愿意贷款给他们,这让承运商们苦不堪言。深度调研后,赵子龙判断,区块链的机会来了。

【同期声】万向区块链应用事业部负责人　赵子龙
以前我们老师在批试卷,可能是老师批50个学生的卷子,批完了以后一个个发然后报分数。那么区块链能做什么? 可以在线上公开地来批阅卷子,然后让学生一起来参与批阅卷子。它对应到整车物流,参与方上下游,可以快速地分享我的数据和信息,然后由各方对这些数据进行一个确权,在确权的基础上,我们拥有一个共同的账本,在这个账本的基础上,我们就可以快速地完成对账结算。

赵子龙带领团队多次尝试后,运链盟正式落地。在这个平台上,区块链技术进行了场景重构,传统产业的模式和业务流程迅速变得高效。

【同期声】万向区块链应用事业部负责人　赵子龙
他们原来从运输完到对完账开票,这个时间大概就要45天,现在用我们这个平台以后,它可以节省30天以上。另外就是直接成本,比如说我之前一些纸质的做法,他会有一些快递费、打单费、人工费,那么通过这个平台以后,我们如果以30万台的这样一个规模来计,就可以节省将近100万元的直接成本。

截至今年九月,该平台上发生的融资金额达数千万元。银行更放心地提供服务,承运商无须像从前那样举借民间高利贷。

【同期声】星展银行(中国)有限公司环球交易服务部产品团队主管　徐麾宇
按大计算利率的话,实际上是非常贵的,一年可能要20%或者是更高,我们给他提供的利率,肯定是在8%以下的。

万向区块链的案例和中国工程院院士邬贺铨的思路不谋而合。科技创新能给供应链金融带来质变。利用"5G＋区块链＋物联网"解决中小微企业的贷款难题,中小微企业贷款利率可降至7.1%,同时实现供应链效率的提升。

【同期声】中国工程院院士　邬贺铨

再小的企业也会有周转仓库,也会有半成品仓库,在仓库上装了摄像头,通过5G把视频传到银行,银行根据视频看到这些东西没有离开仓库,本来是动产,变成了短期的不动产,银行敢于给它贷款,企业在发货之前要尽快还贷,中间拿区块链来管理。

区块链另一大深度落地的场景则是港航物流行业。上港集团正深入探索口岸换单流程的数字化业务再造,他们从EDO电子提货单环节破题。通过区块链平台,原先繁杂的参与方和操作流程急剧简化,业务数据实时上链,所有单证传输交易实时可信,极大地降低了成本。

【同期声】上港集团海勃物流软件公司总经理　黄桁

每天我们都有12万到13万集装箱,从水路口岸下来。每天我们大概有5万部集卡进场,那么这5万部集卡其实排起来的话大概有1000多千米长,所以说如果能够把电子化单证有效地负载在区块链平台上面,可以让信息多跑路,让用户少跑路。

下一步,上港集团将联手中远海运集运和特斯拉,用区块链助力下的"上海速度"简化汽车零部件进口过程中的验证、对账、审批、清算等各项流程。在黄桁看来,先打造电子化单证在上海口岸上链的"业务线",再通过建立港航联盟链辐射长江流域并对接国际链,最后加强多个产业的融合,普惠金融就能找到实实在在的落脚点。

【同期声】上港集团海勃物流软件公司总经理　黄桁

港口环节有没有去做装卸船的操作,有没有进出场,海关报关有没有放行信息过来,这一系列的节点,我相信未来会成为金融风控设计的一个关键性的节点,(区块链)对于整个行业痛点里实时化的问题、可信度的问题都能得到极大的解决,那么我们讲到的小微金融、银行、保险这一类服务,怎么去给实体进行赋能,这些问题会迎刃而解。

【同期声】中国人民银行科技司司长　李伟

我们要深入研究区块链技术，推动区块链与实体经济深度融合，解决中小企业融资难、银行风控难、部门监管难的问题。

助力实体始终是技术发展的核心。政策支持下，传统金融机构应用落地的步伐在加快，将区块链技术应用于供应链金融、跨境支付、资产管理、保险等多个细分领域，多家银行均取得相应成果，未来将打造一批可复制、可推广的典型案例。

第三集　记者调查：梦想照进现实　区块链应用离大规模落地还有多远？

【导语】继续区块链一线大调查系列报道。虽然中国已在多个领域构筑了"区块链＋"的应用生态，不容否认的是，区块链技术目前仍然处于起步阶段。厘清制约瓶颈，是行业未来爆发的关键。那么，技术发展还存在哪些问题？应用离大规模落地还有多远？来看报道。

【正文】区块链公司链极科技正探索区块链食品安全溯源，他们最近的一个项目是为进入中国市场的澳洲进口牛肉进行溯源。

【同期声】链极科技董事长　庞引明

客户可以通过扫码的方式，看到我们溯源的数据，比如牛肉产自哪里，从哪里运输的，经销商是谁。这些数据都是我们用设备自动抓下来的，人工干预是没有的。

尽管如此，区块链技术也遭遇质疑——保证链上数据不可篡改的同时，如何保证初始上链数据的真实？链上与链下信息如何精准对应绑定？庞引明说，目前一个可行的方案是，利用硬件设备对数据进行精准采集和智能化分析，从源头解决数据造假。

【同期声】链极科技董事长　庞引明

材质的真假，如果是物联网加上区块链技术，我们认为是可以保证的，但是问题在哪里？这样的模式投资的成本偏高，基本都是千万级的，我们如何在这个过程中降低成本,使得溯源具有投资的可能性?那规模扩大后,规模效应可以解决这个问题。

效率和成本问题,是区块链在技术爬坡阶段的拦路虎。在支付领域,用分布式记账满足大规模的用户需求目前依然非常困难。

【同期声】汇付天下董事长兼 CEO　周晔
尤其是在中国对交易的处理的量,交易处理的速度要求非常之高,那么区块链的话,可能今天在速度方面广泛的应用还没达到。

另一方面,区块链上的信息虽然加密过,但仍有可能存在漏洞,数据的隐私保护和数据安全共享是区块链技术目前致力突破的方向,底层技术仍待进一步完善。

【同期声】金融壹账通区块链业务部总经理　陆一帆
数据既不共享但是又达到共享的效果,这就可能牵涉非常复杂的密码学。数字资产是一个很庞大的工程,所以说大规模应用基本上能力是有的,但要达到真正的完完全全普及还得花一定的时间。因为你得一个一个场景一个一个产业去做的。

【同期声】复旦—众安科技区块链与信息安全联合实验室主任　吴小川
隐私保护是任何区块链大规模落地应用之前必须考虑的问题,就看技术的成熟度,如果说在一到两年内可以很好地解决这个问题的话,我觉得区块链应该可以找到很不错的应用场景。

原工信部信息中心工业经济研究所所长于佳宁,参与编写了《2018 年中国区块链产业白皮书》。在他看来,用区块链对整个行业进行信息化区块链改造,还存在相当的障碍。

【同期声】原工信部信息中心工业经济研究所所长　于佳宁
我们认为区块链解决的很大问题,就是协作信息化的问题,就因为它是对整个行业的信息化,所以它落地相对来说会难一些。它需要很多主体的参与和配合,不是单个主体推动就可以完成的。

因此,匹配好行业需求才是根本。区块链不是万能的,有些中心化的设置无须刻意"去中心化",关键还是要寻找合适的场景。可以由核心企业牵头,逐步完善联盟链的产业生态。

【同期声】腾讯金融科技平台研发部区块链技术总经理　李茂材
第一,它适合比如说技术本质上能够防篡改;第二,在场景上真正能帮助场景做升级,符合未来的发展趋势;第三,各方参与者都能够找到动力甚至都能够获益,这样的场景才适合区块链。

【同期声】上港集团海勃物流软件公司总经理　黄桁
行业使用者的担心,最怕的就是一哄而上,应该自由去发展,然后自由去整合。部分头部企业形成联盟,通过这个联盟深度推广,这样的话会把联盟链做扎实。

下一步,鼓励共识、密码、分布式通信与存储等领域基础研究,同时加深与其他信息技术的深度融合,进而延伸区块链的技术半径和产业半径,才能让区块链守正创新,最大限度地发挥价值。

【同期声】中国区块链应用研究中心理事长　郭宇航
我觉得区块链本身在我们自己业内人士来看,还不是一个最成熟的技术。我们还是有心理预期,觉得再有三五年时间,将这项技术核心的一些技术难点攻克以后,才有可能慢慢被社会所接受。

第四集　记者调查:全国性虚拟币整顿大幕开启　监管"亮剑"避免技术脱实向虚

【导语】随着区块链技术的火热,借区块链之名的招摇撞骗大有抬头之势,比如炒币、挖矿。但区块链技术并不等于炒作虚拟货币,对此监管部门一直保持高压严打态势,对乱象纠偏。来看报道。

【正文】公司职员林先生对理财颇感兴趣。经朋友介绍,他被拉进了一个区块链项目用户群。按官方描述,这是一个主攻金融安全的区块链平台。但它实际的操作模式很简单,买币、拉人返现就可以赚取不错的回报。

【同期声】投资者　林先生

我只要在交易时候持币不动,我就可以获得一定的分红,一天下来如果你有一级二级三级(下线)的话,一天的收益在两个点左右,你每多拉一个用户,下面的用户他存的钱就会给你一定的返点。

【同期声】中国区块链应用研究中心理事长　郭宇航

多层级的激励机制,这个是传销盘的一个很难去除的痕迹,它是利用人性的贪婪发展下线,这也是那么多年来在有区块链之前就屡试不爽的骗局手段。区块链在真实场景里面应用落地的就已经非常稀少,往往是一些想象出来的应用场景,老百姓如果没有技术背景和行业的深度认知的话,是很难识别的。

发布两个月左右,该平台开始削减分红比例。然而,线下年会上知名律师站台、和用户签订保本协议,并采用极其复杂的游戏生态消除泡沫等做法,并没有让投资者怀疑。

【同期声】投资者　林先生

在线下有律师志愿者团队跟大家签订合同,有签订一个保本合同,告诉大家我可以给大家保住本金,所以才会有那么多的大资金的亏损损失。

直到有一天,创始人携着交易所所有资产一夜之间跑路了,林先生才幡然醒悟,150多万元血本无归。

【记者出镜】

在调查中,我们发现,有些企业以"技术创新"的名义,在境内组织虚拟货币交易;有些以"应用场景落地"为由,募集资金或虚拟货币资产,甚至有些非法机构冒用央行的名义推广法定数字货币,骗取钱财。不论这些项目是否涉嫌非法集资,单是进入代币市场上不停地在高卖低买之间流转的巨额资金,就急剧增加了金融的风险。而这些骗局甚至都有了"产业链化"的倾向。

【同期声】投资者　林先生

现在整个行业有人专门做白皮书,也有人专门会去做一些区块链交易所的源代码的提供,然后也会有人帮你们去生产一些币,甚至帮你做一些模式,然后也会有一些社群的模式帮你做拉新引流,在不同的部分都有不同的人去完成这个工作。

区块链并不等同于虚拟货币,监管重拳出击。近日,上海、北京、东莞、杭州等多地监管部门纷纷对虚拟货币交易相关活动进行摸排。业内人士透露,杭州、北京已经整顿多个虚拟货币交易所,目前进入起诉程序的已有100多人。下一阶段,各地监管部门将加大清理整顿虚拟货币及交易场所的力度,及时打早打小。

【同期声】上港集团海勃物流软件公司总经理　黄桁
这一次的话,我希望是从实体经济慢慢做到虚拟经济,而不要又在虚拟经济里碰得头破血流,我相信这不是行业的初衷。

【同期声】链极科技董事长　庞引明
在一定的时候可以考虑给区块链企业以颁发许可证等方式来管理,数字货币我们是严格按照央行发的数字货币,然后地方再找一些应用场景,我们在监管的情况下在沙盒的环境下来用,监管部门也能发挥一定的作用。矿机这个行业,我们觉得严格纳入传统的IDC建设中来管理,这里面我们适当地配一些监管技术进行创新,区块链本身可以用于监管。

金融管理部门坚持"堵邪路"的同时"开正门",一方面加大对"炒币"的打击力度,另一方面引导区块链在金融领域稳妥探索和应用,引导其在解决实体经济发展的难点、痛点方面发挥更有益的作用。

【同期声】中国计算机学会区块链专委会专家委员　黄建华
很多公司开发了很多区块系统,你要看区块链系统它的目的,它是用来发币的,用来炒作一些事情的,还是用来解决民生问题的,还是解决工业应用问题的。

【同期声】国家外汇管理局总会计师　孙天琦
第一句话就是不要炒作这个概念,第二个绝对不能披着这个外衣做非法的金融活动,第三个如果真正要能获得市场的认可,这种技术必须从现在经济金融的痛点,找到自己的市场所在。

据不完全统计,2019年以来,全国共关闭境内新发现的虚拟货币交易平台6

家,分 7 批技术处置了境外虚拟货币交易平台 203 家;通过 2 家大的非银行支付机构,关闭支付账户将近万个;微信平台方面,关闭宣传营销小程序和公众号接近 300 个。

第五集 记者调查:区块链点燃科技强国新引擎 中国将"链"向何方?

【导语】继续区块链一线大调查系列报道。区块链未来已来,这场技术浪潮中,中央银行数字货币成为全球持续关注的焦点,包括中国在内的多个国家明确提出了研发法定数字货币的设想。未来,法定数字货币将如何发展?承载着我国战略创新制高点期待的区块链,会给中国的数字经济带来什么?来看报道。

2016 年,中国人民银行下属的《中国金融》杂志,推出了一期主题为"央行数字货币研究与探讨"的封面策划,首次通过 17 篇文章分别对数字货币的发展方向、原型构想、技术路径选择、法律依据以及对货币政策的影响等关键问题一一探讨。央行副行长范一飞在开篇文章中指出,"数字货币是历史发展的必然"。事实上,央行在 2014 年就成立了发行法定数字货币的专门研究小组,不断将研发引向深入。

【同期声】万向区块链首席经济学家 邹传伟
通俗理解法定数字货币,我们现在大家口袋里有钱包,钱包里面有钞票,如果有了法定数字货币的话,这个钞票就会变成你手机里面的一个应用程序,这个应用程序会有数字化人民币,会是现金的一种高级形态。

但从现有资料看,央行数字货币研发尚未披露完整计划,很多实际问题尚未明确。中国人民银行支付结算司副司长穆长春近期表示,央行决定保持技术中性,不预设技术路线,并采取双层运营体系。根据邹传伟的研究分析,中国央行数字货币 DC/EP 可能使用基于 UTXO 模式的中心化账本,这个中心化账本体现为中国央行维护的数字货币发行登记系统,区块链技术将为其保驾护航。

【同期声】万向区块链首席经济学家 邹传伟
直观上你也可以这么理解,认为央行中心化账本是一个退化版本的区块链,只有一个节点的区块链,人民银行应该会开放一个线上的验钞体系,验钞体系很大可能是基于区块链构建的。

以更开放的眼光看待数字货币,除了在中国本土的落地,未来DC/EP有望进入跨国结算系统,以加密货币形态帮助其他国家和地区建立新型互联网支付系统。围绕着央行数字货币,新的产业生态有望形成。

【同期声】国泰君安上海分公司研究部总监　边风炜
在发展过程中一定会用到(区块链),因为M0从央行下来到商业银行,商业银行到商家的过程里,商家一定是有区块链技术逐步对接的,它其实是一个从上到下的过程。

据《区块链白皮书(2019年)》的数据统计,目前全球公开区块链专利申请数高达1.8万余件,中国占比超过半数,居全球第一。业内看来,专利数虽多,但中国仍要紧紧牵住核心技术自主创新这个"牛鼻子",掌握竞争和发展的主动权。

【同期声】中国区块链应用研究中心理事长　郭宇航
可以尝试公链技术和通证的相结合,在政府监管下做一些有益的尝试。在这种情况下,我相信中国的公链技术一定可以重新超越西方国家,成为我们标志性的自主的核心技术。

推进区块链健康稳步发展,地方政府是重要参与者和推动者。上海国际贸易单一窗口同时推出多项融合区块链技术的跨境人民币融资、医药供应链追溯、辅助海关智慧监管、融合第三方贸易服务等应用成果;广州设立10亿元规模的区块链产业基金;浙江上线了全国首个区块链电子票据平台;贵阳、雄安新区也积极推进区块链技术在工程建设招标、财务管理方面的应用。业内看到,去中心化的区块链技术和中心化管理的政府领域,可以相辅相成。

【同期声】腾讯金融科技平台研发部区块链技术总经理　李茂材
回归到正常的生活场景里头,有政府做底,很可能在场景企业和用户用起来,会感觉更放心这一块。

【同期声】工信部电子工业标准化研究院区块链研究室主任　李鸣
联盟链里面使用政府放一个节点,那么可以为整个联盟链提供相应的背书,这也是一种技术上的未来的探索的方向,企业也正蓄势待发,希望推动更多的技术创新和应用场景落地,赋能实体经济。

【同期声】均瑶集团董事长　王均金

吉祥航空在数字化转型过程,未来肯定是应用区块链技术,包括我们的银行现在也在探索。

以区块链、5G、大数据、人工智能和物联网等为代表的新一代信息技术正成为推进中国数字经济发展的新动能。业内预测,国家队、互联网巨头以及区块链新兴巨头将成为行业发展的中坚力量,同时以资本为纽带、以地域为纽带的中小型区块链联盟集群也将产生。

【记者出镜】

对于区块链技术,中国有着雄心和耐心,在试水之初,低调摸索;在落地之时,步伐坚定。采访中,多位业内人士向我表达了这样一个观点,区块链是撬动科技创新的新支点,但区块链并不是万能的。既不能过分高估它的短期影响,更不能低估它在产业变革中的长期作用。在政策红利与产业资本牵引下,或许在不久的将来,我们就会像理解二维码和移动支付一样理解区块链,并且实实在在地享受技术发展带来的红利。

2019 年度广播电视奖(广播电视节目)
参评推荐表

作品名称	数学教育的"上海魔法"在伦敦管用吗？		
作品长度	3 分 50 秒	节目类型	电视长消息
播出频道(率)	新闻综合频道		
刊播栏目	《新闻透视》		
播出日期	2019 年 2 月 1 日 19 点 02 分 28 秒		
主创人员	虞之青　吴骥　刘水　陶余鑫		
节目评价	短短五天时间里，记者一行来不及调整时差就马不停蹄投入工作，多次转场，高效地完成了报道工作。采访对象既包括上海赴英交流的中小学教师、英国本地学生、英国学校教师及校长，还包括英国教育部相关负责人，使得整篇报道角度全面，内容权威。报道还抓住了上海数学教育模式的特色与亮点，提供了中英两种模式的对比，可看性强。		
采编过程	中英数学教育交流项目开展至今已是第六个年头，交流的规模和深度日益扩展，记者远赴英国伦敦，首次将中国媒体的镜头对准了英国课堂上的上海数学老师们，零距离记录下他们是如何将上海数学教育的"魔法"带入伦敦的中小学的。报道不限于课堂上中英师生的交流，还将视角扩展到课堂外，记录下了前来观摩的英国教育界同行是如何分析与评价上海教师的数学教育模式的。通过生动的记录与多角度的访谈，全面呈现了中英数学教育交流项目的成效与意义，展示了中国尤其是上海基础教育"均衡发展"的优势。		
社会效果	报道播出后得到国家和上海教育部门的高度评价，作为独家视频报道，迄今获得了 109 万次观看的点击量，起到了良好的宣传效果。		

数学教育的"上海魔法"在伦敦管用吗?

(实况:平分给三个人,那么每个人可以分到几串呢?一串。)

面对着这群二年级的英国孩子,来自上海浦东南路小学的徐颖捷老师妙招不断。六串糖葫芦,如何三等分?从未接触过分数概念的英国学生有点跟不上,徐老师又紧接着拿出饼图、色块,一点点的引导、示范,很快,孩子们领会到了分数这个概念。

(实况:请告诉我阴影部分代表的面积应该是分数几?1/8,没错,你们同意吗?是的。)

课后,不少英国学生对这堂有些"超纲"的数学课表达了喜欢。

(诺亚 兰福德小学二年级学生:我喜欢它,因为让我感觉像在做游戏。)

(哈娜 兰福德小学二年级学生:有挑战就会让我成长,有挑战会让我学到更多。)

应英国同行的要求,来自七宝明强小学的老师杨丽给五年级的英国学生带去的则是巧算课程。

(实况:谁知道为什么呢?因为"好朋友"28和72相加等于100。)

对于英国小朋友来说,此前并没有接触过这样的运算方式。遇到类似这样的运算小技巧,上海老师,还得发明一些小朋友容易明白的"英文名字"。

(杨丽 七宝明强小学数学教师:让每个学生保证能跟得上,能够热爱数学。)

上海老师们在英国每一次交流课堂,都会吸引来自英国各地,乃至欧洲其他国家的老师或学者旁听。

(记者出镜:台下坐着的英国老师们,他们听课有时候比学生更加认真,因为在每次授课结束后,他们都会举行一个课后的讨论环节。)

比如徐颖捷老师对道具的运用,就让英国老师很受启发。

(讨论实况:通过使用道具,先让这些概念在学生的脑海中具象化,然后再教授更深入的知识。)

而两地课程内容设置的差异,也常常成为大家交流的热点话题。

(提问实况:你提到在上海你们直到八或九岁才会教学生分数,这么做的理由是什么呢?)

对于上海在数学教育上重基础,讲方法的教学模式,英国的教育工作者给出了很高的评价。

(马克·斯蒂芬逊 兰福德小学老师:上海老师设计问题时非常用心,会用很多时间去推敲,确保问题环环相扣。)

(卡罗尔·奈茨 英国国家卓越数学教学中心初中部主任:花时间好好教授数学的各种基础概念,构建更为深入的理解。)

中英两国在数学教育上的跨国交流,起于2014年,至今已互派中小学教师约548人次,英格兰地区有5000所公立学校先后迎来了上海数学老师授课交流,旁听观摩的英国教师超过12000名。当地教育部门希望通过借鉴注重优质均衡的上海模式,来缩小尖子生与挂车尾学生之间的差距。而现在当地的数学课也正在潜移默化地发生改变。

(西姆斯·吉本斯 兰福德小学校长:我们现在教学更慢、更深入,我们确保每个学生都掌握,每个人都能跟上进度。)

而对于远赴重洋的上海老师们来说,围坐式的课堂、活泼的氛围、更像朋友般的师生关系,这些英式教育中的亮点,也让他们大受启发。

(杨丽 七宝明强小学数学教师:比如说我上课的时候,看到有的老师就跪在地上跟小朋友去互动,让我觉得他们的关系就更加平等。)

教学相长,兼容并蓄,交流项目给中英双方的数学课堂带来的变化,让教师和学生都受益匪浅。

(黛比·摩根 英国国家卓越数学教学中心小学部主任:管用的是"上海魔法",师生之间的交流就像打乒乓一样有来有回,这让学生学的效果更好。)

(徐颖捷 浦东南路小学数学教师:我们现在上海的数学教育已经被越来越多的全球发达国家所认可,这是我觉得很自豪的。)

2019 年度广播电视奖(广播电视节目)参评推荐表

作品名称	人间世(第二季)——命运交响曲		
作品长度	52 分 09 秒	节目类型	电视新闻专题
播出频道(率)	东方卫视		
刊播栏目	人间世 第二季		
播出日期	2019 年 1 月 22 日 21:30—22:30		
主创人员	秦博 范士广 周全 谢抒豪 李闻 丁璨		
节目评价	《人间世》第二季记叙延续第一季蹲点拍摄、沉浸式记录的手法,秉持着从医院观察社会的制作理念,通过一个个医疗故事反映医者仁心,传播健康观念,讲述当代中国人的情感。在医患纠纷接待室,《人间世》摄制组拍摄了 100 个医患矛盾的案例,从患者和医生不同的角度去分析纠纷背后的真相。		
采编过程	生命吻我以痛,而我却报之以歌。在医院,我们遭遇生死挑战;但在医院,我们同样看到生命的力量。 大型医疗类纪实 4K 纪录片《人间世 第二季》延续《人间世》系列,继续在医院深耕普通中国人的故事,讲述医者最真实而不平凡的一面。以医院作为故事出发的原点,《人间世 第二季》拍摄、记录普通中国人的生死观,呈现面对坎坷、磨难,最为典型与细腻的中国人之间的情感。 摄制组蹲守在瑞金医院医患纠纷接待室,拍摄了 100 例真实发生在医院的医患冲突,以 100 例医疗纠纷为样本,做分析和归纳,以第三方的视角展现对立双方看不到的信息和事实,促进双方的沟通和理解。		
社会效果	《人间世》第二季在东方卫视、腾讯视频、爱奇艺视频同时上线播出后,产生了轰动的效应。《人间世》在网络上的话题热度最高曾排到第二名、相关微博话题阅读超过了 8 亿。《人间世》第二季正片单个网站播放量达到了 1.1 亿。《人间世》第二季豆瓣评分一直维持在 9.6 的高分,高居豆瓣一周华语口碑剧集第一名数月。各大主流媒体纷纷评论,称其作为一档现象级纪录片作品,延续了记录患者之苦和医者之难的真实,继续追问生死、探寻意义,拥有同样催人泪下、感人至深的力量。		

人间世（第二季）
——命运交响曲

【声音】钢琴声（命运进行曲）

【解说】观众朋友们大家好。在影片播放之前，有必要向大家做一声明：本故事纯属非虚构，拍摄时均得到医生和患者的许可。

【字幕】本故事纯属非虚构　拍摄时均得到医生和患者的许可

【解说】过去一年，我无数次穿越过这里。一年里，我们在瑞金医院，蹲守记录了100例真实的医患关系案例。

【解说】如果你近到可以看到他们皱起的眉头、握紧的拳头，眼眶里的泪水，看到医生和患者都在沮丧、委屈和痛苦时，你会深深地感受到：医学怎么这么复杂、这么麻烦，人的命运怎么如此难以捉摸！

【音乐】贝多芬　命运交响曲

【实况】

患者：这个医生是好医生。

沈锦如：我和你说每一天都是这么多人的。

赵卫国：哪有百分之百的疗效？世界上有这种东西吗？

盛医生：像目前这种情况我不知道我能帮你做点什么。

黄梁：医学在病魔面前，真的有的时候显得很苍白。

【片名】命运交响曲

【分集导演】秦博　缪言

【解说】瑞金医院，全国闻名的三级甲等综合性医院。

【特技】病房、门诊、急诊镜头出字

住院　患者满意率94.4%　同比上升0.6%

门诊　患者满意率90.9%同比上升2.65%

急诊　患者满意率92.4%同比上升2.72%

【解说】2017年,住院、门诊、急诊的满意率都超过了90%。即便是这样,医学也很难做到完美。在我们记录的多个案例中,风险时刻存在。

【字幕】1. 风险　"医学永远是一个比例,不是一个承诺。"

【字幕】瑞金医院　神经外科病房

【解说】三叉神经痛,被叫作"天下第一痛",许华琴,忍了10年。

【实况】许华琴:以前这个地方不麻的,现在也麻了。

【字幕】许华琴　神经外科患者　51岁

【解说】她在外院做过两次手术,五年前,病情复发了。这一次做完手术后,她的面部又发麻了。

【字幕】徐华琴丈夫

【实况】许华琴家属:如果还是出现刺痛这种情况,是不是手术是不成功的?

【字幕】赵卫国　神经外科主任医师　上海交通大学医学院附属瑞金医院

【实况】赵卫国:开好刀以后,各种各样的并发症在一定范围内,是不可避免的。

许华琴家属:并发症我也不知道,像我老婆这种病,因为前面动过两次手术,吃了不少苦头。你给我动了手术以后,会不会还会出现这种问题?

【解说】并发症,英文是complication。本身就是混乱、麻烦的意思。它指的是得了一种病,有可能还会引发另一种病。很多并发症既无法预料又难以避免,这让许华琴一家有点难以理解。

【空镜】赵卫国门诊

【实况】赵卫国:什么地方来的?

患者1:河南。

患者2:湖南。

赵卫国:湖南。

赵卫国:宝鸡,效果非常好。

患者3:嗯。

赵卫国:效果非常好。

【实况】各种脸部抽搐的特写

【解说】除了三叉神经痛,面部痉挛也是常见的脑神经疾病。在这里坐一天,你能看到,这可恶的面部抽搐折磨了多少人。

【字幕】教师

【实况】患者4:有时候一上课脸是斜的,我都不知道是咋回事。

【字幕】销售

【实况】患者5:搞经营的,出去见的人很多。一直说话没问题。

赵卫国:停下来就不行了。

患者5:一停下来就不行,停下来我就要先找个地方躲起来。

赵卫国:胸科医院医生,医生自己也生病了,你们自己医生要开刀是不是很慎重?

陈勇:有点怕。

赵卫国:有点怕,那是的。

【字幕】医生

【实况】不要说你开个刀了,就打个针我也怕的。医生开刀肯定要更加慎重。但是,实在是不堪忍受。

陈勇:实在是很困扰。

赵卫国:并发症,没有百分之百的疗效,做不到。

陈勇:这我知道,我也整天跟人家谈话。我也整天跟人家谈话。

【解说】40岁的胸外科医生陈勇,被这种症状困扰了快十年了。无数次给患者做术前谈话的他,这一次坐到了医生对面。

【实况】赵卫国:手术是一个微创手术,但是一个大手术,不是一个小手术。你是医生你知道,全麻大手术,开颅手术。你觉得没问题了,你再签个字,好不好?

陈勇:没问题。

赵卫国:角色转换一下,体验一下。我觉得医生做一次病人还是非常需要的。

陈勇:有必要,有必要。

【实况】赵卫国:来,小张。

小张:I'm coming(来了).

赵卫国:Just please come to do me a favor(来帮个忙).

【解说】在耳后的发际线,钻一个小孔,打开头颅。在显微镜下,逐层剪开脑组织的蛛网膜。

【实况】赵卫国:这是脑表面,这个非常嫩就像豆腐一样,你操作稍微碰到它就会出血了。

【解说】和很多外科手术血肉横飞的场面不一样。脑外科医生的手套是白的。如果不注意,甚至会以为这段视频是静帧的照片。赵卫国就像老和尚打坐,一动也不动,看不到他眨眼,也感受不到他呼吸。他手里的枪镊,在陈勇的脑袋深处,一点点行进。

【实况】医生:你看他有多深,深到这个大脑的最中间。

【解说】找到病根了。一根血管搭在白色通透的面神经上,对它造成了压迫。医生需要将这根血管与神经分开,中间垫上特氟龙垫片。通俗讲,就是家里电线漏电了,要缠上胶带,让它不跑电。

【解说】分开了。由于大脑的神秘性,很难说这样的操作对神经有没有损伤。就像我们拆快递,再仔细,也很难保证胶带纸不会撕坏纸箱子。

【实况】赵卫国:我们那边还有一个。

【解说】病人太多了,赵卫国一口气,可以连着做三台这样的手术。

【实况】赵卫国:Thank you(谢谢).

医生:You are welcome(不客气).

赵卫国:Thank you very much(非常感谢).

【解说】医学并不是一门完美的科学,除了技术和经验,医生有时也需要运气。陈勇这次运气不错。

【字幕】陈勇 神经外科患者 40岁

【采访】陈勇:我之所以前面有这么长时间没有来手术,就是因为我生怕自己滑到那个小概率事件里面去。外科,医学上面,对一项治疗,对一项重大的医疗决策,永远是一个比例,而不是一个承诺。他这个完美的操作,对于某一个患者,能不能(有效)?大家互相理解。

【实况】赵卫国:回去还要保养好。

陈勇:好的。

【解说】术业有专攻,做手术,赵卫国得心应手。面对镜头,手却不知道怎么放了。

【字幕】彩虹家园志愿者 上海交通大学医学院附属瑞金医院

【转场空镜】

【实况】门诊大厅,钢琴演奏

【字幕】2. 资源:"天天要吃饱穿暖,那其他病人怎么办?"

【解说】去医院看过病,这些画面你就不会陌生。这背后,汇聚成了一个词:资源。医院是医疗资源的集中地,但几乎每一家医院都是在资源紧张的情况下努力保证着医疗的水准。

【字幕】瑞金医院 心脏外科

【实况】刘俊:四台手术,三个是体外的,血库通知没有血。其中一个上周已经因为没血停过一次了。没有血对于他来说可能相对风险比较高。

【字幕】刘俊　心脏外科副主任医师　上海交通大学医学院附属瑞金医院
【字幕】赵强　心脏外科主任医师　上海交通大学医学院附属瑞金医院
【实况】赵强：没有血的话，那你们有什么解决方案呢？

刘俊：尽量能够问血库备2个单位到4个单位，然后术中严密止血。

赵强：我们做好血液保护的措施，能够做到不输血或者少输血。医务处、血库再跟他们好好沟通一下。因为鉴于病人的情况还是不稳定，所以我们还是建议尽早手术。

【解说】患者沈平患有严重的心绞痛，需要尽快手术。入院十多天，各项检查做完后，安排好的手术却被叫停了。

【实况】刘俊：今天因为血库通知没有血，所以手术先暂缓一下，希望你谅解。当然，这个在等待的过程当中，病人可能会有病情变化，譬如说一下子心肌绞痛犯了，或者是心梗了，如果这种情况，那么我们就急诊手术。

【实况】刘俊：因为这是我的病人，我肯定是倾向于我的病人，对不对？我们也很无奈。我们经常为了血的问题跟血库争执。用血的顺序肯定是这样的，就像我们器官移植的顺序一样的，肯定首先照顾最急的病人。

【解说】血液资源紧张，只能优先分配给急救病人。而沈平只好继续等。但他的心脏像一个炸弹，不早一点手术，谁的心里都不踏实。

【字幕】沈平妻子
【实况】沈平妻子：我们那个房间，有好几个都是因为没血耽搁了开刀的时间。

【字幕】患者家属
家属：礼拜三没开，礼拜五，礼拜五结果又没开，延到下个礼拜一。

【字幕】患者家属
家属：上个星期的，后来因为没血就放到星期一。星期一还是没血，所以又到星期四。

【解说】我们来到了瑞金医院的输血科。

【字幕】王学峰　临床输血科主任医师　上海交通大学医学院附属瑞金医院

【实况】王学锋：因为现在如果说大家都有充分的血，我们何必把这个血卡着，没有意思的，我们医院去年迫不得已的情况下停下一百多台手术，如果不停的话，造成什么后果呢？急诊没有血，要抢救的患者，那个不是择期手术，跑来不输（血），不输（血）就死。

【解说】在输血科，我们看到，太多人需要血。A、B、O、AB，一个个冰冷的字母，就是一份份希望。

【实况】工作人员：好了，可以了。

家属：可以了。

工作人员：对。

家属：有可能是O型血，然后护士长跟我说好像O型血现在是缺的。

工作人员：对，现在血都是比较紧张的。

家属：O型血。

工作人员：我们现在O型血很紧张，所以让医生跟我们联系。

邹纬（临床输血科主管技师）：我答应你不要紧，再来，我也答应不要紧。后来再答应我没东西可以答应了。谅解我们，不好意思，我接个电话。

【解说】作为这里的主管，邹纬心里每一天都在盘算，手里的这些血要怎么分。外科、内科都要用。

【实况】十八，十九，二十。

【解说】120突然送来的病人抢救要不要用血？有人手术不顺利会不会又要申请手术用血？

【实况】金医生：没血也要抢救啊。

彭医生：那病人死了要不要抢救？

金医生：至少再给我们四个吧。

【字幕】邹纬　临床输血科主管技师　上海交通大学医学院附属瑞金医院

【实况】邹纬：跟家属讲清楚。都重的，不重不要输血的。天天要吃饱穿暖，那其他病人怎么办？

【字幕】沈平　心脏外科患者　60岁

【实况】赵强：医生跟你病人和家属一起冒一点风险，可能需要在没有血的情况下做手术。

【解说】现实就是这样，病人太多了，择期手术的血不够用。但外科医生不轻易低头，没有条件，创造条件也要上。

【实况】刘俊：我知道了，邹主任，我知道你难，你难，我知道，我知道你帮忙。谢谢啊，谢谢。

【解说】刘俊反复争取，只向邹纬要了一袋血。经过科室反复讨论，赵强主任决定将血型相同，手术相似的两个病人手术安排在一起，沈平先做，如果不需要输血，这袋血还可以留给下一台手术。

【实况】赵强：一方面是要保证病人的手术安全，另一方面我们是要节约用血。争取病人能够不输血。整个手术下来，只能用五块纱布。好，开始。

【解说】心脏，是人体血液循环最重要的中心。沈平的心脏上，有三根血管已经堵塞，很容易引起心肌梗死造成死亡。这次手术，医生需要给心脏搭桥，在三根堵塞的血管上分别进行旁路移植,让血液流畅通过心脏。

【解说】少出血,就要快。赵强开胸的同时,刘俊也划开了病人的大腿。

【实况】赵:有的时候一碰就出血了。

【解说】给心脏进行旁路移植的血管来自患者本身。赵强取的是胸骨侧缘外侧1到2厘米处的乳内动脉,而刘俊取的是左下肢内侧的大隐静脉。他们一点点地用电刀烫开皮肤,用镊子将血管剥离。

【解说】人体的血管并不完全封闭,还有很多看不见的小血管紧密相连。为了防止血液漏出,医生需要把这根生命通道上的分支一一结扎掉。

【解说】血管处理完毕,赵强打开了病人的心包。看到心脏了。他们需要在跳动的心脏上直接挥舞手术刀。赵强需要把血管由近端到远端缝合在心脏上,取代病变的血管,使心肌重新获得充足的血供。这就好比一座桥梁可以让公路跨过山川河流,让交通畅通无阻。

【实况】赵强:血压。

医生:100。

赵强:100好。

【解说】第一根。第二根。

【实况】刘俊:血流好的。

【解说】最后的一根。这袋血一直没有用。手术成功了。

【实况】赵强:谢谢。

【解说】不多不少,五块纱布。

【实况】刘俊:我们就像爱马仕一样,纯手工。

【字幕】刘俊　心脏外科副主任医师　上海交通大学医学院附属瑞金医院

【实况】刘俊:中国人的观念本身对献血不是很开放的态度,大学生去献血或者军人,老百姓自动地去献血,现在可能会多一点,但是相对用血量来说可能还是少的。其实病人的病情是会变化的,病情发生变化的时候,你可能变成一个急诊病人了。这种时候往往会产生矛盾。

【解说】省下一袋血,下一个病人有救了。血来得太不容易,医生一点点挤着血袋,一滴也不浪费。

【实况】医生:沈平的家属是?

沈平爱人:对,我就是。

沈平爱人:以后我看到要是献血的话我会动员人家身体好的可以献点血,真的,为大家也为自己。方便大家也是方便我们自己,真的。

【黑场字幕】2017年,上海市献血人次为36.26万人,平均每1000人中有

15人参加献血,其中单位团队献血占比59.6%,目前,上海临床用血处于"紧平衡"状态,特别是高温和春节后,血液供应相对紧张。

【实况】门诊大厅的演奏

【字幕】3.成长:"自己跌倒自己爬起来,我也是这样过来的。"

【空镜】综合接待办

【解说】瑞金医院向我们敞开了处理患者投诉的部门——医务处的综合接待办。

【解说】综合接待办有四位女士和两个男人。男人们听说要上电视,只肯给我们留下后脑勺。后来我们才知道,他们曾经被患者家属在马路上追,撞在了水泥柱上。

【实况】车在前:别拍了,这种东西哪能好拍的?

【字幕】沈锦如 综合接待办科员 上海交通大学医学院附属瑞金医院

沈锦如:我们说的任何话他都给录下来,讨厌,你说是吧。

【解说】这两间接待室,每一个医生都不愿意来。

【解说】综合接待办的刘西英主任告诉我们,医患双方有很多信息并不对称。在接待中,如果预见到可能会发生医疗纠纷,解释和沟通就非常必要,这样一些矛盾就能避免升级,甚至化解。

【字幕】刘西英 综合接待办主任 上海交通大学医学院附属瑞金医院

【实况】刘西英:我们做接待工作,有时也是在两难和两痛的境界里边选择,站在病人的角度上来考虑这些事情。如果出现并发症,或者病情恶化,甚至死亡了,有的家属行为过激可以理解。但是站在我们医生的角度上来说,每个医生都把自己的医疗生涯、自己的声誉看得比生命还要重要,他都希望自己的病人,最好都是痊愈,最好都是百分之百的成功。但是这种情况是不大现实,也不大可能的。所以说这就是医学的缺陷。

【解说】沟通很难。每个人都希望医学不断进步,但是没有人愿意成为进步的代价。

【实况】项捷:尽心尽力地帮你这样弄,虽然结果不是特别好,但我项捷,绝对对得起这个病人的。

【解说】医院不是保险箱,不能仅仅用结果来判断医生的好坏。

【实况】

程东峰:心里还是蛮伤心的。也是付出了很多心血。

患者家属:谢谢程主任,不好意思,我们不是针对你的。

【字幕】程东峰 胰腺外科副主任医师 上海交通大学医学院附属瑞金

医院

程东峰：不好意思，我激动不是因为跟你们谈话激动，我是觉得（想到病人的）一些表情，稍微有些激动。

【解说】很少有医生在病人面前哭。这会被人误会，认为医生承认自己有了过失。但程东峰忍不住了，他为了这个病人，写了46页的病史，开了106页会诊记录，124页的医嘱单。如今，这些努力全白费了。

【实况】家属：我们家这个先生，就他一个手术做了七八个小时。他（程东峰医生）今天做两台手术，真的很辛苦的，真的不容易。而且普遍反映，他的医技和医德都很不错。

【字幕】程东峰　胰腺外科副主任医师　上海交通大学医学院附属瑞金医院

【采访】程东峰：手术像个拳击一样，一拳打倒了，有些病人爬起来很快，有些人爬起来很慢，爬起来又摔倒。作为你的队友，你的家属，是不是和医生站在一个战壕里，我们一起扶他站起来。到最后还是站不起来，是不是能理解这个过程？关键在这个过程。大家都蛮希望能把她救回来的，突然又终止了。

【解说】看多了生死，医生应该比大多数人更坚强、更抗压。但在综合接待办待得久了，你会发现不是这样。很多医生即使在医疗行为中没有过错，依然会内疚。这个过程如此残酷和艰难，却几乎是一名医生的必经之路。

【画面】空镜

【声音】救护车上的时候我跟我妈说："妈，我们回家了，我妈当场就哭了，哭了。"

【解说】2017年11月9日，（某）患者因粘连性肠梗阻在瑞金医院创伤外科做了手术。11月22日患者正常出院，一周后患者腹胀再次入院，动了第二次手术，最终医治无效死亡。

【字幕】黄梁　急诊科副主任　上海交通大学医学院附属瑞金医院

【实况】黄梁：我作为家属，我会提出两个问题：第一个，我这个病人不是恶性肿瘤，不是看不好的病，不是恶性病。为什么在短短的二十几天里面你们做的两次手术，最后病人还走向死亡了？第二个疑问是什么，我作为医生，我也提出疑问。因为我也做了三十年外科医生，粘连性肠梗阻我也看得多了，没有病情进展那么快的，所以我就跟医院提出这个的确很蹊跷，是不是再找一些比我更高的专家来评论一下。

【解说】黄梁是患者主治医生×的上级。我不知道这部影片的播放会对×医生产生多大的影响，所以隐去了他的身份。

【字幕】沈锦如　综合接待办科员　上海交通大学医学院附属瑞金医院

【实况】沈锦如：他还是中等阶段，他还想好好地晋升上去，做副主任，甚至主任一级。现在出了这个事情，对他的打击很大的。

【字幕】2017年12月14日，瑞金医院医疗缺陷委员会专家讨论会

【解说】为了降低或杜绝有可能出现的医疗差错，瑞金医院设有专门的医疗缺陷委员会。这一次，×医生需要接受严格的质询。对疑难杂症的复盘，有时就是医学进步的开始。

【解说】病人入院后，诊断为粘连性肠梗阻。第一次手术时，×医生切除了成团的小肠，把余下粘连的肠子分开，缝合连接。一周后，病人排气排便，顺利出院。出院一周后，病人腹胀再次入院，因为刚开过刀，只能先保守治疗。但病人感染严重，不见好转，只好再次开刀。打开肚子后发现肠子再次梗阻。手术进行了8小时，粘连的肠子一碰就出血，没有办法分离。×医生还想努力挽救病人的生命，勉强把70厘米的小肠拉了出来，做了造口。最后，没能挽回病人的性命。

【字幕】燕敏　普外科主任医师　上海交通大学医学院附属瑞金医院

【实况】燕敏：第一次手术的时候，留下来的肠子你是从头分到底的，分的时候粘连不粘连？

×医生：分到底的。

燕敏：也粘的。问题就在这个地方，我和杨卫平一起碰到过。这是一辈子也不会忘记的。那个病人是43岁一个男性，我印象非常深，没有手术病史，就是粘连性肠梗阻。我们两个人就从头分到底，开完以后，大概是3到5天以后又梗阻了，到一个礼拜左右的时候梗阻就是不能缓解了，然后派出我们最大的张圣道老师和尹浩然老师去开刀，没办法开，全部是一块饼，最后这个病人是sacrifice，也牺牲了。

【解说】专家讨论认为，×医生两次手术的选择和时机，包括入院出院的判断都是正确的，只是两次肠梗阻间隔时间太短，没有给医生太多的机会。

【实况】专家1：第一次手术指征也是对的，你因为保守治疗不好，你做了手术肠子切除包括这个（二次手术）。不太幸运，运气不好，她又粘连，粘连一定会粘连，粘连了又梗阻，又梗阻了以后再出现了一个感染，再感染，而且你是在这样一种机体的状态下面出现严重感染，就是不可逆的。

专家2：你没有原则性的问题。

专家3：这个肯定没有。原则性问题我觉得是没有的。

【解说】×医生没有医疗过错。但家属能不能理解，谁也不知道。

【实况】黄梁：你也不要思想负担太重，老师们讲话就是这样。

刘西英：谢谢老师。

×医生：谢谢各位。

【字幕】刘西英　综合接待办主任　上海交通大学医学院附属瑞金医院

【实况】刘西英：今天全部医生都到场,涉及医生,他们都希望来听一听,我们专家对这个案例怎么剖析的,其实这个过程对我们医生是一个非常好的成长教育的过程。我们真的有问题,我们不回避。该做多少补偿做多少补偿。结果不理想,病人有投诉,医生的思想负担可能比病人家属还要重。

【字幕】2017年12月20日　综合接待办公室

黄梁：说难听一点,像我们做外科医生的,没有一个人说我一辈子没有闯过祸的,没有的,不可能的。但是你闯了祸以后你做鸵鸟,不承认错误,躲在那里,将来还会闯祸,我们是抱着这种心态请专家来判断的,所以我们也想有错误就承认错误,然后我们改进,该给家属什么补偿就什么补偿。但这个整个过程看了以后,我们从医疗常规来看,的确没有明显的错误。

【解说】黄梁和病人家属一点点地讲病情。家属们克制着自己的情绪,没有拍桌子,没有摔门,只是哭着听,努力理解着事情怎么变成了这样。

【实况】黄梁：老天爷没给我们这个机会,我们认为肠通了以后,如果经过半年,哪怕三个月,她好好吃东西营养上来以后,再经历这个事情,她是经得起这个打击的。

患者家属：医生,医术我是不懂的。你的意思就是说,我们尽力了,她的运气不好,是不是这个意思？

黄梁：哪个医生碰到这个事情,他的压力也很重的。因为一个月之内开两刀,最后这个病人还死掉了,连我做30年医生我都要问这个问题,更何况你们家属,你说当时这个医生的思想负担有多重。一个医生看到病人在我面前走掉了,这种心情你们不做医生是体会不到的。给你主刀的这个医生,他也想不通,他大概要比我小10岁。他就问我说,黄老师,如果这个病人你作为我,当时你会怎么处理？我也就换位思考,我如果是他的话,我也是这么做的,我没有想出一个新的想法。

【实况】黄梁：医生做到这个程度,我已经做到白发苍苍了,我越来越感觉到,医学在病魔面前真的有的时候显得很苍白。

【解说】理解,太难了。但最终,家属和医生达成了和解,一起医疗纠纷避免了。

【解说】黄梁和家属谈完,把×医生叫到了办公室。这次他没让我们进去,但录音的设备在他身上。

【录音】黄梁：病人没有异议,因为谈得很清楚了。并发症跟病人的死亡是不可能避免的。但我们要无限度接近零。还有最重要的是要放下包袱,也不要对我们这个行业彻底失去信心,做医生还是很光荣的。

×医生：刀开好了我还蛮有信心的，没想到竟然……

黄梁：我知道。培养一个外科医生不容易，到你这个年纪的外科医生，在瑞金医院做的，也是屈指可数的。那你有今天也不容易。如果就此你躺下了或者不愿意做医生了，我觉得非常可惜。

黄梁：自己跌倒自己爬起来，我也是这样过来的。

【解说】×医生没有把病人救回来，尽管没有人指责他，但他自己的包袱依然很大。两个多月后，他查出来得了甲状腺癌。他躺在自己最熟悉不过的病床上，发了一个朋友圈："一直在做医生的角色，明天就换成病人了。一时之间，有些不大适应。"

【特效】朋友圈

【解说】手术后不久，他又做回了医生。

【解说】这一次的病人是胆总管结石伴梗阻性化脓性胆管炎。手术方案原本采用微创的内镜去处理胆结石，但谁也没想到，×医生又遇到了麻烦。

【实况】×医生：里头有点扭，我感觉。这个地方扭在上面。

医生：这次麻烦了，这个不太好弄了。

【解说】尽管术前做了CT，但手术中×医生发现病人的胆管变异了。原计划的微创内镜手术方案被迫中止。但如果就此放弃，不手术去解决梗阻，病人有休克甚至死亡的风险。

【实况】×医生：做进去之后发现你爸爸这个十二指肠有一个很大的憩室，然后憩室压迫之后这个胆管走形就变掉了。变掉之后再加上CT上面已经看到结石顶在出口的地方，这种情况下我们反复尝试微创是没办法给你解决的。你要是决定开刀，我们就不出来了，就中转准备手术了。

【解说】×医生和家属沟通好，立即准备开腹手术。没想到，病人肚子里又是粘连。

【实况】×医生：哎哟，粘的么。呀，不行，切口，刀。这个太小了，不行。这个太厉害了。

【实况】×医生：这里都是粘的，看到了吗？

【解说】×医生需要克服自己的心理障碍。

【实况】×医生：胆道梗阻，胆囊也梗阻（坏疽）了。真让我说对了，要逆切的。硬得不得了。他本身粘得一塌糊涂，根本不是一般胆囊炎的粘。瓷化胆囊。

医生：让我来。

【实况】韩医生：要么你把这层膜打开了之后再穿，要么先穿一下。我感觉来了之后你胆子就壮多了。

【解说】技术可教，刚毅难学，医生要成长，必须心甘情愿地长时间接受千锤百炼。这一次,×医生经受住了考验。

【实况】韩医生来了,相对来说我胆气就足了,因为万一有什么并发症,有什么危急情况,他可以很好地跟我配合,我可以紧急处理。我们医生来说,还是要尽最大努力帮病人解决问题的。

【画面】×医生在值班室睡觉。

【实况】门诊大厅　钢琴演奏
【字幕】4.医闹:病房那样的场景,年轻的还敢做吗?
【字幕】陈建新
【字幕】朱耀明
【解说】这两位警官是朱耀明和陈建新。为了维护医院正常的医疗秩序,瑞金二路派出所在医院设立了执勤点。当两位警官出现在影片里时,往往意味着故事有了冲突。

【解说】比如,患者投诉时,身后站了一排大哥。仔细看,一个大哥出门时,还多拿了一副墨镜。

【解说】医生准备给癫痫患者服用安定,家属认为医生要害人,一把把安定药品抢走。在警察搜身时,家属跑了。

【实况】蔡老师:干什么你!

【解说】一个人没有病,非要医生说她有病,不给开病假条就大哭大闹。警察盘讯后才得知,凭请假条她可以在前单位领工资,而同时她又找了一份工作。

【解说】让我印象深刻的,还有这个案例:一个烧伤科的病人也是可怜,2014年给人打工,电击受伤入院,后来成了植物人。从此,老板和家属都联系不上了,医药费也没人交。医院坚持给他治疗了快4年,最终患者死亡。家属过来领尸体,但拒绝支付医疗费。一开始,我很同情这家人的遭遇。

【实况】记者:不能想想社会上公开筹筹款,发个轻松筹、滴水筹?
儿子:那个没有发过。

【解说】两天后,他们跪在医院门口,拉了条幅:还我儿子。还我丈夫。这个人还说,之前就是我说的,要给他们钱。

【实况】沈锦如:我说要给你们赞助啊?
医闹:我告诉你,你说的那个孙医生。
沈锦如:哪有孙医生?
医闹:那你录像调出来我来指认。
摄像:沈老师,沈老师,他以为秦博是那个医生。
沈锦如:要死了,是秦博啊!

摄像：那天给你说话的是我们电视台的。

沈锦如：电视台的。

医闹：那我不管的。

【解说】事后查证，这个人是职业医闹。不仅如此，老板联系不上的原因，是给了这家人一大笔医药费，但是不知什么原因，这家人没有把钱给医院，还找了医闹，希望赖掉医药费。

【解说】这样的事情多了，就会撕裂人与人之间最珍贵的东西：信任。

【字幕】2018年6月18日　瑞金医院神经外科

【解说】2018年6月18日，端午节。这是我在瑞金医院拍摄的第100例案例。病人家属占据了神经外科病房，医护人员退守到护士台后的工作间，继续为其他病人配药。

【实况】警察：现在应该讲得很清楚了。

患者家属：你们采取强制措施，110把我们一个个铐走好了。到110那里去。

刘西英：你希望是这样的吗？

【解说】为了维持医疗秩序，警方进行劝离。家属不听劝阻，有人还动手了。

【解说】一瞬间，我感觉自己成了一名战地记者。

【实况】医生：深呼一口气，来，挺住。慢一点慢一点。

【解说】家属来闹事是因为病人出了意外。病人患有一种罕见病，一种罕见病，库欣综合征。由于分泌过多的糖皮质激素，病人全身代谢紊乱，如果不进行干预，病人在五年之内自然死亡率超过50%。

【实况】主刀医生：非常感谢你们，今天没有你们的话……

【解说】病人主刀医生孙青芳希望和所有的家属，进行一次沟通。

【字幕】孙青芳　神经外科主任医师　上海交通大学医学院附属瑞金医院

【实况】孙青芳：为了让家属了解这个疾病，我们逐字逐字地让大家去抄，为什么？太危险了。你怎么住进来的？就是因为我要把前面的病人动员出去，让你再住进来，但是这个病你回家你不会管理的，你怎么办？你给我到卢湾分院，卢湾分院是我自己抢了一个主任，到那里头你们去打听，我是没有工资的，又要让后面的病人能够进来开库欣（综合征），开其他的肿瘤，而我们的病人能有一个安全的途径去到卢湾分院去住。他给我打电话，我第一句话就是，你怎么走了？拉肚子不能走，一定要到卢湾分院，你难道你忘了我跟你说？

患者家属：谁知道卢湾分院在什么地方啊？我们都不知道卢湾分院在什么地方。

孙青芳：我喝口水我真的很难过的。

【实况】孙青芳：这是我个人印的名片，告诉大家怎么走。我们为了让病人去，发了定位图，直接就用最通俗的话，从瑞金二路出来怎么左转，怎么右转，到几楼，到什么地方，这个工作绝对不是今天在这想起来，杜撰一个。大家看我一个手黑一个手白，为什么？就是我要从这边骑自行车要骑到卢湾分院，我在这边的时候有树荫，我这边手是白的，我这只手是黑的，我长年累月就这样骑过去骑过来，这边一有事，我第一时间就过去。我们管理库欣病人确实是有难度，但是我们真的是没有让病人走的。

【解说】病人手术后，激素水平下降，需要缓冲和适应的过程，因此术后管理非常重要。但这是一个相对长期的过程，病床有限，为了救更多的人，这类病人符合出院指征后，医生会安排他们去附近的分院进行术后观察和治疗。

【解说】家属没有听从医生的意见，出院后直接回家了，病情发生变化，再抢救也来不及了。

【实况】孙青芳：我希望大家给做库欣（综合征）的医生留好足够的空间，我们后面还需要有年轻人跟进，你们想想看病房那样的场景，我们的年轻人还敢做吗？万一后面没人去做了，瑞金只要一句话就可以了，"我没有床"，我们库欣病人就进不了瑞金医院了。这个是我们做库欣的年轻医生，我们每天在鼓励他。大家这样地去弄，就没有人接下来敢做了。

【实况】刘西英：刚才孙主任讲的过程，你岳父一句话都没有反驳掉。事情认不认，大家都心知肚明。至于下一步怎么解决，也给我们一个时间，你们也商量一个时间。

【解说】很多家属听明白了，他们不闹了。一个瘦小的医生，推心置腹一番话，把他们劝退了。

【空镜】樱花
【字幕】5.感谢："我希望和你成为永远的朋友。"
【字幕】陈建钧
【字幕】黄宗进
【解说】影片最后出场的两个人，一个叫作陈建钧，一个叫作黄宗进。他们是瑞金医院8号楼的保安。这幢两层小楼，建于1921年，具有法国文艺复兴特征。但是病人们并不关心这些，也不在意旁边的樱花已经开放。他们在意的是这里是医院的行政楼，领导在里面。

【解说】很多病人要去这幢楼里找领导。他们是来送锦旗的。这是中国人表达善意的特有方式。表扬一个人，要让他的上级部门知道。陈建钧和黄宗进每天都在阻拦这些人闯大门，否则领导们每天收完锦旗，也要下班了。他们登记好家属和医生的名字,然后说会给领导看,这些人就将信将疑地把锦旗送回了病区。

【解说】有一天,一个病人不想按照预约时间拿病历单,赖在地上不肯走。在他熟练地拨打投诉电话的这段时间,三个送锦旗的患者依次出现了。

【解说】事实证实,感谢医生的还是多数。他们怀着最朴素的情感,以各式各样的方式,感谢医生对他们的帮助。盘子、水晶杯、字画、手工。

【特效】锦旗特效

【字幕】患者家属

【实况】患者家属:这个医生实在是太好了,如果没有他的话,我女儿小命都没有了。

【特效】锦旗特效

【实况】患者:从来没有这么感动过。我不是讲假话,我跟我老公说,我的身心受到创伤,但是我的精神这次很满足,真的很满足。

【解说】负责任最苦,尽责任最乐。没有哪个职业能像医生这样,对这句话有切身的体会了。

【实况】赵卫国:我每个星期要游泳的,我是游泳健将!

【解说】赵卫国去外地开会住酒店,总会问酒店有没有游泳池。不知道的人,会以为瑞金医院的大教授讲究排场。但了解他的人都知道,他为了保持左右手协调,保持气息平稳,坚持游泳几十年了。

【解说】自由泳、蛙泳,还有难度颇高的蝶泳。赵卫国用几十年的自律,让手术的风险降到最低。即便是这样,并发症的风险依然会存在。

【解说】沈平出院了。

【实况】赵强:早日康复,谢谢你们,谢谢你的信任。

【解说】瑞金医院输血科的人每天依然在"打鸡血",忙于把有限的血液资源分配得更合理。我们给邹纬送了一幅画,祝他早日摆脱地主家也没有余粮的窘境。

【实况】邹纬:不同的岗位,做不同的事。一切目的就是病人平平安安的。

【实况】×医生:脸并不重要,关键是病人能好就好了。还挺像的。

记者:都没给她爹一个正脸。

【解说】×医生有一个女儿,我不知道怎么去和她解释,她的爸爸没有做错事,上电视却不能露脸。其实,她的爸爸完全可以拒绝这次拍摄,因为这对他只有风险却没有好处。她的爸爸很勇敢,他知道,×医生不仅仅是他自己。他这样选择,是希望社会对医生面临的挑战和风险多一分理解。这样,会有更多的医生在奔赴救死扶伤的战场时,心里没有杂念。

【实况】患者家属：程医生，谢谢你。

【解说】在综合接待办流眼泪的程东峰医生，太劳累了，脸上写满了忧郁。我们送了他一幅画，希望他能笑起来。

【实况】程东峰：哟，这是送我的吗？谢谢，很像的。

记者：愁眉苦脸的，我说还是把你往上扬一点！笑一笑。

【解说】当天，他就把微信的头像换掉了。

【解说】为了救治更多的病人，孙青芳医生依然走在瑞金医院和卢湾分院的林荫路上。

【实况】孙青芳：好好地休息，还有开好刀不能急着回家。知道吗？好不好？

女患者：好。

【解说】在我苦苦思索用什么样的解说词来结束影片时，电视上正在播放着俄罗斯世界杯的决赛。法国和克罗地亚正在激烈角逐着象征足球最高荣誉的大力神杯。我在手机上点开了一个足球视频，这样做是因为我实在写不出什么像样的文字。这段视频里的球员是梅西，他所在的阿根廷队早已在世界杯上被淘汰出局了。但这段视频不是他进球的片段，也不是他最好的助攻，更不是那些匪夷所思的过人。而是他不停地遭受着各种各样的犯规，但在每一帧的画面里，他都努力地向着球门的方向跑，眼神一刻也没有离开足球。

【解说】我一下子就被他震住了，我发现，他拼尽全力来确保比赛不被裁判干扰，确保对方球员不会因为犯规得到黄牌，甚至在禁区里，他都不会摔倒去要点球。如果想要赢比赛，只要利用规则就能办得到，但他像是被人洗了脑，只想着要把皮球送进球网。这段视频我看了很多遍，那种深陷在自己的世界里心无旁骛的样子，我在瑞金医院里看到过。那是一次病人大出血，医生撅起屁股，拼死用拳头堵住伤口的时候。

【解说】那是正在手术室抢救病人的医生突然得知，病房里有人也要抢救，两条人命危在旦夕，医生只能和死神奋力一搏的时候。

【实况】彭医生：血管钳。

金医生：体温要监测一下。

彭医生：所有的液体都要。

【解说】那是一个双胞胎的妈妈，被诊断为感染性心内膜炎，不得不做心脏手术。

【实况】赵强：准备除颤了，现在跳回来了。

赵强：好，谢谢。

【解说】一台手术三条人命,最终一个都没有少。

【实况】患者家属:怎么区分啊。

【解说】这就是我的想法。即便你很难避免别人对你犯规,但真正热爱医学的人,不会因此丧失热情,也不会利用规则、知识,保护自己,放弃病人。

【实况】医生:我们睡一会儿,好不好,睡一会儿。

【实况】患者:叫一声啊。

患者:妈。

患者:哎。

患者:稳定了。

患者:好了一点。

【实况】患者:住两天病房,好了就可以回家了。

【实况】患者:谢谢你啊,谢谢你。

【实况】沈锦如:大家齐心协力。

程东峰:医患本身就是朋友,对吧!

患者家属:我希望跟你做永远的朋友。

【解说】樱花落下阵阵花瓣,这些花瓣被人们踩在脚下,却把香气留在了那里,这就是宽容。

【黑场字幕】

2018年10月1日,我国正式施行《医疗纠纷预防和处理条例》。

2019年度广播电视奖(电视节目)
参评推荐表

作品名称	城市晚高峰：老年人孤独，不容忽视的"痛"		
作品长度	14分27秒	节目类型	电视新闻专题
播出频道(率)	上海广播电视台新闻综合频道		
刊播栏目	新闻坊		
播出日期	2019年8月16日		
主创人员	刘惠明		
节目评价	通过一条并不热闹的"热线"，用细腻全面的表现方式，展现了老年人普遍存在的孤独心理。报道内容翔实，采访到位，抓住了电视新闻的独特优势，具有较强的感染力。		
采编过程	记者花大力气寻找了两对通过热线结对的老人，用镜头精心记录下发生在他们身上的感人故事。在现场采访中注意引导，展现了老年人渴望得到关怀和平等对待的心境。		
社会效果	以小见大，深刻剖析了老年人心理孤独的社会现象，呼唤社会以平等的心态帮助老年人走出心理阴影，具有一定的社会影响力。		

城市晚高峰：老年人孤独，不容忽视的"痛"

[导语]

（晔）：要减轻孤独感，很多时候需要老人自己主动找乐子，但对于高龄老人来说，身体等方面的原因，让他们不能走出现状，反而变得越来越孤独。在黄浦区，有一条专为老人设立的"孤独热线"，它默默存在了十年的时间。这条电话线的两头，分别是谁？十年里，又发生着怎样的故事呢？

【实况：我朱妹妹，侬好吗？刚刚去打针打过了吗？哦，老头儿呢？好咯，侬也应该睡一会儿。】

上午，黄浦区心悦夕阳服务指导站瑞金二路街道关爱老人心理孤独热线，志愿者朱妹妹正在根据联系手册与社区老人电话联系。与其他热线电话不同的是，这个热线电话不光是打进来，还要打出去。每打完一个电话，朱妹妹会记录对方的基本信息，个别无人接听的要标注清楚。厚厚的记录本，因为每天被翻阅，边角层层卷起。

【采访：这个老人到敬老院去了，我们就在旁边注一下她到敬老院去了，下次与她子女联系。如果好的，我们就放心了。】

热线电话志愿者有20多人，每两个星期值班一次，遇到不值班的时候，志愿者会上门结对老人家，与老人谈心交流，进行心理沟通。

新安路141弄的孔锦心老人今年已经87岁了。自从前几年老伴儿去世后，家里一下子冷清了许多。

【实况:从老人的角度来讲,也觉得要有人欣赏。我们老人现在不是说蹩脚得一塌糊涂,也有自尊心。关心关心自尊心也有了,我觉得我们不是被别人丢在一旁的,也是有人看得起的,朱阿姨(志愿者)我们也互动的,有时候我也讲她的,善意一点提意见。】

【采访 独居老人 孔锦心:凭良心说,我与她结对真的蛮开心的。互相帮助,你们不要把老人一天到晚看得是孤独寂寞,不是这样子的,其实你们多关心一点,老人精神面貌就来了呀。】

【采访 独居老人 孔锦心:觉得这个社会还是有温暖,还是有人来关心的,这个关心还是比较实在的,这样子我觉得晚年就比较放心。】

如今,老人还把家里的钥匙交给了朱美玲,户口本、存折、银行卡、社保卡等放在哪里都告诉了朱美玲。

[导语]
(黄):不要看现在孔阿婆把户口本、社保卡,统统交给朱美玲。6年前,她们刚结对子的时候,完全不是这样互相信任的情况。
(晔):这位孔阿婆也是很有个性的一位老人,她说一开始她对志愿者没有太大的好感,甚至有些反感,因为在她的印象里,好像志愿者都是居高临下施舍帮助的,她很抗拒这种形式的结对服务。
(黄):虽然孔阿婆的态度强硬,但是朱美玲并没有一开始就放弃,在与孔阿婆的相处过程中,始终坚持"保密""平等"的原则,孔阿婆就觉得这个志愿者有点不一样,她是从心里尊重自己,并没有摆出同情者的姿态。
(晔):慢慢地,两个人无话不谈。现在孔阿婆一直半开玩笑半认真地说,她现在唯一的亲人就是朱美玲了。
(黄):和朱美玲一样,在电话另一头的志愿者,几乎都没有心理学或者护理专业的背景,她们更多地依靠同理心,为老人排遣孤独。这里,还有一位志愿者也挺有故事的,她就是朱妹妹。
(晔):朱妹妹,是热线电话接听员里年纪最大的志愿者,今年已经79岁了。有的时候,她会在电话里听到对方这样说,"你不懂我们年纪大的人的苦",每次遇到这样的情况,朱妹妹会笑笑说:"我年纪比你还大呢!"也是听到了这句话,电话另一头的老人慢慢放下戒备,吐露了心声。

（黄）：除了寻求精神慰藉,社区里老人们还把热线当成救助电话,志愿者们也是竭尽全力为老人寻找到解决急难愁的方法和途径。

【实况："姚老师,今天我来看看侬呀。""朱阿姨,侬好侬好,谢谢侬,蛮好啦。""可以呃,希望侬长寿哦!"】

朱妹妹和92岁的独居老人姚慧芬结对已经有好多年了,两人一聊起家常来总没个完。而最初朱妹妹打开老人心结的就是因为保姆的问题。

【采访 独居老人 姚慧芬：（原来的保姆）事体也不会做的,手机看看,零食吃吃,打扮打扮,没有办法照顾我的,我心里面蛮烦恼的,自己也不能动。】

【采访 志愿者 朱妹妹：（我）来了好几次,她总是不开心,我想怎么回事,她应该是蛮开心一个人,她是老师,想得通得很。后来她儿子也来了,说这个阿姨不行,这怎么办呢？我们就说想想办法看。】

后来朱妹妹多方联系,物色到了一位适合老人的保姆,一直做到现在。而已经年近八旬的朱妹妹,也因为成了志愿者,得到老人的认可,越活越年轻,工作起来也是越来越得力。

【采访 志愿者 朱妹妹：我自己觉得我没有80岁的样子,我的心态与他们70多岁的差不多,关心老人就是关心我自己,他们开心了我也开心了。我家里也有老人,老头子也80多岁了,但是他很支持我。像今天我（做志愿者工作午）饭没有吃（做）,他说不要紧不要紧,饿不死的,随便你,就这样,所以我也蛮放心的。】

[导语]

（晔）：这条老人心理慰藉热线,并不是最近才有的,2008年就开通了。志愿者是从街道老年协会1000多名志愿者当中精挑细选出来。因为都是"草根"出身,街道就为他们提供培训,让他们有技巧地和老人接触。

（黄）：寒暄、聊聊家常、一日三餐以及老人的身体情况,在旁观者的角度,几乎每一通电话里,无外乎都是些鸡毛蒜皮的事情。看起来特别简单,但是,这电话一打就是11年,从不间断,却是普通人难以坚持的。

（晔）：孤独热线的发起人浦骏说，从 2008 年到 2018 年，孤独热线相继在黄浦区十个街道设点，超过 37 万人次的老人通过热线接受心理服务，大约有 2000 例重症心理个案被热线成功化解。

（黄）：以瑞金二路街道的这个热线指导站为例，每个工作日，志愿者大概要拨出 50 个电话，这个频率基本上可以保证辖区内的孤老、老人，每个月至少接到一次电话。

2019 年度广播电视奖(广播电视节目)
参评推荐表

作品名称	江苏响水一化工企业发生爆炸　现场不断有伤员被救出		
作品长度	2分41秒	节目类型	电视长消息
播出频道(率)	东方卫视		
刊播栏目	《看东方》		
播出日期	2019年3月22日		
主创人员	冷炜　胡苏青		
节目评价	画面震撼,现场感强,摄制组不畏艰险,职业精神可嘉。报道未只浮于表面,而是通过对现场的观察与求证,了解到了灭火救灾的难度,以及火情为何持续数小时不灭的原因。同时记者现身说法,结合现场救援及个人感受,有效化解了外界当时对于现场疑似危险品泄漏等问题的顾虑,起到了正面舆论引导作用。		
采编过程	作为第一批进入事故最核心现场的电视媒体,摄制组第一时间记录报道了救援的最新进展,充分发挥出视频优势。记者与摄像彻夜未眠,坚守现场,并凭借多年现场报道经验,分析救灾形势,及时答疑解惑,展现出优秀的专业功底。此外,考虑到新闻的时效性,记者全程出镜串场,并在第二天早新闻时段就推出了第一批最新的报道,也充分体现出新闻工作者的职业素养和态度。		
社会效果	这篇记者观察式报道凭借贴近现场等特点,成为当天国内各大媒体中为数不多的直击事故救援进展的报道,被多家省市媒体、兄弟单位及互联网平台采用转发。此外,报道也被剪辑成短视频同步在网络平台上刊播,反馈较好,对正面舆论引导也起到了积极的作用。		

江苏响水一化工企业发生爆炸现场不断有伤员被救出

[导语]

目前,抢险救援工作仍在继续,来看东方卫视记者于今天凌晨,在现场发回的报道。

【出镜】东方卫视记者　冷炜·江苏响水

现在已经是接近3月21日的12点,也就是3月22日的凌晨,距离爆炸已经过去了九个多小时,但是在近距离的现场我们可以看到,现在这个是刚刚看到的一位被搜救出来的被困人员,那么距离爆炸九小时之后呢,我们现在看到还是不断会有伤员,从现场搜救出来。

【出镜】东方卫视记者　冷炜·江苏响水

我们在现场近距离地发现,火势并没有能完全扑灭,其实在我们这个位置,距离这个起火点,应该是在30米到50米之间,从这里可以清楚地看到,现场仍有数条水龙,对着起火点,仍在进行攻坚作业。

【实况】消防员

12,听到、听到,穿好了。穿好了就过来,穿好后赶紧过来,过来以后可以拖着过去的。好的、好的。注意安全、注意安全,好的。

【出镜】东方卫视记者　冷炜·江苏响水

现在是凌晨的一点钟,现场的抢险工作仍然在继续,而通过我们在这近距离也能看到,我身后的这一个,是整片事故现场起火点火势最大的一个区域,而我们在现场也了解到,为什么到现在现场的火势还是相对较大呢?因为据现场的消防队员跟我们解释,这里面苯的物质是很难用水扑灭的,所以现场现在需要采用的是,让这个现场的起火点冷却的方式,所以也就是意味着要把这里面的化学物质给烧干净,让这个火势控制住,可能才真正地把这个抢险工作告一段落。而此外呢,外界可能也一直很担心,这个苯的化学物质是否会对现场的空气造成污染,但是我们在现场看到,不少的抢险队员也并没有戴口罩,而我们所在的位置,可能由于风势较大的原因,我们也并没有闻到特别猛烈,或者特别刺鼻的气味,那么具体的情况还是要有待进一步观察的。

【出镜】东方卫视记者　冷炜·江苏响水

此外我们也留意到,现场来了不少兄弟单位的,或者消防的队员们和指挥官们,现在在我们边上也可以看到,这是来自泰州市的公安局消防支队,他们正在等待下一步的命令,此外据我们了解到,仍有不少的消防车,救援的人员,现在也正在往现场赶来的路上。

三　等　奖

2019年度广播电视奖(广播电视节目)
参评推荐表

作品名称	特斯拉上海超级工厂建设神速　中美联合项目组全力冲刺		
作品长度	1分21秒	节目类型	电视短消息
播出频道(率)	新闻综合		
刊播栏目	新闻报道		
播出日期	2019年7月18日　18时39分09秒		
主创人员	陈慧莹　丁元骐　张鹰		
节目评价	作为一条独家新闻,本片不仅回答了大家关心的特斯拉本身建设进展,还第一次从外籍专家口中得知,上海的超级工厂的确是建设神速,从全球来看,也是绝无仅有。		
采编过程	特斯拉超级工厂从建设开始,就从不允许任何媒体探访,在这之前,外界一直只能从航拍里看一眼崛起的厂房。依然保持着新闻热情的时政记者,跟随市委领导在外围视察时,瞅准时机,争取到进入工地厂区的机会。这可以说是媒体首次也是目前唯一一次拍摄到特斯拉超级工厂的内部情况,将中美联合项目组的阵容呈现给大家。		
社会效果	报道终于让特斯拉从"空中"进入"地面"模式,播出后各种新媒体和朋友圈里纷纷转发、评论。		

特斯拉上海超级工厂建设神速 中美联合项目组全力冲刺

【导语】

昨天,我们的节目报道了特斯拉上海超级工厂年底将具备投产能力。这样的速度,除了上海相关部门的支持外,也离不开中美双方工程、设计团队高效的付出。今天,本台记者首次探访了上海超级工厂的联合项目组,他们正在全力冲刺。

联合项目组由 140 多位中方员工和近 30 位外方员工组成。为了支持上海超级工厂的建设,特斯拉总部从全球调派工程师来到临港,进行技术支持。他们参加过不少工厂的建设,但对于上海超级工厂的工程速度还是十分惊讶。

【丹尼尔　特斯拉全球 Model 3 项目产品经理:能参与这个工厂建设,感到很兴奋,这个工厂的建设速度是不可思议的,这不仅是特斯拉建设最快的一个汽车厂,我想在中国的建厂速度中,也是数一数二的。】

特斯拉上海超级工厂一期土建已基本收尾,目前进入室内机电设施安装阶段。一期生产线建成后,将具备 15 万辆 Model 3 的年产能,按照计划,今年年底就将投入生产。Model 3 作为特斯拉继 Model S 和 Model X 之后的一款新车型,集聚了之前两款车型的优势,续航里程达 600 千米,且具备自动驾驶等功能,无论科技性还是安全性,都很值得期待。

2019年度广播电视奖(广播电视节目)参评推荐表

作品名称	"金特会2.0":未签署协议　期待进一步接触		
作品长度	1分21秒	节目类型	电视短消息
播出频道(率)	东方卫视		
刊播栏目	《看东方》		
播出日期	2019年3月1日 07:16		
主创人员	张经义、严相莉、杨颖杰		

节目评价	自2018年年初以来,半岛关系回暖、朝美关系缓和的新闻热度就不断升温。2018年第一次金特会之后,何时举行第二次会晤的悬念直到2019年年初才揭开,其受关注程度也是可想而知。为此,东方卫视美国报道团队从华盛顿飞往越南河内,对这一"大事件"的成功报道志在必得。在连续多天的报道中,虽然金特会2.0无果而终,但前方报道团队在最后一场新闻发布会上,获得宝贵的提问机会,为整整四天的报道圆满点睛,也为金特会3.0埋下伏笔。
采编过程	见证朝美领导人对话、亲临新闻现场收集第一手资料、争取到独家提问机会,对一条电视短消息来说,已经意味着成功了一半。短短的81秒的短消息,提纲挈领,抓住金特会2.0的关键和要点;作为点睛之笔,"下次金特会将会是什么时候"的提问,让一场没能取得积极成果的会晤,依旧留存着希望;也突出了中方的推动作用。
社会效果	报道所取得的收视效果没有辜负期待,开始播放这条新闻时,收视率已经升至1.4,半分钟后更是达到了整档新闻的次高点1.7(当天东方新闻最高瞬间收视率为1.8)。与此同时,该条报道得到了编后会的特别表扬和肯定。此条短消息,在短短不到一分半的时间内,动态梳理金特会2.0的前因后果,作为一条国际时政报道,实属不易。

"金特会2.0":未签署协议期待进一步接触

[导语]
朝美领导人第二次会晤昨天(28日)提前结束,双方分歧依旧。

28日上午,会谈再次进行。

(记者VS金正恩 朝鲜最高领导人:
"金委员长,您已经准备好弃核了吗?""如果没有准备好,现在我就不会坐在这里了。")

但双方在无核化定义、弃核步骤和解除制裁方面仍存在分歧,最终,未能达成一致。

(上海东方卫视记者:请问下一次美朝领导人会晤会何时进行?很快,还是要等一阵子?)

(特朗普 美国总统:
也许要等一阵子,我也希望能很快见面,但这也说不准。今天也不是不能达成协议,但协议必须让各方都满意,我们之间还有很多选项,只是签协议还不成熟,我们更希望大家都满意。)

特朗普也感谢了中国对此次会晤所给予的支持。

(特朗普　美国总统：

感谢中国,我们曾经多次进行了很好的沟通,打算做一些特别的努力,我也随时准备着为达成协议而努力。)

(东方卫视记者·越南河内：

朝鲜半岛和平进程每一步都来之不易,想实现朝鲜半岛无核化和各方关系的正常化,一两次的会晤不可能全部解决问题,还需要来自各方的持续努力。东方卫视看看新闻记者越南河内报道。)

2019 年度广播电视奖(广播电视节目)
参评推荐表

作品名称	周冠宇首驾F1飞驰上赛道　中国车手步步接近F1		
作品长度	3分20秒	节目类型	电视长消息
播出频道(率)	五星体育		
刊播栏目	体育新闻		
播出日期	2019年4月14日		
主创人员	记者　夏菁　文劼　万齐家　　　摄像　陈玮		
节目评价	本片的切入点具有现场感和新闻性,整个报道由点及面,采访充分,资料丰富。除了对本人故事的深入挖掘外,也加入了国际赛车界对这位年轻中国车手的看法,使得这个在特殊时刻、特殊场合的特殊人物,变成了F1千站这个大概念的具体呈现。		
采编过程	F1千站是特殊时刻也是一个宏大的概念,如何讲好这个故事可以有多种方式。记者找到了特殊的切入点。从正赛当日的暖场跑圈活动开始,以土生土长的上海车手周冠宇在家乡赛道代表F1车队开车的新闻为由头,随后在F1千站举行的一周里,跟踪拍摄他在上海的各项活动,进行多次采访。通过周冠宇的个人成长经历,讲述F1中国站16年带给他的影响和机遇,由个人典型展现F1进入中国后给中国赛车带来的改变。		
社会效果	2019年F1中国站恰逢F1千站,对于才刚刚进入赛历16年的中国站来说,这个时刻尤为特殊。本片选取了同上海、中国站、F1这几个要素都关联的特殊人物——上海车手、F2车手周冠宇,通过他的成长轨迹讲述他同F1中国站的渊源,以及在赛车大环境改变的过程中,一步步抓住机会向F1靠近的过程。从一个人物身上,反映出中国赛车、F1中国站和F1的变迁。		

周冠宇首驾 F1 飞驰上赛道
中国车手步步接近 F1

【导语】

F1 一千站在中国举行,千载难逢。生逢其时的中国车手,也迎来了一个重要时刻。今天正赛开赛前,正在征战 F2 锦标赛的中国车手周冠宇,驾驶 F1 赛车驶上赛道。这是周冠宇第一次在家乡赛道跑圈,也是 2013 年马青骅驾驶卡特汉姆赛车参与练习赛之后,第二位在上赛道驾驶 F1 赛车的中国车手。

雷诺赛车上的"上海印章",车手头盔边的小国旗,在镜头里总是一晃而过,但当周冠宇完成三圈飞驰,披上国旗的时候,所有人都知道了这是一位来自中国的本土车手。

(周冠宇:今天真的是属于我自己难以忘记的一刻,当我脱下头盔站在赛车上,拿着五星红旗,全场都为我欢呼,沸腾的感觉就是非常感恩感谢,也有点感动,这次机会非常难得。)

能在 F1 千站官方活动中亮相极为不易,在他之后参与赛道路演的可是 F1 世界冠军达蒙·希尔。而在一天前,周冠宇还曾驾驶同一部赛车,在新天地完成了中国历史上的第一场 F1 路演。几个历史时刻,都将这个年轻人推向了世界。他也被誉为目前距离 F1 最近的中国车手。

(切斯·凯里:他现在正在参加 F2 锦标赛,这是最靠近 F1 级别的赛事,今年 F1 比赛刚刚吸收了三名从 F2 晋升的车手。目前来看他显然证明了自己,他距离 F1 只有最后一步了。)

1999 年出生的周冠宇其实是和 F1 中国站一起成长起来的车手,2004 年首届比赛,正是他到场观看的第一场 F1 比赛。

(周冠宇:那一年的话是 5 岁左右。觉得引擎非常响吧,很刺激,内心也会有一些害怕。当时我也是在上海直道的看台,看到所有 F1 车手,在赛道上飞驰的感觉,超车,领奖台,香槟,我就觉得我自己将来也要成为像他们一样的车手。这里也是我梦想开始的地方。)

连续几年现场观赛后,周冠宇在 8 岁开始了卡丁车练习,之后一路飞速成长。2013 年他摘得欧洲卡丁车系列赛冠军,之后进军单座赛车领域,在意大利 F4 锦标赛中斩获年度亚军。去年在欧洲 F3 锦标赛上,他又在波城和霍根海姆两次夺冠,成为 F3 赛事里首个登上最高领奖台的中国人。今年周冠宇成为雷诺 F1 的发展车手,参加 F2 锦标赛。揭幕战冲刺赛中拿到第四,创造新秀车手最好成绩。比赛期间只要时间不冲突,周冠宇总会回上海看 F1 中国站,只不过如今他的座位已经从看台变成了对面的车队工作 P 房。

(周冠宇:从看台到 P 房,就可能过一个赛道这么近,但是会发生很多吧。在这个过程中最难的可能是你一定要坚持吧。我现在所做的就是在我自己的领域中,自己的赛事可以取得,不仅是中国最好的亚洲最好的成绩,也希望以一个中国人的面孔,中国车手,向全世界全欧洲最优秀的年轻车手证明,我们中国人也可以。F1 已经有一千站了,我希望自己会到接下来的一千多少站里面吧。)

11 年的努力让周冠宇被赛车界认可,也因此才得到了本周在 F1 千站中的诸多机会。除了驾驶 F1 赛车外,他还和 F1 车手一起参加了车手见面会,并参与雷诺备战会议,共享比赛数据,为今后比赛铺路。只要能拿到超级驾照,F1 就将为他打开大门。

【字板】
大屏:周冠宇
角标:F1·逐步圆梦

周冠宇:雷诺 F1 车队发展车手
切斯·凯里:F1 世界锦标赛集团执行总裁

2019年度广播电视奖(广播电视节目)参评推荐表

作品名称	记者关注：初中学生"参政议政"！"校门口"的调研报告走进政协专题会议		
作品长度	4分57秒	节目类型	电视超长消息
播出频道(率)	上海教育电视台		
刊播栏目	《教视新闻》		
播出日期	2019年9月23日		
主创人员	陈菁楠　申宁		
节目评价	初中学生"参政议政"是一个有新闻眼的话题。因为一般觉得小孩子管好读书学习就行了，政协啊，提案啊什么不是他们操心的范围，但这个选题中的中学生不但在学校的模拟政协中做出了像样的调查报告，还真正走进区政协会议，并且得到有关部门的回应，这是很难得也很有示范意义的。毕竟，少年强则国强，年轻学子对社会问题的关注是我们还很欠缺很需要鼓励的一块。		
采编过程	这条片子的拍摄过程是比较曲折的，选题我觉得很有价值，但联系后学校配合度不高，因为担心媒体过于突出个人而忽视团队，我做了很多沟通说服的工作，让学校放下顾虑，相信我们是专业的媒体会做好全面准确的报道。对于怎么拍我也提前动了很多脑筋，因为这个新闻事件其实是已经完成式的，那还能拍什么。于是就导演设计了一些场景，在校门口做一块禁烟的牌子，打印了一叠禁烟的倡议让同学向等候接娃的家长发放，这样能够有合理的画面展现，也比较生动地引出同学们参政议政走进政协的故事。		
社会效果	学校非常好评，后续跟进媒体也不少。		

记者关注：初中学生"参政议政"！"校门口"的调研报告走进政协专题会议

【导语】我们都说，少年强则国强。在闵行区浦江第一中学里，就有这么一群穿着校服的初中生，他们打破了学生只要顾好课本作业就行的成见，用自己的课余时间展开课题调研，关注身边的民生小事。翔实的数据、大量的问卷、合理化建议……一份份调查报告新鲜出炉，甚至走进了闵行区的政协专题议政会。

【配音】这个学期以来，在闵行区，不少接送孩子上学放学的家长都收到了一份倡议书。

【采访】家长
跟我说不要在学校门口抽烟，(你支持吗)，我支持。
远离二手烟，也希望自己孩子周围不要有这种现象出现。

【配音】家长们都对家校携手，共创校园门口无烟环境表示了支持，不过在采访中，记者意外地发现，这份由闵行区卫生健康委员会、闵行区教育局联名发布的倡议书，竟然有一个特别的缘起。

【采访】家长
这边浦江一中小朋友自己提倡的，给闵行区卫生健康委员会提出的一个方案，特别棒。

【配音】还在读书的初中生竟然可以参政议政，推动政府部门的倡议？这要从几个月前,浦江一中模拟政协活动的开展说起。

【采访】上海市闵行区浦江第一中学初三年级组长　李瑞菊
正好结合现在中考,小朋友要了解一些,比如做一些报告啊、关心社会啊等等。于是就考虑"走近政协"的这样一个活动,从身边,先从小事情开始。

【配音】"小委员"们在老师的指导下,纷纷从身边出发,寻找与民生紧密相关的调研主题,他们观察的细致、思考的敏锐令老师也大感惊讶。

【采访】上海市闵行区浦江第一中学初三年级组长　李瑞菊
确实你会发现,他们给到的议题,作为大人来说,可能正好是自己忽视的,没有想到的一个视角。比如说他们还关注到了新的垃圾分类的一些问题,以及路面上放置垃圾桶的一些问题,以及养老院的老人的床位的问题,他们都有涉及。

【配音】《关于校园周边上学放学时段控烟的建议》正是其中的代表。

【采访】上海市闵行区浦江第一中学学生　甘子淳
在校园门口看到有人吸烟,并且烟雾非常浓烈,我觉得这期间内,家长和学生都会暴露在二手烟的烟雾中,非常不好,因此我就向组内的同学提出了这个想法。

【配音】确定了主题后,同组的小伙伴们分工合作,通过问卷调查、实地走访等方式深入了解问题,同时为自己的课题搜集事实依据。而过程中,不断地克服困难,调整策略也让他们收获了许多课堂里学不到的知识。

【采访】上海市闵行区浦江第一中学学生　诸培婷
其实当时我们在设计问卷的时候有很多问题,比如有的问题太多,有的家长很忙,他们没有时间去做,那么我们就尽量从当初的十一个问题,慢慢缩、慢慢缩,缩到最后可能只有四五个问题,然后得到了最精准的答案。

【采访】上海市闵行区浦江第一中学学生　徐乙勋
我们放学后去校门口看那些人抽烟的情况,困难是有,就是有的家长对我们不理睬,但是更多家长还是会支持我们。

【配音】在最后的调研报告中,"小委员"们建议扩充《上海市公共场所控制吸烟条例》的相关内容,特别是以未成年人为主要活动人群的公共场所周边,要规定为禁烟区。而令他们没想到的是,原本只是"模拟"的课题因为问题描述全面、分析透彻,建议可操作性强,而受邀来到闵行区政协专题议政会上宣读,并很快被区卫健委和区教育局采纳,联合发出了倡议。

【采访】上海市闵行区浦江第一中学学生　甘子淳
我们全组人员都非常开心,原先只是我们心中的一些感想,有想把它表达出来的欲望,然后当我们把它付诸实践后发现,哇,这个梦真的可以成真!

【配音】自己的建议真的有用,同学们在惊喜之外,更激起他们作为公民的主人翁意识,决心与祖国共成长。

【采访】上海市闵行区浦江第一中学学生　甘子淳
我们本来作为中学生来说,脑子里有个固定的概念,学生就应该好好地学习,其他事情不要管,但经过这个活动,我发现其实我们学生就应该有我们自己的想法,就应该有自己的创造力、有自己的发现。

【采访】上海市闵行区浦江第一中学学生　诸培婷
我以后是真的可以作为社会的一分子,去为国家作出一些贡献,去为我们国家存在哪怕很微小的问题做一些改善。

【配音】亲身的体验让书本上略显枯燥遥远的政治名词变得生动可感,真正培养了青少年的社会责任意识和民主协商的参政意识。这样的经历,是孩子们的成长道路上一份难能可贵的至宝。

【采访】上海市闵行区浦江第一中学校长　汤林
他感受到了,其实很多事是要有话好好说,有事好商量。我相信这种观点也是现代公民所具有的素养,便于大家发现问题解决问题,最后大家又能关注到民生,自己也生活得越来越好,应了那句话:我是未来的主人,未来是我的。

2019年度广播电视奖(广播电视节目)参评推荐表

作品名称	拆除沪浙"堵心桩" 架起两地"连心桥"		
作品长度	3分30秒	节目类型	电视长消息
播出频道(率)	金山区融媒体中心		
刊播栏目	《金视新闻》		
播出日期	2019年10月17日		
主创人员	金宏、李巾、朱奕		
节目评价	作品紧扣国家战略,以长三角百姓的微小需求作为着眼点,以小见大,事例生动,主题明确。运用航拍、同期声等电视表现手法,可看性强,采访细节生动。开篇从沪浙两地路桩给百姓造成的困扰入手,挖掘沪浙联动发展的大背景,紧扣主题,生动展现了"拆桩几分钟,背后几年功"的含义,体现了两地政府为民解忧的实质。天下大事,必作于细,联通长三角必须要从打通断头路,拔掉"堵心桩"开始。只有打通了民众出行的堵点,才能真正解决长三角老百姓的急难愁,让长三角高质量一体化发展的"车轮"跑得更快。		
采编过程	在金山区主题教育办上报的众多案例中,记者看到了这个选题,初见就觉得很有新闻价值,立即到现场进行了踩点,发现沪浙两地百姓对路桩都有意愿想要表达想法。于是记者决定进行蹲点采访,找到了两位受到"堵心桩"影响的周边村民,一位是生意人,一位是农民,都很有代表性,从他们身上又发现了两个细小却又形象的事例。通过采访当事人,展现出路桩"堵心",急需拆除的迫切感。随后,记者多次来往两地,采访职能部门,了解路桩竖立的原因以及拆桩背后的努力等等,这些内容的加入,使整篇新闻更加立体饱满,更体现出时代背景和主题。		
社会效果	这篇电视新闻也被上级媒体进行了选用和播出,同时音频和文字也被区内广播、新媒体等多端进行了传播,扩大了影响力。新闻刊播之后,引起了金山区领导的高度重视,区委书记也亲自到拆桩现场进行调研,明确表示要继续大力加速推动沪浙两地的联动与发展。同时两地百姓也对新闻事件给予了高度的关注,在长三角高质量一体化发展的大背景下,构建便捷的交通网络,对于沪浙两地来说就是紧扣时代的议题,是需要携手完成的大事件,今后联动发展也将驶入"快车道"。		

拆除沪浙"堵心桩"
架起两地"连心桥"

【导语】今天上午,上海市金山区与浙江省嘉兴市村级道路上最后两根路桩被彻底拔除。由于历史原因,这两根路桩已经存在了20多年,给过往车辆通行带来困难,被两地居民称作"堵心桩",如今"堵心桩"拆除了,大家纷纷点赞。

上午9点40分,在浙江省嘉兴市杉青港村与上海市金山区塔港村交界处,两根锈迹斑斑的路桩被挖掘机一一拔除,今后市民来往两地再也不用犯愁。

【同期声】8秒(拔除路桩)。

【正文】市民莫红军做五金生意,公司在上海市金山区,厂房在浙江省嘉兴市,每天要在两地之间往来多次。之前由于路桩的宽度只有两米左右,车辆经过一不留神就容易刮蹭,如果绕行其他道路,至少要多开半个小时,所以莫红军每次只能"硬着头皮"心惊胆战地经过这里。

【采访】采访市民莫红军:一开始开的总是反光镜要碰到,后来(开熟悉了)过来的时候就开得慢一点,一定要很慢的。

【正文】不仅仅是莫红军,近些年来,随着长三角一体化建设的加速推进,两地居民的往来越发密切,农忙的时候,金山村民想把自己的收割机开到嘉兴去帮忙,眼看着一桥之隔却无法通过,只能多走十几千米路绕行。

【采访】金山区塔港村村民姚亚良:最起码多半个小时(的路程),开慢一点要45分钟。

【正文】就这样"堵心桩"成了大家心里共同的"烦心"事儿。今年自"不忘初心 牢记使命"主题教育开展以来,金山、嘉兴两地政府认真倾听居民诉求,排摸形成问题清单。据了解,在金山区与嘉兴市83千米长的边界线上,共有农村公路54条,二十年前因道路标准差异、卫生检验检疫、安保需要等原因,有20多条道路上都竖立着路桩,给过往车辆通行带来困难。在查摆问题的基础上,今年9月沪浙两地交通部门共同成立边界道路勘察组,组织工人对所有村级道路上的路桩逐步进行拆除。

【采访】平湖市交通运输局副局长王晓东:拔桩我觉得主要是方便了我们老百姓的出行,道路本身畅通是最主要的。

【正文】所有路桩的拆除只用了不到一个月的时间,但背后的努力却持续多年。之前沪浙两地的村级道路建设标准存在差异,标准较低的道路易被车辆压碎。为了实现车辆的畅通无阻,多年来,两地共同加快"四好农村路"建设、连通省界农村道路、加强省界道路设施修缮。去年6月,长三角三省一市交通部门还签订了打通省际"断头路"合作协议,共同加快对道路标准的统一打造。

【采访】金山区交通委副主任徐永华:2020年我们金山区在农村公路的提档升级的改造计划中,我们和嘉兴市有6条农村公路对接(改造升级)。

【正文】接下来,在道路提档升级的基础上,金山区内将还有多条道路与嘉兴实现互联互通,逐步构筑纵向带状、外通内畅的一体化毗邻交通网络,更好推动毗邻地区高质量一体化发展。

2019年度广播电视奖(电视节目)参评推荐表

作品名称	"彭三"食堂今启用　完善配套更惠民		
作品长度	3分25秒	节目类型	电视长消息
播出频道(率)	新闻综合频道		
刊播栏目	《新闻坊》		
播出日期	2019年4月1日		
主创人员	杨嫣、李敬寒、戚勐		

节目评价

　　这是一条典型的社区题材,它将触角延伸到了老年居民,无论是为老年居民服务本身,还是传播方式,均对职能部门的工作起到了积极的促进作用。报道体现了记者的精心、耐心,以及和居民沟通的贴近性和同理心。原稿提供了大量跟拍实况,非常生动,居民的表达真情流露,非常自然,让这个选题更有力量,有情感。

采编过程

　　静安区彭浦新村是上海最早的工人新村,建筑面积达16.9万平方米,涉及彭一、彭三、彭五、彭七四个住宅小区,那里承载了老上海人的太多记忆,却是多数年轻人眼中设施落后的老公房。为此,从2007年开始,彭浦新村街道先后对彭五、彭七和彭三小区进行了旧区改造,居民的居住环境有了很大提升。由于彭三及周边社区老龄化程度非常高,60岁以上的老人占到总人口的40%以上,因此,对于社区助餐的需求非常强烈。为此,街道在彭三社区回迁公建配套房中优先考虑了社区食堂的布局设置,经过半年多的建设,2019年4月1日,彭三小区社区食堂正式对居民开放,老人们不出社区就能吃到可口的饭菜,既方便、卫生,又健康,从根本上解决了居民一日三餐的问题。记者从社区食堂建立之初就开始跟进,直至正式对外开放,现场采访了大量居民,为电视新闻和短视频的制作提供了充足的素材。

社会效果

　　彭浦新村街道紧邻临汾和彭浦镇两个街道,都是相对比较老的特大型居住社区,社区老龄化程度非常高,随着彭三食堂的建成,在满足一部分居民就餐需求的同时,也为周边街道镇完善养老配套设施起到了积极推进作用。

"彭三"食堂今启用
完善配套更惠民

[导语]

（浩）：广告回来，继续关注新闻坊。去年，《新闻坊》见证了彭三小区 1 到 4 期的原地改造过程。原本老旧的住房经过成套改造，居民回搬，开心得就像是住进了新房子。

（琰）：居住环境有了很大的提升，在老龄化程度超过 40％的彭三社区，彭浦街道又把目光聚焦在为老助餐的需求上。经过半年多的建设，今天，彭三小区社区食堂正式对居民开放。

临近中午，家住闻喜路 806 弄的韩阿婆，早早地便来到了家门口新开张的社区食堂。今天供应的菜肴有炸猪排、酱油蛋红烧肉、花菜肉片、麻婆豆腐等近二十个品种。韩阿婆选了两菜一汤，津津有味地品尝了起来。

（韩秀华　社区老人：菜的味道好得不得了，酱油蛋红烧肉，有个汤还有炒素，辣椒炒炒这味道自己烧不到，这么好，盼望已久今天实现。）

韩阿婆说，社区食堂没开的时候，自己在家开伙仓劳心费力，叫外卖吧，买多了吃不掉，买少了又不够吃，口味也不能保证。

【韩秀华　社区老人：以前吃盒饭没食堂好，食堂里的（菜）热，吃的人都碰到，老人开心，不然两个人在家里吃什么呢，又没人的不热闹。】

（社区老人：吃得消就弄弄，吃不消就马马虎虎，泡饭吃一点酱菜吃一点，外卖不放心，我现在吃得健康，而且又快乐又高兴，特别是放心。）

据介绍,新开张的彭三社区食堂,总面积约260平方米,每天可供餐服务500人次以上,由经验丰富的第三方企业负责运营管理,所有菜品不但价格实惠,而且口味酥软、少油少盐少糖,米饭里还放了糯米,特别适合老年人的口味。

【彭三社区食堂负责人:品种差不多午餐20种以上,晚餐我能保证16种以上,一年差不多365天只有4天(不做),初一到初四(休息)。】

除了午餐,社区食堂还供应早餐、晚餐和下午的点心,在上下午的空闲时间段还对居民开放,免费提供茶具和茶水,让老邻居们在这里可以一起喝喝茶、嘎嘎讪胡。

(居民:在这里坐坐吃吃谈谈,新的食堂老邻居一起坐坐,都很开心的,到这里来多开心啊,寿命也长了。)

(居民:一个人待在家里没劲的,这里大家一起坐坐,喝喝茶聊聊天很开心的。)

据了解,彭三社区食堂主要服务于彭浦新村社区的老人,采用先办卡充值,后刷卡用餐的消费模式,而且,彭三社区食堂与此前已经运营的共康社区食堂的就餐卡可以通用。据介绍,彭浦新村街道为老助餐服务,将力争在今年完成布局。

(彭浦新村街道副主任 周海波:在彭三食堂建设完毕的基础上,今年我们还计划建设第三为老服务中心等两个为老助餐点,等这个建设完毕以后,我们街道基本实现为老助餐点的全覆盖。)

2019年度广播电视奖(广播电视节目)参评推荐表

作品名称	市民议事厅:"社会监护"系列观察		
作品长度	18分30秒、12分45秒、9分04秒	节目类型	电视新闻专题-系列报道
播出频道(率)	上海广播电视台融媒体中心　普陀区融媒体中心		
刊播栏目	新闻综合频道《新闻坊》		
播出日期	2019年11月16日至12月7日		
主创人员	王国林、施琰、胡晓雯、朱佳伟、陈蓓儿		
节目评价	随着上海城市老龄化不断加深,"意定监护"作为一项事关众多孤寡、空巢老人晚年权益、生活质量的法律制度,越来越多受社会关注。今年11月,在民政部门的大力支持下,上海成立了首家专业提供"意定监护"服务的社会组织。《市民议事厅》敏锐捕捉这一新闻点,以《"意定之爱"难遇求,"社会监护"托余生?》《"社会监护",公众信任从何而来?》《社会监护,关乎"权益"还是"利益"?》《"社会监护",要为社会守护什么?》为题,针对公众普遍关心的疑问、社会存在的担心质疑,制作了四期系列访谈,向社会普及"社会监护"的概念和功能。节目邀请了多方当事人、不同社会角色的场外评论员和长期关注这一领域的市政协委员共同交流、答疑解惑、观点交锋。		
采编过程	城市老龄化是《新闻坊》长期以来重点关注的报道领域,广度、深度不断拓展加深,已经渐成品牌,受到社会各方关注和好评。"意定监护"和从中延伸出的"社会监护"虽然渐被公众知晓和接受。但在实践中,它所惠及的老人凤毛麟角。这其中,难点众多、障碍重重。《市民议事厅》四期系列访谈分别从四个公众最为关心的方面解答了公众疑问,也对"社会监护"怎样才能完善成熟提出了诸多善意的质疑。节目播收获了较高收视率,"新闻坊"微信公众号的图文推送也收获了大量市民的正面反馈,做到了将非常复杂的法律概念阐释得通达明了,引起了社会关注,收获了良好的社会效果。		

社会效果	"意定监护""社会监护"在老龄化背景下天然具有很高的关注度,但是其间复杂的法律关系很难对普通公众阐述清楚,也在客观上阻碍了"意定监护""社会监护"这一老龄化背景下重要的政策、法律工具的运用和完善。本次系列访谈以四期的篇幅予以充足的阐释空间,编辑反复研究提炼出四个最有体感、最接地气也最容易混淆误解的问题,通过记者对咨询老人的调查采访、丰富案例的故事化表达引出,在厘清种种疑问、质疑的过程中,完成了对生涩的法律关系的通达阐释。可以说,对于"社会监护"的普及认识,本次系列访谈的完整、详细、通达少有先例,很好地体现了《市民议事厅》对社会生活、公共话题的关注,也体现了主流媒体应有的严谨、权威、贴近,为表达城市老龄化的政策应对作出了贡献。

市民议事厅:"社会监护"系列观察

"意定之爱"难遇求,"社会监护"托余生?

【演播室】

施琰:城市万象,坊间评议,欢迎您来到《市民议事厅》。"意定监护",这是一个正在被越来越多提及的概念,就在最近,"意定监护"在上海又有了重大的进展,一家专业提供意定监护服务的社会组织——上海市闵行区尽善社会监护服务中心已经完成了组建,进入了最后的民政部门核名登记阶段。如果审核无问题的话,那么这家专业社会监护组织就将破茧而出了。那么什么是专业的社会监护组织呢?简单来说,就是被监护人,比如说老人,没有或者找不到合适的法定监护人,这位老人就可以预先指定近亲属以外的人,来担任自己的监护人。在未来,辅助自己、保护自己的人身、财产等合法权益,这位被指定的人就叫"意定监护人"。按照民法总则的相关规定,这名"意定监护人",不仅可以是老人信任的自然人,也可以是一个符合法律要求的,专业从事社会监护服务的组织。如今上海第一家专业的社会监护组织刚刚组建,还没有正式成立,但是在一些老人们的愿望中,对社会监护组织的需求渴望已久。

短片:记者调查 老年群体对"社会监护"的需求已经显现

王阿姨今年66岁,未婚。她告诉记者,找一个"意定监护人"的想法,早在8年前就萌生了。

【采访】王阿姨:我爸一个人躺在医院的床上,下面有轮子的这种床上,我一个人急得手足无措,当时我不得不想,我们家里以后如果再碰到这种情况,我以后该怎么办?

5年前,年迈的父母先后辞世,王阿姨过起了独居生活,却始终难以找到一位合适的监护人。王阿姨说,自己盼望这样一个社会监护人组织,盼了很多年。她觉得值得去尝试。

【采访】王阿姨:我肯定要进养老院,对吧?养老院也要有代理人、监护人什么的,就是在我晚年的时候,有什么情况的话,我想请这个组织能帮我出面,帮我讲话,帮我去办我要求的一些事情。我觉得这种方式可行的,我们觉得很高兴,总算有一个托付的组织了。

随着"意定监护"的概念逐渐被公众知晓和接受,现在每天都有十多个家庭,来找李辰阳咨询相关问题,其中不少人涉及社会监护人组织。胡老伯今年81岁了,年轻时远赴新疆工作。25年前,胡老伯回到上海,逐渐与远在新疆的儿子不再联系。

【采访】胡老伯:我亲生子女,说得不好听,离得路远了,加上子女本身他们身体也不好,这么远,他们照顾不了我。

胡老伯退休金很微薄,好在姐姐一家待他很照顾。按说尚且年轻的外甥女,本是"意定监护人"的最佳人选,但是胡老伯也担心,自己的举动会引起家里的纠纷。

【采访】胡老伯:(担心儿子说)我自己(亲生)子女不当监护人,你来当什么监护人?所以我一定要到这里来公证,免得他(儿子)以后来给我的外甥女增加麻烦。

【采访】记者:如果委托第三方的机构做您的监护人,您觉得这种模式好吗?为什么?

【采访】胡老伯:更加好了。国家有这么一个机构,有个可以专门给我办这个事情的话,我就不需要操心了,这是第一。第二,也减少今后子女们的矛盾。

议事厅话题:推动"意定监护"落地,两年来进展如何?

【演播室】

施琰:看到这里有一个误解,胡老伯以为说社会监护人组织是国家办的,其实并不是。它还是一个社会组织,只是由国家行政部门批准成立的。我们新闻坊最早关注到"意定监护"这个概念,是在去年4月《市民议事厅》关于乔开文老人事件的讨论,而为我们引进这个概念的就是今天来到演播室的这位市民评论员李辰阳,欢迎辰阳。

李辰阳:施琰好,观众朋友们大家好。

施琰:辰阳,作为上海市普陀公证处的公证员,两年多以来,一直在积极地推进专业的"意定监护人"组织的真正落地。现在辰阳不再是独自推动了,已经有了一家机构,专门来提供这个社会监护服务,两年多的时间过去了,这一路走过来,能不能跟我们说一下,这是怎样一个过程?

李辰阳:首先很感谢电视台的节目播放,这样的新闻播放出去之后,让很多人知道了"意定监护"这个制度,也让很多有迫切需要的孤寡老人们,寻找到了希望。因此在这两年当中,我将近做了有300多件类似的"意定监护"。那么现在做的当中,也发现了一个问题,有些老人说,我找不到监护人,你公证员能做我监护人吗?那么这个就是我比较为难的问题,因为这是我的职业,我不可以又做监护人,又做公证。那么这个问题怎么解决?比较巧合的是,我和上海尽美长者服务中心,在一个偶然的公益活动当中就碰到了,因为尽美是专门做认知症筛查的。它也存在一个问题,它到社区里面帮助老人筛查有没有认知症的症状,但是老人说,你能帮助我健康的,给我提供一种预防的方案,那么法律上,你能够给我们提供什么帮助?特别是有一些孤寡老人说,我可能未来确实会得认知症,可能会失能失智,但是没有人管我,你们尽美能不能做我的监护人?我们就相互地沟通、交流,我们也是推动它,希望能够成立一家专业的社会监护组织。

施琰:就是和尽美长者服务中心的春玲之间有了这样一个合作的关系。

李辰阳:对。

施琰:其实辰阳也是在这两年的工作当中,看到了老人切实有这样的需求,应该说这也是应运而生。那对于一部分老人,找不到合适的"意定监护人",有一家专业的社会监护组织来提供服务,这就相当于是打了一个"补丁",但是这里有一个前提,就是找不到合适的人来担任"意定监护人"。刚才大家也听到,辰阳说了,说近亲属、包括村委会,他们好像当这"意定监护人"都有些困难。

李辰阳:第一个,现在上海有很多孤寡老人,他就没有近亲属,对吧?第二种,是留守老人,他的子女在国外,或者在外省市。

施琰:鞭长莫及。

李辰阳:对的。第三种,可能各种原因,这个老人和自己的近亲属的感情或者关系不是很融洽,就以你们电视台播放的乔开文的这个案例为例,他是有近亲属的,但是他的弟弟在外省,对吧?他在上海的妹妹,和他(关系)又不是很融洽。那么现在妹妹和他的弟弟,发生了监护权的一个争执,等于他被晾在旁边了。那么像这种,两年的生活当中,他和弟弟和妹妹当中也产生了很多的隔阂。

施琰:也就是说其实他在法律上是有监护人的。

李辰阳:对。

施琰:但实际上没有尽到监护的职责。

李辰阳:对,很多监护人要么不作为,要么滥使监护权。像乔开文这个案例就是,实际上是在滥使监护权,对吧?把他的存折、身份证、房产证就卡着不给他用,实际上这个老人在经济上并没有负担,但是他的钱用不到他身上。当然第四个,也存在一部分现象,就是很多人不愿意做监护人。

施琰:有哪些方面的顾虑?

李辰阳:对,怕成为监护人之后,承担很多责任,法律责任,或者说经济上的一些成本,尤其你本人对家族成员的一些压力。比如说我们最近接了一个老年人,他找了他儿子"发小"的一个同学作为他的监护人。那个老人的子女,就对这个监护人有一些不敬的言语,或者说有一些不好的举动,让他产生了很大的压力。

施琰:辰阳刚才说到的这个案例,其实之前央视财经频道也做过采访。我们听一听这位"意定监护人"周素梅的心路历程。

【采访】周素梅(化名):他说我(的生命)最多不到一个月了,我唯一能信任的就是你。你能不能答应我,把我爸爸妈妈送终?我当初听了以后也很难过。

青梅竹马的"发小",临终前这份沉甸甸的托付,让周素梅既难过又惊讶,考虑再三,为了让朋友能够不留遗憾地离开人世,也为了让相处多年的老人,有一个安定的晚年,周素梅接受了这份托付。

【采访】周素梅(化名):这么重的一件事托在我身上,但是对于我来说,面对一个即将要死亡的人,他说的那种遗言,我肯定要去答应他。

在周素梅的微信朋友圈里,至今还保留着 2017 年 9 月 5 日,阿敏去世之后,她做出的承诺。

【采访】周素梅(化名):你平静地亲自告诉我,你的日子不多了,并拜托我代你和嫂子今后照顾好你的父母,我含泪答应了你最后遗言。

这份长久的承诺,意味着老人在失能后,由周素梅照顾生活,处置老人的财产和各项权利。然而事情并没有那么简单,周进宇除了去世的儿子外,还有一个女儿。女儿知道这件事后极力反对,认为这是周素梅另有所图。

【采访】周进宇:我女儿知道后,她反对。你引了一个"坏人"进来了。

周进宇的女儿也长期生活在国外,几乎从来没有问过周进宇的生活,却始终怀疑周素梅是为了窃取父亲的财产,曾经屡次打电话来反对。但周素梅始终没有争辩,而是选择了默默承受这份委屈。

【采访】周素梅(化名):当一个人要面临死亡的时候委托你的,我觉得比什么都重要,我也就不把他们的流言蜚语啊,不把他女儿的那个辱骂当回事。

议事厅话题:村居委法律地位明确,为何难任"意定监护人"?

【演播室】

施琰:这周素梅呢,其实也是一个特例,能够像她这样顶住压力的,恐怕也并不多见。这还是外人,如果说是近亲属之间,指定"意定监护人",面临的家族矛盾可能会更多了。那么像村委会、居委会呢?因为它们的监护资格,已经是法律明确的,而且可能还会经常上门去看望一下这些孤老。那么它们来作为这个"意定监护人",岂不是顺理成章的吗?

李辰阳:法律上确实,居村委是需要承担临时监护这个职责,或者在有监护能力的情况之下,承担一个政府的托底监护职责。但是现实情况当中,存在几大问题:一个,居村委的工作人员有限。第二个,它的财力支出都是有财政预算的。第三个,最主要的,居村委的工作人员,他干的事情太多了。

施琰:很难兼顾。

李辰阳:对,他那个监护,会涉及一个老人的一生的,对吧?有生活的、有医疗的、有财产的。那么居村委在目前的这个法律地位比较尴尬,为什么呢?有权,但是不知道怎么去行使,是吧?特别遇到一些老人的近亲属,或者远亲干预的时候,居村委觉得自己没有一个法律的保障,我们寄希望于政府,在居村委担任意定监护人,或者说政府兜底监护人的时候,人财物的保障的措施,以及具体性的、规范性的一些文件、操作、指引,都能够提到议事日程上,也能够让基层的这些群众组织,能够知道怎么做,怎么操作。

施琰:说到这里,我倒是想起乔开文老人的事件中,其实乔开文老人,当时是签署过一份文件,说将他身后的遗产,是要捐赠给居委会的。但就是因为他的近亲属强烈的反对,居委会也没有主张自己的权利。所以,这件事情最终还是不了了之了。

李辰阳:我知道,他们签的这个协议叫遗赠抚养协议,就是乔开文把他的财产,在生前,以文件的形式给居委会,在死后,叫遗赠给居委会。但这个还是存在一个法律身份上的尴尬。

施琰:不明晰。

李辰阳:为什么呢?你在生前是以抚养人的身份来照管乔开文,但是并不是监护人。抚养人和监护人的法律职责和权利是差很多的,比如说乔开文案例当中,居委会就没有办法帮乔开文老人,去挂失他的身份证、户口本,补办这些银行(手续)。

施琰:在法律上没有授权。

李辰阳:对,他没有这个法律身份,他只是抚养人,只有一种义务的付出。那么也因此,乔开文去世之后,他的家属的阻挠,包括一些干扰,居委会就没有获得财产。这个是比较遗憾的,可能也不是乔开文老人当时的一种想法。

施琰:是的,当时我们的《市民议事厅》节目,也是邀请到了乔开文老人所在的居委会主任。我还非常清楚地记得,当时主任在我们的节目当中表现得特别为难,她除了介绍基本情况之外,基本上就坐在这里一言不发,因为说什么都是错,她干脆就不说了。那最终,妹妹和外甥扣留了老人的医保卡、工资卡,把老人独自扔在医院里凄凉去世,却还能得到老人的遗产,这个结果让所有人都难以接受,但却是无奈的现实。这也说明了,在近亲属、村委会、村居委,都不能够成为合适的"意定监护人"的情况下,社会监护人组织,这样一个"补丁"是多么重要。那现在我们即将有了第一家尽善社会监护服务中心,那么尽善最新的进展怎么样?有没有已经达成意向的老人呢?我们现在就连线上海尽美长者服务中心的创始人顾春玲。

直播连线:尽善社会监护服务中心最新进展

顾春玲:我想先说一下,我们这个服务,是从年初开始的,做这样的试点。因为当时,我们有一些在社区服务的认知症的老人,有这样的需求。正好李辰阳老师这边有这样的一些案例,需要能够找到社会组织,于是我们就在尽美下面,尝试着设立了这样的一个独立的"意定监护"的小组,那么开始试点以后,工作还是很顺利的。一方面,我们接受了一些老人家的咨询,从6月1日开始,我们已经有了两个案例,他们都是非常有代表性的案例。我们签署了这样两个案例,主要是为了来探索这样的一个服务的模型和服务流程,所以我们并没有着急把(步子)迈得太快。在这同时,我们也发现,确实老人家的需求非常多,我们差不多每周都会有来咨询的案例,那么在这个情况下,未来是要有一个独立的、非常专业的团队,去专门做这件事情,所以这样的需求下面,我们就积极地开始争取,能不能够独立地去设立一个专门从事"意定监护"的组织。在这个过程里面,我们得到了市民政局和闵行区民政局大力的支持。几番沟通下来,现在我们已经确认,会在闵行区落地,目前在注册的过程当中,同时闵行区也给我们提供了一个临时的办公场地,便于我们的团队现在开始可以继续地去做一些老人家的咨询和一些初期的协议。等待我们的这个社会组织正式地注册成立以后,再进行签约。

施琰:虽然说在工作的过程当中,会有各种各样的困难,但也正是在工作中坚定了信心。谢谢春玲,组建一家专业的社会监护组织,在上海这是第一家,全国来说,我们也没有检索到相关的报道。那么对于这样一家专业的机构,作为主管的行政部门,民政部门又是什么样的态度?我们来听一听记者对闵行区民政局相关负责人的采访。

【采访】闵行民政局党组成员、副调研员 袁月堂:探索公共监护、意定监护,是监护制度重要的组成部分。以前我们这方面探索得也不是太多,但是随着社会的发展,老年人对自身的,尤其是自己养老,法律意识增强以后,他对自己的养老有一些比较高的要求。为了支持这项工作的开展,我们闵行区在建立公共监护制度的时候,我们对社会组织给予了相应的支持。

【演播室】
　　施琰:在尽善组建的过程当中,作为行政主管部门,闵行区民政局给予了大力支持。而且将建立包括社会监护组织在内的公共监护体系作为闵行区创新服务的一项内容。目前尽善作为第一家正在先行先试,先行解决合法注册、合法活动为整个体系建成提供经验。但是社会监护组织,毕竟不是老人身边的近亲属,它们究竟能够为老人提供哪些监护服务?这些服务和老人期望的"身边人"是一回事吗?所谓的专业监护组织,专业它又体现在哪里呢?对于社会监护组织这样的新生事物,公众还有太多的疑问,那么下期节目我们还将继续讨论。感谢您收看本期的《市民议事厅》,下个周六我们再见。

"社会监护"责任重大,公众信任从何而来?

【演播室】
　　施琰:"社会监护人组织",对多数人来说,听上去还是非常陌生的。实际上它是由"意定监护人"延伸出来的一个概念,当被监护人,比如说孤老,想要给自己指定一位监护人,却没有合适的人选,而所在的村居委,还不具备履行监护职责条件的时候,社会监护组织就相当于为社会打上了一个"补丁",使得这部分人群,可以获得专业的、稳定的监护服务。那在上期节目当中,我们已经介绍了本市第一家专业社会监护组织,尽善社会监护服务中心,它所能提供的基本服务内容,包括生活照管服务、医疗救治协助、权益维护服务、监护监督服务,把被监护人的日常生活、权益保护,包括财产的看护使用,都能够全面地管理起来。上一期节目的讨论当中,我们总算是厘清了监护组织和被监护人,涉及财产利益的时候,双方究竟是什么样一个关系,可以说在这个问题上,很多人的担心和抵触心理可以打消了。但是疑问并没有结束,今天来到演播室的市民评论员有上海尽美长者服务中心创始人顾春玲,上海市普陀公证处公证员李辰阳,上海市政协委员游闽键,欢迎各位。我们的市民评论员林浩,虽然他今天没有来到现场,但是他也发来了他所关心的问题,林浩是上海海上搜救志愿者总队的培训教官,也是长期服务于社会组织,所以说他所关心的也正是社会组织的共性问题。

　　【采访】市民评论员林浩:目前社会组织在绝大多数人的认知里面,就是代表政府提供服务的,特别是为一些社会的弱势群体提供帮助。比方说助残、助老、脱贫等等,社会组织作为政府的代表,是能够被大家所接受的,但是一旦离开政府的委托或者政府采购,以独立的身份承接服务项目时,人们往往会质疑,你们和一般的社会企业有什么区别?不是也一样要赚钱吗?这个时候社会组织的公信力和非营利性的属性就会受到质疑,尤其是在养老监护问题上,能够提供服务和接受服务的基石在于信任,老人把事关自己养老、甚至生命的重要事项的决策权交给这家机构,而且对自己完全陌生的社会组织,是需要极大的信任感的。而信任感不会凭空产生,如何提供和维护信任感,是这家社会组织面临的主要问题。其次,对监护人组织本身所做的决策,又如何保证其符合老人的最大利益?这点也是一个必须要回答好的问题。

议事厅话题:建立公众信任,会是"社会监护"面临的首要问题吗?

【演播室】

施琰:关于林浩提出的这个问题,我们倒是很想听一听游先生的看法,那在之前一期节目的时候,我们已经介绍过了,游闽键游先生,他近年来一直是致力于关爱自闭症孩子,其实同样也是在社会组织这个平台开展公益活动的,而且游先生本身也是一个法律工作者,同时又是市政协委员,对社会监护这个概念有着长期的观察和思考。那刚才林浩他所提到这个"公信力"的问题,会是这个监护组织接下来要可能面对的一个问题吗?

游闽键:我觉得这是接下来,社会组织要面对的最大的问题。因为我们很多的公共服务,实际上都是由政府来承担的,我们还很不习惯于把这些交给民非组织、社会组织,所以这里面需要有一个转变的过程,我们现在也在不断地培育我们的民非组织更加完善。当然这有一个前提条件,就是我们需要有更加完善的制度规范,这是一个前提条件。所以,比如说我们现在针对今天这个问题,我们就在想,我们都会问,什么样的组织,你可以承担这个"意定监护"的职责?设立这样的组织,你需要什么样的条件?这个可能是我们需要去探讨的。到底哪一些组织,如果说大家觉得这个未来变成一种产业,谁都可以通过这种方式、通过服务去收费,实际上就跟我们最初的这个(意愿)相背离了,这是一个。第二个,就是说(提供)"意定监护"(服务的)组织,它到底接受谁的监督?那么如果说没有监督的话,显然是不可能的。第三个,就是说我们(提供)"意定监护"(服务的)组织,它需不需要备案?如果说没有备案的话,今天它签了这样一个"意定监护"协议,然后明天老人又跟另外一个人签了"意定监护"协议,或者说他的法定监护人,他不知道,完全不知道这个……

施琰:发生了这样的一个情况。

游闻键：(如果法定监护人完全不知道)发生了什么，相关的部门你怎么证明，你是这个失能失智老人的"意定监护人"？你是每一次都要把你的公证文书拿出来？那谁来核对？这个怎样采用一种公示、公信的方式，让大家了解这个"意定监护"。另外还有一个我觉得，"意定监护"组织未来可能还有一个很大的挑战，就是它必须要受到一些限制，有哪一些处置人身权利的，或者财产权利的限制，哪一些行为你是不可以做的。还有就是说法律上，监护人实际上对被监护人的一些行为，他是要承担民事责任的，那么(提供)"意定监护"(服务的社会)组织，它是不是需要？比如说，老人他是一个限制行为能力人，或者说无民事行为能力人，但是他比如说，给他人造成了财产的损失，或者人身的伤害，(提供)"意定监护"(服务的社会)组织是不是没有尽责？你要不要承担赔偿责任？这些问题，我觉得将来都需要我们不断地去完善它。

施琰：游先生，他是站在法律人士的这个角度，回答了刚才林浩的提问，而你们两位是直接的关联人。

李辰阳："社会监护人"组织也要受到监督。这个监督有几个方面，第一个老人也可以指定一个监督人，比如说我们游律师监督尽善社会监护组织，这是一个。第二个，监督来自政府行政部门，那么这个监督怎么监督，也就是说，日常的一种管理和一种监察，或者说每年的一种年审备案。第三个，这个监督来自哪里？就是在我们"意定监护"协议里面，我们有一些叫监护报告，比如说，在一些成熟发达国家，它专门有叫"公共监护人办公室"，也就是你这个监护报告，每个季度、每个月是向这些办公室进行报告的。

施琰：我在想，如果说我作为一个被监护人，我当然希望监督机构越多越好，这样能够保证我的权益，能够让我的"意定监护人"完全在轨道当中工作。但是作为被监督方，你肯定觉得"婆婆"太多的话，我们可能很难开展工作。我不知道春玲怎么看待这个关于监督的问题。

顾春玲：其实我的看法正好是有点相反。

施琰：怎么说？

顾春玲：我们特别欢迎有监督人来监督我们的工作。因为从某个角度来说，我们是比较容易就站在监护人的角度，是比较容易被质疑和被各种各样的盯着的。首先，我们是有一个监督方的，是另外一个社会组织，它来做我们的监督方。

施琰：公证处并不是唯一的监督方？

顾春玲：对，就在我们(尽善)设立的时候，就已经设立了第三方的一个监督方，那么我们对它要进行定期的提交报告，就是已经有这样的一个制度。那么这样的时候，其实我们在对外，我们在做这件事情，从我们的团队的角度来说，他们也会比较心定,就是我可以放开那些质疑和那些(各种各样的盯着),我就好好地去做这个服务就可以了。

游闻键:虽然我们对它(社会监护人组织)有各种各样的质疑,但是我觉得这样的组织出现,肯定是一件非常好的事。

施琰:质疑,其实也要帮助它更健康地发展。

游闻键:是,我们是为了让它更好地发展。尤其是在上海这样一个人口老龄化很严重的城市。当然我觉得,这些组织出现了以后,我们下一步要做的,我希望能够推动上海出台地方性的法规,来完善(提供)"意定监护"(服务的社会)组织它的法定权利和义务,这样它才能够在法律的框架下做得更好,让老百姓更放心,它也服务得更好。

施琰:再一次感谢三位评论员来到演播室。这个"意定监护人"制度的落地,在上海已经有了两年多的社会实践了,公证办理"意定监护"的老年人,已经有了300多位。那如今由此延伸出的第一家专业社会监护组织——尽善社会监护服务中心,也将破茧而出。我想,这其中既有老龄化程度不断加深、家庭结构转型等一些社会基础,也有老年人自我权利意识的觉醒。当衰老不可避免地到来,将"权益监护"交给真正值得信赖的人或组织,才是幸福优质的晚年生活的根本保障。社会监护组织在上海刚刚起步,在全国也有着突破意义。未来上海还将探索建立起包括社会监护组织在内的公共监护体系,除老年人之外,也将惠及所有需要"意定监护"服务的各类群体。感谢您收看本期的《市民议事厅》,下个周六我们再见。

社会监护,关乎"权益"还是"利益"?

【演播室】

施琰:"社会监护人组织",对多数人来说,听上去还是非常陌生的。实际上它是由"意定监护人"延伸出来的一个概念,当被监护人,比如说孤老,想要给自己指定一位监护人,却没有合适的人选,而所在的村居委,还不具备履行监护职责条件的时候,"社会监护组织"就相当于为社会打上了一个"补丁",使得这部分人群可以获得专业的、稳定的监护服务。那在上期节目当中,我们已经介绍了本市第一家专业社会监护组织,尽善社会监护服务中心,它所能提供的基本服务内容,包括生活照管服务、医疗救治协助、权益维护服务、监护监督服务,把被监护人的日常生活、权益保护,包括财产的看护使用,都能够全面地管理起来。但是上一期节目的讨论当中,我们也发现这其中关于老人的财产或者说是遗产,以及双方是否存在利益关系,是大家对这项服务最大的一个疑惑。今天来到演播室的市民评论员有,上海尽美长者服务中心创始人顾春玲,上海市普陀公证处公证员李辰阳,上海市政协委员游闽键,欢迎各位。财产利益,在"意定监护"这个法律关系当中它是否存在?让我们先从一个案例说起。

短片:善良保安事老如父 "意定监护"遗赠房产

这名正在搀扶老人做运动的中年人,名叫毛德星,他是潘日曙老人的"意定监护人"。如今情同父子的他们,当初的相识其实很偶然。

【采访】毛德星:当时跟这个老爷子认识,我是在门卫上班。上午的时候,恐怕老爷子他一个人也无聊,没地方去,就坐在我后面的门卫室,跟我聊起了家常。

两个人就这样开始交往,毛德星家里条件不好,老人就想着给他拿一些米面油;潘日曙老人身体不好,毛德星就经常骑着电动车,给老人买药,逢年过节还会一起吃饭,天气好的时候,也会一起出游。十几年来一点一滴的感情慢慢积累,一直到去年,潘日曙老人生病入院,毛德星来医院照顾他,潘日曙老人有了将余生托付给他的想法。

【采访】潘日曙:看毛病,他都陪我去,住医院,住两个月,每天都到医院里来看望我,他是很不容易的。他真正是一个好人,就是他服侍我,所以我的房子,我去世以后,我就过(户)给他。

潘日曙老人一生没有结婚,也没有儿女,经过跟毛德星十几年的交往和住院时得到的温暖,老人决定和毛德星一家签订"意定监护"协议,生前他们照顾自己,去世以后将房子送给毛德星一家。

【采访】潘日曙:没有他照顾我,我无法生活。

议事厅话题:身后遗赠财产,是"意定监护"规定的内容吗?

【演播室】

施琰:这是上个月14日,央视《经济半小时》节目中播出的一个案例,好心的保安师傅和老人之间建立了深厚的感情,双方办理了"意定监护"公证,并且老人身后,将会把这个房产留给保安师傅。这很符合公众对于"意定监护人"的理解。那我很想请教一下辰阳,这算是一个比较典型的意定监护的案例吗?

李辰阳:非近亲属,这种现象还是比较普遍的。但是"意定监护",是关于一个人有尊严地在自己失能失智之后,有人保护的、得到保护的这样一个法律制度,他和老人去世之后遗产是不挂钩的。但是在我们实际的案例当中,很多老人会去回报和报恩这些监护人,那么一般的方式来说,他会在去世之后把剩余的财产给这些监护人。法律上并不禁止,但是我们也不鼓励,所以说我们有一句话,就是鼓励非近亲属做监护人收取酬金。

议事厅话题:老人愿意遗赠财产,监护组织能够接受吗?

施琰:那比如老人说,我愿意把我的身后遗产交给这个社会监护组织,用作其他老人的一些养老的照护工作。那么作为社会监护组织,能够接受吗?

李辰阳:作为职业的,在政府行政机构登记备案的专业社会监护组织,从各国立法的角度来说,监护是你的一种服务,你收取酬金就可以了。但是老人之后的财产应该是和这个监护组织不挂钩的,也不希望有这种事情的发生。因为在有一些国家已经发生了,说这个监护组织,不光收取酬金,还获得老人的遗产,那么造成老人可能人身或者财产在他生前就有一种损失了。大家想一下,如果我平时拿酬金,我是希望你活得越长越好,对你呵护得越长越好,我拿的酬金越多。但是,我知道了你去世之后财产都是给我们的话……

施琰:那么越早拿到越好。

李辰阳:对,所以说我们不希望老人去世之后的遗产,和生前的这种养护的监护服务,能够直接挂钩。

施琰:如果说,他(意定监护组织)要跟遗产相挂钩的话,其实反倒是影响了这个社会组织它的纯洁性和专业性。

李辰阳:那么在我们现实当中,如果老人有这个意愿的话,我们是鼓励在你去世之后,把你剩余的财产给社会的第三方,比如说给一些慈善组织,去帮助那些没有经济能力支付监护酬金或者说生活上有困难的孤寡老人,这样社会帮助到你,你去世之后剩余的财产也回报这个社会。这样子和你的生养就分开了,那么也能够让专业的社会监护组织,在这种不受社会责难或者说有利益纠葛的轨迹当中,能够良性地发展。

施琰:对,能够让我们的社会监护组织健康地成长起来。

李辰阳:对。

施琰:明白了,这个财产利益和监护人的关系,这是一个最大也是最关键的误解。不仅如此,这里我们还收集了其他评论员的一些疑问,我们也请大家一起来探讨一下。那首先就是收费,第一期节目当中我们就介绍过,这个社会监护服务,它是一项收费的服务,目前尽善的年费标准是1万元,这个费用是怎么产生的?还有就是作为监护人,是不是可以任意地支配和使用老人的财产?监护期间,这个财产所有权有没有发生转移?指定了这个"意定监护人",那么其他的法定监护人还有监护职责和赡养、抚养义务吗？这些疑问咱们要一项一项的来，我们先请春玲来说一说，就是关于这个收费的情况。一年1万元钱，是怎么得出来的这样一个数字？

议事厅话题：社会监护组织的收费标准是如何得出的？

顾春玲：其实，这个一年1万元钱，并不是一个特别准确的说法。

施琰：不是一个硬性的指标。

顾春玲：对，其实我们现在还在一个探索阶段。所以说我们目前的这个服务，它实际上是一个"定制型"的，根据老人家，他不同的需求、他的起点、他的状况，我们会跟他去商议。一方面，我们希望说能够接触更大量的老人，能够更多地去获取他们的需求，我们才能够更清楚地去摸准说最普遍的一个服务模型到底是怎样的？我们定价、收费的标准，到底应该是怎样的？所以，这个是我们现在在这个阶段还需要去进一步探索。

施琰：其实我们也需要大数据的支持。

顾春玲：对，不断地去反馈和优化。第二个，其实我们收费是分阶段的，前面我们讲了，就是我们有一个类似于说，他在清醒的、具有民事行为能力的时候，我们有个叫"意定代理"的阶段，和到后来他"糊涂"了以后，或者说丧失民事行为能力时候的"意定监护"的阶段，那我们的工作内容是不一样的。那在前一个阶段的话，我们可能频度比较松一点，我们只要去维护他和保持他这样的连结他的一些需求，这个部分的时候，其实工作量可能比较小，那我们可能按年来看。但是到了"意定监护"的这个阶段的时候，可能是每月每月，因为他已经丧失了（民事行为能力），那我们可能要去关注到医疗，或者其他方面的工作内容比较多了，那这个时候我们是按月来看。

施琰：又具体又细致的时候，收费标准也不一样。

顾春玲：对，所以我们会有两套不同的收费（方式和标准）。但无论是在代理阶段，还是在监护阶段，这整个的服务计划，都是在最开始的时候，由老人和我们在公证处一起去协商和确认。那么最后，后面的服务执行，就是按照一开始签订的"意定监护"协议来完成的。第三块，刚刚您讲到了，就是关于财产处置的这样一个问题。其实我们现在在整个服务的过程当中，是不会直接地触碰到任何跟财产相关的内容。财产的处置，都是由我们的被服务对象和公证处，他们直接地去讨论和决定，我们是不参与的。

议事厅话题：监护组织无涉财产，老人用度如何解决？

施琰：春玲说这个监护组织不会直接接触到老人的财产。那么这个财产没有发生转移,还在老人的手里,这一点是可以肯定的。但是这样的话,监护组织要怎么样使用老人的财产呢?毕竟老人他得用钱,我觉得这是一个很现实的问题。辰阳给我们做一下解释。

李辰阳:对于老人大额的资金,或者说不动产,这方面是由公证部门进行一种公共司法监管的。比如说老人在昏迷之后,他的自有的资金不够用了,那么监护人要把老人的房子进行处分。在实际情况上我们有三个条件,第一个,他这个处分行为的前提,是不是为了老人的利益?比如说长期生活、医疗、康复的一种需要。第二个,他这种处分的合同、处分的行为,必须以公证形式做出。为什么要这样做?防止"高价低卖",防止卖给自己人,也为了促成这个交易。为什么?售让防他交易的安全(要有所保证)。第三个最最关键的就是处分所得的款项,强制性地由公证部门进行资金的监管,也就是我们公证法规定的,一个提存公证的业务。那么这个钱进了公证处之后,怎么使用?是由监护人向公证处提出申请,由公证处审核之后,将资金用于老人专属的一些用途。

议事厅话题:"意定监护人"和"法定监护人"究竟是什么关系?

施琰:那在我们的三位市民评论员当中,游先生是一直关注这个社会监护组织的,而且他还曾经就一些具体的问题,专门去联系过有关的部门。那么依照您的了解,这个法定监护人和"意定监护人",它们究竟是个什么样的关系,是可以替代的一个关系吗?

游闽键:如果说"意定监护"一旦成立的时候,法定监护实际上他就让位了,这个时候就应该是"意定监护人"来行使监护人的职权。

施琰:那么当"意定监护人"在行使自己职权的时候,其实他某种程度上,其实也可以影响到这些法定监护人,他们的遗产的继承权的问题吗?

游闽键:"意定监护",它跟继承之间存在一定的利益冲突,这是不可避免的。你比如说,因为你在监护的过程当中,你是他的财产管理人。比如说,就像刚刚我们说的,你在用钱的时候,继承人是希望剩下的钱越多越好,"意定监护人"他是希望老人越过越好,这两者之间是有一定冲突的,所以它存在一定的利益冲突。

李辰阳:这里存在一个误区,很多人说,我指定"意定监护人"之后,法定监护人的资格就被剥夺了,这个是不挂钩的。另一方面,法定监护人具有法定的赡养或者抚养义务,这个也不因此被剥夺。所以说,我指定一个非近亲属,作为我的"意定监护人"的话,在这个被监护人失能失智,自有资金不够的情况之下,"意定监护人"可以代表被监护人,向具有法定监护资格的这些法定义务的比如说赡养人、抚养人去追索,或者要求他们进行一种资金的给付。

施琰：我们总算是厘清了监护组织和被监护人,涉及财产利益的时候,双方究竟是什么样一个关系。可以说在这个问题上,很多人的担心和抵触心理可以打消了。但是疑问并没有结束,尤其是在涉及财产利益方面,在下一期节目当中,我们还要继续探讨。感谢您收看了本期的《市民议事厅》,下个周六我们再见。

2020年度广播电视奖(广播电视节目)参评推荐表

作品名称	思想的田野——上海篇:城市的品格		
作品长度	59分30秒	节目类型	电视新闻专题
播出频道(率)	东方卫视		
刊播栏目	《思想的田野》		
播出日期	2019年8月6日21时30分		
主创人员	集体		

节目评价

　　节目通过浅显易懂的创新性电视呈现手法,深刻展现上海践行习近平新时代中国特色社会主义思想的实践成果。节目播出后,受到广大人民群众的喜爱和国内主流媒体与专家的点赞。光明日报点评节目"实现了理论性、科学性和通俗化、大众化的平衡,具有较强的创新性、引领性、指导性、推广性",中组部党建研究所理论研究室主任王萍萍也表示"《思想的田野》创意好、选题好、角度好,是帮助广大共产党员干部学深悟透新思想,用以指导实践、推动工作的一部生动的电视教材"。

采编过程

　　《思想的田野》是由国家广播电视总局牵头,全国33家卫视联制联播的大型理论节目。节目以理论宣讲大篷车为载体,以"寻访+解读"的形式,多角度展现习近平新时代中国特色社会主义思想的时代价值、理论魅力。此次东方卫视报送的为东方卫视制作的上海篇。上海篇以《城市的品格》为主题,邀请演员韩雪为探访嘉宾,实地走访自贸区"一网通办"、大科学装置、智慧小区等,邀请学界专家、科研人员、一线工作者等上海城市变革的亲历者、受益者参与对谈,并由上海社科院和市委党校的专家进行现场理论解读,从科技、经济、民生等方面诠释上海"开放、创新、包容"的城市品格,为观众献上一场丰富的思想盛宴。

社会效果

　　节目获得广电总局点评表扬,并入选"壮丽七十年　荧屏庆华诞"——"视听中国全球播映"活动主推片目,获得广电总局2019年第三季度广播电视创新创优特别节目称号,国家广播电视总局、《综艺报》社2019年度影响力"年度特别节目"荣誉。在东方卫视首播后,上海篇还登陆广东、深圳、重庆、贵州等兄弟卫视播出,同时全片被收录到学习强国平台。

思想的田野
——上海篇：城市的品格

【开篇金句】一座城市有一座城市的品格。上海背靠长江水，面向太平洋，长期领中国开放风气之先。上海之所以发展得这么好，同其开放品格、开放优势、开放作为紧密相连。我曾经在上海工作过，切身感受到开放之于上海、上海开放之于中国的重要性。开放、创新、包容已成为上海最鲜明的品格。这种品格是新时代中国发展进步的生动写照。

【演播室主持人】暖风习习，春和景明。大家好，欢迎您收看大型理论节目《思想的田野》。我是东方卫视的主持人骆新，今天我们在黄浦江上将展开一场特殊的讨论，在首届（中国）国际进口博览会上，习近平总书记把上海的城市品格概括为三个词：开放、创新、包容。那么在习近平新时代中国特色社会主义思想指导下，上海的城市品格是如何一步一步地被塑造出来，又如何一步一步引领上海走向繁荣开放，那也是我们今天要进行探讨的内容，今天我们在现场请来两位嘉宾，他们一位是中共上海市委党校的教师卜新兵博士。您好！

【演播室嘉宾卜新兵】大家好！

【演播室主持人】还有一位是来自上海社会科学院的研究员张剑波老师。

【演播室嘉宾张剑波】大家好，主持人好。

【演播室主持人】你好，今天我们也特别荣幸，也很高兴，今天还有很多观众正好来游览浦江两岸，今天也共同来到我们的现场参与我们的话题讨论，也欢迎诸位。现在我的背景估计就是十六铺码头。

【演播室嘉宾张剑波】我是改革开放以后从十六铺登陆上海。

【演播室主持人】您就在十六铺登的陆。

【演播室嘉宾张剑波】那时候来的时候，十六铺还比较旧，还比较传统，经过几十年,我是见证了浦江两岸的日新月异的飞速发展,让我想到了三个成语,第一就是日新月异,第二就是沧海桑田,第三就是天翻地覆。

【演播室嘉宾卜新兵】所以我今天坐在这儿,我想到了习近平总书记讲过的词,叫百年巨变。大家看一下,我们船的这一边,这是一百年前,当时的公共租界,外国人在这儿做的一系列的外国建筑,叫万国建筑博览会,大家都这样称的。

【演播室主持人】对。

【演播室嘉宾卜新兵】而我们船的右手边,这叫三件套,骆老师,这叫三件套,是我们改革开放40年的生动写照,我们这个船实际上,它就是理论的航船,这个理论的航船,让我们从一百年前走到一百年后。

【演播室主持人】没错,我觉得您这么说完以后,我发现我们这个船是走在一个历史长河当中。

【演播室嘉宾卜新兵】时空隧道当中。

【演播室主持人】没错。我记得习近平总书记曾经说过,说要看一千年的中国,得去看西安,要看五百年的中国要去北京,要看一百年的中国,来上海。因为上海可以说是中国现代化的一个钥匙,在很多非常重要的历史关节点上,这把钥匙打开了中国的门窗。那么上海这个城市怎么能够成为这么一把金钥匙呢?也得感谢上海的市民,上海的市民就是上海的主人,为了感受到市民对上海这个城市乃至对中国的国家的期盼,我们在浦江两岸,这次我们也安了两个叫心愿亭,有很多市民会纷纷走进心愿亭表达他们的心愿。

【心愿亭 VCR 碎剪】

市民一:我希望能在上海找个好工作。

市民二:我现在学会在手机中买菜。

市民三:徐汇的工作已经调到上海张江了。

市民四:听说张江有人才公寓,上海本地人也可以申请吗?

市民五:如果有室内的地方给我们跳舞就更好了!

市民六:小区垃圾分类,大家要坚持!

市民七:我一定要好好学习学习英语,明年带我的老伴周游世界!

市民八:祝福家人一切安康。

市民九:希望可以在这儿安一个家。

市民十:我想把上海话学好,当个新上海人。

【演播室主持人】我们已经听了很多朋友们他们在心愿亭里面说的心愿,那么有哪些心愿是值得今天我们来进行探讨的呢?我们也做了一个挑选,比如说有一个心愿,和我们上海的城市品格开放息息相关,大伙儿看一下。

开放之城

【心愿亭VCR】我是来自山东的邱志文,我今年研究生毕业了,听说自贸区优惠政策很多,我想知道怎么在那里开公司呢?

【演播室主持人】这很典型,我们今天在座的很多观众朋友们,很多人也在上海要发展,据说还有人要在这儿创业是吧,您知道在上海怎么去注册一个企业吗?如果在自贸区。

【演播室现场观众】我觉得需要认识很多的人和关系。

【演播室主持人】好像咱们中国注册一企业没这么难是吧?

【演播室现场观众】主持人您好,我想问一下,办自贸区的企业一定要去自贸区里吗?

【演播室主持人】我们今天在节目当中,还专门找了一位梦想特派员,她大伙儿都很熟悉,她就是我们的演员韩雪,不过韩雪今天没有到现场,今天我们给韩雪安排了几个任务,她要专门去探访一下。

【明星探访VCR】您好,主持人。我接下来就要去完成你交给我的第一个任务,但是我接下来要去的这个地方,跟你想象中的自贸区有些不一样,我先卖一个关子,等我到了那里再为你揭晓。

我现在已经到了今天的第一站目的地,就是位于自贸区的企业服务中心,之前大家肯定觉得到自贸区办企业会非常的远,因为要去到外高桥,其实这个企业服务中心就在内环内,接下来我带大家进去看一下。

(韩)你好。

(工作人员)真的是韩雪。

(韩)你好,请问一下我要办企业的话,我是要提前预约吗?还是在现场领号就可以。

(工作人员)你可以提前预约,也可以现场取号。

(韩)然后要去哪里?

(工作人员)对的,您可以现在到那边帮办咨询等候,那边去等候就可以了。

(韩)就是那边的柜台?

(工作人员)对的。

(韩)谢谢。

(工作人员)不用谢。

(韩)您好,我想……

(群众)她好像是韩雪,演员吗?韩雪你好,你今天也来了?

(韩)阿姨你好,我是来咨询在这儿办企业的事情的,你也是在咨询这个吗?

（群众）对的,我今天也是来办企业,帮我儿子来办,我儿子在外地没空。

（韩）所以你是在帮他代办是吗?

（群众）对。

（群众）所以我是陪她一起来。

（韩）企业的这个服务还可以代办是吗?

（工作人员）对,可以的。

（韩）其实我不一定要自己来,如果相关的证件齐全的话,也是可以办的是吗?

（工作人员）对的,我们现在这边办理,在线上就已经完成基本的审核,然后在我们这边线下有50个窗口,每个窗口都可以直接办理,剩余的帮"一网通办"的一个支持。

（工作人员）我可以给你一份我们的一个材料的清单。

（韩）谢谢。

（工作人员）这里边有所有自贸区办理事项的一个流程,你可以看一下。

（韩）挺清楚的。通常办整个一套手续需要多长时间?

（工作人员）自贸区开办新设企业两个工作日就能完成了。

（韩）就可以了?

（工作人员）是的。

（韩）谢谢,非常感谢。

（工作人员）没关系。

（韩）主持人,你交给我的第一个任务已经完成了,我把这些都已经拍了电子的文档传给你,具体的内容你就可以看明白了,但是最重要的我记住了,在自贸区办企业,两天就可以搞定!

【演播室主持人】好,感谢韩雪给我们带来的这一次探访。以往咱们要办一个企业,就像这个小伙子说的,得有很多人要事先做审批。

【演播室嘉宾卜新兵】要跑好多部门。

【演播室主持人】对,要跑很多部门。

【演播室嘉宾卜新兵】盖很多章。

【演播室主持人】有人说你得盖100多个章才能办一个企业下来,但是现在就采取叫一网通办,好处在于什么呢？它把原来的事前监管变成了事中和事后监管,它取消了很多章,我们整个在改变营商环境当中,做的非常重要的通过开放倒逼改革的一次行为。

【演播室嘉宾张剑波】上海的营商环境,在2018年世界银行评比中国的营商环境的时候,整个中国的营商环境的名次,从第78名提高到了第46名,大幅提升了32名,也是中国参与这个评比以来最好的名次。

【演播室嘉宾卜新兵】现在我们上海提出,你一次也不用跑了,你就在网上直接可以一网通办,都可以把事情办成,刚才那个小伙子,你不用跑了,也不用找人。

【演播室主持人】对。

【演播室嘉宾卜新兵】最多找一下骆老师。

【演播室主持人】他连我都不用找,他在手机上下载 App 就可以了,App 就可以。如果您不信,您别着急,因为我们今天还请来两个人,专门来给你做现场的示范。来,我们有请二位。两位朋友,一位叫徐静,一位叫姚家康。徐静先说说你的故事。

【演播室嘉宾徐静】因为我很幸运地成了当时第一个运用"一网通办"系统的,之前是和朋友一起开公司,办理这个就特别麻烦,现在就是通过"一网通办"办理,直接点击进去,它说让我人脸识别,我拿了个手机就能识别,结果一步一步跟着它的提示,大概不到十分钟,然后就全部上传成功。

【演播室主持人】所以这就是我们今天请徐静来的理由,因为徐静成了"一网通办"App 去使用的第一人,那你现在的营业执照拿到了吗?

【演播室嘉宾徐静】拿到了,对。

【演播室主持人】还需要你本人去拿?

【演播室嘉宾徐静】不需要,可以用邮递的方式。

【演播室主持人】天哪!你连营业厅都不用去了?

【演播室嘉宾徐静】对的。

【演播室嘉宾卜新兵】骆老师,就是刚才我说的一次都不用跑,现在就真的一次都不用跑。

【演播室主持人】独在家中坐,证从天上来。你看这好,徐静给我们带来了一个最好的鲜活的案例。今天我们还请来姚家康,为什么要请他来呢?如果说徐静是使用 App 注册企业的第一人,姚家康最近也算是第一人,他为什么呢?

【演播室嘉宾姚家康】我也有幸成了"长三角一体化"(第一人),在浙江嘉善办理了一张上海本地的营业执照的第一人。

【演播室主持人】等会儿,你先等会儿,你在嘉善可以办理归属于上海管理的一家企业?

【演播室嘉宾姚家康】对,我办理的企业是在上海青浦朱家角经济开发区。

【演播室嘉宾卜新兵】骆老师,这个就叫"长三角一体化"。去年11月习近平总书记在进博会给上海三个大礼包,其中一个大礼包就是把"长三角一体化"上升为国家战略。而我们上海为了把这个国家战略实施好,我们就要在这三个地方做一个"长三角一体化示范区",先行先试。

【演播室嘉宾姚家康】而且重点在哪里呢?重点那天我只带了一张身份证,到了我们嘉善本地的工商部门,然后我只花了不到两个半小时的时间,就把我的上海电子营业执照拿到手了,而且办完之后还可以给我快递过来,所以我一趟都不用跑上海,这是非常惊喜的。

【演播室嘉宾】又是那个,就是一趟都不用跑。

【演播室主持人】所以一个好的城市,它吸引人来,就因为它办事更方便更便利,两位做了非常好的示范,两位专家有什么样的解读?

【演播室嘉宾张剑波】自贸区也好,营商环境改革也好,它的两大目标都是,对内就是促改革,对外就是扩大开放,改革和开放二者是辩证统一的,更好的开放是倒逼更好的改革,而更好的改革可以促进进一步的开放,而改革和开放合在一起,就是中国过去40年翻天覆地的巨大变化的动力。

【演播室嘉宾卜新兵】所以每一次,国家改革开放到一个关键节点的时候,上海都是冲在最前面,开路先锋,所以这就是我们上海的意义所在,对于全国的意义所在,开放对于全国的意义所在。

【演播室主持人】关于开放,我们观众有一些意见要发表,或者还有些问题要提问,哪位观众要发言?来。

【演播室现场观众】主持人好、两位老师好。我刚才在听两位老师讲解的时候,讲到"一网通办",它相对来说是照顾企业的,那么对于我们这种普通的百姓或者是市民来讲,像我们,它有什么好处对我们来说?

【演播室嘉宾卜新兵】这你是一个误解了,这一次的叫"一网通办",它实际上就是让老百姓办所有的事,通办,就是所有的事都可以办,你生活当中99%的事都能在这儿办,当然除了你私人的事,你交水电费、煤气费都可以,你要去办香港的通行证的,就在上面点,因为它都有人脸识别,骆老师,人脸一识别、一认,你是这个人,就可以了。

【演播室主持人】以后办结婚证是不是也可以在网上办?

【演播室嘉宾】这个没试过,这个可能还是有个过程,这是纯属私人的问题。

【演播室主持人】对,私人问题还是不行,这个问题还是要到相关部门去办理。

【演播室主持人】好,上海是个开放的城市,它对全世界任何一个地方的人都是敞开胸怀。

【第一部分结束,观众上下船并发表感想】不知不觉当中,我们的船靠岸了,有一些观众要下船了。

(观众:老师你刚才讲得太好了!嘉宾:你对这也感兴趣吗?)

也有一些观众即将上船,我们也希望他们参与到我们这个话题当中来,共同来探讨思想的田野。

创新之城

【演播室主持人】好,休息片刻,咱们这船又开始起航了。刚才我们说了开放,现在呢,我们想聊聊创新,那说到创新呢,咱们还得关注一下我们浦江两岸的心愿亭,下面我要给大家看一个小朋友的心愿,咱们看一下。

【心愿亭 VCR】

我叫米米,我上小班了,老师叫我们找一个能看清楚小昆虫的放大镜。

【演播室主持人】

小朋友给我们提了一个小要求,能不能给我们找一个放大镜,能够完成一个作业,两位老师给我们推荐一下,在上海哪儿买到这样的放大镜?

【演播室嘉宾】我倒知道有一个超大型的放大镜,在张江。

【演播室主持人】我知道您说的这个了,这个放大镜还真的又得派我们的韩雪去探访一下,看看韩雪是不是去找那个放大镜。

【明星探访 VCR】

(韩)说到这个超级放大镜,我这个超级科技粉已经迫不及待了,专家已经联系好了,跟我一起去看看吧!

(韩)在这儿吹吹风还是挺惬意的,但是我可不是只来这里看美丽的风景,我已经到达了新的任务的目的地,这个地方还是挺神秘的,我带大家来看一下。

(韩)邓老师,你好。

(工作人员)韩雪你好,非常欢迎到我们上海光源来。

(韩)谢谢。我今天是带着任务来的,要来找一个超级放大镜。

(工作人员)好的,那我们进去好吗?

(韩)谢谢。

(工作人员)走。

(韩)好,谢谢。

(韩)这个太震撼了,以前就觉得它可能会很大,但是没有想到会这么大。

(工作人员)其实整个光源就是一个超级的放大镜。

(韩)明白。

(工作人员)我们上海光源从开始建设到出光,仅仅用了三年的时间,这在国际上的同类装置中是最快的。当时英国的《自然》杂志还专门撰文表示,中国从此加入国际同步辐射俱乐部,上海光源生物大分了晶体学光束线站解析蛋白结构的能力世界第一,"梦之线"拥有世界上最高的软 X 射线能量分辨本领。在我们中科院负责运行的十五个大科学装置中,在上海光源产出的重大和重要成果占比都超过了三分之一。为了让你和观众朋友更好地了解我们这个放大镜的原理,我们今天给你安排了个小任务,需要你亲自完成。

(韩)好的。

(工作人员)这个是我们的生物大分子线站,现在是到我们换样(品)的时间。

(韩)明白。

(工作人员)我把您交给我们的周欢老师,由他带领您来完成这个环节。

(工作人员)你好,那我们先换上实验服和护目镜。

(韩)行。

(工作人员)我们现在就捞一颗样品。

(韩)好。真的都是晶体状的。

(工作人员)对,跟钻石一样特别漂亮。

(韩)是,挺好看的。

(工作人员)我们现在就捞一颗,试一下。

(韩)我怀疑我瞎了。

(工作人员)可能没看清楚,好像是捞起来了,是吧。你再转移到防冻液里头。

(韩)对,好的。

(工作人员)这个时候就能看到一颗一颗的晶体了,就是分开的,然后我们样品就捞好了。韩雪,我们把这个样品转移到装样品的杜瓦罐。

(韩)明白。

(工作人员)把缺口对准放进去就可以了,推一下,拎起来。对,样品我们放好了,现在就开始收数据了。

(工作人员)看到了吗? 这个就是我们的晶体。好,韩雪,那我们的上样实验操作就完成了。

(韩)谢谢老师,那我这个任务完成了。

(工作人员)对。

(韩)谢谢。邓老师,我的任务完成了。

(工作人员)好,那你知道你刚才放进去的是什么晶体吗?

(韩)不知道,就是说是个蛋白晶体。

(工作人员)所以你刚才放进去的是埃博拉病毒。

(韩)不可能。

(工作人员)没有,跟你开个玩笑!

(韩)你肯定骗我的,埃博拉病毒在非洲呢!

（工作人员）跟你开个玩笑的，刚才你放进去的是一个普通的蛋白晶体。不过刚才这条线上我们的确是进行过埃博拉病毒的蛋白的研究。

（韩）这么厉害！

（工作人员）像埃博拉病毒，还有像我们的禽流感病毒这些超级病毒，它的功能和结构用一般的这种研究手段，其实是很难破解的，在这里的话我们用高亮度的 X 射线，通过衍射的方式就可以把病毒的蛋白结构完整地体现出来，有了这个信息，我们可以为后续的制药等提供一些帮助。

（韩）明白。那我这个任务完成是不是可以带我去找我的放大镜了。

（工作人员）好的，我带你去。

（韩）谢谢。

（工作人员）这边就是我们的 13W 成像的线站。

（韩）这个就是那个小昆虫吗？

（工作人员）对。

（韩）是活的吗？

（工作人员）对，是活体的，活体成像。通过我们的 X 射线的实时成像，可以把它的触角上的那些微通道都看出来，我们这个装置的话，国计民生这方面也是有一些应用的，像制药啊，你们知道我们国家的京沪高铁，它有一个铜合金的，它顶上那个接触线，那我们在 13W 用我们的实时成像的方法监测它，最后生产出合格的产品，也算是为我们国家的高铁事业发展作出了一定的贡献。

（韩）那我这个放大镜找得太好了，谢谢邓老师。

（工作人员）不客气。

（韩）今天我真的是收获特别多，不光是替小朋友完成任务，演播室可以看一下，这个画面上就有这个小昆虫的活体的射线的展示，我相信小朋友应该看到会非常开心，对我自己来说，今天也是收获了特别特别多，是一个特别好的科普教育。

【演播室主持人】好，谢谢韩雪。刚才看的就是我们上海大科学装置叫上海光源。

【演播室嘉宾张剑波】上海光源只是它的基础，我们未来几年在已有基础上，等所有的国家大科学装置建好以后，将成为世界最大的光子科学的基础设施群和世界最大的光子科学中心。

【演播室主持人】大伙儿现在能明白了吧。高质量的开放就能够促进高质量的发展，而科技创新就是发展的重要的动力。习近平同志曾经说过一句话，说科技创新是核心，抓住了科技创新就是抓住了牵动我国发展全局的"牛鼻子"。

【演播室嘉宾卜新兵】习近平总书记他对上海的科技创新实际上特别关注，

像这样的重大科技创新,他用了两个词叫国之重器、国之利器,然后他说像这样的东西,必须牢牢抓在我们自己的手里。

【演播室主持人】今天来这么多朋友,我们也得让大伙儿现场见识见识,几个科技创新的代表。我们先给大伙儿打一组数据上来,先看看这个数字,您能理解它是什么意思吗?8、1.1万、24,我相信这么一组数字摆在那儿,估计谁也不会太清楚,没事,我们准备一段小视频解释这一组数字,您看它是什么?

【蓝天梦 VCR】五、四、三、二、一、点火。

【演播室主持人】没错,您说对了,这就是我们非常著名的叫"太空之吻",我们的"神舟八号"和"天宫一号"的空间站进行太空当中的对接。今天我们就特别给大伙儿介绍一位,国内唯一的载人航天对接机构总装组的组长,也是上海航天八院的首席技师王曙群。

【人物介绍 VCR】

王曙群同志和航天打了 30 多年交道,他一共牵头研发了 50 多套专用装备,获得 5 项国家发明专利,在中国航天陆续完成了七次太空交会对接的任务当中,王曙群带领的航天空间机构工作室团队成功完成任务,并使对接机构实现了完全的自主可控。

【演播室嘉宾王曙群】谢谢骆老师。

【演播室主持人】你好,谢谢您,下面得请我们的王老师给我们介绍,这几个数字究竟代表什么?

【演播室嘉宾王曙群】我来给大家介绍一下吧。这个 8 的含义,我们首次交会对接就是由"神舟八号"来执行完成的,而"神舟八号"在天上的飞行速度是第一宇宙速度,相当于子弹飞行速度的 8 倍,同时我们交会对接的任务,就是在两个各重 8 吨的飞行器之间建立一个刚性气密的通道,能够让宇航员在这个通道中自由地生活和工作。

【演播室主持人】这个 8 可太难了,在相当于子弹速度 8 倍的上面要去完成对接,这难度之大可想而知。

【演播室嘉宾王曙群】这个对接机构,它虽然尺寸不大,但是它有 11000 多个紧固件。

【演播室主持人】所以这个 1.1 万是代表 1.1 万个上面的紧固件。

【演播室嘉宾王曙群】对,这个 1.1 万还有两层含义,人的一生可能有 3 万个日日夜夜,我为这个航天事业也贡献了 11000 多个日日夜夜了。

【演播室主持人】好,这是给我们解释了什么叫 1.1 万,后面还有一个 24 是代表什么呢?

【演播室嘉宾王曙群】这个 24,我参加航天工作 31 年,其中有 24 年参加这个载人航天工程。

【演播室主持人】两位教授大概都关注了这一次的"太空之吻"。

【演播室嘉宾张剑波】我们上海是全中国,唯一一个能够同时完成航天的星、箭、弹、船、体、器以及它的发射、回收、拍摄、传输全过程的一个城市。

【演播室嘉宾卜新兵】航天工程是我们国家走向现代化,或者说走向世界舞台中央的一个非常重要的标志,所以党中央对每一次航天发射都非常关注。

【演播室主持人】因为我报道过神五神六到神七,因为这里面有一个叫"海恩法则",任何这么多的部门要进行协作和这么多紧固件,这样一个产品的生产过程当中,稍稍有一点点不留神就会变成前功尽弃,您遇到过这样的问题吗?

【演播室嘉宾王曙群】我们有一次在做试验的时候,在某一个低温点上有一个传感器,它的触发信号发生了一点点跳变,事实上这个可能大多数人都会把它忽略掉,但是我们为了保证我们的产品万无一失,我们从这个设计的源头,甚至把这个材料都进行了一些分析,最后我们才找出了一个原因,就是这个螺钉在紧固的时候,它有一个防松措施,点了一点点502胶水,这点点502胶水流淌到这个簧片上,就相当于在这个簧片上形成了薄薄的一层膜,这层膜的话可能比头发丝还要薄,但是恰恰就是这层膜改变了这个簧片的触发应力,导致了它在某一个点上可能会产生一点点的跳变。

【演播室主持人】就这么一个事被发现了,但如果没有被发现的话,可能在天空当中就会失控。

【演播室嘉宾王曙群】对,因为说实话,对我们来说,我们的成绩要么就是100分,要么就是0分。

【演播室主持人】像王老师这样的人,其实在上海航天八院里面还有很多,他们都一直是默默无闻在后面,我们不知道,但是等他们到台前,你才发现,他们是在完成人类大概最富有智力挑战和耐心挑战的事。

【演播室嘉宾王曙群】习近平总书记也给航天梦定位为中国梦的重要组成部分,而且他在接见我们"嫦娥四号"参试人员的时候,要求我们为推动世界航天事业的发展,贡献更多的中国智慧、中国方案、中国力量,去创造更多的中国高度、中国奇迹。

【演播室主持人】谢谢您,王老师,谢谢,向您再次表示敬意,谢谢您。

【演播室嘉宾王曙群】谢谢。

【演播室主持人】今天我们除了见识到王曙群老师之外,下面我们要介绍的这位就是一位年轻的又是资深的海归,他的名字叫姜雪峰研究员。来,有请。

【演播室嘉宾姜雪峰】骆老师您好。

【演播室主持人】您好。

【人物介绍 VCR】姜雪峰,美国博士后回国、华东师范大学教授,上海市科技启明星。联合国举办的全球青年化学家元素周期表(活动)中首次出现的中国学者。2019年,作为亚洲地区的代表,在联合国教科文组织开幕式做世界杰出青年科学家报告。

【演播室嘉宾姜雪峰】在台下看您主持蛮辛苦的,

【演播室主持人】谢谢。

【演播室嘉宾姜雪峰】所以给您带了一份小礼物。

【演播室主持人】您没空手来?

【演播室嘉宾姜雪峰】对。

【演播室主持人】谢谢。

【演播室嘉宾姜雪峰】带了一个靠枕。

【演播室主持人】谢谢。但是我知道您这个礼物肯定不是轻易送给我的,里边一定有深意,这是让我解一道题吧。

【演播室嘉宾张剑波】看得出来它是化学的大分子式,大分子式,大分子结构,应该是医学的东西。

【演播室嘉宾姜雪峰】对,这是一个分子式,这是长春花里面分出来的一个化合物,它成了五个著名的抗癌药物。

【演播室主持人】明白了,我们刚才探讨了最强光,又揭示了蓝天梦,现在我知道姜雪峰老师给我们带来的是创新药。

【演播室嘉宾姜雪峰】我为什么把这个分子带来呢?因为这个分子是我们小组在2017年的时候,我们团队完成的合成,希望在这个药物里面产生新的创新工艺,同时也可能在结构的修饰上产生更多的创新药。

【演播室主持人】那么刚才我们介绍姜老师是叫资深海归,您回来多少年了?

【演播室嘉宾姜雪峰】回来八年了。

【演播室主持人】八年,原来在什么地方?

【演播室嘉宾姜雪峰】我原来就是从上海出的国,因为是在中科院上海有机化学研究所读的硕士和博士,然后2008年去的美国圣地亚哥斯克利普斯研究所,这是一个在全世界,包括在美国非常知名的研究所,在整个化学和生物领域里面能够排到前三名,我是2011年入职华东师范大学,当时很荣幸就成为华东师范大学的特聘研究员。

【演播室主持人】那你最后决定回到中国的原因是什么?

【演播室嘉宾姜雪峰】我觉得在国外留学的很多年轻人,他都有一个共同的感受,第一我们的根、我们的血是来自中华民族,我们听到母语那种亲切是无法言表的,咱们整个中国以及上海的这种飞速发展,其实让每一个在海外的华人都心向往之,于情于理、于发展、于个人,我们是义无反顾的,是应该会回来的。

【演播室主持人】那么姜博士,您能告诉我什么样的机制让你最后决定留在上海?

【演播室嘉宾姜雪峰】那时候不瞒您说,有过些许的犹豫和踌躇,因为那时候有两个孩子刚刚出生,回国呢,可能在事业上,我觉得对我来说是一个非常好的机遇和机会,但是生活当中,经济会有很多的压力,在那个时间节点,我们华东师范大学有一个"英才计划"的这种招聘学者的项目,给了我很好的这种初期的资助,那么加上后面,我第二年申请到了咱们上海市的东方学者特聘计划的教授的这个职称,那么有了这两个项目以后,让我无后顾之忧地去发展、去往前冲。

【演播室主持人】两位专家,今天听了姜博士这番讲话,您二位有何感受?

【演播室嘉宾张剑波】一个国家要发展,核心是要靠科技创新,习近平总书记对这个是高度重视,我们上海第一个被国家批准为要建张江综合性国家科学中心,然后建了这个中心以后,很多的配套人才政策也制定了。我现在可以告诉姜博士和在座的各位听众,我们张江已经是全中国海归人才的回国的首选之地,现在我们张江的归国人才已经达到4.5万人。全世界有著名的人力资源调查专家做调查,外国人士、中国在外华人、中国在外华侨、中国在外留学生,归国,如果在中国生活和工作,最想去的地方是哪里,连续八年就是上海!

【演播室主持人】真是应该为我们上海好好鼓鼓掌,我们再次向姜博士表示我们的祝福,感谢您,希望您继续获得成功!

【演播室嘉宾姜雪峰】谢谢您,谢谢!

【演播室主持人】我们知道城市管理最难的是"最后一公里",特别是进入社区治理。就在徐汇区田林街道,他们也做了很多社区治理的创新。在请出下一位嘉宾前,我们将请出韩雪去探访居住在田林街道的邱奶奶,具体怎么回事,咱们把机会交给韩雪。

【明星探访VCR】

(韩)我现在所在的位置就在田林十二村,骆新老师说的这位邱奶奶就住在这栋楼的一层,奶奶的心愿是让我们感谢她和老伴儿的救命恩人,那究竟是怎么回事呢?让我们进门看一下。

(邱)来了来了。

(韩)邱奶奶,您好!

(邱)你好!

(韩)我可以进来吗?

(邱)进来。

（韩）谢谢邱奶奶，爷爷好。

奶奶我听说您要感谢救命恩人，您能给我讲讲你的救命恩人是谁吗？

（邱）救命恩人就是装了警报器啊。

（韩）在外面，警报器是吗？那您带我看一下吧。

（邱）好的。

（韩）原来就是警报器。

（邱）对，警报器。

（韩）我听他们说这个叫"电狐"是吗？

（邱）对，"电狐"。

（韩）就这么一个，特别像电的那种跳闸的开关。

（邱）对，装之前是去登记的，80岁以上，家里没有小辈住在一起的就可以装这个东西。后来没想到烧水会叫起来。就是这个东西，白天装好，晚上烧水，报警器就叫得不行，后来第二天消防队、里委、街道、物业都来检查，没有检查出问题，麻烦的就是不跳闸，如果跳闸了，就知道哪一条线路坏了。

（韩）确实是这样，那第二天怎么检查出来有问题的呢？

（邱）后来再检查，检查出来电线接反了。

（韩）就是电盒里面两根线接反了。

（邱）接反了。

（韩）其实这个挺危险的，奶奶。

（邱）是挺危险的。

（韩）因为你看在卫生间里，我们水加上电，有时候短路、触电，所以检查不出来的话，还是风险挺大的。

（邱）风险很大。

（韩）所以这个"电狐"挺好的，防患于未然，很小的问题就被它发现了。

（邱）所以我叫它救命恩人。

（韩）其实我现在知道了，邱奶奶要感谢的这个救命恩人，不只是居委会这些细心周到的干部们，更多的是这种老旧小区在智慧升级以后带来的像"电狐"这样的好的设备。说实话我刚刚看完，我自己心里有非常深的感受，因为像我们常年在外工作，父母在家的这种安全，我们会非常担心，就我自己家，我觉得我妈妈已经就是很多次会（把）锅放在炉子上烧，最后烧到全烧干，所以经常会担心家里是不是水漏了、电漏了、煤气漏了，所以特别希望这些惠民的智能系统越多越好，给老人们以安全，给在外工作的儿女们以安心。

【演播室主持人】好，谢谢韩雪。既然感谢街道，今天我们特别请来了智慧小区的联合指挥中心的负责人张道庆。

【演播室嘉宾张道庆】大家好。

【演播室主持人】刚才说的这个"电狐"是您这儿安装的吗?

【演播室嘉宾张道庆】是的,种类很多,比如说我们有智能门禁设备,我们有烟感、电感等等,就是说通过我们这个智能平台使街道能够第一时间发现问题、第一时间发出预警、第一时间调配资源和力量,来更加精细化地管理我们这个常住人口有十万的社区。

【演播室主持人】这个叫智慧社区,这很重要,特别是上海已经进入老龄化社会,我们基本上在65岁以上的老年人可能已占到21%了,有很多空巢老人在家里待着,这些老人在家里躺倒了怎么办?

【演播室嘉宾张道庆】我们有一种叫智能门禁系统,比如说有80岁以上的老人或者有这方面需求的老人,他有一天或者两天没出门的时候,我们的人工智能平台,就会通过门禁智能系统接收到这方面的消息,会第一时间通知我们的居委、物业,他们会上门去进行查看,询问情况,并第一时间地提供帮助。

【演播室主持人】这是个好办法,他一天不出门就会有一个预警。

【演播室嘉宾张道庆】对。我们还有一种设备,比如说是智能电话,居民区的孤老或者是独居老人,他有这方面的需求,可以免费到我们居民区领取这样一个免费的电话,这个电话有一键拨号功能,可以把这些老人的一些子女或者是联系人(存)在上面,而且这个智能电话还有一个紧急按钮,如果遇到紧急状况的时候,它可以一键直通120。

【演播室主持人】我觉得让人们有更多的幸福感和获得感,其实离不开咱们街道基层的管理人员和咱们的干部。

【演播室嘉宾】这就是精细化,精细化就是绣花功夫,这个词是2017年3月,习近平总书记在全国两会上海代表团参加审议的时候,他提出来的,现在大城市的管理、城市治理就要像绣花一样,下绣花功夫,所以这就要求我们心系群众,就是时时刻刻你要想,而且从很多的细节,你去思考,替群众去着想,站在他们的角度,这样和群众心连心,这就能把这个花绣好。

【演播室主持人】没错,是。今天有很多观众也在现场,估计也有很多问题,想问问我们张主任和两位专家。好,来,这位。

【演播室现场群众】我是住在老的小区,停车的问题好像很伤脑筋,不知道有没有什么解决办法?

【演播室主持人】对,老小区停车难,一直是困扰上海的一个问题,主任有办法吗?

【演播室嘉宾张道庆】我们在小区的车辆出入口,安装了一个车辆微卡口,它能够实时地检测进入车辆的数量,提供给我们物业的保安,由他们事前来决定外来车辆是否再放进来,或者是把小区里面的(外来)车辆给及时地清理出去,方便我们业主在下班的时候有足够的停车位。

【演播室主持人】错时停车,你看这些人民群众办法总是有的。好,我们再次把掌声送给我们的张道庆主任。

【演播室主持人】今天我们是在黄浦江上展开这场讨论,要在这个游轮上也给大伙儿表演一个秀,但今天这个时装秀很特别,有相当一部分的服装是由 AI,也就是人工智能机器人做的设计,您得看一看,哪些是人的设计,哪些是机器人的设计。来,我们音乐起。

【模特表演】

【演播室主持人】好,我们感谢东华大学模特队的同学们,不过刚才我们这个问题,现在要揭晓答案了吧。诸位,现在判断一下,哪些衣服是 AI,也就是人工智能机器人做的设计,有谁愿意来试一下吗?老先生。

【演播室现场群众】金黄颜色的是机器人设计的,金黄颜色的。

【演播室主持人】好,老先生认为金黄颜色是机器人做的设计。还有吗?这有。

【演播室现场群众】我觉得这位小姐姐,她穿的色彩比较艳丽,我觉得更符合 AI 一种大胆、一种前卫的设计。

【演播室主持人】好,那么我们有这么多观众已经做了他们的分析,那么姑娘们究竟哪些人身上穿的衣服是我们的 AI 做的设计?哪些是人做的设计呢?我们揭破答案的方式非常简单,我们让机器人设计的服装留在台上,其余由人作为设计师设计的服装,现在暂时退出舞台。好,那么究竟怎么回事呢?我们今天就专门请来了设计师,我们要请出的是 AI 设计师 Deepvogue 和它的设计研发团队深兰公司项目代表刘彬彬博士共同登台。你好,刘博士。

【演播室嘉宾刘彬彬】你好,骆老师。

【演播室主持人】现在我们看到这位机器人设计师。

【演播室嘉宾机器人】大家好,我是深兰 AI 服饰设计师,很高兴在黄浦江上和大家见面。

【演播室主持人】它真的能设计这些服装?

【演播室嘉宾刘彬彬】真的能设计,这不是我们大脑想象出来的,它真的设计。

【演播室主持人】有这本事,咱们现场来一个行吗?

【演播室嘉宾机器人】请给我一张照片。

【演播室嘉宾刘彬彬】好,它需要一张照片。

【演播室主持人】那现在我拿出我这个手机来拍一张照片,好了,上海的夜景,主要是陆家嘴。来,请刘博士看一下。

【演播室嘉宾刘彬彬】很漂亮,非常漂亮。

【演播室主持人】好,它要花多长时间来进行设计?

【演播室嘉宾刘彬彬】很快。

【演播室嘉宾机器人】加载完成。

【演播室嘉宾刘彬彬】我们先看一看。

【演播室主持人】好,我们先看一看。

【演播室嘉宾刘彬彬】好,那么它现在就正在思考。这就好了。

【演播室嘉宾机器人】创作完成。

【演播室嘉宾刘彬彬】好了。

【演播室主持人】我大概理解,它是把我的图片当中的色彩元素都给用上去了。

【演播室嘉宾刘彬彬】对,没错。

【演播室主持人】大伙儿觉得怎么样?那作为 AI 的设计师,和一般人作为设计师相比,它有什么区别,最大区别是什么?

【演播室嘉宾刘彬彬】目前为止 AI 它仅能设计出来,但是它自己不知道这个为什么是美的。

【演播室主持人】但是它可以广泛地采集世界上所有最先进的、最新的。

【演播室嘉宾刘彬彬】没错。

【演播室主持人】设计的,比如说它的元素也好,图案也好,甚至把以前很老很老的元素,它也加入它的大脑里面。

【演播室嘉宾刘彬彬】都可以,对,我们就是创造这个大脑,就是这样子。

【演播室主持人】那最后想问您一个问题,您这个公司未来的愿景,您想过吗?

【演播室嘉宾刘彬彬】我们总体目标就是科技服务全球民生。

【演播室主持人】好,那我们再次感谢刘博士,谢谢您。

【演播室嘉宾刘彬彬】谢谢。

【演播室主持人】两位听了前面那么多创新达人,他们讲他们的经验,你们二位有什么总结吗?

【演播室嘉宾张剑波】好,前面我们听到了最强光,也听到了蓝天梦,还有就是创新药,我们上海科技创新的亮点还有就是中国芯和智能造,世界十大芯片的设计厂商里面,有两家是我们上海的,代表中国参与国际竞争,我们有上海微电子设备,可以搞光刻机,中国只有它能搞出光刻机,另外我们还有中微半导体,搞出了世界最先进水平的 7 纳米刻蚀机,这就是中国芯。那么在智能造来说,上海是中国最强的智能制造的基地和城市,我们"天鲲"号、"天鲸"号自航式重型的挖泥船是代表我们中国的最高水准,这些是我们上海的亮点。中央对上海赋予了新的历史使命,就是要建具有全球影响力的科创中心,所以我们可以说上海在原创力,在代表中国参与国际竞争方面,我们可以说交出了满意答卷。

【观众上下船、发表感想】

【主持人】我们的船又靠岸了,有一些观众要下船了。

【观众】还是蛮令人兴奋的。

嗯,感觉还不错还挺好的。

刚说了那么多有关创新的问题,那有什么跟我们生活密切相关的呢?

【主持人】跟生活相关的有很多,上海的创新太多了,垃圾分类就算是。

【嘉宾】垃圾分类,对。

【演播室主持人】又有一些观众重新登上我们的航船,我们希望他们继续和我们来进行探讨。

包容之城

【演播室主持人】好,现在浦江两岸灯火璀璨,我们在节目一开始就说了,总书记对上海的城市品格,三个词:开放、创新和包容。其实一谈到包容,我们也要通过我们的心愿亭来呈现,来,听一下。

【心愿亭 VCR】我叫可可,我今年 25 岁了,我来上海四年了,我好爱上海,可是我学历不高,不知道靠自己,未来能不能留在这里。

【演播室主持人】其实这位朋友的心声也代表了很多人的想法,打拼的人他们都希望能够留在上海,定居的新上海人也想融入上海,那么上海是一座包容的城市吗?把机会交给韩雪。

【明星探访 VCR】

(韩)夜幕降临,在上海街头行色匆匆的行人中,有很多来自其他的省市和其他的国家。截至 2017 年年底,在上海居住的来自外省市的常住人口有 972.68 万人,占总人口的 40%,而来自其他国家的常住人口也超过了 20 万人,对于上海这样一座城市来说,人们对它海纳百川的特质又有什么样的解读,让我们把话筒对准不同的人。

(街访)

市民一:我是上海人。

市民二:我是黑龙江的,我来上海一个月了。

市民三:我从美国留学回来,来到上海。

市民四:我来自拉丁美洲。

市民五：我是广东那边来的。

市民六：来自安徽阜阳。

市民七：江苏淮安。

市民八：我们都来自山西。

市民九：我是美国人，我在上海待了十年，我是建筑系教授。

市民十：我在上海做家政工作。

市民十一：我在上海从事建筑行业很多年了。

市民二：毕业了，然后就打算在上海找到工作，上海就是一座很快节奏、很繁华、很适合年轻人发展的现代化的大都市。

市民十二：上海是一座包容性很强的城市，可以接纳每一个不同地方的人。

市民五：我觉得上海菜太甜了，不过没关系，这里到处都是粤菜馆。

市民九：我看到了很多杰出的人才，在上海会有很好的体验。

市民三：几年前从美国留学回来，当初觉得租金好贵，现在搬到了陆家嘴人才公寓，然后房租也便宜，离上班的地方也近，感觉自己更有信心留在上海发展。

市民一：对于我们上一辈来说，还会有上海人和外地人的区别，但是对于我们90后来说，这种概念已经很模糊了。

市民十三：十六年前，借了700元钱，来到上海摆地摊，现在有7家连锁店。

市民七：在上海送快递十几年了，大概送的快递有七八万件。天气不好的时候，有好心人给我们送水、送雨伞。

市民十：我接触的每一家人，对我都挺好的，我的丈夫孩子也要来上海，我准备在上海扎根。

市民十四：感觉上海就和自己的家乡一样，非常亲切。

市民十一：我想把上海建设得更美好。

市民十五：我愿意一直工作下去，为上海增添一份光彩！

群访：很喜欢上海！我爱上海！我真的很喜欢上海！我爱上海！在上海这个城市，我感觉很温暖！

（韩）谢谢，听着他们的故事，看着他们的笑脸，此刻我不禁在想，无论你来自何方，无论你身处何位，在这样一座城市，你都能找到属于自己的一寸方圆，正是因为这种融合，才逐渐地形成了上海这座城市包容的品格。

【演播室主持人】好，谢谢韩雪。其实一谈到包容，咱们就想到五湖四海，为了一个目的到一起来，我想这是最典型的是吧？

【演播室嘉宾】那么我们上海的包容是有传统的，从早期，它是江南文化的一个有机组成部分，改革开放以后，随着流动人口的增加，上海人口的组成也越来越多样化了，我们上海常住人口中，最大组成部分是安徽省，江苏省已经退居第二位了,那么其他还有一些省也跃上来了,上海的居民越来越来源多样化。

【演播室主持人】好,两位在上海生活这么多年,您知道上海最国际社区的地方在哪儿?

【演播室嘉宾】在西面,就是古北,东面就是金桥的碧云。

【演播室主持人】好,那么我们今天请的这批人,就来自其中一个重要的国际社区,来自古北,来,我们就请出这些从古北来的中外朋友们,来,有请。

【演播室主持人】你好,请他们先做个自我介绍。

【演播室国内外嘉宾】好的,我是盛弘,然后旁边这位是我们荣华居民区多届的元老,也是我们社区人称非常热心的吴阿姨,旁边这位也是在上海已经超过三十年的,来自土耳其的诺扬·罗拿先生,旁边这位女士,来到上海十多年,来自日本的尾崎祥子女士。

【演播室主持人】其他几位我还是第一次见面,但诺扬·罗拿我太熟了,我最早来上海采访的就是他,当时他被评为叫上海的"洋雷锋",因为他特别愿意去帮助别人。

【演播室国内外嘉宾】"洋雷锋"也是一种生活方式,我还要继续做。

【演播室主持人】诺扬非常可爱,盛书记,但我就不理解,为什么把你们叫作什么"中外议事厅",这我第一次听说。

【演播室国内外嘉宾】是这样的,因为我们古北新区,其实我们的荣华居民区也是全国第一个涉外的居委会,超过一半都是我们的境外人士,各国的朋友,所以我们搭建了这样一个议事厅,就希望不管来自哪里,来到我们的社区,都能够为我们的国际家园,大家一起来出谋划策,比如说我们也可以模拟一下,现在我们有个时尚的新话题叫作垃圾分类。

【演播室主持人】我们家就面临这个问题,楼道里本来每一楼层是有桶的,现在说垃圾分类以后,把桶都给取消了,好多居民都不干,如果这个意见反映到你们小区里边,你们会怎么去探讨这个问题?

【演播室国内外嘉宾】

(诺扬)上周我们还讨论过这个事情对吧,现在看来是还没(结束)了。

(盛)先生您怎么看?

(诺扬)我觉得很不方便,垃圾分类很重要的,我同意的,我也参与的,但是要撤桶有一点麻烦,而且我们现在付的管理费也比较高,所以我觉得是管理费里边,会不会弄一点钱把它处理掉,不要再给我们(添)麻烦了。

(吴阿姨)诺扬先生,我们垃圾分类撤桶,必定要做的事情,我们可以协调、可以协商。

(尾琦)我们现在日本的垃圾分类是很细的,一开始的时候,大家还是不习惯的,但是宣传到位,大家习惯了,会做得很好的。

(骆新)对。

(盛)这样,我觉得刚才诺扬先生讲到撒桶的话,是由于距离太远,我们可能最远的要走五百米去扔一个垃圾,确实不是太方便,那我们可以商量能不能优化,就是在就近的四到五栋楼设立一个定时投放点,这样居民从电梯坐下去,去投放垃圾也只要两三分钟的时间。

(尾琦)应该走一段路,对你的健康最好吧。

(骆新)提出多走一段路对你身体好是吧。好,那现在要听诺扬的。

(诺扬)如果是这样,我试一试吧。

(骆新)这就是"中外议事厅"探讨问题的方法?

(盛)对。

(骆新)没有强迫性,是每个人采取自己的方式,站在自己的立场上提出一个建议,提出一个方案,把这些建议都集中在一起,发现挺好的,有人就会接受了。

【演播室国内外嘉宾】是一个大家协商的过程,最后达成一个凝聚的共识。

【演播室主持人】真好。

【演播室国内外嘉宾】其实我觉得古北国际社区,为什么有这么多的中外居民可以成为朋友,我们通过很多的融情文化的活动,一起跟他们包饺子,然后元宵节包汤圆,然后我们中国的节也过,西方的节也和他们一起过,那么在中外文化融合的这样氛围当中,慢慢大家有了情感的融合,更多的"洋居民"走出了家庭,从一个旁观者到参与社区治理议事厅当中来。

【演播室主持人】我们再次感谢中外议事厅的各位朋友,他们做了一个非常好的融合和包容的示范,谢谢你们。

【演播室嘉宾卜新兵】刚才我们看到这个国际社区,我觉得它体现了我们上海的一个城市品格——包容的精神,大家千万不要以为说包容是很小的一件事,没有包容,它怎么会开放呢?没有包容,它就不会创新,实际上你发现好多创新,就是把不同的元素放在一起进行重构的过程,这个过程本身就是包容,而我们上海就恰恰具有这样的特点。

【演播室主持人】今天有很多观众也在现场,哪位观众要发言?来。

【演播室现场观众】主持人好,我看到陆家嘴大楼上,不停变换的"思想的田野"和"城市的品格",这两个主题请问有什么关系呢?

【演播室嘉宾卜新兵】今天我们讨论的主题叫《思想的田野》,分集的主题叫《城市的品格》,我们这个城市的品格叫什么呢?开放、创新和包容。那么这个开放、创新和包容的精神,实际上大家知道,跟我们习近平总书记是有着深刻的关系。党的十八大以后,习近平同志作为我们上海选出来的全国人大代表,五次下到我们上海的全国两会代表的团组,而且每年来讲一个主题就为上海城市的品格的发展注入了一个新的内容。习近平总书记说这三个词,不仅是上海的品格,也是中国改革开放的品格,这实际上也是习近平新时代中国特色社会主义思想这个理论它本身的品格,你想,它面向世界、面向未来,它不仅要指导我们中国特色社会主义建设,不仅指导我们中华民族伟大复兴,它还要指导"一带一路"、人类命运共同体,这就是它的开放性;同时它还要解决我们当前改革开放进入深水区、进入攻坚期,我们所面临的所有的困难、问题和挑战,它要创造性地解决,这就是它的创新性;同时它又是海纳百川,它吸收了人类的所有的先进文明和我们中华文明的最优秀的部分,所以这个理论,它本身就是一个开放的、包容的、创新的理论。正是在这样的一个含义上,我们说习近平新时代中国特色社会主义思想,它不是一个抽象的存在,它是我们马克思主义中国化理论创新的最新成果,是当代中国马克思主义,是二十一世纪马克思主义。

【演播室嘉宾张剑波】也就是说在时空上是开放的,在内容上是创新的,在来源和文明继承发扬上面是包容的。

【演播室主持人】今天我们再次感谢两位专家,也感谢这么多观众,陪同我们在浦江两岸美丽的景致当中进行了这样一番有意义的谈话。这里是上海,这里是黄浦江,这里是《思想的田野》。应该说开放、创新、包容是上海的品格,也是中国改革开放最真实的写照。我们希望未来的上海,能够以更加海纳百川的胸怀来扩大开放,以敢为人先的精神来锐意创新,以融通共赢的生态来展现包容。我们相信未来的浦江两岸会创造出新的奇迹,绽放新的光芒。

【表演《光芒》】
你是生命里的光
永远都在我眼中闪亮
每一个有你的地方
都暖得像儿时梦乡
每当仰望天上群星
都会想起那会笑的眼睛
哪怕浮沉在人海里
仍然不负初心
看那星火点滴
想象着燎原风景
我最大的幸运
是你一笑一语

2019年度广播电视奖(广播电视节目)参评推荐表

作品名称	"一带一路"上共同的"甜蜜"		
作品长度	23分钟2秒	节目类型	电视新闻专题
播出频道(率)	宝山区融媒体中心		
刊播栏目	《宝山纪实》		
播出日期	2019年12月29日		
主创人员	唐捷、赵维杰、卫珏、杨玮琦、张淑慧		
节目评价	此片可贵之处,是在"一带一路"、中国进博会召开的时代大背景下,报道宝山商人张展平因"一家之事"进而升华为"一带一路"倡议践行者,并与非洲人民共同追梦的故事,形象地诠释了何为"人类命运共同体"。张展平用"中国梦"感染了身边的近四百位赞比亚员工,促成他们勤奋,使他们脱贫。他促成的中非之间商品的贸易往来,不仅推动了经济和就业,其更深的意义是中非人民一起成了新时代的"追梦人",冲破了种族与文化的壁垒,激活了人性深处对美好生活的渴望。张展平的故事只是一个缩影。如今除了国家行为,有越来越多的中国个人,在祖国富起来强起来之后,拥有了更多的学识与眼界,勇气与自由,梦想与情怀。他们走出国门,改变他人,改变世界,成就了出乎我们意料的,不平凡的"甜蜜"故事。本片采访扎实、故事生动、人物鲜活、画面丰富。		
采编过程	摄制组横跨三年时间跟拍张展平,并远赴非洲赞比亚卡布韦以及密欧波原始森林拍摄此片。其间经历了被非洲野生杀人蜂成群追赶,蜇咬得面目全非等事件,但是拍摄期间,非洲人民对中国人由衷的喜爱与欢迎,令大家深受鼓舞和感动。		
社会效果	片子播放后,不少观众朋友来电询问打听有关赞比亚蜂蜜的消息,甚至有年轻观众告诉节目组:之前并不明白中国的"一带一路"与"进博会"和"人类命运共同体"之间有何关联,直到观看此片,他们终于明白了何为"人类命运共同体"。他们在一个和自己一样平凡普通的老百姓身上,看到了"人类命运共同体"的火花。		

"一带一路"上共同的"甜蜜"

（解说）2019年11月5日，第二届进博会，迎来了一群特殊的客人，他们来自常年饱受动乱的非洲南苏丹共和国，在中国政府的帮助下，他们成了这届进博会的参展商。此次远道而来，他们的目的之一，就是要找寻一位同在进博会现场的非洲赞比亚蜂蜜商。

（同期声）（英语）

南苏丹参展商 Kuyu Dhel：这就是我们的蜂蜜。

中国驻南苏丹大使馆秘书张旭东：纯的，天然的南苏丹蜂蜜。

南苏丹参展商 Kuyu Dhel：这里，一定是这里。肯定是这个男人。

南苏丹参展商 Kuyu Dhel：你好吗？

赞比亚参展商张展平：很好。很高兴见到你。我们做的是同样的生意。

南苏丹参展商 Kuyu Dhel：你这里所有的蜂蜜都是来自赞比亚？

赞比亚参展商张展平：是的。

南苏丹参展商 Kuyu Dhel：太棒了。

（解说）进博会参展商张展平经营的赞比亚睦朋得野生蜂蜜有限公司，是目前赞比亚唯一一家达到了国际出口卫生标准，可以将非洲即食野生蜂蜜产品运出赞比亚，实现国际贸易的企业。

（同期声）（英语）

赞比亚参展商张展平：低水分白粒糖度指标（BRIX）。这是非常重要的指标。

南苏丹参展商 Kuyu Dhel：中国的蜂蜜准入标准？帮我检测一下是否符合标准？

赞比亚参展商张展平：好的，我弄好了给你。我们中国的标准，以及国际标准。

南苏丹参展商 Kuyu Dhel：好的。

（解说）为了帮助南苏丹蜂蜜尽快准入中国，张展平答应 Kuyu，去中国权威的检测机构，出具一份详尽的检测报告。

（同期声）（英语）

南苏丹参展商 Kuyu Dhel：如果我们做这些，中国政府是否会在很多方面支持我们？

赞比亚参展商张展平：是的，中国政府一直都在支持更多的非洲商品进入中国。中国是一个非常开放的市场。

南苏丹参展商 Kuyu Dhel：巨大的市场。

（同期声）（英语）

中国驻南苏丹大使馆秘书张旭东：你们之后发邮件交流一下，看看南苏丹蜂蜜标准有没有达到？还差了些什么？把哪儿缺的补上。

赞比亚参展商张展平：对，而且我要测测它的蜂蜜活性酶怎么样。

中国驻南苏丹大使馆秘书张旭东：对。那咱们进博会也算是帮他们做了件好事。

南苏丹参展商 Kuyu Dhel：谢谢。再见。

（解说）刚送走南苏丹的客人，又有一位来自南非的蜂蜜公司找到了张展平，她们的难题同样是：自己公司的即食野生蜂蜜，无法走出非洲。

（同期声）

艾可比非洲天然产品有限公司中国区销售经理邱烨：然后咱们也再提供资料。

赞比亚参展商张展平：对，你公司的资料。

艾可比非洲天然产品有限公司中国区销售经理邱烨：实际上真的是很困难，一切都停滞了。实际上就是我们很想做的事（将蜂蜜出口），出不了门，在家里头光转圈。

（解说）无论是南苏丹，还是南非参展商，都是从近两年非洲各大媒体的频繁报道上，得知了张展平这个人。尤其是 2018 年 9 月，中非合作论坛期间，赞比亚国家电视台播出了一条中赞两国元首会面，并特别将赞比亚蜂蜜准入中国，写入了双边合作协议的新闻。

（赞比亚新闻同期声）（英语）

中赞双方签署了外贸合作协议，赞比亚蜂蜜将可以开始出口到中国。

基于赞比亚伦古总统与他的中国朋友习近平总书记，最近在对中国的访问期间签署了一项合作协议，睦朋得蜂蜜有限公司的张展平，将把蜂蜜出口到中国，并将促进中赞两国的经济互利，拉动就业与国际贸易。

（解说）这件"两国间的大事件"，伴随着赞比亚历史上第一瓶即食野生蜂蜜，居然在一个黄皮肤中国人的手中成功走出国门的画面，一经播出，众人哗然。而这个由"一家之事"引出的"两国之事"，又由这件非比寻常的"国事"，连接起了一段跨越亚非两洲不同种族，交织在一起的"非洲梦与中国梦"的故事，让人们恍然明白，何为"人类命运共同体"。

（片名）"一带一路"上共同的"甜蜜"

（解说）1959年出生在江苏农村的张展平，恢复高考后考入了无锡教育学院，毕业后成了一名人民教师。夫妻恩爱，儿女懂事，日子过得其乐融融。然而，2010年，张展平的妻子患上了严重的消化腺恶性溃疡，辗转中医西医一年半后，依然药石罔效。

（同期声）张展平妻子：瘦到只有八十斤。我就想我这个病是不是治不好了，很绝望了，没希望了。我想我活不长了。

（解说）一次无意之中，张展平妻子服用了朋友从赞比亚偷偷带回的，不符合卫生标准的几罐土蜂蜜后，疾病竟然有所好转。满怀好奇的张展平拿着这款野生成熟蜂蜜，去到中国农科院蜜蜂研究所进行检测，两周后，报告结果让他惊讶不已。

（同期声）张展平：酚酸就是植物多酚，特别高，是平常蜂蜜的三十多倍。

（解说）超高的生物活性成分，让张展平感觉自己找到了宝贝。然而找遍市场，他竟然完全买不到同类或类似的商品。为了让妻子可以长期吃到非洲蜂蜜，张展平决定去一趟赞比亚，批发一车蜂蜜运回中国。然而抵达赞比亚后，张展平发现，这里所有的即食蜂蜜，都不符合国际出口卫生标准，于是欧美国家这些年都是将杂质蜂蜜以原料的方式运输到赞比亚外。甚至，在德国蜂蜜专家Horst的一份赞比亚野生蜂蜜研究报告上指出，欧盟早在1993年就曾经出动专家组去到赞比亚，想解决野生蜂蜜过滤加工难题。2002年，联合国农业发展基金贷款了1600万美元给赞比亚政府，请专家来指导过滤蜂蜜，但是由于非洲野生成熟蜜，质地太过黏稠，欧盟援赞蜂蜜计划花了十年时间，最终失败了。

（同期声）张展平：你要是温度低了，蜂蜜（太黏稠）过滤不过去。温度高了，（活性消失）蜂蜜又不达标。

（解说）张展平不愿就此放弃，他立刻回到中国，用大半年时间走访了蜂蜜专家、老蜂农和蜂蜜加工设备的工厂。

（同期声）张展平：后来（几次定制机失败后）我跑到浙江象山，也有一家专门做蜂蜜设备的工厂。我做了个定制的5磅压力的过滤机。做好以后，拿到非洲去一试。嘣！（过滤袋）它破了！炸得到处都是蜂蜜，弄得头上、身上都是蜂蜜。它压力大，但是它走不过去。我说这个事情就麻烦了，这个事情确实是难的。

（解说）在特制的机器设备一次次失败之后，张展平决定自主设计研发一款蜂蜜低温过滤设备。

（同期声）张展平：在偶然的一次机会，我开车过马路，看到中国在给赞比亚修公路，我就想，能不能将这牛顿的惯性定律用在蜂蜜加工设备上呢？这样我就开始琢磨。我因为失败了好几次了，有经验了，我就自己画了个草图，到中国找厂家。我去了河北的廊坊、江苏的常熟、浙江的象山，还有河南的长葛、江西的南昌、广东的广州（等工厂）。我去了这么多地方，就是为了研究，要定制这个机器。

（解说）他拿着自己手绘的图纸，又用了三年时间，走了中国几十家工厂，一个个零件定制组装。过程中，他欣喜地发现，中国工厂可谓今非昔比，不仅可以非常灵活地驾驭各种定制的零件及设备，而且其费用完全是欧美加工费用的一个零头。

（同期声）张展平：中国人很聪明。一般工厂的技术员，（自己设计的特制零部件）你跟他一说他就懂。结果拿过去一试，很成功。到了非洲，这样子我们就解决了,（赞比亚野生）蜂蜜低温过滤技术。

（解说）天时地利之下，2015年，张展平在赞比亚当地成立了睦朋得野生蜂蜜有限公司，那一年，他穿越重重山林，拜访酋长，挑选采蜜基地。

（同期声）（非洲土语）

赞比亚密欧波森林村民：我们慢慢地。

张展平：我们慢慢地，你好大家好。

（解说）远离城市的非洲山林崎岖不堪，但是从小在中国农村长大的张展平却一点都不感到辛苦。

（同期声）张展平：我想到有一次到我老家江阴去，那时候二十多年前就是这样的路。我们还说是革命的摇篮，摇来摇去的。森林远离城市，最近的一百多千米，远的六百多千米，我们走了两三天。

（解说）拿着酋长的同意函，张展平来到赞比亚林业部申请采蜜权。然而部长的一席话，让他久久不能平静。

（同期声）张展平：他说了一句话，使我非常之震撼。他说：养蜂是可持续发展的行业。你如果去那里养蜂了，当地的农民就不砍伐树木来烧制木炭，他们叫 charcoal，不会了。因为一棵树几十年几百年才长成，被他一下子烧掉了，很可惜。如果我们（林业部）去阻止他，他没有钱花，要生活啊，我们也无法阻止。如果你引导他去养蜂了，既保护了树木，他也有了收入。有钱花了，他有了收入，他就不会去砍这个树了。

（解说）在获得了林业部批准的三百平方千米的采蜜权之后。同年，第一瓶贴着中文标签的赞比亚蜂蜜正式面世了。然而,当张展平在中国海关官网上注册完毕,欣喜地打算收货时,一件让他意想不到的事情发生了。

(同期声)张展平:发过来结果到了浦东机场,我们是空运过来的,取货的时候说不行。他电脑里一翻,说赞比亚不在蜂蜜准入国家名单当中,不能进(海关),要不就是退货。当时我是傻眼了。

(解说)面临即将退货的巨大损失,张展平立刻返回赞比亚,向渔牧业部提出了申请,希望他们第一时间向中国政府提出蜂蜜准入申请。原以为一切会非常顺利,然而此刻,他却吃了一个"闭门羹"。

(同期声)(英语)

赞比亚渔牧业部主管官员:不,这不能给你办理。

(同期声)张展平:他说中国人能制造蜂蜜。他说:"Chinese can make honey."原来他的意思就是:中国人会造假蜂蜜。当时真是很气,很来气。我说我一直是认认真真在做事。

(解说)愤愤之余,张展平立刻向渔牧业部部长陈述了事情的始末,据理力争,耐心解释,多次之后,终于令赞比亚渔牧业部动摇了。几天后,赞比亚政府派出考察团队,去到张展平坐落于赞比亚卡布韦的蜂蜜工厂,细致地考察了每一个生产环节和产品。然而,当深入了解了这个年逾花甲的中国男人,这些年如何以一己之力突破了蜂蜜加工工艺的难关,解决了加工设备制造的难处,又如何只身进入赞比亚西北部 Miombo(密欧波)原始森林,说服当地酋长,联合了三百多位赞比亚的农民自制蜂箱,用更加卫生先进的方法引蜂采蜜,甚至为了让热爱足球的村民能够拥有一支属于自己的足球队,张展平自筹资金,建立了 Miombo 第一支农民足球队等一系列过程后,他们感到惊讶不已。

(同期声)(英语)

赞比亚中央省常务秘书长 Benard chomba:保持联系。

张展平:谢谢。

赞比亚中央省常务秘书长 Benard chomba:请你一定要在中国加油努力。

(赞比亚新闻同期声)(英语)

蜂蜜生产者张展平,拥有每年五千吨的蜂蜜资源。

(解说)一时间,赞比亚国家电视台,各大报纸纷纷拍摄报道这位让赞比亚人民刮目相看的 50 后中国男人。同时,赞比亚政府也向中国提出了蜂蜜准入申请。2018 年 11 月,中国首届国际进口博览会在上海召开,赞比亚睦朋得野生蜂蜜有限公司,作为参展商之一参加了首届进博会。在进博会巨大的溢出带动效应之下,2019 年间,张展平的睦朋得公司迅速实现了逾 20 吨赞比亚即食蜂蜜的出口销售。

（解说）如今的张展平拥有了一支令人羡慕的、在赞比亚当地业务高超、勤勉高效的员工队伍，但是在培训员工的初期，却发生了不少让人哭笑不得的故事。

（同期声）张展平：要外出，然后（员工）说我五分钟就到了，那你肯定要等他。结果等了半天也不来，到第二天打他手机都关机了。我还有个员工，说他父亲死了，要从首都卢萨卡把他尸体运回来，运到卡布韦来，需要一千元钱的运费。我想我员工父亲死了运尸体，应该是个大事，这个肯定是大困难。结果借给他以后，他第二天就不来上班了。后来我问他同事，我说George人呢？他说他不来了，他到坦桑尼亚去了，他说他爸在坦桑尼亚。我说，他不是说他爸前两天死了吗？他同事说，没有啊。

（解说）面对员工的懒散不守信，张展平动了不少脑筋，他制定了严明的考勤制度与奖惩措施，还经常去到表现优异的员工的家中了解走访。

（同期声）（英语）

赞比亚睦朋得公司员工Fred：这里是我家养的鸡，这里养的是兔子。

赞比亚睦朋得公司中国员工：在中国我们叫它兔子，兔子。

张展平：你们家一共几个兄弟姐妹？

赞比亚睦朋得公司员工Fred：一共是十个。不过我们不是每一个都住在这个家里。有些在外读大学，有些在外工作，就像我哥哥在西北部打工。

（解说）在详细沟通之下，张展平明白了员工弗瑞德（Fred）为何如此积极地投身工作。

（同期声）（英语）赞比亚睦朋得公司员工Fred：当中国人来的时候，他们带来了知识和技术。他们回国时，并没有把它带走，他们把技术留给了跟他们一起工作的本地人。他们来的时候会必须培训（一无所知的）本地人，就比如基础建设，他们告诉本地人如何建造（最基础的）ABCD。我们不懂，他们就教。纵然他们离开回中国了，非洲人就拥有了技术，可以做中国人能做的事。我觉得这就是中国人与西方人最大的不同。（西方人）他们只分给你一些局部的工作，没告诉你技术和知识。当他们走了，他们就带走了技术，而且有时西方人需要已经具有工作经验和技术的人来工作。但是，中国人不一样。

（解说）张展平意识到，只要不吝让赞比亚有梦想的年轻人学到真正的知识与技术，带给他们对未来的期盼与憧憬，就是让大家积极工作最好的原动力。

（同期声）（英语）

赞比亚睦朋得公司员工Fred：我努力地工作是因为，在此生你只有认真努力才能获得自己想要的。如果你不努力，就一无所得。就像我老板（张展平），现在富裕了，有着这么好的事业。他就是从年轻时期就勤奋，就像我现在。

（解说）积极工作的赞比亚员工，在这一年中收入颇丰，而中国生产的自行车与缝纫机也成了他们不断"种草"的热门家用。

（同期声）

中国蝴蝶牌缝纫机售后人员：它的花纹就是按照这个 ABCD（四种自动绣花模式）。好。

（解说）2019 年 11 月的第二届进博会上，张展平的展位从第一届的 9 平方米扩大到了 36 平方米，产品也从之前的两款蜂蜜，增加到了勺子蜂蜜、蜂蜡肥皂、蜂蜡香薰等 15 款产品。市场地位与销售业绩的大幅提升，令"中国商人张展平"之名，在非洲蜂蜜加工企业之间盛传。11 月 6 日，赞比亚商贸工部长亚卢马在赞比亚驻中国大使纳塔拉的陪同下，特地来到张展平的展位询问参观。一款张展平最新研发的，可以持续燃烧 16 小时，并且燃烧 2 小时后，室内可以达到每立方厘米 287 万负离子含量，以及可以有效驱蚊的蜂蜡香薰烛引起了大家的浓厚兴趣。

（同期声）（英语）

张展平：（可以持续燃烧）16 小时。

赞比亚驻华大使 Winnie Natala：16 小时。

张展平：（赞比亚）蜂蜡的熔点是 75 度，其他蜂蜡熔点是 53 度。它不同，赞比亚蜂蜡不同别的国家的。

赞比亚驻华大使 Winnie Natala：真的吗？

张展平：所以它看上去制作简单，实际制造挺难的。

（解说）在亚卢马部长与纳塔拉大使的共同出席与见证下，赞比亚睦朋得野生蜂蜜有限公司与绿地商贸集团签署了第二届进博会的首单蜂蜜采购订单。

（同期声）（英语）

赞比亚商贸工部长 Christopher Yaluma：你可以看到，"一带一路"的概念，是在全世界，乃至全世界都被接受的概念，并且你已经看到了这样做的好处。

我们欢迎中国进一步开放，我们可以出口像蜂蜜、菠萝之类的产品，而另外更多的产品可以运到这里（中国）。你可以看到这里（进博会现场）的人们，正在努力让我们可以（寻找到）合作的人，将会让我们看到未来的更多信息与可能。

（同期声）（英语）

张展平：再见，下周见。

赞比亚密欧波森林村民：再见，下周见。

赞比亚密欧波森林村民：下次见。

（同期声）张展平：我很感激赞比亚蜂蜜，因为我妻子喝了这个蜂蜜疾病好了。它既保护了非洲森林，又为当地农民增加了收入，更让他们看到了希望和前进的方向。这正是习主席所倡议的践行"一带一路"和构建"人类命运共同体"的真正含义所在吧。

2019年度广播电视奖(广播电视节目)参评推荐表

作品名称	代购"救命药"的情与法		
作品长度	13分38秒	节目类型	电视新闻专题
播出频道(率)	东方卫视		
刊播栏目	《1/7》		
播出日期	2019年9月16日 6:30		
主创人员	王抒灵、张凯、李响、陶余鑫		
节目评价	记者关注此案紧紧围绕着2019年8月《药品管理法》的修改,并最终围绕进口救命药进入中国步伐的加速这一命题展开。通过多方采访,从索非布韦的关联案件入手,进入《药品管理法》的修改,再到跟格列卫的对比,新药审批制度,层层深入,不局限于案件本身,从医药数据和专家的采访中得到了分析和评论,提出了一个有质量且发人深省的问题,提供了一种舆论参考。		
采编过程	2018年,电影《我不是药神》让"仿制药"这个词语的热度急剧上升。和影片中的格列卫一样,其他国外研发的特效药仍在出现类似的情况。2019年8月,一起涉嫌协助销售假药案在杭州开庭。这一次,风暴中心的药物是治疗丙肝的特效药索非布韦。 在等待案件宣判的过程中,新修订的《药品管理法》获得通过,其中明确规定了"进口未经批准的境外药品不再按假药论处"。记者采访到了该案的当事人和律师,并就此进行了深度分析。此外,记者还拿到了关于近几年进口药加速进入中国的第一手数据,并分析了类似情况将持续向好的原因。		
社会效果	作品详细解释了"索非布韦案"的来龙去脉,并进一步阐发了近年来我国新药研发和审批在政策方面的改进。以"现实版药神"入手,引发观众的关注,并探索到了这一命题在未来的趋势和走向,结合热点并分析入理,可看性强。		

代购"救命药"的情与法

(演播室)
　　2018年,电影《我不是药神》让"仿制药"这个词语的热度急剧上升。电影围绕着一款治疗白血病的特效药展开。这款药的印度版仿制药,价格只有正版进口药的二十分之一,但是疗效相当。于是,有人冒险走私,患者四处求药,而警方也在不断稽查走私者。故事的结尾,这款救命药进入医保,用药得到了保障。
　　作为电影原型,特效药"格列卫"用16年走完了从进入中国市场到进入医保的路程,但围绕着其他国外研发的特效药,相似的情节仍在重复出现。
　　2019年8月6日,一起涉嫌协助销售假药案在杭州开庭。这一次,风暴中心的药物是治疗丙肝的特效药索非布韦。这起案件引发了广泛关注,还不仅仅因为它和"仿制药"有关联。有另一个很重要的信息点是,在等待案件宣判的过程当中,新修订的《药品管理法》获得通过。其中最引人注目的一条修改,就是明确规定了"进口未经批准的境外药品不再按假药论处"。围绕着"仿制药"所关联的情与法,记者进行了调查。

【同期】
　　已康复丙型肝炎患者:住了一个礼拜,医生就给我们挂挂盐水,好像没什么特效药。
　　已康复丙型肝炎患者:化疗到底好不好也不知道,再说我的身体也吃不消。
　　已康复丙型肝炎患者:美国的药你们买得起的吗??买不起的!

【解说】
　　2015年,国内尚没有治疗丙肝的特效药。针对患者的病情,医生只能使用干扰素进行治疗,但不少患者都对干扰素不耐受。对这部分患者而言,有一个好消息是,美国的原研药索非布韦可以根治丙肝;但坏消息是,这款特效药一个疗程需要84000美元,而且没有获批进入中国。

【同期】柯冉红　原杭州医享售健康管理有限公司法人代表
老挝推出一个方案,就是把美国的药物和日本的药物两种成分合用,一起服用,那么对丙型肝炎的治愈率就大幅度提高到95%以上。

【解说】
柯冉红是原杭州医享售健康管理有限公司的法人代表,公司主要为患者提供跨境医疗服务。2015年,她通过朋友介绍,了解到老挝的医院能为患者开出治疗丙肝特效药的药方。并且,这种仿制药一个疗程的价格只需要3000美元,仅为正版药的1/28。

【同期】柯冉红　原杭州医享售健康管理有限公司法人代表
当初给我详细介绍的这家公司就是永珍万泰的一个老板,他们的那个负责人跟我讲,他们公司首先拿下了老挝友谊医院的这两个项目,他们作为一个总的服务商,希望找我们这种专业的分支服务商。

【解说】
通过永珍万泰公司的介绍,医享售和老挝友谊医院签订了合作协议,为国内300名左右的丙肝患者提供了跨境医疗服务。所谓的跨境医疗,其重点就在于打通了患者购买老挝版仿制药的途径。

【同期】陈铭原　杭州医享售健康管理有限公司员工家属
我爱人就介绍,有进口的那个仿制药,可以给病人服务。(病人)签了这个服务协议,那我爱人就要为他们医疗的整个过程跟踪服务。

【电话采访】
已康复丙型肝炎患者:这个钱是寄到老挝去的,老挝再开出方子来给我们配,配了过段时间就寄过来了,寄过来以后他们(医享售)经办的大概收了点手续费。买药的钱是20300(元),服务费好像是2800(元)。

已康复丙型肝炎患者:我知道它是从外面进口来的,从外面来的,老挝来的。药吃了效果是好的,到现在没有发过。

【解说】

患者们都康复了,这看起来是件值得庆祝的事。然而,这门生意在2017年12月遭遇巨变:永珍万泰公司旗下的员工携带一批仿制药入境时被广州海关查获。案发后,公安机关在其负责的仓库内查获8000余盒成品仿制药。根据当时的《药品管理法》,"未经批准进口的药品,按假药论处。生产、销售假药的,处三年以下有期徒刑或者拘役,并处罚金。"

【同期】王晓辉 "永珍万泰案"代理律师

确实需求量很大,患者付钱、换汇很麻烦,第二个的话,就是时间比较长。有的患者等不及,所以他们在这个过程当中呢,也会根据患者的需求,带一些药品到境内,如果患者有需求呢就卖给了这个患者。

【解说】

受该案件影响,医享售公司也被调查。2019年1月,杭州市上城区人民检察院以涉嫌销售假药为由,对柯冉红等人提起公诉。目前,柯冉红处于取保候审状态,其他涉事员工仍然被羁押在看守所里。

【同期】孙海阳 "医享售案"代理律师

医享售公司从认知上和实际上在做的呢,都是推广老挝友谊医院的治疗项目,医享售公司确实是收费,但是它收的是咨询服务费。它的具体服务就是收集病例,翻译病历,传递病历,预约老挝友谊医院的大夫,安排远程诊疗,协助患者进行远程诊疗。

【解说】

而公诉人则认为,医享售公司的行为是在帮助永珍万泰公司销售假药,所谓的"服务费"就是药品的销售返利。

【同期】柯冉红 原杭州医享售健康管理有限公司法人代表

记者:您和您的团队在这个代理和中介的过程当中有没有接触到药品?

柯冉红:没有。

【解说】

2019年8月6日,医享售涉嫌协助销售假药案在杭州市上城区人民法院一审开庭,但并未当庭判决。在等待判决日子里,柯冉红等来了新修订的《药品管理法》。这部法律将于 2019 年 12 月 1 日起施行,其中最引人注目的一条修改,就是明确规定了"进口未经批准的境外药品不再按假药论处"。

【同期】孙海阳　"医享售案"代理律师
《药品管理法》把这个视同假药的情况给删除了之后呢,法律拟制假药就不复存在,像永珍万泰公司和医享售公司这一次涉及的销售假药罪,那么这个假药呢,就不再是假药了。

【解说】
一方面,患者求药难、救命急,冒着风险购买未经检验检疫的国外仿制药;另一方面,我国法律本着对绝大多数患者负责的原则,一直对药物生产和销售进行严格规定。清华大学法学院的劳东燕教授认为,这一次《药品管理法》的修订,就是试图在两难当中寻找平衡,确实让患者们看到了法条的人性化改动。

【同期】劳东燕　清华大学法学院教授
如果说又不允许从国外带药,医保也不解决,如果你要从国外带药还涉及刑事犯罪,那在我看来我觉得这个法律就有可能把个人直接逼到死角里去了,等于说没有什么选择,要不就是等待死亡,要不就是倾家荡产。基于我们中国的这个情况,其实《药品管理法》作出这样的修改,我认为还是比较符合我们现实的需要的。

【解说】
劳东燕教授强调,尽管法律重新界定了"假药"的定义,但并不意味着中介机构就可以随意在国内销售境外的仿制药。

【同期】劳东燕　清华大学法学院教授
像这种居间服务方面的都不会涉及销售假药罪这个罪名,但是,因为药品它是属于一种专营专卖产品,所以这种居间服务,包括有一些未经批准直接进口的,有可能会涉嫌到《刑法》中另外一个罪名,就是非法经营罪。

【解说】
比起索非布韦,另一种"救命药"格列卫,在中国已经为公众所熟悉。

【资料】(电影《我不是药神》片段)

老板,国内正版药三万七一瓶,印度盗版两千块钱,药效完全一样的,你要是多带点回来这个……

药效完全一样的,价格差二十倍啊?

【解说】

电影《我不是药神》,在 2018 年赚足了眼泪。电影里提到的这款仿制药,其现实原型是治疗慢性粒细胞白血病的特效药格列卫,学名甲磺酸伊马替尼片。2001 年,格列卫正式进入中国市场,每盒售价 23500 元。对于慢性粒细胞白血病患者,这就是救命药,服药之后存活率超过 80%。但这款药一年的药费接近 30 万元。所以,很多患者和家属想尽办法去购买印度的仿制药,因为这款仿制药一瓶只需要 2000 元。

2013 年,格列卫专利期满,国产仿制药开始研制上市,格列卫的国内售价逐渐下降;

2015 年,因帮助患者代购"印度格列卫"而被起诉的陆勇无罪释放;

2017 年,格列卫进入我国医保目录。

截至目前,每盒进口格列卫的患者自费部分不到 2500 元。

从没药治病到吃得起的"救命药",格列卫在中国走过了整整 16 年。

从格列卫到索非布韦,"天价正版药"与仿制药之间的矛盾一直存在。但在业内人士看来,与十几年前相比,情况已经发生很大的变化。

【同期】周立运　某医药数据公司董事长

我们国家开始在实行临床默示许可这项制度,就是在 60 个工作日之内,不管你是不是审完了,只要到了时间,企业就视同是批准了临床,我就可以组织开展临床试验了,那么在过去可能这个过程要 5 年到 10 年的时间,现在可能 60 个工作日之内我就可以去做了。

【解说】

根据统计,2012 年,药品做完临床试验申请上市所需的平均时长超过 1600 天,即 4.38 年;而到 2019 年,这一平均时长下降至 200 天以内。也就是说,药品完成申请,当年即可获批上市。除了审批加速之外,周立运还向记者展示了格列卫的药价变化。

【实况】周立运　某医药数据公司董事长

近年,仿制药开始上市,它(原研药)的价格开始主动下降,降到(单片)119.7

元,差不多降了一半左右。(国产)豪森药业,它单片最低的价格是 10.4 元,是原研的十分之一左右。

【解说】
在 2013 年专利期满后,国内药企开始研制格列卫仿制药,市场竞争机制使得药价不断下降。从吃不起原研药,到冒着法律风险购买海外仿制药,再到如今可以购买到平价的国产仿制药,这种变化让越来越多的患者看到了康复的希望。

【同期】王明伟　复旦大学药学院院长、国家新药筛选中心主任
仿制药应该作为我国解决大众普惠的医疗问题的一个重要的手段,所以说,我相信包括刚刚讲的丙肝药的仿制,或者其他一些抗肿瘤药物的仿制,现在应该说是方兴未艾,也不断有新的产品推出,我想最后得益会是老百姓。

【解说】
2018 年,17 种抗癌药被纳入医保报销目录,极大地减轻了我国肿瘤患者的经济负担。但从另一方面来说,此举同时也增加了医保的压力。王明伟认为,如何兼顾药品的普惠性和可及性,这是在现有的基础之上,国家下一步要解决的问题。

【同期】王明伟　复旦大学药学院院长、国家新药筛选中心主任
普惠性就是国家的投入,国家纳税人的钱应该去开发、使用、促进那些广大病人都能享用的药。还有可及性,已经进了医保了,但是厂家不愿意生产,医院里面开处方太贵不愿意开,可及性受到影响了,在这种情况下进了医保等于说没进。所以这两环的话,一个是国家的战略问题,一个是国家的策略问题。

【解说】
救命药的价格,需要在药品专利保护与患者实际需求之间寻找一个平衡点。格列卫在中国走过的路,索非布韦还没有全部走完,但可以预见已经进入加速跑。这条路是各类进口药走进中国,送到患者手中的必由之路,如何继续缩短这条路的长度,提高这条路的通过速度,是未来解决问题的关键。

2019年度广播电视奖(广播电视节目)
参评推荐表

作品名称	SHANGHAI MARVELS 上海奇迹		
作品长度	47分钟	节目类型	电视新闻专题
播出频道(率)	ICS上海外语频道、美国iCitiTV		
刊播栏目	特别节目		
播出日期	2019年7月6日21时15分00秒		
主创人员	集体		

节目评价	本片获中国纪录片学会颁出的第25届中国纪录片系列片好作品奖。作为庆祝上海解放70周年的献礼之作,《SHANGHAI MARVELS 上海奇迹》分别聚焦世界首例成功的断肢再植,从不可能到世界领先的上海地铁,全球规模最大、自动化程度最高的洋山深水港,为世界级难题提供中国方案的长江隧桥工程和自主研发成就"太空之吻"的上海航天人五个故事,从国际视角出发讲述上海解放70年来取得的举世瞩目的伟大成就,更反映了这些奇迹背后上海人民在困境中谋发展的勇气、敢为天下先的城市精神和中国智慧。
采编过程	本片导演都是80后、90后,如何将上海七十年来建设发展的故事讲出新意,同时赋予其新时代下面向未来发展的启迪,可以说是采编过程中的难点之一。比如节目开篇的《奇迹之手》讲述世界首例成功的断肢再植手术的故事。导演就巧妙从一张当时手术的主刀医生、中科院院士陈中伟拉小提琴的照片切入,不仅为整个故事找到了细腻感人的讲述角度,更契合普遍对音乐有着极高共鸣的海外受众视角,丰满了陈医生的个人形象。又如全球自动化程度最高的洋山深水港四期工程,之前也有过不计其数的报道。可年轻编导却以英国籍主持人的视角,四两拨千斤地点出现在的码头绝不再是印象中那么传统,高知、专业的码头工人更刷新老外的认知,主持人的这一连串惊叹,清晰、分明地通过镜头得以表达。此外,片中也有不少镜头是首次公开。如纪录片第五部分讲述上海航天人在航天器对接技术上的自主研发,一些精密仪器、对接环等都通过与上海航天局的反复沟通才首次向海内外曝光,十分珍贵,同时也阐明了中国航天人不搞航天军备赛,而是在全球人类命运共同体的认知下倡导探索且合理利用太空资源。

社 会 效 果	《SHANGHAI MARVELS 上海奇迹》先后在上海外语频道、美国 iCtiti TV 播出，又通过上海广播电视台看看新闻网、外宣新媒体矩阵 ShanghaiEye、市外宣办牵头的《上海日报》、一财 Global 等在海内外社交端融合推送，累计展示超 163 万，海外覆盖数 118 万余。获"学习强国"App 大力推介，由"上海发布"、匈牙利 ATV 社交端分享。该片外籍主持人 David Symington 在向他的外国朋友分享时写道："很荣幸能有机会学习上海各领域的英雄，并把他们的故事传播给外国观众。ShanghaiEye 团队太了不起了！"也有海外用户在观看后留言："我从来都不知道上海最初并不适合造地铁。""不知道中国会不会第一个送地球人上火星？" 　　此外，这一纪录片还作为《城市荣光——"庆祝上海解放 70 周年"主题展》的视频呈展内容，在上海展览中心向海内外参观者播映，成为主题展上通过中英双语、以视频手段讲述上海 70 年来建设发展历程的一大亮点，获主办展览的市委宣传部领导与策展组专家好评。市委党史研究室主任徐建刚也高度肯定，希望党史研究室留存节目。

SHANGHAI MARVELS 上海奇迹

奇迹之手：世界首例成功的断肢再植手术

帕格尼尼 b 小调第二小提琴协奏曲，对小提琴演奏者手指灵巧度的考验可谓达到极限，照片中的这个人也是小提琴爱好者。中国有句古话叫作"心灵手巧"，这个人以其仁慈之心和一双巧手改变了另一个人的命运，同时，也改变了中国医学在近代世界医学史上的地位，这个人就是陈中伟，人们称他为"断肢再植之父"。

（屏幕字）
1963 年 1 月 2 日　清晨
"不好了，出事了。"
"快叫黄包车，快。"
"快点送第六人民医院。"
"听说小伙子上班第一天手就被轧断了。"
"太作孽了。"
"断下来的手还在工作手套里。"
"快点叫陈中伟医生过来。"

（主持人口播）
我所在的位置就是 56 年前那个故事发生的地方，当陈中伟医生看到王存柏断下来的手还套在工作手套里时，顿时心生不忍，但是他能做些什么呢？一般的处理流程就是清理伤口，为接下来接上假肢做准备，但除此之外，陈中伟医生和王存柏是否有别的选择呢？

（采访　曾炳芳　原六院副院长）
一个医生看到一个病人，手完全离断了，想把它接起来，这是医生的本能。

把一个断下来的手接上去，最难的也是最重要的，就是要把断掉的血管接起来，血管的缝合是比较困难的，特别是我们（当时）没有手术显微镜，也没有用来缝血管的针和线。

（主持人口播）
这是柴益民医生今天的第三台手术，这台手术之后，还有两位病人在手术准备室迫切地等待着他。

现在这种手术被称为"显微外科手术"，随着显微镜技术的发展，它对于提高整形外科，甚至器官移植类手术的精准性有着不容小觑的影响。但你能想象吗，第一例这类手术却是在无显微镜的条件下完成的。柴医生对当年这台他从中学教科书上看到的手术记忆犹新。

（采访　柴益民　六院骨科主任）
那个时候吧，显微镜实际上世界上已经有了，但是我们国家还没有。那么当时接血管的办法呢，是用肉眼，就用眼睛接。当时也没有（针对血管的）缝线，也没有针，所以当时我们用的是"套接法"，就是我们两个血管的管壁。那中间呢，用一个管子，把它放到里面去，塞到里头，然后用线把它打结。

（采访　曾炳芳　原六院副院长）
那我们（当时）没有这个套管怎么办呢？后来是手术室的护士长，她想出一个办法，（当时）女同志扎辫子都用的是空心的塑料绳子，往热水里面一放，那它就可以拉长，那么这样子呢，"套接管"方法就行了。手术以后最大的问题就是，这个手啊肿起来，肿得就像个馒头一样。

（资料片语音）
手术后的第二天，接上去的断手肿起来了，威胁着断手的存活。大家认为由于组织损伤、细小血管断裂、血液从中渗出，所以产生肿胀。于是采用皮肤多处切开的方法，排出一些血水，使断手接活了。第六人民医院的医务人员发挥集体智慧成功地接好了工人王存柏的断手。

(主持人口播)

当时那台手术就是在我身后这栋楼的六楼完成的,这是一次巨大的成功,但有什么依据能证明,这是世界上第一例成功的断肢再植手术呢?

(采访　曾炳芳　原六院副院长)

1964年在罗马召开国际外科大会,我们中国派了个代表团,是由崔之义教授他去报告的。他一看那个会议日程表,发现美国人要来报告一个断手再植手术,但是可惜,他们这个再植的小手指没有存活。后来在1964年的《柳叶刀》杂志上的一篇文章开篇就说:"断肢与再植偶有所闻,但是完全存活而且取得很好功能恢复的这还是第一例。"

(主持人口播)

获得绝对权威的医学杂志的认可,为1963年的手术正名,远在杂志发表的一年前,中国就已经为这个手术的成功而沸腾。这台手术不仅实现了人类技术上的突破,更是中国人对现代医学的贡献,自此,显微外科从骨科分支发展为独立的学科,中国人在这门学科内的探索也没有停止。

(采访　张长青　现六院副院长)

除了这个肢体的离断重建,我们还能有毁损伤的肢体重建,因此又出现了一系列的中国人发明的像中国的皮瓣啊、肌肉移植啊、带血管的腓骨移植啊来重建肢体、重建股骨头等一系列的。除了骨骼、肌肉以外,我们在神经领域特别是像周围神经、臂丛神经等,在这个领域我们中国人都为世界作出了非常大的贡献,所以,有人讲第一例的断肢再植是个诺奖级的成果。

(主持人口播)

现在我们再次回顾1963年的手术,可以说那场事故,那场令人毛骨悚然的事故,最后竟然为20世纪的医学领域带来了巨大的突破和成就。能有这些突破不仅仅是因为科学技术,更是因为当时的医务工作者的勇敢、热情和坚持,而这些非常宝贵的品质仍在推动未来的一个又一个医学奇迹。

(陈中伟医生2004年3月22日去世前一天接受采访的音频)

第一个断手(手术)怎么会成功,我的想法呢,主要是靠一部分医生的技术基础跟思想基础,还有呢就是一个集体的力量,他想一个办法,你想一个办法,就成了。

上海地铁：从不可能到世界领先

对于久居上海的人来说，地铁早高峰是每天不可避免的一部分，现在是早上八点，上海地铁已经开始拥挤了。

我现在在上海地铁1号线中最繁忙的一个地铁站，对很多居住在上海的人来说，我身后的情景是他们每天都要经历的。有一些匆忙，但这就是上海地铁的作用：将上海的大量上班族点对点输送到各处，如果这世上有奇迹，这就是其中一个。

我的家乡伦敦建造了世界上第一条地铁，伦敦地铁已经有些年头了，相比之下我觉得上海地铁更加安全、快速、高效。考虑到上海地铁每天超过千万、全年将近37亿人次的客流量，是世界第三繁忙的地铁线路，不禁让我好奇，这一切是怎么做到的？我来到这里寻找答案。

"朱先生，这里究竟是什么地方？""这里是上海地铁的网络运营协调与应急指挥中心，它主要负责路网日常的运营协调，包括对社会面影响比较大的一些地铁突发事件的应急处置。""明白，那么路网指的是整个上海的所有路线吗？"
"是的，在这里我们可以监控上海目前正在运营的17条线路的所有运营情况。"

朱伟向我介绍说，从2007年起上海轨道交通的绝大多数线路都采用或更换了一套叫作CBTC的信号系统，它是目前世界上最先进的信号系统之一，用它进行列车运行控制，可以把列车之间的最短间隔缩短到20米，大大提高了运行效率。上海地铁路网里，采用CBTC信号系统的这些线路，它的行车间隔全部已经达到了两分钟到三分钟。目前最小的行车间隔是上海地铁9号线，它在早高峰的最短运行间隔达到了1分50秒，在国际上来说，目前排名应该在第二或第三位这样一个位置，配合COCC一级调度完成运营指挥的，是分散在路网各处的OCC（地铁运行控制中心）。这样的控制中心在上海轨道交通的路网里有11个，它们具体负责对一条或多条地铁线路的运营全程进行监控和调度。调度员的工作在行车体系当中属于一个中枢神经大脑的作用，是确保我们地铁可以准点、按时、便捷运行的一个核心关键岗位。通过直观可视的信息化平台，工作人员可以实时掌握线路行车、客流规模和设备运行服务情况，采取相应的处置流程,比如说我们对于运行调整、对于间隔调整,如果有一些突发情况,我们可以安排列车从这里上行,清客以后让它进入我们的存车线,进行折返,让它投入运行可以填补下行的一个列车的空缺。指令得出以后要发到司机,发到车站,具体由他们来执行这些指令,通过几个岗位的合作,确保列车准点运行。数据显示上海地铁的列车服务可靠度已经实现了大幅度提升,2018 年地铁列车平均每开行 522 万千米,才发生一次 5 分钟以上延误事件,这个千米数是 2010 年的 35 倍。

我读到一份资料,2019 年上海轨道交通的运营总里程超过了 700 多千米,居于世界各大城市之首,这个过程仅仅用了 20 多年的时间。然而有人告诉我,上海居然曾经是一座被判定为不能建造地铁的城市,这是怎么回事呢?

我在上海地铁博物馆见到了尤旭东,他曾经参与了上海地铁一号线和二号线的工程建设。

"尤董,我知道您参与建设上海地铁第一个路线——一号线,当时你们遇到了什么样的困难?"

"上海,它主要是富含地下水,地下水位很高,土质比较松软,地基承载力比较差,在上海造地铁,就仿佛在豆腐里面打洞,这是几乎是不可能的。"

在 20 世纪 50 年代,上海开始探索建设地铁的可能性,当时苏联派了专家来帮忙,在几次失败的实验和了解了上海地质的条件后,他们有点手足无措。那时候国际通行的做法是在含水的软土里面做盾构,一般用的是钢管片和铸铁管片,但是这个对我们来说造价太高了。我们就想用钢筋混凝土管片,但是苏联的技术规范明确,钢筋混凝土管片是禁止使用的,这就给我们带来了很大的难题。

尽管很艰难,但显然上海始终没有放弃建造地铁的梦想,承担这项工作的人叫刘建航,他是隧道与地下工程专家,在 2016 年逝世,被人们称为上海地铁之父。他最大的贡献之一,就是试验出了适合上海地铁的盾构管片结构。

1960 年,浦东塘桥试验,成功用直径 4.2 米的盾构挖掘了 100 米的隧道。1965 年,衡山路试验,完成了两条 600 米区间的隧道。1978 年,漕溪路试验,完成了 1000 多米的隧道。

尤旭东告诉我,1990 年,上海地铁正式动工建设,采用的是一种经过改进的土压平衡盾构。1993年上海地铁一号线一期正式通车运行,上海终于有了自己的地铁,通过这些老照片,你依然可以感受到当时人们的兴奋和激动。

洋山深水港:当魔鬼码头邂逅智能化

主持人出镜:(斯明诚 David Symington)

作为一名英国人,提到港口,我会想到历史悠久的弗里克斯托港,或者素有欧洲门户之称的世界大港鹿特丹,但是今天我要去的这个港依托于一座孤岛,它离大陆如此之远,被一座跨海大桥连接起来。现在我就要开过这座桥这片海,去一探究竟。

解说词:
我从市中心出发,行驶了两个多小时,来到与上海邻近的嵊泗列岛,这里距国际主航线45海里,是离上海最近的负15米深水良港。自2005年开港以来,这里先后建设了4期工程。

主持人出镜:(斯明诚 David Symington)
这里就是洋山4期,我惊奇地发现,码头虽然繁忙作业着,但岸线竟空无一人。
是什么神秘力量操纵着它,让我们去看看,原来这里就是码头的中枢和大脑。当我登上这座塔楼,360度海景景观简直棒极了,码头上的集装箱,看起来就只有玩具那么大。这里有一排操作终端,工作人员全神贯注地操作着,屏幕前的手柄,真让人印象深刻。

实况:
这个系统看起来特别复杂,大概需要多长时间才能学会呢?大学生有可能要将近三个月。

解说词:
这是我新认识的朋友黄华,他曾经是洋山一期传统码头的桥吊司机,每天在45米高空挥汗如雨。2016年黄华加入4期自动化码头的作业流程,同为桥吊司机,6块液晶屏,是他现在工作的主阵地。

采访:【黄华,桥吊司机,上海国际港务(集团)股份有限公司尚东分公司】
远程操作以后呢,我们工作环境大大改善了,劳动强度也降低了。操作效率方面,我们将近提高了30%左右,我们节约了70%的人力。

解说词:
洋山港的码头革命向智能无人转变,但这里的工作人员还告诉我,在码头和集卡之间,先进的码头技术也充满了门道。

采访:【孙金余,副总经理,上海国际港务(集团)股份有限公司尚东分公司】
集卡司机到我码头有高峰也有低谷,针对这个情况,我们推介了一套预约App,登记他大约什么时候进港,什么时候进行作业,他可以预约到精确的时间段,提前来协调相关的资源箱子,等等。

实况:
司机接单验收,我现在已经接好单,在验收中了,现在就可以了。

采访:【孙金余,副总经理,上海国际港务(集团)股份有限公司尚东分公司】
类似于我们到银行预约一样,实现资源最大的利用率。

采访:(张林,上海市交通委,党组成员、副主任)
全球贸易的90%是通过海运来完成的,目前洋山港是最便捷的一个港口,也是工作效率最高的一个港口。我们用上海的智慧、上海的技术,在短短的时间建设了一个现代化国际化的大港区。

主持人出镜:(斯明诚 David Symington)
现在我来到了陆家嘴的普洛斯,这是全球最大的跨国物流地产商之一,让我们从普洛斯的角度找一找洋山港和它的吞吐量具有怎样的影响力。

解说词:
在这里我拜访了我的新朋友赵女士。港口是海洋运输的起点和终点,在国际物流中占有重要地位,如果一家跨国物流地产商,非常看重这个港口,那么这个港口的影响力一定非比寻常。

采访：(赵明琪，普洛斯资产，中国区联席总裁)

普洛斯是一家全球公司，投资遍布在 9 个国家，管理了 640 亿美金的资产。上海港是中国最大的港口，尤其是我们现在重中之重的洋山港的投资是公司重要的战略投资之一，不单单是它的整个的管理通关效率，加上它的自动化的码头，无疑是为我们的客户增加了非常大的运营效率，从而降低了客户的成本。我觉得洋山港最大的一个优势是，它背靠着整个中国的消费市场，从上海分拨到两小时的飞行距离基本上可以覆盖中国最发达的消费城市和消费市场。

解说词：

根据最新的官方资料统计，我了解到依托中国最发达地区——长三角和长江流域经济腹地，洋山深水港区的国际枢纽地位已经形成。

2018 年，洋山深水港，目前拥有国际航线 75 条，每月国际航班达 325 班，洋山深水港累计吞吐量超 1.8 亿标箱。上海港集装箱吞吐量，连续九年保持世界第一，其中洋山港占了 43.9%。

采访：(张林，上海市交通委，党组成员、副主任)

洋山深水港的建设，把上海港送上了国际一流大港的宝座。没有建设上海国际航运中心这一国家战略，我们就不可能建设长江口深水航道和洋山港；没有长江口深水航道的建设和洋山港的建设，也就没有今天的国际航运中心。

主持人出镜：(斯明诚 David Symington)

中国和世界的联通不仅仅是从茶叶开始的，更是从港口开始的。洋山港如今是全球最大的集装箱枢纽港区，它是上海实现高质量发展的生动体现，这是上海的奇迹。

长江隧桥：世界级难题的中国方案

主持人串词：

崇明岛是中国第三大岛。在 2009 年以前往返崇明和陆地的方式便是坐船。2009 年，世界级工程上海长江隧桥正式通车。这个长达 25.5 千米长的隧桥工程包含了我正在驾驶当中的 8.9 千米的隧道。这个隧道是如今世界上直径最大的盾构隧道之一。如今,从上海市中心抵达崇明岛只需 90 分钟,曾经都要花费 150 分钟以上。我现在正驾驶在这条上海长江隧道里,让我们去看看奇迹是如何诞生的。

画外音:
上海长江隧道,起于浦东五号沟工作井,穿过长江口水域,北至长兴岛。工程最终确定挖掘 8.9 千米长,其中穿越水域部分达 7.5 千米。在上海,特别是在长江口,一次性挖掘一条如此长的隧道,无数专家提出了他们的疑问。

专家的采访:
在不同的江段,不同的地质环境,其实可能会有不同的结论。
他们说在上海,用盾构和钢筋混凝土管片建成隧道,就等于在宇宙里找支点来反转地球。
在我们上海建造的隧道,大概最多一两千米,这个密封就要坏掉了(就不行了)。那么我们要建造七千米半的隧道?怎么叫它长命百岁?

画外音:
但是最后工程团队仅用了五年的时间,就完成了这个世界型的项目。这一切是如何做到的?我找到了一位当年的专家——刘千伟先生:他是上海市住房和城乡建设管理委员会的总工程师。他负责了长江隧道的建设工作,也许能告诉我一些当中的故事。

主持人到达展厅和嘉宾交流:
主持人:这是我们展示厅。那么当时建设这样一条直径最大的盾构隧道,主要的难点在哪边?
嘉宾:主要是几个方面:一个是结构设计方面,第二个是盾构长距离施工方面。直径 15.43 米,过江的 7.5 千米的掘进长度,55 米的隧道深度,都是当时世界上同类隧道之最。

画外音:
上海长江隧道采用的是盾构式推进。这是基于上海的土质条件,采取的最安全的隧道挖掘技术。刘先生告诉我这种技术就好比蚯蚓打洞,一边开挖,一边就用管片拼装,成为隧道永久衬砌。

嘉宾刘千伟的采访：

其实长江隧道遇到的很多的问题是前无古人的，解决方案也是没有先例的。那么我们怎么把研究的成果应用于工程的实践？就是通过试验，示范，试点。隧道的推进过程当中，就设置了200米的试推进段。来验证我们实验研究的成果。然后再把这一套完整的参数整合起来，形成标准规范。

嘉宾项目经理孙威的采访：

我是经历了我们整个盾构推进的全过程。我们这个盾构推进应该说有它的特点。就是一旦盾构开始掘进，它是不能停歇的。所以我们整个推进过程当中是24小时不间断地作业。包括节假日，甚至大年初一，我们都有工人在现场。

画外音：

隧道安全性一直是隧道最重要的设计内容。世界上有很多大型隧道出现过不可挽回的安全事故。所以从最初设计方案开始，上海长江隧道就把安全放在最重要的位置。

主持人提问：关于安全建设怎么做到万无一失呢？

嘉宾刘千伟的采访：

为了让这么长的隧道在行车驾车的过程当中，不至于产生疲劳的感觉。我们把江底部分的圆隧道一分为二：从浦东往长兴岛开，前一段是蓝色的腰带。到了中间，我们有一个崇明三岛的图画。再往前就是绿色的腰带，使视觉有一种变化。

这个是一个隧道的模型。我们这条隧道我觉得还是一个智能的隧道。它里面布了很多的传感器：包括污染物的传感器，风速的传感器，烟气感应的传感器，如果某一点着火了，就可以定位发出报警。这个报警一个是传输到离这条隧道最近的消防站。第二个是启动里面的应急预案，喷淋系统它就可以工作。同时它启动烟阀，使火灾的烟气控制在一定范围内，并且控制在一定的高度以上。这样便于人能够逃生。逃生的方式也有几种：一个就是纵向逃生，一个可以往下逃生，还有是可以横向逃生。这样就形成这条隧道的立体救援的疏散系统。

画外音：

上海长江隧道这一项工程，在解决整个工程的关键技术难题中，一共产生了7项国家实用新型专利和21项发明专利。随着上海长江隧桥的通车使用，崇明,上海市区和江苏省北部被更加紧密地联系起来。整个长三角经济圈的发展也获得了更加有利的条件。同时它提升了上海在全国甚至在全球经济发展中的重要地位。150 分钟到 90 分钟,这是一个关于梦想实现的故事,未来也许会更快。

上海航天:匠心成就"太空之吻"

今年火爆的《流浪地球》,开启了中国硬核科幻电影元年。打破近年华语电影海外票房纪录。左手科幻,右手航天的主题带动了大家对中国宇宙航天的关注。回看现实,中国航天的发展也早已超乎我们的想象。

在中国,人们把这样的航空器与空间站交会对接称为"太空之吻"。这听起来浪漫无疑,可要知道,神舟八号飞船和天宫一号分别重八吨,撞击时力量巨大。这样两个庞然大物在太空中精准对接,西方人把这种难度等同于"穿针引线"。我很好奇,如此高难度的对接技术,中国航天是如何实现的?

采访:王曙群

"按照我们常规的这种机械结构的装配方法,可能像造房子一样,我先打好地基,然后砌墙,最后再盖屋顶。但是当时我们第一次从下而上地装,发现对接环和对接本体之间就会产生一个位移偏差,这个位移偏差我们想了很多办法也解决不了。"

位移偏差,这对我这样的外行人来说还算是可以理解。但具体到航天要求,为确保航天员和航天器万无一失,这种偏差的冗余真真正正地只能是毫厘。为了让画面上的"太空之吻"真正万无一失,以王曙群为代表的中国航天人展示出惊人的创新能力。他创造性地提出逆向调整法,最终做到对接的各项偏差指数小于理想冗余值的近一倍。在我看来,王曙群的创造让人联想起"鲁班"式的智慧。

采访:王曙群

"换了一个角度去思考这个问题,我们能不能先把屋顶盖好,然后在屋顶和地基整体进行一次对接,我们进行了一些实验的验证,最后我们做了个工装,一套设备就是我们让墙没造之前,先把屋顶和地基进行了准确的相对位置的一个固定,最后我们把墙砌起来,这样就解决了问题。"

数万个零部件、万米导线和150多万个数据,飞行器交会对接技术的难题被王曙群和他的团队用智慧和毅力破解。航天人们从零起步,耗时整整16年成就"太空之吻"。这让中国成为继俄罗斯之后,全球第二个掌握对接机构装调技术的国家。

全世界都知道上海的摩登和时尚,是国际大都市。但未必知晓,上海航天八院在全国航天领域,同样也是发挥了举足轻重的作用。光从运载火箭的发射量来说,上海航天占了三分之一。第一颗运载火箭就是在上海南汇老港成功发射的,代表上海的产业工人的能力。

对接机构有20到30个小机构,独立的小机构都要进行热循环实验,模拟太空的高温和低温循环的工况。每天要面对的是成千上万的数据,还要对这些数据进行百分百的准确判断,这样才能保证我们的产品能够安全上天。

采访:班组代表
"我们就像一台满负载的机器,一台设备输出效率应该是大于100%的。我们这个团队质量上无懈可击,提升方面永无止境,创新方面敢为人先。"

中国航天事业创造了以"两弹一星"、载人航天、月球探测为代表的辉煌成就。2020年前后,名为"天宫"的空间站也将建成。要知道,那将不仅仅是中国人在太空的美丽家园。

采访:王曙群
"最近有一部电影也比较热门,就是《流浪地球》,刘慈欣老师他实际上有着我们中国人的这种家国情怀,流浪的时候都得把家带上。在这个未知的世界当中我们时时刻刻都面临着风险,而我们干航天,我们就是要探索太空当中未知的世界,去发现这些风险,去预防这些风险,让我们不需要带着地球去流浪。"

人类是否终有一天将流浪于无尽苍穹?当我们大多数人都认为理应把未知交付未来的时候,王曙群和更多中国航天人却正为此未雨绸缪。他们用梦想、智慧和勇气,始终坚持和平探索太空,为人类的未来福祉贡献着中国力量。

2019 年度广播电视奖(广播电视节目)参评推荐表

作品名称	科创板开市大直播		
作品长度	7月22日开市直播	节目类型	电视新闻现场直播
播出频道(率)	第一财经频道		
刊播栏目	《市场零距离》		
播出日期	2019年7月22日——7月26日		
主创人员	集体		

节目评价

科创板开市是中国资本市场2019年最重要的事件,是上海的重点工作,也是第一财经报道的主战场。用专业视角和电视化手段记录科创板开市,第一财经责无旁贷。连续五天的电视大直播以及同步的网络直播体现了第一财经的媒体价值以及专业水准。

1. 完整记录历史　承担媒体使命

整个直播从7月22日科创板开市当天8:30开始,完整转播了整个开市仪式。第一财经记录了25家企业第一批科创板上市后的市场表现,包括现场采访和直播室专访了10家上市公司的高管对第一天上市之后的印象。鲜活的现场留下了中国资本市场历史性的一刻。第一财经作为一家权威的财经媒体,承担了媒体的历史使命。

2. 解读新生事物　创造媒体价值

科创板是中国资本市场的新事物,投资者非常陌生但又充满热情,第一财经通过五天的大直播,邀请了科创板两委成员、保荐人、券商研究所所长、公私募基金及创投掌门人等多位业内人士为观众全面解读了科创板的投资价值和重要意义,呼吁投资者保持热情的同时理性投资,体现了专业媒体进行投资者教育的责任担当。

3. 台网联动试水　扩大媒体传播

除了全程直播上市仪式,直播覆盖整个交易时段,独家采访企业高管,并结合即时行情,为投资者提供伴随式数据分析及行情解读。报道全程网台联动,比如安集科技董事长等接受电视直播邀请进上交所演播室接受采访,也在网络上同步直播,新浪、腾讯等多个平台都同步转播了这一网络直播,并且因内容优质获得大力推荐。以5天大直播为主的科创板开市报道获得了市委宣传部的专题表扬。

采编过程	**1. 选题重大　独家视频** 　　科创板是习近平主席在第一届进口博览会上为上海布置的三大任务之一，对中国资本市场来说，科创板承担着金融助力科创试验田和加速器的重要历史使命。2019年7月22日，首批科创板公司在上交所举行挂牌仪式。第一财经是上交所指定的科创板首批公司上市仪式的合作媒体伙伴，参与了上市仪式的设计并为所有媒体制作、提供了独家视频。第一财经对科创板进行全方位报道，充分发挥视频传播的"直播、现场、独家、深度"等特点，精心策划了开市首周连续五天大直播，不仅记录了中国资本市场新的历史篇章，也为投资者熟悉和了解这一全新的板块提供了权威信息。 **2. 嘉宾权威　内容独家** 　　从7月22日到7月26日，科创板开市首个交易周，第一财经电视连续5天，每天交易时段展开特别直播，50个小时大直播（本次申报系7月22日上午开市现场直播内容，送审时长30分钟），邀请了三十余位权威嘉宾结合最新的市场走势解析科创板的起步和前景，其中包括首日涨幅第一股安集科技董事长、交控科技董事长等上市公司高管，也包括科创板两委成员、保荐人、券商研究所所长、公私募基金及创投掌门人等，内容专业且具有独家性。 **3. 价值高扬　影响巨大** 　　连续5天、近50小时的科创板开市大直播，不仅体现了一财在科创板报道上的专业能力，而且在金融界再次打响一财的品牌，进一步提升影响力。新浪、腾讯等多个平台都转播了同步的网络直播，并且因为内容优质获得大力推荐。
社会效果	科创板开市大直播收到了良好的社会效果。相关直播全网收获200多万流量，一财原生流量创纪录新高。直播内容拆条短视频10多条，点击超过300万。另外，以5天大直播为主的科创板开市报道获得了市委宣传部的专题表扬。

科创板开市大直播

科创板开市仪式主持人：各位嘉宾，激动人心的时刻即将到来，我受台上25家公司的委托，即将请出我们的鸣锣嘉宾，让我们有请中央政治局委员、上海市委书记李强先生，中国证监会党委书记、主席易会满先生上台共同为科创板鸣锣开市。有请！

各位嘉宾，时间正一分一秒地临近，科创板开市的锣声即将响起，让我们一起倒数：5、4、3、2、1！

第一财经主持人 张晓雅：科创板正式鸣锣开市了，短短的259天，中国资本市场用科创速度诞生了一个全新的板块。今天是2019年7月22日，留在中国资本市场历史的不仅是25家首批科创板公司的上市交易，更重要的是一套全新的资本市场的制度设计也应运而生。科创板是试验田，将会带动整个中国资本市场的改革，科创板更是加速器，将会助力实体经济科创强国。千里之行，始于足下，让我们共同祝愿刚刚诞生的科创板能行稳致远、大展宏图。

下面我们回到演播室，来即时关注一下科创板25家公司的开盘情况。我们看到在科创板的涨幅榜当中，涨幅最多的是安集科技，达到了300.61%，最新的股价是156元，其次是澜起科技，大涨275%。接下来是中微股份和心脉医疗，这是涨幅榜上，我们看到第一板6家个股的情况。第二板当中涨幅基本上在110%以上，有西部超导等。接下来看看第三板的涨幅也是超过了100%。第四板当中，我们看到涨得最少的是方邦科技65.18%，股价定格在88元的位置上。我们也同步看一下主板的开盘情况。两地大盘指数小幅度下跌，但是中小板是红盘上涨，沪深300上涨，上证50微涨，创业板小幅下跌。就盘面当中的变化情况以及今天早上我们看到的科创板25家个股集中上市，都实现了大幅度走升，集体飘红。我们请嘉宾给我们做一下即时分析。魏先生，你怎么看科创板25家公司的开盘表现？

爱建证券投资顾问　魏勇：可以这么说，激动人心的科创板今天首批上市，从开盘情况来看，应该说表现非常活跃。我大致目测了一下，它最低涨幅将近30%，最高的涨幅也要达到54%，平均涨跌幅达到110%到120%。这样的开盘表现和历史上中小板、创业板比较起来，它的表现也比较强劲。记得2009年的时候，创业板首批28家公司上市，它当时的首日平均涨幅是106%，从开盘情况来看，科创板已经超越了当年的创业板，它的表现非常强劲。值得注意的是，科创板本身发行的市盈率偏高，首批已经达到将近50倍，比当年的中小板、创业板比较起来的话，目前整个市场给科创板的定位市盈率估值是很高的。

第一财经主持人　张晓稚：今天的科创板首批公司上市交易，第一财经在滚动字幕和行情提示当中也增加了科创板行情，请您关注屏幕下方的沪市加科创板的行情提示。沪深两市的集合竞价结果刚才我们已经看到，而且开盘之后是大幅度的上涨。下面我们先连线一下前方记者孙冀，看看孙冀在券商营业部都了解到了哪些情况，特别是普通投资者如何看待科创板的开市。孙冀，你好！

第一财经记者　孙冀：主持人上午好，今天早上我们很早就来到了榆林路上的上海证券的营业部，目前有很多投资者来到了这里等待科创板开市的重要时刻。目前我们看到科创板已经开市了，大家对于科创板开市也有很多的观点和评论。大家认为科创板的上市公司，大家首要关注的一个要素就是上市公司的成长性。因为科创板上面的上市企业大多数是处在发展的初期或者是中前期的状态，所以成长性对于公司来说是比较重要的。另外，对于公司的治理，也就是公司的品质如何，大家也非常关注，行业发展前景对于公司发展会有哪些不确定性，行业的发展会对公司的发展带来哪些影响，这也是大家关注比较多的因素。还有公司的财务状况如何，经营管理存在哪些不确定性也是后面投资者普遍关注的两个到三个因素。从目前的情况来看，全国1.4亿的股民当中，其中有300万左右具备了科创板的权限开通资格，其中男性占比超过八成，42%是集中在41岁到50岁的年龄段区间，半数以上的投资者具备十年以上的投资经验以及曾经购买过投顾组合类的增值服务的产品。主持人，营业部大概的情况就是这样。

第一财经主持人　张晓稚：好，谢谢孙冀从营业部的现场报道。我们和演播室的嘉宾进一步探讨。我们看到十年前创业板是28家公司集中上市，开盘价比它的发行价平均涨幅达到了76.46%，今天我们看到的科创板25家公司的集中上市的开盘表现，可以说比当年的创业板更加的强劲。我们也请孙教授给大家谈谈，对于盘中我们看到大幅上涨也是投资者热情的表现。您觉得盘中的走势或者这样的一种情绪，在市场当中接下来会有什么样的变化？

复旦大学金融研究中心主任　孙立坚：我们看到今天的科创板有了大家对

于未来价值提升非常高的期许。另外一点,今天我们的投资实力已经和过去市场估值的流动性水平完全不一样。这是提升我们今天估值向上的强劲力量。最重要的一点就是我今天看到了有活力的市场,接下来我们继续要把这个活力能够通过价值投资的风格引领,继续带动我们今天这些企业和即将上市的企业,完成他们整个价值链的提升,把中国的资本市场从有活力拓展到有韧性这样长期引领的市场。我在刚才领导的发言当中和开场白的纪录片当中感受到了这一点。

第一财经主持人　张晓稚:我们来看看现场情况,下面来连线一下正在上交所的记者赖婧。赖婧你好。

第一财经记者　赖婧:你好,我现在在上交所的现场。我身边的董事长是航天宏图董事长王宇翔先生。你好,谢谢接受第一财经的采访。今天公司上市了,你心情怎么样?公司现在的股价表现你满意吗?

北京航天宏图信息技术股份有限公司董事长　王宇翔:非常满意,我刚才看到公告牌上,我们股价增长了165%,非常满意。

第一财经记者　赖婧:现在公司的中报业绩已经出来了,您对公司上半年的表现如何评价呢?

北京航天宏图信息技术股份有限公司董事长　王宇翔:我们上半年比去年有大幅度的提升,增长了280%,希望我们今后做得更好。

第一财经记者　赖婧:现在公司募集的资金会对公司未来的发展有什么帮助呢?

北京航天宏图信息技术股份有限公司董事长　王宇翔:公司募集的资金将主要用于软件产品的研发,进一步完善软件的功能,同时开拓新的软件服务模式,采用云计算的服务平台,让更多的用户享受到我们的遥感和北斗导航应用服务。

第一财经记者　赖婧:未来公司在科技研发方面会进一步做哪些投入呢?

北京航天宏图信息技术股份有限公司董事长　王宇翔:我们主要投入在遥感图像处理软件是自主可控的,PIE遥感软件和气象海洋服务平台,以及北斗导航定位服务平台这三个方面。

第一财经记者　赖婧:谢谢王董事长接受采访,我们把时间交还给演播室。

第一财经主持人　张晓稚:好的,谢谢赖婧从现场给我们带回的报道。我们再看看刚才提到的今天早上25家科创板公司齐齐上市,迎来了大幅度的上涨,而且现在仍然在飘红当中,虽然从开盘涨幅来看,现在略有回落,我们请刘哲谈谈对于开盘情况怎么看。

资深分析师　刘哲:我觉得我们科创板开盘应该是非常成功,一个是满堂红,第二,整体的开盘之后的涨幅也并不低,相对来说涨得低一点的也基本上能达到翻倍以上的涨幅。但是我们要知道科创板现在已经开户交易的人的数量,刚刚片里面讲到了只有 300 多万人,它的流动性远不足主板上一点多亿股民流动性的支撑。所以在现有开户数量人数还不足的情况下,能够创造这么好的开盘情况,我觉得已经非常成功了。后期我们看什么?希望有更多更为成熟的投资者,首先开通科创板(交易),然后慢慢地参与到科创板的交易当中来。伴随着科创板交易人的交易数量,投资者数量的增多,我觉得科创板后期的走势会更加平稳和稳定一些。

第一财经主持人　张晓稚:我们这次看到科创板一手 200 股,接下来是一手一手的可以再做一个递增。从投资者的具体交易情况来看,以什么样的标准衡量我到底是对于这只个股要进行参与,还是我中签了要做抛出呢?

资深分析师　刘哲:我觉得参与的建议会多一些。因为科创板总募集 25 家公司,总募集金额只有 300 多亿元。

第一财经主持人　张晓稚:一会儿我们具体就操作层面和盘中的变化进行交流。下面继续连线我们前方记者薛一婧,看看她在上交所有什么样的采访和观察,你好,薛一婧。

第一财经记者　薛一婧:你好主持人,我们在上交所开市仪式的现场,请到的首位嘉宾是浙江杭可科技董事长曹骥先生。曹总你好,首先要恭喜公司登陆科创板。此时此刻,您现在心情怎么样,您对今天的开盘价是不是满意?

浙江杭可科技股份有限公司董事长　曹骥:心情非常激动。在大喜的日子里,我们 25 家科创企业一起上市。今天我刚刚看过我们的股价比我想象的高多了。感谢各位投资者对于杭可科技的青睐。

第一财经记者　薛一婧:投资者比较关心杭可科技这次的募资规模有多大?募集的资金以后会做什么样的用途?公司下一步发展的战略和规划怎么样?也请您给我们简单介绍一下。

浙江杭可科技股份有限公司董事长　曹骥:非常感谢各位股民投资者对于杭可的关心爱护。杭可是 35 年历史的高端装备制造企业,在整个锂电后端生产线上,我们目前已经达到了国际头三位的水平,后续我们要创造中国智能制造强国,我们要走向全球。所以,我们募集资金主要用于内部的智能制造和高端的研发,我们会非常用心做好这次募投项目,我们还会继续努力把高端装备制造业从中国走向全球、走向世界。

第一财经记者　薛一婧:监管层也说了,科创板的公司不单单看市盈率,更重要的是看增长率。接下来杭可科技下一步增长的动力在什么地方?

浙江杭可科技股份有限公司董事长　曹骥:我们是为锂电池的后端装备生

产线服务的,我们目前有 5G 数码产品的电池要更新换代,汽车的智能化、电动化有很大发展空间,智能电网的运用会需要很多的储能电池,这些都需要我们的装备服务于它,让它的电池能够升级换代。所以,我们的投资以及我们后续主要还是从提高自动化的能力,提高产品的可靠性,提高节能效率等等各个方面去提升,达到国际最高水平。所以请投资者放心,我们一定会用好每一分钱,谢谢各位!

第一财经记者　薛一婧:投资者也会非常关心科创板企业的科创成色。现在公司的研发占比情况是怎么样?下一步你们在科研创新方面会怎样进一步的聚焦和发力呢?

浙江杭可科技股份有限公司董事长　曹骥:因为我们所有的核心技术都是我们杭可自己研发、自己拥有,从我们的软件、系统,整个电路、精密测量、能量回收的电源控制,都是我们自身研发的。所以,目前我们占据了这个领域的高地,要继续的话,我们从更大的科技投入来发掘开拓产品更大的空间,更高的技术应用。所以我们还是会继续加大科技方面的投入,欢迎我们中国国内全球优秀的技术干部、技术人才、营销人才、管理人才能够到杭可来,我们是一个大家庭,非常热情地欢迎我们有能力的人士参与杭可的发展。

第一财经记者　薛一婧:非常感谢曹总接受我们的采访,也希望杭可科技能够在中国资本市场这块全新的试验田里茁壮成长。下面把时间交还给主持人。

第一财经主持人　张晓稚:谢谢一婧从前方发回的报道,刚才重点关注到了杭可科技。杭可科技因为开盘时候的上涨,较开盘价涨幅超 30%,所以在盘中有一个临停 10 分钟,是在 31 分钟开始临停,停到了 41 分,现在开始进行正常的交易。现在股价正好是 40 元整,从涨幅的情况来看是 45.64%。

我们刚才也是顺着操作的话题来谈,我们看到开盘之后,整个的科创企业都实现了大面积的飘红,多数个股的涨幅都是翻倍的。现在开始从高位有一定的回落修正。我们请刘哲谈谈具体如何判断,如果中签了是否要进行一定的抛出,或者投资者在目前的位置上如何判断要进行一个买入,具体的把握有什么样的衡量标准?

资深分析师　刘哲:我觉得中签的投资者,还是有很多投资者愿意在今天抛售,为什么?这是一个习惯。因为我们 A 股市场大部分打新股中签的投资者,他的目的不是参与长期的二级市场的持有,更多打新的目的是参与首发。所以,首发了成功之后会有一定的抛盘存在。

第一财经主持人　张晓稚:我们现场也有即时的报道,继续看上交所第一财经驻前方记者赖婧发回的报道,赖婧。

第一财经记者　赖婧：好的主持人。现场我请到的是南微医学的董事长隆晓辉先生，谢谢您接受第一财经的采访。今天公司的股价您现在满意吗？

南京微创医学科技股份有限公司董事长　隆晓辉：我觉得现在很好，现在的价格在不断的变化当中，最终不知道到什么样。

第一财经记者　赖婧：今天公司上市的心情如何？

南京微创医学科技股份有限公司董事长　隆晓辉：非常激动，这是一个历史性的时刻。

第一财经记者　赖婧：现在公司的中报已经披露了，您觉得上半年公司的表现如何？

南京微创医学科技股份有限公司董事长　隆晓辉：我觉得超出预期，比我们预期的更好。

第一财经记者　赖婧：现在公司募集的资金，未来在哪方面会加大投入，对于公司会产生什么样的帮助呢？

南京微创医学科技股份有限公司董事长　隆晓辉：我们首先要加大对于研发的投入，做更多的创新产品。其次，我们对于产能，我们的营销网络，我们的信息化（进行投入）。

第一财经记者　赖婧：未来公司在科技研发和科技投入方面还会做哪些进一步的聚焦？

南京微创医学科技股份有限公司董事长　隆晓辉：我们会在现在主业微创诊疗领域当中做进一步的聚焦，并且产品更系列化，产品的附加值会更大，临床的使用价值会更高，大概在这些方面聚焦。

第一财经记者　赖婧：科创板这么快就推出了，您感觉对于公司的帮助大吗？

南京微创医学科技股份有限公司董事长　隆晓辉：非常大，算是公司历史性的关键时刻，它会推动公司在未来发展当中实现跨越式的发展，我们有这个信心。谢谢！

第一财经记者　赖婧：谢谢您接受第一财经的采访，现在的情况就是这样，主持人。

第一财经主持人　张晓稚：谢谢赖婧的前方报道，我们继续回来接着聊。就刚才这个话题聊聊透，看来投资者还是有可能在上市首日做高抛的选择。但是我们更多地看到企业未来的成长性，包括它的科创、研发能力等等。刘哲觉得在今天25家公司当中，从基本面表现也好，还有结合市场表现也好比较看好的是什么类型的企业？

资深分析师　刘哲：我们在第一批上市的25家上市公司里面，新一代信息技术占的最多,13家,高端设备制造里面,我印象中有10家左右,有2家和生物医疗这块相关的。我们衡量一个上市公司的时候,它其实有一个标准衡量起来简单一点,就是看哪个上市公司的毛利率最高。我们现在看到的跟心血管系统相关的生物医疗的上市公司达到了97%的毛利率,所以我觉得这样的公司可以优先关注。

第一财经主持人　张晓雅:下面我们连线一下香港演播室的嘉宾,中银国际首席策略师胡文洲先生。胡先生,科创板首批25家公司大幅度高开,普遍来看实现了股价翻倍表现,但是现在从高位略有回落,您对于上市刚刚开始的这十几分钟的走势有什么看法?

中银国际首席策略师　胡文洲:我觉得刚刚上市的表现还算是比较平稳的。因为这些科创板的企业,他们一般是具有高风险、高成长、高回报的特征,所以从资本市场的角度来说,给他们定价是比较困难的一件事情。同时,科创板的准入条件还是比较高的,有50万元、加上两年准入的门槛。所以说整个市场还是以机构为主的博弈市场,机构之间我觉得大家研发能力都是比较强的,可能我觉得投资者的关注点还是要放在长远来看,以这些科创企业的成长性和盈利能力中长期的表现为主。

第一财经主持人　张晓雅:更多的关注科创性和成长性,谢谢胡先生的分析。下面我们再回到演播室跟踪一下现在的盘中情况。首先还是来看一下25家公司在开盘之后盘中的变化。从涨幅榜上安集科技仍然位居首位领涨,达226.61%的升幅,股价在128元。其次仍然是澜起科技,上涨171%,中微股份和心脉医疗也是位居前列,超导也涨了百分之百以上。下面继续连线前方薛一婧,看看现场有什么样的情况,你好一婧。

第一财经记者　薛一婧:主持人,我们在现场请到的连线嘉宾是光峰科技董事长李屹李总,李总好,首先恭喜公司登陆科创板。您现在的心情怎么样,对于今天的开盘价股价是不是满意,股价是不是符合预期?

深圳光峰科技股份有限公司　李屹:你这个问题问得非常好,我觉得今天所有的一切,我们都是平静中带着喜悦,非常开心地看到过去十几年的成果。

第一财经记者　薛一婧:我们再回到基本面,公司的半年报已经预披露了,整个公司上半年的运行情况怎么样?投资者非常关心,你们拿到科创板的募集资金以后,下一步会怎么用这些资金?

深圳光峰科技股份有限公司　李屹:我们和去年同期比,收入增长了50%。我们的利润也增长了40%。您刚才问到我们募集资金怎么使用,其实首先谈一下科创板。科创板设立起来对于我们做科技创新的企业非常振奋。因为中国长期以来证券市场更多的是很多企业起来靠销售、靠运营、靠商业模式。今天,中国终于把资本市场和科技创新结合在一起,所以我们的募集资金将来相当一部分继续把研发投入投进去。就像盖一栋楼,你这个楼盖的高低与否取决于地基,如果地基打得扎实,这个楼才能盖的高。今天这个科创板对于我们最大的意义是什么呢?我们做激光显示,我们做了原创的技术路线,我们做了超过12年,12年是一个轮回。这12年过程中,我们大部分是默默无闻地在实验室里面做。你去看电影的时候,包括你在香港的同事看电影,看到百老汇,又看到激光厅,你可能不知道后面的激光是我们发明,是我们研制出来的。今天通过科创板,让我们这个技术能够家喻户晓。其实作为一个科技创新的人,我们这些人最大的愿望是我们做的技术能够改变人的生活,能够提高人的生活。这个科创板,让我们有更多的资源,更好地实现我们的梦想。

第一财经记者　薛一婧:您刚才也谈到了科创,科研、科技创新这块。接下来公司在科研方面投入具体会有多大呢?

深圳光峰科技股份有限公司　李屹:我们过去这12年,我们非常注重知识产权,我给您说一个例子,我们的知识产权原创型专利的体现是通过超过400次被引用次数。将来我们会把我们的基础研究做得更扎实,因为目前大家知道R和D,在中国市场上,大量的人是做D,是做产品的开发,做技术的开发比较少,因为技术的开发需要很大的忍耐,需要很大的承受,这种心理压力是非常大的。所以为什么今天科创板非常好,终于给这些默默无闻做事的人有一个机会,让他们和资本市场对接,资本市场给予一个好的回报。今天我看我们开盘以后不设涨幅,马上就超过了1倍,对于很多投资人,他们会有更多的信心投入到科创的行业里面来。所以我觉得今天是一个平静中带着喜悦,平静是我们已经经过了12年,所以我们看到这一刻,我们觉得也算是意想之中的,但是我们还是非常开心,因为将来的科技创新可能会到一个新的篇章。

第一财经记者　薛一婧:投资者也非常关心公司下一步的增长动力在什么地方。

深圳光峰科技股份有限公司　李屹:光峰是做一个基础器件,注重核心专利的公司。我们因为是做基础器件,我们做的激光应用面非常广,您现在看到的电影院,还有我们正在努力普及的100寸的激光电视,我们希望把它做到老百姓千家万户手中。你在看电视的时候再不是40寸、50寸、60寸,而是100寸,而且这是一个affordable price,就是说一个老百姓可以消费得起的价格。未来的话,因为5G,因为大量的信息显示,大家知道手机的屏幕要越做越大,我们想激光和全息,将来可能给你展现的是一种全新的展示方式。您看过很多电影吧,因为我们和电影有关,您看过《钢铁侠》等等,我相信这些东西可能还是需要很多的研发,但是它一定会展现给大家的,只是时间问题。

第一财经记者 薛一婧：好的。非常感谢李总接受我们的采访，我们祝愿科创板蒸蒸日上，也希望李总的公司能够继续做大做强。以上就是上交所现场的最新情况，下面把时间继续交还给主持人。

第一财经主持人 张晓稚：谢谢一婧。我们回来跟踪一下市场的变化。今天盘中可以说换手非常积极，领涨的安集科技不仅涨幅位居首位，目前287%，但是它的换手也比较活跃，也有50%左右了。我们也结合一下盘中的变化，尤其是主板的变化请魏勇先生给大家分析一下，主板来看小幅的低开，现在有一定程度的回调。从跌幅榜主要指数的跌幅来看，创业板相对领先，1.39%，主板大盘跌幅也略超过1%。从现在的板块变化当中，我们看到行业权重相对跌得很少，包括银行、保险、酒及饮料、房地产。在概念板块当中，我们看到比较活跃的还是有一些科创概念的题材品种涨幅相对居前。来和魏勇先生谈谈，觉得主板今天早盘的情况怎么看？

爱建证券投资顾问 魏勇：可以这么说，今天是科创板的时间，科创板是市场的聚焦点，包括资金的主流出击方向就是聚焦在科创板。所以大盘表现疲软也是在我们的预料当中的。在具体板块当中，我们发现和科技类相关的这些像超导、国产芯片、专用设备，整体表现比较强劲。假如说您是作为一个普通投资者，目前没有参与到科创板投资，您只能做主板股票的话，我建议大家关注两类股票。第一，所谓的科创板的影子公司，简单来说，它作为主板的上市公司，它投资参股了科创板已上市的或者拟上市的科创板企业，这批公司也可以从中受益。第二，所谓的科创板的对标企业，简单来说科创板里面，你发现有好几家做国产芯片的，同样在主板、中小板里面也有不少是做国产芯片的。

2019 年度广播电视奖(广播电视节目)参评推荐表

作品名称	今晚 60 分		
作品长度	60 分钟	节目类型	电视新闻专栏
播出频道(率)	东方卫视		
刊播栏目	《今晚 60 分》		
播出日期	2019 年 1 月 1 日起　周一至周五每天 22:30—23:30		
主创人员	集体		
节目评价	2019 年 1 月 1 日,大型新闻时评栏目《今晚 60 分》全新亮相东方卫视,在每天一小时的时间里网罗全球热点焦点事件,深度解析,多方评论,是一档在国际视野下,硬朗、睿智、价值观鲜明的晚间新闻栏目。		
采编过程	《今晚 60 分》是板块组合结构型的节目,由"关键时刻""焦点对话""全球眼""新财经"四个板块组成,根据每天选题进行灵活搭配。其中"关键时刻"和"新财经"是当天的新闻资讯播报,"焦点对话"和"全球眼"两个板块每天各收纳 2 至 3 个议题,构成节目的主干部分。 　　作为全国省级卫视中为数不多侧重国际问题的新闻评论节目,《今晚 60 分》表达政府的立场、观点、主张,斡旋空间大,施展余地广。自节目开播以来,栏目组每天都在选题把控、议程设置和节目编排上下硬功夫,做到了有时效、有深度、有见地。 　　团队根据节目自身调性,加强与各大高校和研究机构之间的沟通,积累了丰厚的嘉宾资源和业界专家,每天根据不同选题邀请相关领域的权威嘉宾,以及事件的相关当事人、记者等,深刻挖掘出新闻背后的故事,见他人所未见、言他人所未言,通过对话,交流甚至争执交织起一个立体生动的新闻场。		
社会效果	《今晚 60 分》栏目一经推出,就广受业界关注和好评,在受众中也产生了不错的反响,2019 年,在全国卫视同时段节目中排名第五,其中单期最高排名达到第二。开播至今,收获并影响了一大批关心时事政治和国际问题的高收入、高学历的人群,做到了在新时代,用新节目、用新语言,占领新的舆论场,用正确的价值观和舆论引导观众。 　　此外,栏目还积极开拓海外舆论阵地,在牢牢把握中国政府相关外交政策立场基础上,推出了《与世界对话》《香港观察》《中美经贸摩擦》等系列报道,在国外社交平台上也获得了极高的关注度和点击率,向世界发出了中国声音,节目多次受到中央领导、中宣部和广电总局的表扬。		

《今晚 60 分》节目简介

- **栏目介绍：**

　　东方卫视新闻节目《今晚 60 分》于 2019 年 1 月 1 日开播，每周一至周五，22 点 30 分至 23 点 30 分固定播出，网罗全球热点焦点事件，深度解析，多方评论，是一档在国际视野下、硬朗、睿智、价值观鲜明的晚间新闻栏目。

　　节目分为"关键时刻""焦点对话""全球眼"和"新财经"等几个版块。其中，"焦点对话"聚焦当天最具话题性、最值得深入探讨的新闻事件，习近平总书记的治国理念和外交战略，国家重大政策、上海的改革实践等，都是我们关注的重点。国际新闻是栏目的一大特色，金特会、美伊矛盾、脱欧进程，"全球眼"版块每天都选取当天关注度最高、影响力最大的国际新闻事件，为观众梳理新闻来龙去脉，透视热点背后的博弈。

　　此外，面对变化激烈的国际形势，深刻挖掘国际政治势力博弈格局的同时，牢牢把握中国政府相关外交政策，及时理性发声，也是《今晚 60 分》始终坚持的方向。过去一年，栏目组相继推出了《与世界对话》《香港观察》等特别报道，针对国际社会上的一些误解进行解释，更对一些无理抹黑进行有力驳斥，积极主动地阐释中国立场、放大中国声音。

　　节目制作精良，画面选择考究，冲击力强，充分运用动态数据、虚拟动画、多屏互动等形式。

　　《今晚 60 分》栏目始终坚守安播底线，不仅在栏目内部制作节目手册，梳理制作流程，并且与制作部门、技术部门精诚合作，共同维护播出安全，2019 年全年未出任何安全播出事故，这对于一档每晚都有四到八档直播连线的节目来说难能可贵。

- **收视率：**

　　2019 年，《今晚 60 分》在全国卫视同时段节目中排名第五，其中单期最高排名达到第二。

- **代表选题：**

    《习近平主席到访，中意关系更"中意"》

    《问政中国：从"速度优先"到"质量优先" 高质量发展如何破题？》

    《金融高层"顶配"齐聚上海　释放哪些信号？》

    《贸易战没有赢家，美国算清楚账了吗？》

    《"操场埋尸案"背后　还有多少真相有待追问》

    《"小官"是如何撑起大"保护伞"的？》

    《与世界对话：中美如何跨越"修昔底德陷阱"？》

    《香港观察：高校变成"兵工厂"？止暴制乱不容缓》

    《朝美极限警告　半岛神经再紧绷？》

    《美国制裁能否遏制伊朗越"限"》

国际传播

一　等　奖

2019年度广播电视奖(广播电视节目)参评推荐表

作品名称	"特斯拉"上海工厂系列报道		
作品长度	1分42秒、1分19秒、2分40秒	节目类型	国际传播-系列报道
播出频道(率)	东方卫视海外版		
刊播栏目	《东方新闻》海外版		
播出日期	2019年7月19日—12月31日		
主创人员	集体		
节目评价	国际传播如何让西方观众理解并认同这些中国故事？"特斯拉"就是一个好例子，因为故事的主角是拥有西方价值观和DNA的TESLA。而"特斯拉"在中国的"成长"，令这个故事自然融合东方的价值。西方视角下的中国故事，也更容易被西方观众理解和认同。更重要的是，整组报道，除了体现上海和中国速度外，也体现了中方对项目的大力支持，起到了积极正面的传播作用。		
采编过程	自2019年1月7日特斯拉上海工厂破土动工以来，"特斯拉"在中国的动态，包括建设进展、行业影响以及中美财经动向，始终是全球媒体关注的内容。7月18日，特斯拉宣布上海工厂将于年底前投产；8月29日，特斯拉创始人马斯克抵达上海，在到访工厂之余，在世界人工智能大会上和马云进行了一场"双马对话"，特别提到了"中国速度"；11月下旬，国产"特斯拉"Model 3型电动车首次亮相；12月30日，国产特斯拉Model 3交付。连续报道追踪了特斯拉上海工厂的每一步，不仅记录了"上海效率"，也体现了外商投资企业在沪发展的历程。除了海外版播出外，连续报道还被欧洲电视联盟ENEX平台录用，作为素材内容提供给全球75家电视频道使用，颇受欢迎。		
社会效果	特斯拉与中国，可以说是全球电动车圈内最受关注的行业新闻。在东方卫视《东方新闻》海外版播出之后，报道通过ENEX平台的分发，供给国外媒体使用；相关素材上传后，即被ENEX平台选为"编辑推荐"，重点推荐使用。		

"特斯拉"上海工厂系列报道

一、独家探访特斯拉上海工厂联合项目组
　　中美工程师全力冲刺 Model 3 投产

【导语】
　　昨天,我们报道了特斯拉上海超级工厂正在全力建设中,年底就将具备投产能力,而这样的超级速度也离不开中美双方工程、设计团队的高效付出。今天,东方卫视记者首次探访了特斯拉上海超级工厂的联合项目组,中外工程师正全力冲刺工厂建设及 Model 3 的投产。

　　特斯拉上海超级工厂的联合项目组由 140 多名中方员工和近 30 名外方员工组成,特斯拉总部从全球调派工程师来到临港,提供生产技术支持。目前,工厂一期土建基本收尾,已进入室内机电设施安装阶段。

　　【实况:
　　明天,我们要继续完成一些系统的安装。】

　　一些外籍工程师告诉记者,他们参加过不少工厂的建设,但像上海这样的工程速度,让他们感到十分惊讶。

　　【丹尼尔·何　特斯拉全球 Model 3 项目产品经理
　　(上海工厂的)建设速度快到让人难以置信,是迄今为止特斯拉建厂最快的一次,在制造业基建速度方面,中国确实为全球树立了标杆。】

据介绍,Model 3是特斯拉继Model S和Model X之后的一款新产品,集聚了之前两款车的优势,具备自动驾驶等功能。

【丹尼尔·何　特斯拉全球Model 3项目产品经理
Model 3非常适合中国市场,一方面,它的续航里程很长,达600千米;另一方面,安全性也很高。值得一提的是Model 3最近刚刚通过了欧洲和美国的新车评价规程,都达到了五星安全评价。】

根据规划,特斯拉上海超级工厂一期生产线建成后,Model 3的年产能将达到15万辆。

二、"中国造"特斯拉今起到店
首批用户最快春节前提车

【导语】
备受关注的中国制造特斯拉Model 3,今起到店,最早一批车的交付时间预计在明年春节前。

【实况:让我们一起来见证中国制造。】

上海特斯拉太古汇体验中心,一辆白色Model 3缓缓揭开面纱。

【祝为　特斯拉学院华东区负责人
这辆中国制造Model 3尾部有非常清晰的汉字标志"特斯拉",而我们说中文写上"特斯拉"非常美。一句话来概括,叫硅谷基因遇上中国工匠精神。】

国产版Model 3售价为35.58万元,标配基础版辅助驾驶功能。企业方面透露,最早一批预定的车主,最快可在明年春节前提车,现在下单预计明年一季度提车。

【杜铠　上海特斯拉太古汇体验中心店长
在这边制造的话,更多是为了满足现在市场更大的需求量,不用长时间跨大

洋等待爱车,现在(特斯拉)直接从我们临港的工厂出来。】

作为特斯拉第一个设在美国之外的超级工厂,位于临港的特斯拉上海超级工厂,从开工建设到白车身到下线总共只耗时 8 个月,现在,其生产目标是每周 3000 辆 Model 3。

三、358 天！从工厂动工到产品交付不满一年

【导语】

今天上午,特斯拉第一个海外超级工厂生产的首批汽车在上海交付,这距离特斯拉上海超级工厂奠基仅仅过去了 358 天。特斯拉方面表示,在上海优越的营商环境下,国产版 Model 3 当年动工、当年生产、当年交付,成了上海速度的直接体现。

【欢呼实况】

上海临港的特斯拉超级工厂内,首批 15 辆国产版 Model 3 电动汽车缓缓驶来,被交付给了第一批车主。他们是特斯拉中国区的员工,包括来自上海、北京、成都等地的销售和技术人员。

【中国产特斯拉 Model 3 首批车主
在平时工作中,更多把车介绍给客户,当我换了个角色,成为用户的时候,我拿到这份礼物非常激动。】

【中国产特斯拉 Model 3 首批车主
特斯拉全球都是一致的销售政策,就是没有员工和非员工(区别),大家买的政策是一致的,(价格)都是一致的。】

【陶琳 特斯拉全球副总裁
我们的产品,也希望第一时间让我们的员工来体会,来听他们的反馈。第一,这是企业文化的一种体现;第二,这也是体现大家对产品的信心。】

目前，国产版 Model 3 的每周产量已超过 1000 台。明年，厂方还将把现在的单班生产改为双班生产，产量实现翻番。

【宋钢 特斯拉上海超级工厂制造总监
生产来讲已经顺利达到了设计节拍，每小时净输出 28 台车甚至更多，我们订单是非常旺盛的，工厂要通过加班、加生产班次来满足销售需求。】

目前，特斯拉零部件的本地化率达到了 30%，计划明年 7 月份提升至 80% 左右，并争取明年年底实现完全的国产化代替。

【王昊 特斯拉中国区总经理
在刚刚推出的软件升级里面，又放入了智能召唤以及更好的 AI 语音识别，完全是中文的。】

【记者出镜 特斯拉上海超级工厂
根据计划，特斯拉明年 1 月初中国版的 Model 3 就将陆续交付给大众车主了，而这也比原本计划有所提前。特斯拉表示，这完全得益于上海优异的营商环境。】

【陶琳 特斯拉全球副总裁
得益于政府的整体营商环境的提升以及程序优化，所以把在审批上所需要的时间，其实是大大压缩了。】

目前，国产版 Model 3 的定价为 35.58 万元。针对此前所谓"特斯拉明年会降价"的报道，特斯拉方面今天进行了明确否认。

给世界提供了一个持续的观察窗口
——评《"特斯拉"上海工厂系列报道》

新华社上海分社社长　高级编辑　姜　微

当东方的"中国制造"遇见西方的"特斯拉"，会创造出什么样的奇迹？东方卫视海外版的《"特斯拉"上海工厂系列报道》提供了一个持续的观察窗口。

从 2019 年 1 月 7 日工厂破土动工,到同年 12 月 30 日首批国产 Model 3 顺利交付,只用短短不到一年时间,这个"超级工厂"的"超级速度"就惊艳全球。东方卫视团队的系列报道紧紧围绕"速度"这一报道核心,及时跟踪记录了特斯拉上海工厂成长的每一个关键节点,向世界充分传达了上海乃至中国不断升级优化营商环境、助力海内外企业提速发展的关键信息。

《独家探访特斯拉上海工厂联合项目组　中美工程师全力冲刺 Model 3 投产》播发于特斯拉上海工厂建设期间,带领观众深入幕后探访中美联合团队,并通过对一批外籍工程师的采访,直接点明"中国制造业基建速度为全球树立了标杆",让观众感受到:只有"中国速度"才能成全"特斯拉速度"。

《"中国造"特斯拉今起到店　首批用户最快春节前提车》在第一时间跟进了国产特斯拉汽车的上市进程,直击第一辆国产 Model 3 到店现身的过程,见证了从开工建设到汽车下线仅耗时 8 个月的制造业奇迹。采访中点题"硅谷基因遇上中国工匠精神",说明上海超级工厂的价值不仅在于满足市场需求与提升消费者购车体验,更是折射出中国的软硬实力给跨国企业带来的发展潜能。

《358 天!从工厂动工到产品交付不满一年》中用"358 天""每周产量超过 1000 台""每小时净输出 28 台车""零部件本地化率达 30%""2020 年年底实现 100% 国产化"等一串串硬核的数字,直观地体现出这个举世瞩目的项目在上海这片热土上行进之顺、发展之快、前景之好,对展现上海良好的营商环境起到了积极正面的传播作用,更提振了世界对中国制造和中国市场的信心。

三篇报道连起来看,不仅清晰展现了特斯拉上海工厂不断超越时间节点的加速进程,也从侧面凸显了"特斯拉速度"背后折射出的"上海速度""中国速度",成了中国改革开放进程中具有历史留存意义的影像资料。

特斯拉是诞生于美国硅谷的明星企业。特斯拉选择中国、选择上海,本质上是选择了这里强大的制造业实力、广阔的市场和良好的营商环境。特斯拉上海超级工厂创造的奇迹充分彰显了中国参与全球化进程中所爆发出的惊人能量。东方卫视这一系列报道巧妙地借用西方的视角讲述中国故事,从而让西方观众更易理解、接受和认同,使得报道能被全球 75 家电视媒体采用。就传播效果来看,这批稿件超越了行业新闻范畴,对当下在世界多个角落蔓延的"单边主义"和"逆全球化"思潮进行了有力的回应,用铁一般的事实发出了响亮的中国声音。

把"上海奇迹"告诉世界

——"特斯拉"上海工厂系列报道创作体会

SMG 融媒体中心 Knews 国际资源板块责编　蔡晨艺

自 2019 年 1 月 7 日特斯拉上海工厂破土动工以来,"特斯拉"在中国的动态,包括建设进展、行业影响以及中美财经动向,始终是全球媒体关注的内容。7 月 18 日,特斯拉宣布上海工厂将于年底前投产;8 月 29 日,特斯拉创始人马斯克抵达上海,在到访工厂之余,在世界人工智能大会上和马云进行了一场"双马对话",特别提到了"中国速度";11 月下旬,国产"特斯拉"Model 3 型电动车首次亮相;12 月 30 日,国产特斯拉 Model 3 交付。这些连续报道追踪了特斯拉上海工厂的每一步,不仅记录了"上海效率",也体现了外商投资企业在沪发展的历程。

特斯拉与中国,可以说是全球电动车圈内最受关注的行业新闻。在东方卫视《东方新闻》海外版播出之后,引起积极反响。同时,系列报道也通过欧洲电视联盟 ENEX 平台分发,提供给全球 75 家电视频道使用。《独家探访特斯拉上海超级工厂联合项目组:中美工程师全力冲刺 Model 3 投产》《"双马对话":人工智能会带来怎么样的未来?》《"中国造"特斯拉今起到店 首批用户最快春节前提车》,以及《358 天!从工厂动工到产品交付不满一年》新闻素材上传到 ENEX 网站后,即被平台选为"编辑推荐",重点推荐使用,颇受欢迎。

欧洲电视联盟 ENEX 是德国电视台 RTL 旗下的一个覆盖全球的新闻交互平台,主要服务于欧洲、北美、南美和中东等地区的主要城市和国家电视台,互为提供新闻共享内容。2017 年 8 月,中国中央电视台同 ENEX 签订非正式的战略合作协议,将 CCTV 的新闻在 ENEX 平台发布,供 ENEX 在全球五大洲的 75 个成员电视台选用。2017 年年底,SMG 开始试用 ENEX 平台。2018 年 5 月,双方签订合作协议。

和欧广联、美联社、路透等老牌媒体机构相比,ENEX 规模中等,但它"深耕"各国的地方电视台,比如 CBS(哥伦比亚广播公司)和 SKY TV(天空新闻)就是 ENEX 的最大合作伙伴,其在美国、英国和澳大利亚拥有巨大的电视新闻和网络渠道。通过 ENEX 平台,SMG 能更为精准地将中国报道输送给这些平台,使得一些在热点问题上的"中国声音"第一时间传达给海外媒体,回应国际关切,以正视听。

　　事实上,近年来,SMG 有不少优秀的新闻报道、新闻故事和专题片被翻译成英文版,向全球合作伙伴发布,直接供外媒挑选使用,为"中国故事"的国际传播搭建起了又一个重要渠道。截至 2019 年年底,SMG 已通过 ENEX 媒体平台上传了超过 500 篇报道,平均每周 10 条左右,其中有 50 多条被 ENEX 挑选为"编辑精选",更有近三分之一的内容荣登该平台当日"最受欢迎榜"。这些新闻报道的内容立足上海本地新闻,选题覆盖金融开放、科技创新、医疗重大突破、生态自然、文化旅游资讯、国际性会议和体育赛事等方面。在合作中,我们也发觉,海外媒体很青睐画面生动的科技类选题新闻。

　　海外媒体对"特斯拉"系列报道的青睐,也为如何讲好中国故事,如何让西方观众理解并认同中国故事指明了道路。因为故事的主角是拥有西方价值观和 DNA 的"特斯拉"。而"特斯拉"在中国的"成长",令这个故事自然融合东方的价值。西方视角下的中国故事,也更容易被西方观众理解和认同。更重要的是,整组报道,除了体现上海和中国速度外,也体现了中方对项目的大力支持,起到了积极正面的传播作用。

二 等 奖

2019年度广播电视奖(广播电视节目)参评推荐表

作品名称	F1"千站大奖赛"轰鸣上赛场　上海市中心街道赛车"首秀"		
作品长度	1分30秒	节目类型	国际传播-短消息
播出频道(率)	上海东方卫视		
刊播栏目	《东方新闻》		
播出日期	2019年4月13日18时10分		
主创人员	集体		
节目评价	该条电视新闻在制作方面,从前期拍摄到后期加工,记者摄像花了不少心思,设计了一些有趣的画面,例如从现场摄影师转动摄像机的速度来展现F1赛车的速度等。采访也特意剪辑得短小精悍,符合全片"快"的节奏。另外,以往涉及市主要领导的电视新闻由于受限较多,画面通常中规中矩,但这条新闻巧妙规避了这些限制,比如,市领导为赛车"加油"的环节只是新闻开头点到为止,更多篇幅则留给了现场气氛、车迷反应、F1赛车文化和上海国际化大都市形象的展示上,这也为今后此类时政新闻的拍摄制作留下了些许可供参考的经验。		
采编过程	为庆祝F1千站里程碑落户申城,F1方面策划了"1000站在上海"活动,平日只在赛车场亮相的F1赛车首次驶上市中心街头进行表演。得知这一消息,记者敏锐意识到,虽然这项活动上海市主要领导也会出席,算是一条时政新闻,但新闻画面却可以相较于常规的时政新闻拍摄制作得更灵动一些。于是,记者和摄像提前一天到现场踩点,了解活动当天所有环节、寻找最佳拍摄机位、商议了多套摄制方案。活动当天,摄像在拍摄过程中尤其注意抓取一些体现F1赛车文化的细节,以及"1000站在上海"的主题元素,并按两种要求进行拍摄(涉及市领导的新闻镜头尽量周正规矩,而展现F1赛车的画面则要动感炫酷)。几位摄像当天共拍摄了一个多小时的视频素材,回台后,记者从丰富的素材中攫取了最能体现上海城市地标、体现F1赛车动感、体现"1000站在上海"活动主题的画面,并穿插点缀了一些简短而又点题的采访,后期精编时又着重对赛车飞驰的声画做了渲染和突出,使得这条电视新闻动感十足,充分展现了上海国际化大都市和文化、体育之都的无限魅力。		

社会效果	新闻在东方卫视《东方新闻》播出,并通过东方卫视(海外版)对外传播。在国内,东方卫视目前已成为除央视外中国落地率和人口覆盖率最高的地方卫星电视频道;同时,东方卫视(海外版)也在北美、欧洲、日本、澳大利亚等海外地区落地,全球覆盖超过7亿观众。此外,记者还将这条新闻专门剪辑了一个一分多钟的新媒体小视频,被上海市政府的官方公众号——上海发布,以及F1中国大奖赛官方公众号选用,嵌入其公众号进行发布。不少车迷留言"视频振奋人心,很炫很燃",有人发问"不知道市长是谁的车迷",还有人感叹"上海是把体育事业融入城市精神的",对外传播效果可见一斑!

F1"千站大奖赛"轰鸣上赛场
上海市中心街道赛车"首秀"

导语：

备受瞩目的F1第一千站大奖赛在上汽国际赛车场轰鸣启动。今天中午，F1赛车亮相上海市中心，在新天地太平湖公园上演了赛车街道表演。

上海市市长应勇为纪念赛车上的上海城市推广标志"上海印章"揭幕，并与F1世界锦标赛集团执行总裁切斯·凯里一起为赛车加油。上海市副市长陈群、宗明出席。

随着引擎声响起，F1赛车启动加速，飞驰而过，来自世界各地的F1车迷和上海市民一起，近距离感受了F1运动的速度与激情。上海本土车手周冠宇驾驶雷诺赛车驶上"街头赛道"，赢得现场观众阵阵欢呼。

（采访：车迷　太"炸"了，太爽了。）

（采访：车迷　就觉得很"嗨"，会"嗖"一下过去。）

（采访：车迷　排位赛现场每年都有，但这个路演1000站还是非常难得的。）

（采访：车迷　零距离接触F1的话，会给我们一种无法匹敌的震撼感。）

F1第一千站赛事落户上海，是对中国、上海连续15年举办F1中国大奖赛的高度认可。经过上海久事、F1管理公司及相关部门的共同努力，F1赛车首次在上海街头表演，向全世界展现了上海的独特风采，以及打造全球著名体育城市和国际体育赛事之都的决心。

2019 年度广播电视奖(广播电视节目)
参评推荐表

作品名称	中日新视界——长崎·上海电视周特别节目		
作品长度	24 分钟	节目类型	国际传播专题
播出频道(率)	日本长崎电视台(KTN)		
刊播栏目	长崎·上海电视周特别版面		
播出日期	2019 年 5 月 20 日 10:45:00—11:15:00		
主创人员	《中日新视界》集体		
节目评价	2019 年 5 月 20 日,由上海市人民政府新闻办公室指导,融媒体中心和日本长崎电视台联合举办的"魅力上海"长崎推广暨"上海电视周"系列活动在长崎举行。每天 10:45—11:45 在长崎电视台连续播出了五集特别节目,《中日新视界——长崎·上海电视周特别节目》作为开篇,全面展示了上海与长崎两地的历史渊源、人文交流、经济往来,充分展现了上海良好的营商环境和充满活力的城市形象,在日本当地引起了很大关注与积极反馈。		
采编过程	节目精心策划、深度挖掘、生动展现了从长崎来到上海的日本美发师一家在沪的生活点滴;连续两年参加中国国际进口博览会的长崎渔业公司在中日两国间的贸易故事;并用电视语言生动展现上海的海派文化和江南文化,进一步加深长崎人民对上海历史文化的了解。		
社会效果	日本长崎县于 1996 年与上海市建立友好交流关系。长崎电视台(KTN)成立于 1968 年,是属于日本富士电视台系列的民营电视台,节目播出范围覆盖长崎县近 250 万人口。在新媒体端,长崎电视台官网和 Twitter 以及富士电视台全国网站 FNN Prime 也对"上海·长崎电视周"进行了宣传推广。五集节目平均收视率达 6%,收看人数达 250 万人。 此外,当地报纸、网站也对此进行了多方报道,其中刊登在《西日本新闻》(日本九州地区发行量最大的报纸)上的报道触达人群达 64 万。		

中日新视界

——长崎·上海电视周特别节目

（5月20日在日本长崎电视台播出）

【演播室】

主持人：

你好，长崎的观众朋友们，这里是《中日新视界》栏目，为大家带来上海最新的资讯。我是今天节目的主持人徐初照，请多多关照。作为"长崎·上海电视周"的展播节目，从今天开始连续五天，由上海电视台制作的电视节目将在KTN长崎电视台播出。

今天的《中日新视界》特别节目将在接下来的30分钟内，聚焦长崎与上海两地的历史渊源、人文交流。首先让我们来一起看看上海的最新面貌，以及上海与长崎这两座城市的历史渊源。

上海与长崎　两座拥有悠久历史渊源的城市

中国最开放的国际化大都市——上海，距离长崎仅860千米，是距离长崎最近的中国城市。拥有2400万人口的上海，生活着超过21万外籍人士，其中日本人最多，数量达到6万人，也是全球海外日本人次多的城市，仅次于美国的洛杉矶。

长崎与中国不仅地缘相近，在文化交流上也有着悠久的历史，最远可追溯至1300年前的遣唐使时期。那时遣唐使从长崎出发，通过海路来到上海，一路向西前往长安。而就在一百年前，中国民主革命先驱孙中山与其日本挚友梅屋庄吉的跨国友谊，如今也仍然被两国人民所铭记。梅屋庄吉铜像在2011年还落户上海市内的绍兴公园。

而长崎与上海于1996年缔结了友好交流关系，在文化、经济等领域展开了丰富深远的交流。如今从上海出发的邮轮,每年靠港长崎次数超过 200 次;而长崎人也有不少在上海安居乐业,为上海的发展作出自己的贡献。

【演播室】

主持人：

长崎与中国的交流历史已有 1300 年,而人与人的往来也是绵延不断。

【演播室】

主持人：

这里是由 KTN 长崎电视台播出的,来自上海电视台的《中日新视界》节目。

上海与长崎的距离仅为 860 千米,乘飞机仅需 1 个多小时,可以说是近在咫尺。因此选择来上海留学,或是来到上海工作的长崎人也不少。接下来一起来认识一位来自长崎五岛列岛的美发师,来看看他是如何享受上海生活的。

从长崎到上海 爱上这座满是人情味的城市

谷川亲平：

我叫谷川亲平,今年 33 岁,是个美发师。老家在长崎县的五岛列岛,来上海已经整整四年了。

我的顾客有中国人,也有日本人。日本顾客通常会拿着杂志来店里找我,明确告知希望做出怎样的发型。中国顾客则非常信任自己的美发师,经常是说句"交给你了",就让我"开始自己的表演",所以我会根据顾客的头型和发量提出各种建议。刚来上海时,因为不懂中文,和顾客的交流非常困难。

现场声：

顾客："头发长了容易掉下来。"

谷川亲平："平时扎起来吗？"

顾客："有时候会。"

谷川亲平："两边留起来比较好,留长一点。"

谷川亲平：

上海人的性格很直爽,满意的话就会直接表扬,要是不太满意就会当面说"不好",和婉转的日本顾客完全不同。

采访：

顾客："他很有亲和力,客户需要的要求很容易理解。而且他有自己的想法,也很有个性,会给你很好的建议,所以还是比较适合我。"

谷川亲平：

和上海人熟络之后，你会发现他们真的很热情，像极了长崎老家的街坊邻居们。你来我往，亲密无间，让我这个异乡来客倍感温馨，生活因此也方便不少。目前，我和妻子，还有两个儿子一同居住在上海，是个快乐的四口之家。之所以选择日籍居民不太多的普陀区，主要是为了方便大儿子上学。当初找房子的时候，做担保、付押金、签合同，都是上海朋友帮忙搞定的。让我最惊讶的是，碰到上海朋友也不太明白的问题，竟会拨通家中兄弟姐妹的电话，结果大家都跑来给我出谋划策。每次回想起来心里都暖暖的，感觉上海人蛮有人情味。

现场声：

谷川亲平一家："开饭啦！"

谷川亲平：

因为工作关系，平日很少回家吃饭，只有周末才有时间和家人共进晚餐，唠唠家常。

现场声：

谷川亲平："五点半刚准备下班，突然来了个顾客说是要烫头发，真是忙到飞起来了。"

谷川亲平：

今晚，我家吃的是长崎特有的炸乌冬面。想家的时候，就会让妻子做这道菜。每次吃炸乌冬面，都有种好吃到哭的感觉，根本停不下来。

闲暇时间，除了和家人共享美食外，还会去公园散散步，去图书馆看本书，或是去美术馆看个展。最近，我们还登上了上海地标东方明珠。

现场声：

"当心脚下。"

"太棒了！"

"有点可怕，真的蛮吓人的。"

"好看吗？"

谷川亲平：

俯瞰上海的感觉很奇妙，浦西的老式建筑历史感很重，浦东的摩天大楼则充满了现代气息，中间还隔了条缓缓流淌的黄浦江，有种无法用言语描绘的融合之美。这样的上海，谁会不爱呢。

采访：

谷川亲平妻子："上海的很多地方我们都去逛过，但从上往下看，感觉完全不同，真的很漂亮。"

谷川亲平长子："到了晚上，又是另一派风光，外滩周边会被彩灯照亮，非常壮观。"

谷川亲平:

没来上海的时候,听说上海既没山也没海,也没有家乡走惯了的斜坡,总之和长崎很不一样,生活水平也不如日本发达,所以多少会有些担心。来了之后发现完全不是这样。手机支付和外卖服务的普及,让日常生活变得非常方便,很适合外国人居住。

关于"想在上海待几年"这个问题,我还真没仔细想过。只知道四年多的生活,让我彻底爱上了这座城市。所以,未来即使离开上海,我也会一直留在中国发展事业。

谷川亲平:

五岛的父老乡亲们,大家还好吗?我会在上海继续努力的!

谷川亲平妻子:

希望爸妈能来上海和我们团聚。

谷川亲平长子:

想念老家的农田和奶牛。

谷川亲平一家:

我们在上海等着大家哦!

【演播室】

主持人:

五岛列岛家乡的各位,收到谷川的留言了嘛?他说还将继续在上海奋斗,也让我们继续为他加油吧!接下来,我们将带你领略在旅行手册上不会看到的上海"海派文化"。

【演播室】

主持人:

这里是由 KTN 长崎电视台播出的,来自上海电视台的《中日新视界》特别节目。上海是中国最大的国际化大都市,这里每年都接待无数来自世界各地的游客与商旅人士。传统与创新在这里融为一体,一起来看看上海特有的"海派文化"吧。

海派杂技　以崭新面貌走向世界

海派杂技既有传统杂技的高超技巧,又融合了西方马戏的表现形式,是极具上海特色的艺术表演。海派杂技的代表作之一,由上海杂技团推出的多媒体梦幻剧"时空之旅",已经在上海马戏城连续演出了近14年,超过5000场,是中国最长寿的演艺品牌之一。

2018年年底,"时空之旅"第一次走出上海马戏城,搬进了一顶移动大篷,准备向世界舞台进发。

采访 上海杂技团移动剧场管理部主任 戴跃华:高32米,宽80米,长100米,座位有1200个,围绕我们'时空之旅'而定制的,是世界上能承载最重的大篷。

不仅是演出场所的变化,新媒体技术的大量引入,呈现出更加震撼的舞台效果。2019年9月,"时空之旅"将再次升级,更换70%的节目内容,并带着大篷开始国内巡演,为海外巡演试水。

思南公馆 阅读者迷恋之地

坐拥51幢旧式花园洋房的思南公馆,在20世纪初是上海滩名流和文人聚居的街区。经修缮后于2010年正式对公众开放,却已然成为上海最具代表性的文化交流空间。令人印象深刻的是,思南书局快闪店于2017年年底首次在思南公馆的小广场上开门迎客。这座不足30平方米、只开放60天、由60位作家轮值担任店长的书店,吸引了众多书迷前去探店。快闪店活动大受欢迎,于是2018年年初思南书局实体店开幕。而与书局相邻的思南文学之家,五年来的每个周六下午都会举办读书会,邀请文化界名人与市民们一起读书,交流阅读心得。包括莫言在内的多位诺贝尔文学奖得主都曾经是这里的座上宾。

海派戏曲电影 新技术打造视听盛宴

实况:我宣布本届电影节的艺术贡献奖得主是昆剧电影《景阳钟》。

以传承700余年的古老剧种昆曲为基础的中国首部3D昆剧电影《景阳钟》,在去年年底的第31届东京国际电影节上荣获"艺术贡献奖"。这也是上海戏曲电影第一次在A级国际电影节上获奖。

事实上,作为中国传统戏曲的重要发展地区以及中国电影的发祥地,上海一直致力于将优秀的戏曲作品搬上大银幕。2019年3月,上海成立了全国首个戏曲电影院线,第一批加入的电影院有10家,未来将针对优秀的戏曲电影作长线的播映。此外,包括上海大剧院、上海大戏院在内的上海各大剧院常年都有戏曲表演的安排。大家有机会不妨走进剧院,现场感受一下传统戏曲的魅力。

【演播室】

主持人:
思南公馆、上海杂技都充分体现了海派文化。如果你想进一步了解上海的江南文化,下面的短片你一定不能错过。

从建筑中感知江南文化　明代民居雕花楼

有着近 500 年历史的上海松江仓城,坐拥 122 处古建筑。其中最为民众津津乐道的,就是位于仓城西面的杜氏雕花楼。其宅院历史可以追溯到明代(公元 1368—1644 年)。主建筑是一幢两层回字形的小楼,百年前由姓杜的主人翻新重建。庭院中布置有假山花草,精致小巧,是典型的江南民居。

采访　松江区文化馆馆长　陆春彪:如果你第一次来,外观上它比较小,但是当你踏进第一进,一眼望去,再把门窗打开,会感受到纵深感很强,别有洞天。越朝里面走,越有很多的故事吸引着你。马上感觉到你要放下脚步,讲话要轻一点,江南古典园林中雅致的感觉。

雕花楼之所以被称为雕花楼,是因为它的每一扇窗、每一道门上都有雕花。雕刻的主题也大多是江南经典的花草样式,只有主梁上雕刻了最早只有在宫廷建筑上才能见到的双龙戏珠的图样。这样花纹繁复的雕花楼,在上海的江南民居中是很少见的。

现场声　导游:我们今天要参观的是明清的建筑,名字叫雕花楼。跟我念一遍,雕花楼。

如今,雕花楼是上海松江区的非物质文化遗产传承基地。松江区的各种非遗项目,都会在这里进行生动展示。

上海拥有丰富的江南文化遗产,例如位于市中心的豫园是建于 400 多年前的江南古典园林;朱家角则是拥有小桥流水、青瓦白墙的青浦水乡,从虹桥机场搭乘地铁 30 分钟就可以到达。除此之外,松江的广富林是埋藏着 4000 年前人类文明的文化遗址,距离市中心仅 1 小时的车程。

【演播室】

主持人:

长崎县不仅拥有美丽的自然风光,渔业资源也相当丰富。从长崎捕到的鲜鱼在上海也大受欢迎。长崎的鲜鱼,究竟是怎样来到上海的?上海市民又是如何评价长崎鲜鱼的呢?一起跟随我们的镜头来看一下吧。

长崎鲜鱼为上海人的餐桌增添别样光彩

凌晨时分,在长崎附近的海域,船只正在进行捕捞作业。为了锁住鱼刚捕捞上来的鲜度,捕鱼船上配有急冻设备,空运至中国的准备从这里就开始了。除了冷冻还有冰鲜的海产品,长崎县的鲜鱼批发公司——长崎鱼市于 2005 年起开始空运鲜鱼至中国,这也是日本当时的首次尝试。

当天捕捞的鱼,当天便能送至中国,长崎鲜鱼也渐渐在中国被大家所熟知。当天 14:20,长崎的鲜鱼抵达上海。每周三次,长崎的鲜鱼都会被准时送至上海,每次运输量多达 3 吨。当晚 23:30,上海大菱食品加工厂的工人们正在抓紧分拣从长崎空运来的鲜鱼。按照顾客下单需求挑拣鱼类并进行称重后,为了进一步确保新鲜,需要将鱼类浸入装满冰块的水池中锁住鲜度。

采访　上海大菱食品有限公司营业部经理　小林友诏:我们使用的冰块也全部经过净水器处理,即使融化附着于鱼类表面,也不影响食用的安全卫生。

清晨 4 点,分拣好的鱼类全部装箱捆绑,一天的鲜鱼配送就此开始。除了上海,鲜鱼还将从这里被送往中国各地。

采访　上海大菱食品有限公司营业部经理　小林友诏:上海就像是一个窗口,从这里还将送至近邻的长三角地区,北部的哈尔滨,南部的深圳、广州,以及内地的成都、重庆等地。

长崎鲜鱼每个星期定期被送往包括上海在内的 110 座中国城市、1400 家餐饮店、30 家进口超市。其中,上海市内将运往伊势丹、高岛屋、全洲超市、八佰伴等 6 家商场超市,而销售量最高的当属高岛屋的长崎鲜鱼柜台。

下午 4 点,顾客陆陆续续地来到高岛屋。在长崎鲜鱼柜台摆放着三类鲜鱼产品,分别为未经处理的整条鱼、刺身以及寿司,供顾客各取所需。

采访　顾客:我经常来买长崎的带鱼,它一定是要新鲜的,当天的才能做成生鱼片。

采访　顾客:平时购买的话石斑鱼比较多一些。石斑鱼的烹饪方法有很多,非常适合家庭的一般料理。

采访　高岛屋超市　经理:经过六年做长崎鲜鱼的过程,柜台面积比原来增加了不少,鱼的种类也慢慢增加,今年的销量比去年增长 10%。

此外,长崎鲜鱼也成了沪上各大日料店的精选食材。近年来,随着中国人对日本料理要求的提高,对高品质的食材需求也逐年增长,同时对食材的安全、卫生也更讲究。因此经过严格食品卫生管控的长崎鲜鱼,在中国各地的日料店都备受欢迎。

采访　日料店店长　何奕萍:长崎鱼市是最早进入上海做日本海鲜的供应商,我们认为是比较安全、新鲜、值得依靠的可靠的鱼材供应商。

厨师将当季鲜鱼鰤鱼切片盛盘,配上精美的食器,一道色香味俱全的地道日式料理就完成了。

采访　顾客:有回甘。中国人讲究不时不食,这个时间正好是吃这种鱼的时节。

采访　顾客：口感非常绵密，非常鲜美。

长崎鲜鱼自 14 年前开始不断运往中国沿海地区，并在近年逐渐扩大至内陆地区。上海与长崎两座城市间，不仅有着源远流长的友好交流关系，在鲜鱼的带动下还将更上一层楼。

【演播室】

主持人：

早上在长崎捕到的鱼，当天就能抵达上海，我们就能在日料店或家中享用。近年来日本料理在中国也很受欢迎，从上海出发，长崎鲜鱼还被运往大江南北，进一步加深了中国各地与长崎的联系。

那么，从明天起，将连续四天播出以上海为主题的纪录片，一起先来看看有哪些亮点。

用纪录片展现上海魅力

每天超过 1000 万人次乘坐地铁穿梭在上海这座城市，短短 25 年便建成目前世界最庞大的城市轨道交通网络。深入城市肌理，发现"上海智慧"与"上海模式"。

全网点击量超过一亿的高分作品《人间世》，以新闻观察为内核，反映当代社会真实情况。3 秒钟，这个世界上，就会多一个人被诊断为阿尔茨海默病。他们的脑中下起了大雪，最终将变为一片白雪茫茫。用镜头记录下他们与家人的故事。

病患家属："走了，回家了。慢慢的，不着急，前面就是家。"

《巡逻现场实录》——2018 年，每天 110 接警数量超过 3 万个。解决交通事故、化解纠纷、逮捕吸毒分子，4000 多名巡逻民警驻守一线，全年无休，为上海市民的平安生活保驾护航。

巡逻民警："你先不要走哦。"

巡逻民警："师傅谢谢你。"

用镜头记录巡逻现场。

【演播室】

主持人：

这是你平时所看不到的上海，这也是最真实的上海，敬请关注。今天的节目由 KTN 长崎电视台与上海电视台合作播出。《中日新视界》节目就先到这里，那么我们明天精彩继续。

三 等 奖

2019年度广播电视奖(广播电视节目)参评推荐表

作品名称	香港特区政府严厉谴责"平安夜"暴力破坏行动		
作品长度	1分51秒	节目类型	国际传播-长消息
播出频道(率)	东方卫视		
刊播栏目	《东方新闻》		
播出日期	2019年12月25日18时19分		
主创人员	冷炜、屠佳运		
节目评价	该新闻现场感强,摄制团队不畏艰险,记录下暴徒大肆破坏的违法犯罪行为,并及时有效地传递香港特区政府声音,让海内外受众更客观全面地了解到相关事实。不仅体现出东方卫视在重大事件面前从不缺席的一贯作风,更彰显出主流媒体勇于传递正面声音,铁肩担道义的舆论担当。		
采编过程	持续半年多的"修例风波",使得香港特区经济下滑,社会动荡,犯罪率上升,暴力破坏事件不断出现。根据上级部门部署,2019年11月底,上海广播电视台派出一路摄制组奔赴香港,记录制作与播出了大量香港社会如何止暴制乱、尽快恢复社会正常秩序的新闻报道。该新闻拍摄于香港圣诞节前日的"平安夜",摄制组拍摄时也险些遭遇暴徒围攻,所幸最终克服了困难,安全完成了报道任务。		
社会效果	"修例风波"引发了香港旷日持久的社会动荡,也引发了国内外的高度关注。然而,由于在国际传播方面,西方部分媒体可以隐瞒或歪曲暴徒事实,导致国际声音出现一边倒的现象,事实上,许多国际观众根本不清楚暴徒的所作所为。该新闻刊播后,经过一些国际网站的转载和传播,有助于受众看清与了解暴徒的犯罪事实,客观地看待这场风波。同时,同步刊播的互联网短视频,点击量过千万,并获得多家互联网平台采用或转发,起到了良好的舆论引导作用。		

香港特区政府严厉谴责"平安夜"暴力破坏行为

【导语】
昨晚,香港多处再现暴力破坏事件,部分商铺遭到了人为的破坏。特区政府今天表示,对于这种严重扰乱社会秩序的暴力破坏行为,予以强烈谴责。

【解说】
昨晚是西方圣诞节"平安夜",和往年相比,香港街头明显少了热闹喜庆的气氛。

【记者出镜】冷炜　东方卫视记者·香港旺角朗豪坊商场
今年绝大多数商场都选择晚上十点正常结束营业,也有部分商店提前结束营业。诸如我们现在所在的旺角朗豪坊商场,由于部分商铺受到了人为的破坏,晚上八点左右,商场不得不全部关闭。

【解说】
尖沙咀海港城、沙田新城市广场等商圈,也都遭到了不同程度的破坏。蒙面暴徒打砸商铺、设置路障、焚烧公共设施,甚至冲击警务人员,原本通宵运营的港铁尖沙咀站、旺角站暂停运行。香港警方昨晚对相关地区加强了警戒,香港警务处处长邓炳强,晚间来到尖沙咀九龙公园径一带,视察及慰问执勤警员,对他们坚守岗位,表示感谢,他表示希望香港市民支持警方执法,不要纵容包庇犯法,更要谴责暴徒。

【采访】邓炳强　香港特区警务处处长

我认为你的店铺不听我话,我就要打烂你;交通灯我不喜欢,我就打烂你。这样社会便很糟糕,所以我很希望暴徒真的收手,不要再做破坏社会的行为。

【解说】
今天早上,一度关闭的港铁旺角站重新开通,旺角的亚皆老街恢复平静,维修人员正在修复被损毁的交通灯,昨晚遭到破坏的这家汇丰银行分行,已经用木板围了起来,汇丰银行对分行遭破坏深表遗憾,希望暴力行为尽快停止,银行也会继续为公众提供金融服务。

2019年度广播电视奖(广播电视节目)
参评推荐表

作品名称	上海成功实施全市首例针对儿童的心脏移植手术		
作品长度	2分31秒	节目类型	国际传播-长消息
播出频道(率)	上海广播电视台、中央电视台国际频道		
刊播栏目	《直播上海》《中国24》		
播出日期	2019年6月27日21时08分38秒		
主创人员	宋雯婧、沈曦		
节目评价	上海儿童专科医院的首例心脏移植手术,引起社会的广泛关注。一名10岁患儿在心脏"罢工"十天之后,成功进行了心脏移植手术,心脏供体来自天津一名17岁的少年。值得一提的是,得益于我国自2016年5月起建立的人体器官转运的绿色通道,该心脏被取下到重新开始跳动,仅仅用了五个半小时的时间,使得这场"生命接力"最终获得胜利。采访线索来自上海儿童医学中心,记者通过医院,第一时间联系到患者和家属,在得到允许并保护个人隐私的前提下,前往医院进行采访拍摄,并对话医务人员,了解心脏移植的全过程。		
采编过程	该报道采访全面深入,画面生动,彰显人文关怀。采编的过程,也体现了作为新闻人的职业素养和人文关怀。作为电视新闻,除了展现了器官转运的过程(部分视频由医院拍摄提供),聚焦手术本身以外,更关注了我国自2016年5月起建立的人体器官转运绿色通道,以及整个社会对于人体器官捐献观念的进步。		
社会效果	报道在地面频道和看看新闻网播出,同时也在央视国际频道CGTN黄金档新闻栏目China24中播出,进一步扩大了报道的传播力和影响力。不仅如此,报道播出后,还受到了相关委办局领导的高度评价,在本市和国内外的外籍社区中,获得了良好的反响。		

上海成功实施全市首例针对儿童的心脏移植手术

【导语】

日前,上海儿童医学中心收治了一名来自安徽的10岁患儿,并为其成功进行了心脏移植手术,目前女孩的状况稳定。供心来自一名17岁的天津少年,这也是上海儿童专科医院开展的全市首例心脏移植手术。请看记者宋雯婧带来的报道。

在儿童医学中心的重症监护室,记者看到,熙熙的精神状况不错。她可以正常地交流、作出反应。而半个多月前,10岁的她还是命悬一线。今年五月下旬,她突然感到胸闷、气促,并且出现了呕吐和低热,被送往上海儿童医学中心急诊科就诊。检查结果显示,这是一个严重心肌炎患儿,所患疾病极有可能是心肌炎中死亡率最高的暴发性心肌炎。

熙熙在第一时间被收治进了儿童重症监护室,医院立刻启动ECMO,这相当于在人体外重建一个人工心肺,代替心脏功能,让心肺能够暂时得到休息。医生表示,儿童医学中心95%以上的暴发性心肌炎患儿经过抢救,心脏功能都能恢复,而像熙熙这样的患儿实属临床罕见。

【采访】 郑景浩 上海儿童医学中心心胸外科主任医师

人工心肺在转的时候,心跳突然停了,根本一动也不动,任何药物刺激她都没有反应。在这种情况下,其实也无路可走了,唯一的一条路就是心脏移植。

熙熙是幸运的。6月3日,儿中心得知,熙熙匹配到了合适的心脏,心脏供体来自天津一名 17 岁的少年。消息得到确认之后,各路专家开始进入备战状态。由 5 位医生组成的"取心"团队立即赶赴天津。按照心脏移植的常规标准,供心一旦离开捐献者胸腔,必须在 6 小时内移植入受者体内。

一场生死时速的战斗就此展开。6 月 3 日下午 3:30,供心被取下,并由绿色通道快速登上飞机,航班于当日傍晚抵达上海,在上海机场、救护转运等多方位协作下,供心于晚上 6:45 被送进了儿童医学中心手术室。

【采访】郑景浩　上海儿童医学中心心胸外科主任医师
供心的状况很好,移植手术也进行得很顺利。从取下心脏到心脏重新开始跳动,一共大概花了 5 个半小时。

【采访】徐卓明　上海儿童医学中心儿童重症监护室主任
现在手术以后三周了,女孩的急性排异期已经过了,接下来就是要克服感染这一关。下半周,我们希望可以帮助她慢慢过渡到普通病房。

此次心脏移植手术的成功,得益于我国在 2016 年建立了人体器官转运绿色通道,比如:公安部门保障运送人体捐献器官的救护车优先通行,民航部门负责协调承运人体捐献器官的航班班次,遇拥堵或者流量限制时优先放行,铁路部门负责保障火车站安检快速过检,必要时可以登车后补票。

2019年度广播电视奖(广播电视节目)参评推荐表

作品名称	"老外过新春"年味系列		
作品长度	9分36秒(3分33秒、3分23秒、2分40秒)	节目类型	国际传播—系列报道
播出频道(率)	上海广播电视台、中央电视台国际频道		
刊播栏目	《直播上海》《文化快车》		
播出日期	2019年2月5日至2月7日		
主创人员	集体		
节目评价	在农历春节,《直播上海》(Shanghai Live)陆续推出三篇外国人物报道,镜头跟随他们进入上海标志性的南京东路步行街、人流密集的上海火车站和坐落在市区一家过年不打烊的法国餐馆。三位外国人通过完成三件事(卖年货、送福字和准备年夜饭),烘托出了喜气洋洋、其乐融融的过年氛围,同时也反映出上海作为国际性大都市的城市温度,多元开放的社会环境以及海纳百川、有容乃大的城市气概。		
采编过程	该系列报道视野开阔、立意高远、制作精良。三位性格不同的外国人、三种职业身份、三个新春佳节的传统习俗,三篇报道各自成立,又相互呼应,体现了在沪生活的外国人对中国传统节日的热爱、对中国文化的认同,并身体力行地为中国文化代言,把中国当作自己的"第二故乡"。 在叙事和拍摄手法上,该系列采用了比较为外国观众所喜闻乐见的微纪录片形式,剪辑风格较活泼,叙事风格接地气。系列立足以外国人的视角看春节、借外国人的嘴巴说故事,充分展现在沪外国人融入传统文化、热爱中国的精神面貌。		
社会效果	该系列三篇报道在央视英语国际频道CGTN同步播出,取得了极佳的传播效果,业内外收获不少赞誉。其中《波兰籍气象预报员南北货商店卖年货》这集,除了在CGTN的文化栏目Culture Express播出外,还在其美国华盛顿的央视北美分台CGTN America新闻栏目中播出。北美分台的新闻综合团队通过北京总部向上海外语频道新闻团队发函表示对此片的肯定,称该片一经播出,深受当地包括美国和加拿大在内的北美地区观众们的喜爱,认为该片生动地展现了外籍居民如何在上海过年,且制作精良。同时,央视同人也表示,类似诸如"老外在中国过年的故事"往往在北美地区能成为收视高点和网络爆款,称此类报道为柔性外宣的"黄金宝藏"。		

"老外过新春"年味系列

波兰气象预报员披上棉袄卖年货

【导语】

中国人过春节的时候,外国朋友要怎么融入呢？本周在我们的特别节目"老外年味"里,外语频道的天气播报员史蒂芬·兰考特将在南京西路的一家食品店扮演店员,向我们展示在中国买年货是一种什么样的体验。

【采访】史蒂芬·兰考特　在沪播报气象超过15年的波兰人

我是史蒂芬·兰考特。我在上海已经15年了。从2008年起,我就在ICS当天气播报员了。今天我要在南京西路的一家食品专卖店工作,体验一下上海买年货的氛围。上海人购置年货的时候特别忙。尤其是卖肉类,糖果和蛋糕的店里更是人群络绎不绝。大家都对买年货热情满满。

【实况】
这个肉是没有骨头的。这是鸡腿还是鸭腿啊？
鸡腿。
不错！新年好！

【采访】史蒂芬·兰考特　在沪播报气象超过15年的波兰人
今天我在食品专卖店帮忙卖肉类,不得不说这里肉的种类非常齐全。

【实况】
放在钩子上面对吧？
对对对。
好的。

【采访】史蒂芬·兰考特　在沪播报气象超过 15 年的波兰人
这里有成堆的腌猪腿。甚至有一位先生买了一整个猪腿肉，像背吉他那样放在背后，我真的相当惊讶。

【实况】
上海人过年是讲究有气氛的，鸡鸭鱼都是比较多的，还有咸肉跟金华火腿。
一天你能卖掉多少火腿啊？
一天啊，大概 30 只左右。

【采访】史蒂芬·兰考特　在沪播报气象超过 15 年的波兰人
我跟店长聊天的时候，他说人们会提前一个月来他店里买年货，过去两个星期是最繁忙的。

【实况】
要买四个？
写下来 40 元。
还有一个！
哦还有一个。家里好多人吗？
好多人。
有好多朋友和亲戚到我们家里过年。
谢谢！

【采访】史蒂芬·兰考特　在沪播报气象超过 15 年的波兰人
我们国家也有类似的传统，但跟我在上海体验到的完全不一样。农历新年过后的每一天都有特别的含义，比如初五代表了财富。新年会一直持续到元宵节才算彻底结束，这时候离新年第一天已经有两周了。我家乡的新年就相对短很多，只是圣诞夜晚上庆祝一下，就只是那一个晚上。

【实况】
等一下,他们在称重。
你是第一次买这个还是每一年都买?
每年都买,这个味道不错的。
我还没吃过的。
那你回家买一个。
好的好的,你有你的地址吧,我过来(吃晚餐)。

【采访】史蒂芬·兰考特　在沪播报气象超过15年的波兰人
春节的时候大家都喜欢热闹,喜欢把朋友亲戚都带到家里来一起过年。因为春节也是为数不多每个人都有空闲的时候,团聚对一家人来说非常重要。

【实况】
猪年大吉!
新年快乐!

肯尼亚留学生为春运游客送"福"

【导语】
　　当数以亿计的中国人或是回家或是外出游玩而不得不赶春运时,一名来自肯尼亚的留学生来到人头攒动的上海火车站,为旅途中的人们送上节日祝福。请看报道。

　　诺亚·安德里亚在上海学习汉语已经两年半了,这几年他一直是在中国过的中国年,也就是春节。今年他第一次在火车站参加送"福"字活动。

【采访】诺亚·安德里亚　肯尼亚留学生
向老师学习如何写"福"字让我印象深刻。

【采访】陆静源　书法家
这个字就表示我们"一口田"。就是表示全家要幸福、富足。我们每年铁路都要组织送福字,送春联给过往的旅客的公益活动。铁路呢是千线万线连万家。把这个"福"字、春联送到千家万户,我们大家都很开心。

火车站送"福"活动始于2011年。活动期间,每天大约有1500名游客收到春联和"福"字。

【实况】
现在,我将把这些祝福送给那些正在赶路的游客,送给他们的家人。我将祝福他们春节快乐。

你好,我要送给你们一个"福"字。
谢谢啊。
可以送给你一个"福"字吗?
送给我吗?
嗯。
这是我自己写的。
谢谢。
你现在要到哪里去?
回老家。
你现在去哪里?
我要回家。
老家在哪里啊?
安徽铜陵。
我到西宁。
现在回山东。
我现在回新疆。

春节期间的客流量非常高。2月1日当天从上海火车站出发的旅客达到了53万人次,为了满足客运需求,火车站增派了夜间班次。

【采访】诺亚·安德里亚　肯尼亚留学生
中国人真的很重视家庭,比如这个"福"字,你看它就像一张嘴,表示一家人在一起吃饭。

【实况】
今天呢,就是说能回家吃到一顿山东的,我妈自己包的饺子。
我还没吃过山东的饺子。

有时间可以去山东做客。山东人真的,好客山东嘛。山东欢迎你。

回家最期待的是什么?

回家最期待的就是好好地和爸妈一起吃顿团圆饭,然后的话会有一个好的工作。

新年有什么新春祝福?

要祝我身边的人越来越好。

【采访】诺亚·安德里亚　肯尼亚留学生

春节往往能促成家人团聚。忙忙碌碌了一整年,人们对家的思念在这一刻更加强烈。

【实况】

祝我的家里人身体健康。

万事如意。

自己的生意能红红火火。

祝你幸福,开门红。

大吉大利。

祝你在中国一切顺利。

猪年大吉。新年快乐。

春节不打烊　法国大厨欢庆中国年

【导语】

农历新春佳节是一个阖家团圆、互赠祝福的节日。在本期的"老外过新春"年味系列中,镜头将跟随一位法国餐厅的老板,看看他是如何和他的员工一同来庆祝中国春节的。

现年47岁的尼古拉斯·勒·贝克是一名来自法国的大厨,他在新华路经营着一家西餐厅。今年是他在沪生活的第七个年头。

【实况】

你这里有新鲜的食材吗?

有盘子吗?

对尼古拉斯来说,每年的这个时候,熙熙攘攘的魔都会渐渐安静下来,节奏也慢了很多。他非常喜欢这个时候的上海。

【采访】尼古拉斯·勒·贝克　Villa Le Bec & Bistro 321 餐厅店主
我在春节期间最喜欢与家人在一起,因为这是一年中唯一的一段时间,大家可以停下手里的工作,享受天伦之乐,享受美食美酒,大家有说有笑的,这是平时大家不太会做的。春节是唯一一个可以让大家停下脚步的节日。

在异国他乡做生意,势必需要入乡随俗,尼古拉斯也不例外。趁着餐厅还未开始营业,尼古拉斯就和员工们一起在店里贴窗花,贴"福"字,充满了中国元素,使整个餐厅充满了过节的气氛。不仅如此,这位法国老板还给员工们发起了红包,让大家在春节前就能有彩头。

【实况】
谢谢!谢谢大家!新年快乐!

【采访】尼古拉斯·勒·贝克　Villa Le Bec & Bistro 321 餐厅店主
每年我们都要庆祝这个节日。虽然平时我们也有很短暂的停业,但春节期间是比较长时间的停业。我们会表达对员工的感谢,也会组织一些庆祝活动。既然在春节,中国人的传统就是要一起享用美食,开怀大笑,那么我也入乡随俗。

【采访】董霞　餐厅店员
感觉很开心!也算是一年的收获,对自己也有所交代。然后和老板一起装饰店面,虽然是个法国餐厅,但是也有回家的感觉。

【采访】唐云俊　店员
就当家嘛,不只是一个工作的场所,更多的是一个大家工作在一起,组成一个大家庭。这个餐厅就像是主厨的孩子,我们就像在装饰自己家一样。

一份挚爱的事业、一群志同道合的伙伴、一个相亲相爱的家庭。在上海,尼古拉斯拥有了这些宝贵的一切。上海于他而言,已不再陌生。相反地,这里已经成为他的第二"故乡"。

【采访】尼古拉斯·勒·贝克　Villa Le Bec & Bistro 321 餐厅店主

现在对我来说,春节比一些西方的节日更重要,我不再像过去那么重视圣诞节或阳历新年的庆祝了。既然春节里要祝福每个人,那么我希望我的家人,我的员工及他们的家人,我的朋友能够度过一个最好的新年。赚钱当然是需要的,但我更希望他们可以健健康康、平平安安的。

媒体融合

一 等 奖

2019年度上海广播电视奖媒体融合奖项参评作品推荐表

作品标题	彩色新中国	参评项目	短视频
作品网址	头条、快手、抖音、微视、好看、梨视频、西瓜视频		
主创人员	集体		
主管单位	上海广播电视台纪录片中心	首发日期及时间	2019年9月24日
发布账号（App）	真实传媒 DocuChina（抖音）	作品时长	2分钟
采编过程（作品简介）	1949年9月，开国大典前夕，苏联派出了一支摄影队来到中国，帮助中国拍摄彩色纪录片。本短视频从这批彩色素材中，挑选了五座最具特色的城市，重返故地，寻访亲历者。通过独特的视角、温情的故事、丰富的细节礼赞新中国，讴歌新时代，展现中国气象万千的新风貌。		
社会效果	9月由纪录片片花剪辑成的短视频《彩色新中国》一经推出，瞬间引爆快手、抖音、微视、好看、梨视频五大网络平台，引发网友点赞、评论如潮。推送1小时播放量就破1000万，点赞50万。一条2分钟的短视频，使《彩色新中国》未播先火。 到10月底，《彩色新中国》系列短视频仅纪实频道各平台播放量为3739.2万。其中，头条号416.2万，抖音3083.4万（点赞量143.7万），快手210.8万（点赞量14.7万）。		

彩色新中国

【链接一】

彩色新中国! 开国大典彩色影像首次正式公开! @真实传媒 DocuChina https：//v.douyin.com/cqT6GP/ 复制此链接,打开【抖音短视频】,直接观看视频!

【链接二】

♯精彩短视频礼赞新中国♯ 彩色新中国! 70年前,中苏摄制组携手用镜头记录新生的中国。开国大典彩色影像首次正式公开! ♯我们的70年♯ https：//f.kuaishou.com/1P3DkO 复制此链接,打开【快手App】直接观看!

【链接三】

http：//www.kankanews.com/a/2019-09-28/0039009245.shtml

在轻松阅看中带给用户强烈
感受短视频的传播能量
——评短视频《彩色新中国》

市委宣传部新媒体阅评组副组长　袁夏良

互联网时代,短视频是一个重要的传播手段。顺应网络传播的要求,各家主流媒体在融合发展过程中对短视频的运用越来越重视,产品也越来越多。一件优秀的短视频作品,能带来良好的传播力,同时也能提升媒体自身的影响力。在纪念新中国成立 70 周年的宣传中,短视频《彩色新中国》就是一个成功的作品。

该短视频于 2019 年 9 月 24 日首推,瞬间引爆快手、抖音、微视、好看、梨视频、头条、西瓜视频等众多有影响力的网络平台,带来巨大流量。网友点赞好评如潮,推送仅 1 小时播放量就破 1000 万,点赞达 50 万。至 10 月底,《彩色新中国》流量突破 3700 万,其中,抖音 3083.4 万、点赞量 143.7 万;快手 210.8 万、点赞量 14.7 万;头条号 416.2 万。

《彩色新中国》短视频以亮眼的传播数据证实,在网络传播形式不断出新的当下,短视频依然是一个不可忽视的风口,她的成功传播也成为网络传播的一个值得分析案例。

《彩色新中国》短视频时长 2 分钟,是从上海广播电视台纪录片中心制作的纪录片片花剪辑而来。1949 年开国大典之前,苏联派出摄影队到中国帮助拍摄彩色纪录片,纪录片首次正式公开了拍摄于新中国成立初期的这批彩色影像,并挑选了 5 座最具特色的城市,重返故地,寻访亲历者,通过独特的视角、温情的故事、丰富的细节礼赞新中国,讴歌新时代,展现中国气象万千的新风貌。短视频除了从中截选天安门城楼开国大典珍贵彩色影像外,还选取了人民笑意洋溢欢欣鼓舞的场景、当年参与拍摄者的回忆、影像资料中人物 70 年后的再现等镜头,虽然只有短短两分钟,但通过这些画面的串联,很好地呈现出热烈欢快的气氛而又不失整体把握。

短视频《彩色新中国》的编辑手法也颇具专业水准。要在 2 分钟内表现这样重大的主题,并非易事。《彩色新中国》的镜头分割精准、切换衔接十分流畅;欢庆场面、人物选择、镜头时长分配等,都有准确把握。正是由于专业的支撑,2 分钟的短视频显得内容饱满丰厚,在轻松阅看中带给用户强烈的感受,从而极大地增强了传播力和影响力。

互联网时代,只有贴近网络传播规律才能获得应有的传播效果。互联网碎片化传播的特性决定了短视频应该能短尽短,以适合移动端观看。《彩色新中国》短视频时长仅仅 2 分钟,用户观看轻松,体验方便,这也有助于扩大传播。对于短视频的时间长度,由于体裁不一、受众不一,并没有划一的标准。虽然不是简单得越短越好,但是研究表明,超过 4 分钟的短视频,其传播效力就会受到影响。

值得一提的是,对电视中投入精力制作的好节目,通过重新剪辑编排,以短视频形式推送上线,体现了当下的互联网传播思维。以这种专业化、轻量化的形式推出网民欢迎的衍生产品,可以触达更多受众,发挥出好作品的最大传播能量。

用真实细节还原历史,
用珍贵影像述说历史
——《彩色新中国》短视频创作心得

上海广播电视台纪录片中心工作室负责人　谢申照

2019 年是新中国成立 70 周年,我们策划并剪辑了 2 分钟短视频《彩色新中国!70 年前,中苏摄制组携手用镜头记录新生的中国。开国大典彩色影像首次正式公开!》为国庆献礼。

2019 年 9 月 1 日 10 点,短视频《彩色新中国》一经推出,瞬间引爆快手、抖音、微视、好看、梨视频五大网络平台,引发网友点赞、评论如潮。推送 1 小时播放量就破 1000 万,点赞 50 万。截止到 2019 年年底,《彩色新中国》系列短视频仅纪实频道各平台播放量为 3739.2 万。其中,头条号 416.2 万,抖音 3083.4 万,快手 210.8 万。

网友纷纷评论:"彩色的开国大典,彩色的新中国。如果世界有颜色,那一定是中国红!""这是中国历史性的时刻,中国人的脊梁挺起来了。祝福祖国繁荣昌盛。中国我爱你,来生还做中国人。""此生无悔入华夏,中国我爱你。祝福祖国越来越繁荣昌盛。""如今的盛世终于如我们先辈所愿,祝伟大的祖国繁荣昌盛,国泰民安。""一小时播放量就突破一千多万,厉害了我的国。我觉得这个视频该有全部抖音用户的赞。""这个作品是快手里最值得支持和点赞的!"

短视频的热播,首先得益于其中难得一见的历史影像资料。

2019年年初,我们从上海音像资料馆获悉,有一批新近从俄罗斯采购的1949年—1950年的新中国彩色影像。看到画面的那一刻,我们都被震撼了。彩色的开国大典、彩色的解放军入城式、彩色的上海南京路、彩色的杭州西湖……70年前的胶片画质清晰、色彩丰富,刷新了我们以往对历史模糊的黑白记忆,甚至有一种不真实的感觉,大家戏称"像是在影视基地拍摄的"。这些珍贵的影像就是那个时代的写真,穿越时空,扑面而来。它是历史送给现在的礼物。感谢那些前辈记录者,让今天的我们有幸看到不曾见过的70年前的中国。

就像厨师拿到顶级食材会变得小心翼翼,我们也很怕糟蹋了这批素材,于是怀着虔诚的心、怀着对这些珍贵影像的敬意,开始思考如何通过短视频的方式呈现其中的精华部分。

我们首先查找了俄罗斯和国内的档案资料,了解到这些影像的拍摄背景。1949年9月,开国大典前夕,苏联派出了一支庞大的摄影队来到中国,帮助新中国拍摄彩色纪录片。他们和中方摄影师合作,花了一年多的时间,走遍中国大江南北,拍摄了200本胶片。他们不仅记录下新中国的开国大典,还用苏联独特的电影手法再现了解放战争中的三大战役,拍摄了当时中国各地的风土人情。这些胶片素材一直被保存在俄罗斯的档案机构,直到近年来被人们重新发现。

经过仔细筛选,我们从这批彩色素材中挑选了五座最具特色的城市:北京、上海、南京、杭州、广州。从影像内容出发,重返故地,寻访亲历者,挖掘影像背后的故事。从近20位亲历者采访中精选出六位,用最富有感染力的话语串联起一段大历史。

开国大典的彩色影像是我们最为关注的。我们在短视频的开头选取了毛泽东主席宣布中华人民共和国成立的影像和原声,一下子把人们带入新中国成立的那个历史时刻。

对于开国大典这样重大的历史事件,可以讲述的内容很多,但我们还是选择了摄影师的小角度切入。值得一提的是一对夫妻档——北京电影制片厂摄影师徐肖冰和中南海摄影科科长侯波。徐肖冰和侯波两位老人已经去世,我们采访了他们的儿子徐建林。看到影像中年轻的母亲,回忆起父母的往事,徐建林老人在采访中流泪了,我们也听得热泪盈眶。原本约定半小时的采访延长到一个多小时。最终,我们采用了他讲述父亲徐肖冰拍摄开国大典的一段动人场景。

1949年,苏联摄影队在杭州选取了西湖边的国立杭州艺术专科学校(中国美术学院前身),拍摄了学生们的一次写生活动。画面中这些年轻的面孔特别吸引我想要去了解他们的故事。70年后,还能找到什么线索吗?

70年后,通过中国美院校友会的帮助,我们在杭州的一家养老院采访了几位90多岁高龄的老校友,他们从影像中认出了其中一位在西湖边写生的女同学。摄制组辗转找到了画面中的红衣女孩。如今87岁的茅君瑶生活在上海,通过影像她见到了70年前的自己,这个充满惊喜的瞬间成了2分钟短视频的高潮。

此外,我们特别剪辑了一组影像中普通人的表情,这是浏览素材时最吸引我们的镜头。新生的喜悦、未来的憧憬,通过一张张面孔和表情充分展现出来。既有孩童的天真,又有青年的朝气和老年人的笑容,不同的职业和身份,这些普通的中国人是这个新生国家的主人,让我们直接感受到那个年代的精神风貌。

记忆或许会褪色,但影像永存。通过摄影队的线索,通过他者视角,我们茧中抽丝,在众多的素材中优中选精,进行再创作。每一个画面的选择,每一段声音的打磨,共同编织成2分钟的《彩色新中国》短视频:以开国大典的彩色历史影像同期声开头,串联起历史的线索,领袖和普通民众的点点细节还原历史的真实,用镜说史,由史带事,将当事人的回忆同历史影像有机结合。穿越70年的时光,让观众从这些英姿勃发的身影上,从这些纯真的笑脸上获得感动和力量,还有历史的温情。

2019年度上海广播电视奖媒体融合奖项参评作品推荐表

作品标题	春运中的桶	参评项目	短视频
作品网址	http://t.cn/EtDQytA?m=4335573051209795&u=5920304952		
主创人员	顾隽契、常洛、盛陈衔、杨黎萱、孟诚洁		
主管单位	上海广播电视台东方广播中心	首发日期及时间	2019年2月3日 11时30分
发布账号（App）	话匣子App、新浪微博等	作品时长	2分33秒
采编过程（作品简介）	2019年春运期间，导演贾樟柯的贺年短片《一个桶》在网络热播。在现实生活中，有多少人带着桶踏上春运回家路？小小的桶背后又有着哪些春运故事呢？记者在上海火车站蹲点记录了7小时，挖掘"桶"这一"春运神器"背后承载的故事与回忆。 　　采访中，有人滔滔不绝，夸赞能当凳子坐的桶"可有用了"，还有人从桶中拿出了泡面和零食，这是他们为40小时车程的回家路准备的餐食。更多的人告诉记者，桶是从工地上免费捡的，带回家也算一种"循环利用"。 　　短片最后，四川杨先生"菜籽油桶"的故事感动了不少网友，三年前父亲买桶给他，让他把老家自制的菜籽油带到上海。而如今，父母离世，春运路上再拿起这个桶，桶中却再也没了那熟悉的菜籽油香……		
社会效果	本片播出后取得了良好的社会反响，阅读和转发量持续增加。制作团队在短视频的基础上，制作了广播音频报道，微信图文报道等融媒体报道，在多种媒介、多个平台进行传播。视频内容在"两微一端"上累计播出"11万次+"。 　　留言中，有网友回忆了自己的春运故事、说出了期待回家团圆的心愿，不少网友被短片中的故事感动，"这些有故事的桶，看着看着，眼眶就湿润了。"还有网友表示，"看到这些拎着桶的民工兄弟，多了一份理解和尊重。"		

春运中的桶

【字幕】铁路上海站

为什么带着桶?

【李阿姨　河南】回去的时候可以当凳子,到家的时候可以盛水。(这桶)很牢的,不用的话还可以废品回收。

【杨先生　四川】从老家带过来菜油,菜籽油吃完了把桶带回去。

【乘客】当凳子坐,拎东西也方便嘛。

【郭先生　重庆】有一点用处,装装垃圾什么的,这个桶很结实的。

【乘客】正好坐一下,也好放吃的,一举两得。

这个桶哪来的?

【李阿姨　河南】我老公在搞建筑,就是工地上(拿的)。

【乘客】干活用的工具,装腻子粉什么的。

【兰先生　四川遂宁】这个是工地上的油漆桶,带回家用。

【韩先生　安徽宿州】这桶是工地上小卖部里面买的,十块钱。这桶不能坐,我跟他们的目的不一样。扔掉了可惜嘛,污染环境嘛。

【乘客】要我说的话,可能(这桶)下了火车对我来说就没用了。

这个桶装了什么?

【李阿姨　河南】就是带着随身用的,衣服啊鞋子啊。

【乘客】都是路上吃的,三十多个小时要吃好几顿。

【杨先生　四川】带了茶叶、红酒、瓶装的。(如果没有这个桶你红酒怎么带?)那不打算带了(那么还好有这个桶,这桶跟着您多久了?)两三年了吧,这个桶是我父亲买的,父亲以前还健在的时候种的菜籽,现在父母都不在了,再想拿(家里)菜籽油,没得拿了,这个桶是有故事的。

【乘客】零食、水果、柚子,(这么大的柚子)回家就是说,见到老人小孩,很高兴的嘛,一年四季回去一次,平常的话没有时间回去,就过年过春节回去一次。

(片尾音乐)

从"小桶"看出大世界
——评短视频《春运中的桶》

上海大学新闻传播学院教授　博士生导师　吴信训

在一年一度堪称世界奇观的中国春运大潮中,总能看到有一个很大的群体,他们的随身行李之一,是一只似乎不那么时髦的"桶"。有的是铁皮桶,有的是塑料桶,有的则是装过油漆的油漆桶。一看这些桶,人们往往也就能猜到桶主人的身份。甚至可以说,这些桶也是春运回家途中众多农民工行李的"标配"。新闻作品《春运中的桶》的记者,以独到的新闻敏感和观察视角,2019年春运期间到上海火车站蹲点7小时,聚焦回家途中农民工们身边的"桶",着力探究这一只只小小的桶背后有着怎样的春运故事。

伴随着采访的进行和镜头的移动,我们生动地看到,很多人告诉记者,桶是从工地上免费捡的,废物利用,"扔掉了可惜,还会污染环境";一位乘客介绍,桶里装着随身用的衣服啊鞋子啊,路上可以当凳子,到家的时候可以盛水;一位乘客从桶中拿出了泡面和零食,说,"都是路上吃的,三十多个小时要吃好几顿";一位乘客的桶里装着零食、水果、柚子,他说,"见到老人小孩,很高兴的嘛,一年四季,就过年过春节回去一次";一位来自四川的乘客,桶里带了茶叶、瓶装的红酒。他告诉记者,这个桶是三年前父亲买给他的,父亲以前还健在的时候种的菜籽,打的菜籽油,就让他用这只桶带到上海。"现在父母都不在了,再想拿(家里)菜籽油,没得拿了,这个桶是有故事的"。可见,这个桶该是寄托着怎样的亲情与乡思……

整条新闻的采摄亲切、自然、朴实,一组组镜头简洁凝练生动地展示了中国当代农民工简朴但却温馨的小康生态。从"小桶"看出了大世界!同时,也在不经意中使观众的情怀涌起一阵暖意。

由心出发的力量
——《春运中的桶》采访有感

孟诚洁　顾隽契　盛陈衔　常　洛　杨黎萱

无论热门车票多难买,无论路途多么遥远,每年春节前,家——永远是许多在异乡打拼的游子们唯一的方向。陪伴他们回家路的是满满的行李,更是满满的故事。

2019年春运期间,导演贾樟柯的贺年短片《一个桶》在网络热播。在现实生活中,有多少人带着桶踏上春运回家路?小小的桶,背后又有着哪些故事呢?带着这些问题,记者在上海火车站蹲点记录了7小时,挖掘"桶"这一"春运神器"背后承载的故事与回忆。

走进车站熙熙攘攘的候车室,塑料桶、铁皮桶、大的小的,形态各异,材质不同……人来人往中,除了行李箱,恐怕各种桶是出镜率最高的物品之一了。这样的物品大家都习以为常,但是,我们偏偏从这一"人人眼中有"的物品入手,选择一个小切口,来进行春运题材的采访报道。

为什么要带着桶回家?里面又装了哪些物品,带着这些问题,我们开始了采访。

车站里人来人往,行色匆匆,采访的过程并不容易。蹲点,这样的"笨办法"此时最为有效。只有用自己的"脚力"努力奔走在一线,深入到春运一线,花时间、花心思和被访者深入交流,才能有所积累。遇到带着桶回家的旅客,就问一问、聊一聊,从海量的素材中,我们收获了触动人心的个体故事。

面对话筒和镜头,有人只是只言片语,有人滔滔不绝,夸赞能当凳子坐的桶"可有用了",还有人从桶中拿出了泡面和零食,这是他们为40小时车程的回家路准备的餐食。更多的人告诉我们,桶是从工地上免费捡的,带回家也算一种"循环利用"。想到很快就能回家团聚,有人说,见到老人小孩很高兴!但是想到平时工作很忙,一年到头就回去这么一次,继而又是长长的沉默……

脚底有泥,还要心中有光。虽然素不相识,但是"桶"打开了一扇交流的窗口,成了我们和这些乘客们的共同话题,也让我们收获了许许多多的感动。

来自四川的杨先生打开了他随身携带的桶,在里面我们看到了一些平常的生活用品和食物,比如,茶叶、红酒……出乎意料的是,聊着聊着,我们发现,原来这个桶跟着杨先生已经两三年了,每年过年他都要把桶带回家,等开年回上海打工再带来。这在许多人看起来有些"折腾"的举动背后,却有一个令人动容的故事。

杨先生说,原先他父亲在老家常会种些菜籽,榨成油,让他外出打工时,也能吃到家里的味道。然而,如今他的父母都已不在,想再回家拿菜籽油,也拿不到了……杨先生有些哽咽,我们也红了眼眶。

桶里虽然没有了熟悉的菜籽油香,但是,父母留给他的回忆却永远不会改变,带着菜籽油桶回家的习惯也被保留下来。

真实的力量才能引发共鸣,无论以怎样的形式传播。短视频播出后,被许多网友点赞和转发。制作团队在短视频的基础上,制作了广播录音报道、微信图文等融媒体报道,在多种媒介、多个平台进行传播。短视频在"两微一端"上累计播出超过 11 万次。

留言中,有网友回忆了自己的春运故事、说出了期待回家团圆的心愿,不少网友被短片中的故事所感动,"这些有故事的桶,看着看着,眼眶就湿润了。"还有网友表示,"看到这些拎着桶的民工兄弟,多了一份理解和尊重。"

带桶上火车并不是新鲜事,但在 2019 年的春运中突然"火了"。每年春运报道,我们也常常会犯难,究竟如何能做出更好的报道? 面对移动互联网的蓬勃发展、不断更新的媒体形态,广播媒体又将如何"突围"?

这次对"一个桶"的采访,让我们也深有感触。无论是面对线上广播受众,还是手机屏幕背后的网友,真实,永远是新闻的生命;真实,也是最具力量的媒体声音。看似平凡的物件、平凡的人们,只要由心出发,就有可能挖掘出有价值的新闻。

过年回家,对这些在城市中打拼的务工者来说,有着特别重要和丰富的意义。镜头中各不相同的桶的故事,折射的是务工者日常的工作生活状态,以及他们眷恋故土、思念亲人的深厚情感。

二 等 奖

2019年度上海广播电视奖媒体融合奖项参评作品推荐表

作品标题	丢弃空瓶的正确"姿势"李强书记为你手动演示	参评项目	短视频
作品网址	www.kankanews.com/a/2019-02-19/0038757569.shtml		
主创人员	丁元骐、庄毅、寿子扬、沈姝艳		
主管单位	上海广播电视台	首发日期及时间	2019.2.19 00:03:03
发布账号（App）	看看新闻Knews	作品时长	1分23秒
采编过程（作品简介）	2019年2月18日，记者随市委书记李强前往长宁区调研垃圾分类推进工作。在拍摄过程中，敏锐捕捉到李强书记将废弃空瓶折叠后收纳的小细节。回到单位后，记者将这一细节特别提炼，制作成新媒体时政小视频。		
社会效果	小视频一经推出，在社会上引起强烈反响，经网信办推送、传播，全网点击量超过1000万，今日头条等多个商业平台也推送至新闻首页。各大媒体又根据记者提供的新媒体素材制作相关延伸小视频，形成二次传播效果。当时正值上海人大即将对垃圾分类进行立法投票的关键时期，小视频的制作传播，是对上海垃圾分类工作的极大触动和促进。一时间，上海市委书记带头践行垃圾分类的新闻在全国引起广泛关注。		

丢弃空瓶的正确"姿势" 李强书记为你手动演示

2月18日下午,上海市委书记李强冒雨,从长宁虹桥跑到徐汇华泾,又折返驱车前往浦东老港,这次长距离的"追寻",只为一件事:生活垃圾分类!

想必大家还记忆犹新,去年11月,习近平总书记在上海考察工作时,来到虹口区市民驿站嘉兴路街道第一分站,同正在交流社区推广垃圾分类做法的年轻人亲切交流,并强调垃圾分类工作就是新时尚!垃圾综合处理需要全民参与,上海要把这项工作抓紧抓实办好。

而对于垃圾分类这件事,李强也是各类会议、调研场合时常提起,尤其是去区里街镇居村调研的时候,总不忘问问垃圾分类的进展,看看垃圾箱房、听听基层经验、了解群众意见,同基层一线同志交流探讨。

就在过年前,上海市人代会表决通过了《上海市生活垃圾管理条例》,将于今年7月1日起实施,这意味着生活垃圾分类工作在申城推进20多年之后,正式纳入法治框架。

今天这场专题调研,显然是有备而来。三个调研点,分别涵盖了源头投放、中端转运、末端处置三个最重要的环节。

市委书记现场"示范"垃圾分类小窍门

调研的第一站是长宁区虹桥街道爱建居民区的试点小区,这个小区的居民垃圾分类参与率从一开始的5%提高至98%。秘诀在哪儿?李强现场探访。一到小区,居委会干部就直接把市领导带到垃圾分类箱房门口,这小区一角充满了垃圾分类的各种元素,到了这里就像上了一堂现场普及课。

分类好不好,垃圾桶是最直观的参考。李强走进垃圾分类箱房,一看二闻三问,一天收运次数、垃圾桶清洁情况,一个一个"抠"细节,在了解到小区专门设置了餐厨垃圾桶,每天都会清洁时,他特地叮嘱,要让市民习惯于垃圾分类,垃圾桶的保洁也十分重要,设计上能不能更明快亮丽,让大家觉得跟家里的垃圾桶没区别,更好地引导大家参与垃圾分类。

箱房一侧的可回收物架上,摆放着居民收集而来的各类饮料瓶,李强拿起塑料瓶,拧开瓶盖、压扁瓶子、将瓶身卷起折叠后放回原处。一套流程做下来,很是熟稔,看来是精通此道。他笑着对一旁的居委会干部说,节约空间、方便转运。大家有了垃圾分类意识后,还要在减量化上下功夫,可以借鉴一些垃圾分类成熟地区的经验做法,多花些巧心思、多想些小技巧,这一领域大有可为。

居委会干部向李强出示了一本记录册,上面记录了小区每户家庭的垃圾分类参与情况,"由志愿者负责统计打钩,一开始记录册上密密麻麻都是未分类的,一年多时间试点下来,这一行基本消除。"

这个小区实行每户居民源头分类、定时定点投放。每天 9:30—10:30,分别负责清运干、湿垃圾的环卫车相继开进小区,"大家看到环卫车都是分开装干垃圾、湿垃圾,没有混装拉走,就安心了。"在居委会干部看来,垃圾车的"干湿分离",是打消居民顾虑的关键之举。

对此,李强也点头赞同。他说,源头分类做得好,混入干垃圾里的湿垃圾和可回收物就会越来越少,就能为垃圾后续处置奠定良好基础。生活垃圾分类,贵在坚持、重在养成。希望在大家共同努力下,推动垃圾分类成为日常生活习惯,让垃圾分类新时尚进一步深入人心。

干湿垃圾采用不同箱体集装,延续源头分类

源头分类收集之后,中端分类转运是重要一环。李强随后前往的第二站是上海生活固废集装转运徐浦基地。

集装、转运是否严格遵守"垃圾分类",是李强此行关注的一个重点。

基地里,各种类型的垃圾车整装待发。按照规定,垃圾清运车在卸料区将垃圾卸到身后的竖式"漏斗","漏斗"上部的重锤向下一次次施力,将垃圾压入"漏斗"下部的集装箱内。不同的垃圾采用不同的箱体,源头分类的成果在这里延续。

李强说，市民群众非常关心垃圾分类投放后，后道流程是否坚持分类收集、分类运输、分类处理，要针对目前存在的难点瓶颈问题进一步攻坚克难、完善提升，让老百姓们看到一以贯之的分类成效。

末端处置"跑赢"前端产量要抓这个主攻方向

末端处置唯有"跑赢"前端产量，垃圾分类才能真正落到实处。李强调研的最后一站是上海老港生态环保基地。

这一运行了30多年的生活垃圾末端处置基地正在升级"3.0版"，减量化、资源化、无害化处理是主攻方向。

李强走进基地再生能源中心控制室、操作室，着重了解生活垃圾末端处置技术以及污染防治、清洁排放情况汇报。负责人说到近来发生的新变化，干、湿垃圾分离，对于提高垃圾焚烧等末端处置效率是极大促进，进一步降低了能源的损耗、污染的排放，促进了资源化利用的进一步提高，正在形成良性循环。

李强对此很感兴趣，他表示，这是全市抓垃圾分类的一个重要考量，更要求我们把生活垃圾分类这项工作坚持不懈、一抓到底、抓出成效，让上海这座城市更加干净有序，让市民群众生活更加舒适美好。

从源头到末端，每个环节把牢守好，每个人都从身边做起、从现在做起，何愁"垃圾围城"。

这样的新时尚，必须赶上！

大家一起努力吧！

2019年度上海广播电视奖媒体融合奖项参评作品推荐表

作品标题	交叉点	参评项目	新媒体品牌栏目
作品网址	http://www.kankanews.com/list/kandian/748		
主创人员	集体		
主管单位	上海广播电视台	首发日期及时间	全年
发布账号（App）	看看新闻、头条号、企鹅号、微信公众号等	作品时长	/
采编过程（作品简介）	交叉点拥有一支专业、职业、敬业的国际新闻报道团队。找准定位、多管齐下、有的放矢，从上海广播电视台的东方卫视和看看新闻网出发，"拥抱"今日头条、腾讯新闻、微博、秒拍等商业平台，在媒体转型和新媒体融合领域敢为人先、勇于创新，打造出交叉点这一全方位、多维度、多层次的国际新闻领域优质品牌。以电视周播节目为依托，这个新媒体品牌不断拓展外延，针对不同网络平台特性，打造不同产品形态，服务不同受众群体，成为全平台国际新闻报道领域的优质品牌栏目。微信公众号主推"交叉点读"，通过国际深度特稿，解读国际人物和热点事件；"交叉点看"主打头条号和企鹅号，以创新短视频，第一时间报道国际热点新闻；"交叉点评"邀请专家学者对热点事件进行评论，权威、深刻。			
社会效果	交叉点在国际问题业界，以客观、公正、深刻受到专家学者好评，视频节目曾获中国新闻奖；新媒体品牌矩阵的打造，进一步扩大了交叉点触达的受众范围，迅速积累起众多粉丝，仅在今日头条的两个账号，订阅人数就近100万，总播放量超7亿次。无论是深度解读，还是第一时间的短视频资讯，交叉点都秉持专业操守，不以博眼球刷流量为目标，坚持提供优质内容，得到众多平台的肯定和优先推荐，网友互动频繁，积极传播交叉点内容，进一步放大了交叉点品牌栏目的融合传播效应。			

《交叉点》简介

"交叉点"以电视周播节目为依托,在新媒体融合领域敢为人先,以产品思维不断创新。积极拓展品牌外延,打造品牌矩阵,针对不同平台特性,推出不同形态内容,服务不同受众群体,打造出全平台国际新闻报道领域的优质品牌栏目。

以两个头条号"交叉点看"和"交叉点评"为例,账号开通之初,就不是简单搬运电视新闻,而是专门为网络平台度身打造国际新闻短视频,是国内首个向新媒体转型专门生产国际新闻短视频的广电媒体品牌。这种创新带来的先机,也为交叉点积累了 97 万用户,视频累计播放超 7 亿次。"交叉点看"还推出多个系列短视频,如"一带一路"峰会期间的《"丝路"连连看》、中国国际进博会期间的"主宾国巡礼"、章莹颖案美国开庭审理的持续现场追踪等,获各方一致好评。"交叉点评"则以专家学者对热点事件的评论和解读,塑造了交叉点专业、权威、理性的品牌形象。

微信公众号主推国际深度特稿"交叉点读",以故事化的写作手法,对国际人物和事件进行深入刻画和解读,阅读量明显超越一般国际新闻综合稿,为交叉点品牌树立美誉度,相关文章包括《莫迪:枭,却不雄》《班农:再见,王的男人》《河野太郎:割肝救父,却与父亲背道而驰》《巴沙尔·阿萨德:变调的命运交响曲》等等。

交叉点还推出 20 多个国际版百家讲坛"交叉点道"系列,每个系列 4～20 集不等,以故事化的表达方式,梳理某个专业领域,就某一国际话题展开系统、全面和深入的讲述,成为网民追看的优质节目,比如,《南海,南海》(8 集)、《欧盟分合录》(8 集)、《"伊斯兰国"纵横谈》(8 集)、《世界海权 500 年》(8 集)、《美俄情仇半世纪》(28 集)等等。这系列产品,相关视频和图文推送,常有阅读量超百万之作,无论从内容还是制作上,都获得专家和观众的认可。

交叉点拥有一支专业、职业、敬业的国际新闻报道团队。找准定位、多管齐下、有的放矢,媒体转型和新媒体融合领域敢为人先,成功将交叉点打造成全方位、多维度、多层次的国际新闻领域优质品牌栏目。

2019年度上海广播电视奖媒体融合奖项参评作品推荐表

作品标题	上海昭化路一改造建筑坍塌消防正在全力救援	参评项目	移动直播
作品网址	http://www.kankanews.com/a/2020-01-19/0019123331.shtml		
主创人员	王幼帆、方哲敏、陈茜、金计玮、杨柳依、张鹰		
主管单位	融媒体中心	首发日期及时间	2019.5.16 12:12—12:58
发布账号（App）	看看新闻Knews	作品时长	46分钟
采编过程（作品简介）	5月16日中午11点20分，上海昭化路一改造建筑坍塌，多名工人被埋，倒塌建筑砸倒边上居民小区围墙，该事故最终造成12人死亡。凑巧的是，SMG融媒体中心的一名员工就住在该小区，从其家中可以俯视整个事故现场。看看新闻先是快速播报了一些消息和现场视频，随后派出记者摄像赶往现场，通过4G传回直播信号，于12点12分开出视频直播，由前方记者对救援现场进行解说，同时不断将新闻背景、其他采访得来的相关信息汇总给现场记者，最终呈现了此次突发事件及时全面的一次移动直播。		
社会效果	作为突发重大事件，该事件引起了广大网民的强烈关注，在46分钟的直播时间内，共有约130万人次通过看看新闻本站、新浪微博、今日头条、腾讯、百度等平台在线收看了直播。看看新闻在直播中所提到的很多问题，包括国企老厂房的租赁转包、建筑改造不规范、监管缺失等问题也都得到了政府方面的重视。该事故最终被定性为一起重大的生产安全责任事故，相关责任人最终有8人移交司法机关，党纪、政务处分16人。该事件也为类似的建筑改建问题敲响了警钟。		

上海昭化路一改造建筑坍塌消防正在全力救援

这里面有一些娱乐设施的建筑,在里面需要加盖一些餐饮,还有酒吧之类的。因此近几个月、近几年来,他们都在加紧施工的进度,在进行不断的改造。这幢建筑,本来预计是在本月底即将开张对外营业的,但是没想到今天却发生了倒塌事件。

据小区居民反映说,其实这样的倒塌对于他们来说,他们觉得可能也算是一种并不是太意外的一个结果吧。因为他们觉得其实这幢楼在改建的过程当中,也是存在着一定的野蛮施工的行为。比如有小区居民说,他们曾经也有反映过,这幢楼24小时不间断地都在进行改造,而且整幢建筑的结构都进行了一个比较大面积的改造。小区居民每次看到这些改造的过程,其实都在替这幢建筑捏一把汗。在现场我们现在可以看到,救护车还有担架都已经进入了这幢工地的旁边,准备随时营救被抬出来的掩埋人员。

现在我们可以看到在远处有一个蓝色担架的地方,有一个被掩埋的人员已经被成功地从工地下方营救出来了。从我这边观察到的情况来看,他整个人还可以独立行走。

今天上午11点多,位于长宁区昭化路148号的一处改建厂房发生坍塌,市应急联动中心接警后,立即调派24辆消防车赶赴现场处置。经初步了解,改建厂房面积共3000平方米,坍塌面积有1000平方米左右,被困人员有20多人,目前救援仍在紧张地进行当中。

可以看到刚才被援救出来的这一名人员的下方可能还会有其他人员存在，因此在他被援救到外部了之后，消防人员以及援救人员仍然在那个位置继续进行搜寻。

我们现在可以听到现场有明显的冲击钻的声音，因为我们可以看到现场到达的最新的一波的消防人员正在试图从坍塌楼房的旁边进入到楼房内部。他们正在试图寻找另外一种方式去营救被困的人员。你可以看到他们用冲击钻以及伐木刀把旁边的绿化，现在都已经清除清理出去，留出了一个通道。

然后可以看到下面这一辆就是被倒塌建筑掩埋过的汽车，目前也打算驶离现场，可以看到它整个车身上面都蒙满了灰，而且它整个车体的旁边与前部的挡板处都已经遭到了比较严重的破坏。

今天上午 11 点多，位于长宁区昭化路 148 号的一处改建厂房发生了坍塌，市应急联动中心接警后，立即调派了 24 辆消防车赶赴现场进行处置。经初步了解，改建厂房的面积共有 3000 平方米，坍塌面积有 1000 平方米左右，被困人员有 20 多人，目前救援工作正在紧张地进行中，我们正在进行现场直播。

小区内正在用拖车将这个坍塌工地周围的一些车辆拖离现场。

现在看到的是长宁区昭化路 148 号的一处改建厂房发生坍塌的现场。今天上午 11 点多，这一处改建厂房发生坍塌，市应急联动中心接警后，立即调派了 24 辆消防车赶赴现场进行处置，我们在现场可以看到，目前救援人员正在紧急的搜救过程当中。据了解这处改建厂房共有 3000 平方米左右，而坍塌的面积也有 1000 平方米左右。被困人员目测应该是有 20 多个人，目前救援工作正在紧张地进行当中。

患者主要被先送往华东医院，光华医院医生也已经到达了现场。消防人员对紧邻小区一侧的围墙正在实行破拆，我们可以看到这个破拆的进度非常快。

目前看到的画面就是今天上午 11 点多，位于长宁区昭化路 148 号的一处改建厂房发生坍塌的事故现场。在坍塌发生之后，市应急联动中心立即调派了 24 辆消防车赶赴现场处置。经初步了解，改建厂房的面积共有 3000 平方米，而坍塌面积也有 1000 平方米左右，被困人员有 20 多人，目前救援工作正在紧张进行中。

已经有部分被掩埋的人员被救离了现场,这些患者主要先被送往华东医院,光华医院医生也已经到达现场。现在消防人员也在对紧邻小区一侧的围墙实行破拆。

听到强烈的冲击钻的声音,就是目前消防队员正在进行破拆的施工现场。目前,坍塌现场里面被困人员有 20 多人,市应急联动中心也立即调派了 24 辆消防车,现场正在进行处置过程当中。现场人员救援仍在进行中。

目前我们正在看到的就是位于长宁区昭化路 148 号的一处改建厂房,它在今天上午 11 点多发生了坍塌。坍塌后,市应急联动中心接警后,立即调派了 24 辆消防车赶赴现场进行处置。经我们初步了解,这个改建厂房的面积共 3000 平方米,而坍塌面积有 1000 平方米左右。现场有人员被困。目前救援工作正在紧张进行中,我们正在进行直播。

目前,我们可以看到在坍塌的这个工地的内部,消防人员和救援人员一直在不间断地进行搜救的过程。在之前的直播当中,我们也看到已经有人员被从掩埋的石块下面营救了出来。目前还是在那个位置,救援人员还在不断地进行搜救。

目前我们看到的就是现场的消防人员正在对紧邻小区一侧的围墙实行破拆。在倒塌的工地内部,我们可以看到消防人员以及营救人员仍在不间断地对被掩埋的人员进行搜救。那这一处厂房,是位于长宁区昭化路 148 号的一处改建厂房,它今天在上午的 11 点多时发生了坍塌。目前市应急联动中心接警后,已经立即调派了 24 辆消防车赶赴现场进行了处置。我们目前所看到的这一处坍塌的改建厂房的面积共有 3000 平方米,坍塌的面积也有 1000 平方米左右。现场有人员被困。我们目前可以看到有消防人员和救援人员在施工现场正在进行紧张的搜救工作。

可以看到现在的工地内部有 20 名左右的搜救人员正在紧张地进行搜救工作,在之前我们的直播过程当中也看到已经有被掩埋在下面的人员成功获得了营救。目前也就是在刚才被营救人员的那一个位置,还有其他的一些人员也是在这个位置,因此我们可以看到救援人员在相同的位置,仍然在继续紧张地进行营救的工作。

除了同时在工地内部的营救工作之外，在靠近这个工地一侧的小区的围墙，消防人员目前也正在进行紧张的破拆工作。这一处厂房是位于长宁区昭化路148号的一处改建厂房，它在今天上午11点多的时候发生了坍塌事故，市应急联动中心在接到了警报后，立即调派了24辆消防车赶赴现场进行处置。据了解，这一处改建的厂房面积共有3000平方米，坍塌的面积有1000平方米左右。

目前，我们看到的画面就是位于长宁区昭化路148号的一处改建厂房，它在今天上午11点钟的时候发生了坍塌。市应急联动中心在接警后，立即调派了24辆消防车赶赴现场进行处置。我们在现场目前可以看到消防人员以及营救人员正紧急地进行救援工作。据初步了解，这一处改建厂房的面积一共有3000平方米，坍塌面积有1000平方米左右。目前在现场内部搜救人员正紧急进行救援的工作，而在这个坍塌厂房靠近小区一侧的边上，消防人员也正在对围墙进行紧急的破拆工作。我们可以看到他们的破拆速度还是非常快的。

我们目前看到的就是长宁区昭化路148号一处正在改造施工的厂房发生坍塌的现场。目前搜救人员正在坍塌施工现场的内部进行一个紧急的救援工作。

那在稍早前的直播过程当中，我们也已经看到，在整个的施工现场的内部，已经有被掩埋的人员成功营救出来。目前，市应急管理局等部门仍在全力组织搜救。

我们目前看到的就是长宁区昭化路148号一处改建厂房发生坍塌的事故现场。目前市应急联动中心已经调派了24辆消防车赶赴现场进行处置，目前可以看到现场的搜救工作正在紧急地进行过程当中。我们现在在一处可以看到，又有一名掩埋的人员被成功地救了出来。目前，救援人员也是用担架把这名人员抬离出事故的现场。

我们目前看到的就是位于长宁区昭化路148号的一处改建厂房发生坍塌的事故现场。在今天上午11点多的时候，这幢改建厂房发生了坍塌，市应急联动中心在接警后，立即调派了24辆消防车赶赴现场进行处置。

目前现场的工地的坍塌内部，搜救人员正在进行紧急的援救工作，而在外部靠近小区一侧，消防人员也在进行对围墙的紧急破拆工作。

据了解,这一处改建厂房的面积共有 3000 平方米,而坍塌面积有 1000 平方米左右。现场有人员被困。可以看到目前现场救援工作正在紧张地进行过程当中。刚才我们在直播的过程当中也看到了已经有两名被困人员被成功地援救出了现场。

目前,我们就是在昭化路工厂坍塌事故的现场。今天上午 11 点左右,长宁区昭化路 148 号这一处在建的施工厂房发生坍塌,部分人员被压。市应急管理局等部门正在现场进行全力的搜救工作。

可以看到目前坍塌事故的现场救援人员仍然在不间断地进行救援的工作。在这个坍塌的工地的附近,靠近小区的一侧,消防人员也在对外侧的围墙进行紧急的破拆,现场的挖掘机等一些大型的设备也已经到达了现场。

在刚才我们的直播过程当中已经看到,在这处坍塌工地的下方,已经有两名人员被成功地营救出了这一处坍塌的工地,目前整个的救援工作仍然在不间断地持续进行过程当中。

这一处位于长宁区昭化路的在建厂房,是在今天上午的 11 点多发生的坍塌事故,在坍塌事故过后,市应急联动中心紧急接警,立即调派了 24 辆消防车赶赴现场进行处置。目前我们可以看到,在这个坍塌事故靠近小区一侧的围墙,挖掘机正在对围墙进行紧急的破拆工作。

现场的消防人员,也在紧急召开会议,我们可以看到总的调度,目前他们可能是在紧急地商量现场的营救方案。

挖掘机目前正在对坍塌厂房的围墙进行破拆工作。

我们目前看到的是位于长宁区昭化路 148 号的一处改建厂房,它在今天上午 11 点的时候发生了坍塌。在坍塌过后,市应急联动中心,立即调派了 24 辆消防车赶赴现场进行处置。我们目前看到的这一处改建厂房,它总面积有 3000 平方米,坍塌面积有 1000 平方米左右,现场有人员被困,目前救援工作仍然在紧张地进行当中。在之前我们的直播过程当中,已经在现场看到有两名人员被救出。

2019年度上海广播电视奖媒体融合奖项参评作品推荐表

作品标题	是亲生的？上海一爸爸凌晨把孩子丢到火车站，走前还发个碗让他讨饭	参评项目	融合创新
作品网址	https://www.shmedia.tech/app_ja/ja_tt/20191211/3de1b0047e2e473ca03a4dd87ab8c8e1.html		
主创人员	张琦　舒政　王彦琰		
主管单位	静安区融媒体中心	首发日期及时间	2019.12.11
发布账号（APP）	上海静安	作品时长	1分钟
采编过程（作品简介）	一则10岁娃被扔在铁路上海站"讨饭"的故事，引发了全社会对于"孩子教育"问题的探讨与思考。记者在获得新闻线索后，敏锐地察觉到了该选题非常契合现下的社会痛点。在发现广场监控存在盲区的情况下，记者与铁路警方进一步沟通，补拿了所有可能获得的画面，并将报道重点落在警务室里民警与孩子的对话内容上。此外，记者还专门联系了孩子家长，考虑到个人隐私问题，家长虽不同意接受采访，但孩子妈妈对丈夫的行为也表示明确反对。这在给观众一些交待的同时，也留下了更多讨论的空间。		
社会效果	作为原创网络新闻，该篇报道在上海广播电视台《新闻坊》栏目微信公众号上发布后，24小时阅读量便突破了128万，并引起了中央电视台《新闻周刊》《法治在线》《新闻直播间》，央视新闻客户端、人民日报微信公众号、新华社微信公众号等央媒的关注与转载。东方卫视《看东方》、上海广播电视台《新闻坊》《新闻报道》《上海早晨》《新闻夜线》等电视新闻栏目和《新民晚报》等纸媒也纷纷转载，并做了进一步跟进报道，引起了社会的广泛关注。		

三 等 奖

2019年度上海广播电视奖媒体融合奖项参评作品推荐表

作品标题	纪念上海解放70周年大型新闻行动——"胜利之路"全媒体系列直播	参评项目	融合创新
作品网址	完整链接清单详见表格后附件		
主创人员	集体		
主管单位	上海广播电视台东方广播中心	首发日期及时间	6场直播分别为2019年5月10日、12日、19日、25日、26日、27日的14点00分
发布账号（App）	阿基米德App、话匣子App、东广新闻台一直播、东广新闻台官方微博	作品时长	视频时长分别为：51分钟；51分20秒；52分30秒；52分40秒；52分钟；171分50秒
采编过程（作品简介）	70年前，1949年的5月中旬，上海战役正式打响，汤恩伯曾叫嚣要成为"远东斯大林格勒"的上海，不到16天就回到了人民手中。 70年后，上海人民广播电台从2019年5月10日起推出《纪念上海解放70周年大型新闻行动——"胜利之路"全媒体系列直播》，主创团队历时1个多月通过重走当年"丹阳到上海"的"胜利之路"，通过图文音视频的全媒体呈现，带领广大受众重回当年战场、共同探寻导向胜利之路的战斗精神，叩问全心全意为百姓服务的赤诚初心，从而从历史中汲取前行力量，铭记使命与担当，让当下的奋斗成为这座城市新的传奇、继续走向新时代的胜利之路。 《胜利之路》项目主题宏大、立意深远、突破创新，又反响热烈。"中央厨房式"的创意及制作团队制作完成了"1＋6＋6＋6＋6＋1"的融媒体组合拳产品，从产品形态、技术手段、传播方式等维度全面刷新上海广播纪录。		

社会效果	该项目是上海广播新闻节目中首个启用标准视频化演播室进行直播的全媒体产品,视频和音频直播做到了不再因为技术形态差异而人为造成内容产品割裂,避免简单技术和渠道叠加,而是作为一个有机整体实现了真正意义上的融合传播。同时,该项目也开创了上海广播5G视频直播先河,重塑传统内容生产模式,在全媒体时代用"内容＋"赢得新优势。 《胜利之路》项目在全国激烈竞争的节目中脱颖而出,获得国家广电总局2019年二季度创新创优节目奖。在此之前,该项目先后获得中共上海市委宣传部新闻阅评督察组《新闻评点》第85期表扬、中共上海市委宣传部新媒体阅评督察组《一周新媒体观察》第25期表扬以及广电总局《监管日报》第111期表扬。 具体数据方面:《胜利之路》项目自2019年5月4日推出微博话题预热、5月10日节目正式首发以来,由同一个团队制作完成了"1+6+6+6+6+1"的组合拳产品设计及素材准备,上线包括1轮社交媒体话题讨论、6场广播直播节目、6场标准视频节目、6场3个平台以上的网络视频直播、6场图文直播、1个App端的新闻专题页。截止到2019年5月27日,微博话题页阅读量达296.1万,直播视频及相关短视频收看数量超过630万次,其中最高一场直播单场收看量达150万;传统平台上收听率也超过2018年同期。上海广播在主题红色宣传中的融媒体矩阵实现了新的突破。

附件：作品网址

▲ 阿基米德图文及音频直播页

第1期

https：//m.ajmide.com/touch/plugins/live/index.htm? id＝2810&isshared＝1

第2期

https：//m.ajmide.com/touch/plugins/live/index.htm? id＝2811

第3期

https：//m.ajmide.com/touch/plugins/live/index.htm? id＝2834

第4期

https：//m.ajmide.com/touch/plugins/live/index.htm? id＝2865

第5期

https：//m.ajmide.com/touch/plugins/live/index.htm? id＝2867

第6期

https：//m.ajmide.com/touch/plugins/live/index.htm? id＝2868&isshared＝1

▲ 话匣子 App 新闻专题页

http：//www.news1296.com/smg-media/cms/news.html？key＝1557360436526

▲ 话匣子 App 视频直播【第一期】

http：//www.news1296.com/smg-media/cms/news.html？key＝1557464150739

▲ 话匣子 App 视频直播【第二期】

http：//www.news1296.com/smg-media/cms/news.html？key＝1557637569425

▲ 话匣子 App 视频直播【第三期】

http：//www.news1296.com/smg-media/cms/news.html？key＝1558240828178

▲ 话匣子 App 视频直播【第四期】

http：//www.news1296.com/smg-media/cms/news.html？key＝1558760922238

▲ 话匣子 App 视频直播【第五期】

http：//www.news1296.com/smg-media/cms/news.html？key＝1558846424423

▲ 话匣子 App 视频直播【第六期】

http：//www.news1296.com/smg-media/cms/news.html？key＝1558933968630

▲ 东广新闻台官方—直播视频、官方微博链接

第1期 https：//m.yizhibo.com/l/YnR6Y0vBe7KbEK9u.html

第2期 https：//m.yizhibo.com/l/Y2OB6mbAw8ToLkf8.html

第3期 https：//m.yizhibo.com/l/wOWdJACeiu9LsUEX.html

第4期 https：//m.yizhibo.com/l/QX-f7TlfTsW3zefo.html

第5期 https：//m.yizhibo.com/l/3ap8ZwmfxBW4xy_h.html

第6期 https：//m.weibo.cn/status/4376560947596477

▲ 东广新闻台官方微博话题页

http：//s.weibo.com/weibo？q＝％23％E9％87％8D％E8％B5％B0％E8％83％9C％E5％88％A9％E4％B9％8B％E8％B7％AF％23

纪念上海解放 70 周年大型新闻行动
——"胜利之路"全媒体系列直播(简介)

70年前——1949年4月底,解放大军渡过长江天堑解放南京,兵锋直指国际大都会上海,解放上海总前委就设在江苏丹阳。1949年5月中旬,上海战役正式打响,汤恩伯曾叫嚣要成为"远东斯大林格勒"的上海,不到16天就回到了人民手中。

70年后——2019年的4月下旬,上海人民广播电台启动《纪念上海解放70周年大型新闻行动——"胜利之路"全媒体系列直播》的策划工作,并从5月4日率先在社交媒体预热、5月10日起在传统广播及各官方客户端、官方微博和相关视频直播平台等正式推出《胜利之路》全媒体系列直播节目,旨在通过特别节目重回当年战场、共同探寻导向胜利之路的战斗精神,叩问全心全意为百姓服务的赤诚初心,从历史中汲取前行力量,铭记使命与担当,让当下的奋斗成为这座城市新的传奇、继续走向新时代的胜利之路。

《胜利之路》项目主题宏大、立意深远、突破创新、又反响热烈。"中央厨房式"的创意及制作团队制作完成了"1+6+6+6+6+1"的组合拳产品,包括1轮社交媒体话题讨论、6场广播直播节目、6场标准视频节目、6场3个平台以上同时分发的网络视频直播、6场图文直播、1个App端的新闻专题页,并开创了上海广电媒体在重大题材新闻专题中首次使用最新5G技术进行直播的先河。

1. 解放进程同步推进 "5+16"模式接力展现"胜利之路"路径

2019年5月10日、12日、19日、25日、26日以及27日全天,上海广播推出《纪念上海解放70周年大型跨省市新闻行动——"胜利之路"全媒体系列直播》,其中上海新闻广播、东广新闻台·长三角之声进行广播直播,阿基米德、话匣子、东方网、看看新闻网进行图文音视频全媒体直播。

直播日期非常有创意地选择了和"陈毅在丹阳总前委作入城报告"的5月10日、"浏河打响解放上海第一枪"的5月12日、"人民解放军攻占国际无线电台"的5月19日、"上海主要市区宣告解放"的5月25日、"国民党残部及匪淞沪警备司令部向人民解放军投诚"的5月26日以及"上海全境解放、上海人民广播电台发出第一声"的5月27日同步,循着重要历史节点,逐日推出、依次推进,每天近1小时,5天5场特别直播+解放纪念日全天16小时直播的"5+16"模式,实现了"与70年前的每一个重要时刻、同节点行进、同频率回响"的策划,让上海广播以进行曲式节奏不断将纪念上海解放70周年的宣传活动逐步推向高潮。

5月27日,上海新闻广播推出全天16小时纪念上海解放70周年特别版面,当天下午推出的《"胜利之路"全媒体直播》3小时特别篇,以"启航·改革·憧憬"为主线,聚焦奔跑在胜利之路上的这场接力,回溯上海解放的奋斗历史,呈现70年来上海发展的巨大成就,展望中华民族伟大复兴的崭新征程。

2. 重塑传统生产模式　全媒体时代用"内容+"赢得新优势

除了创意层面的精心策划,在呈现方式上《胜利之路》项目也充分彰显上海广播融媒体团队的策划和制作能力——项目团队在前期近半个月时间的调研之后,在短短10天内,由同一个团队制作完成了"1+6+6+6+6+1"的组合拳产品设计及素材准备,上线包括1轮社交媒体话题讨论、6场广播直播节目、6场标准视频节目、6场3个平台以上的网络视频直播、6场图文直播、1个App端的新闻专题页。截止到2019年5月27日,微博话题页阅读量达296.1万,直播视频及相关短视频收看数量超过630万次,其中最高一场直播单场收看量达150万;传统平台上收听率也超过2018年同期。上海广播在主题红色宣传中的融媒体矩阵实现了新的突破。

仅用一个内容创意团队作为中央厨房,再根据不同的播出平台的需求做出相匹配的内容产品,而不是说简单将技术和渠道叠加,这是《胜利之路》项目的最大亮点。得益于主创团队将互联网产品思维用于传统媒体重大宣传项目,不仅使主题宣传内容具备互联网产品属性,更在产品推广周期、后续长尾传播效应等方面都提前部署策划,从而获得相当不错的数据表现——于五四运动百年纪念日之际在新浪微博推出《重走胜利之路》话题页,策划了"历史上的今天""电波穿越70年""光影回眸""关键纪念地"等特色板块,不到5天阅读量就突破百万。有了良好的网络关注基础之后,全媒体视频直播观看人数呈几何式增长,仅以东广新闻台官方"一直播"平台上的数据为例,第一场20万次、第二场90万次、第三场149万次……到5月27日"胜利之路"特别篇环节"红色网络电台开播仪式"的203万次,逐场增多、逐渐推向高潮。

这也是上海广播团队首次使用标准视频模式进行内容生产和直播,视频不仅作为一个附加呈现渠道,不再简单用直播室的webcam或者单纯架设单一机位简单录制直播室情况,而是真正从创意和策划阶段就设计出视频产品。主创团队不仅在6场直播中启用广播技术团队自主打造的可视化网络直播室和全套播出系统,全视频模式的直播节目不仅在上海广播自己的移动客户端"话匣子FM"App上播出,同时还在东广新闻台的官方一直播平台、官方微博以及东方网、看看新闻网等第三方平台进行视频播出,吸引更多网友和粉丝观看。与此同时,为了配合70年前的重要历史节点,该项目在每场直播中间的过渡时间同样有配套的广播报道和短视频内容呈现并在各渠道进行传播——由此形成了"直播时段的2个广播频率、2个移动客户端的图文呈现、5个以上渠道的视频呈现;非直播时段的社交媒体图文及短音频、短视频内容传播"全媒体融合呈现矩阵,真正做到了"让内容创意成为核心,让技术成为基础设施",进一步提升上海广播的传播力和影响力。

在《胜利之路》全媒体直播中,主创团队启用最新的5G技术进行外场视频连线直播,展示了广播人大胆求新求变、利用最新技术手段进行创新尝试的勇气和魄力。

3. 长三角跨省市合作 展现时代精神指引下的当代发展图景

《胜利之路》的主创团队与镇江、苏州以及上海区台合作,充分运用长三角电台合作平台,以音视频连线的方式,古今勾连、展现"胜利之路"沿线的历史变化与飞速发展:比如在第一期节目《丹阳整训——"野战军在城里不能野"》中,连线镇江电台记者,从华东财经委原址发来纪念馆现场情况介绍;在第二期节目《浏河之战:战上海第一枪》中,连线苏州新闻综合广播记者,介绍揭开上海战役序幕的浏河之战的情况。上海广播的记者在江苏丹阳总前委旧址纪念馆进行直播连线时,不仅回溯历史,同时也关注了长三角一体化发展。

4. 深度挖掘历史留痕 "四力"践行叩问初心展现使命

《胜利之路》的主创团队进行了充分的准备,为了做好这档重头宣传节目,节目团队去上海图书馆寻找1949年解放区老报纸、拜访老军人和军史专家,结合"四力"活动邀请军史专家、《战上海》作者刘统带来讲座,做了充足的功课。前期,记者与受邀的党史专家循着人民解放军当年的步履,重走从丹阳到上海的"胜利之路",足迹遍布丹阳、浏河等兄弟省市,以及上海市内曾经战役发生地、纪念地等各相关区域,录制了大量音视频资料,结合中共上海市委党史研究室、上海市档案局、上海社科院等机构的宝贵资料以视频形式在节目中呈现,让听众和网友跟随记者的话筒和镜头,一路追随解放大军步伐,感受当年战士如何为了人民解放浴血奋战、宁愿睡马路不愿惊扰百姓;将军如何运筹帷幄、克敌制胜、顺利接管城市;地下党如何在城里里应外合、确保城市完整等。

记者重回战场、深度挖掘历史留痕,通过细节还原探寻导向胜利之路的精神和初心:比如,第一期《丹阳整训——"野战军在城里不能野"》将直播焦点定位在江苏丹阳,以70年前陈毅在丹阳作入城讲话的同一天作为整个系列直播的起始点,走访总前委旧址、当年华东财经委旧址等多个重要地标,凸显当年上海解放取得政治和军事胜利的重要基础。第二期《浏河之战:战上海第一枪》回顾了70年前的浏河之战的艰难,国民党在上海郊区及市中心构筑起4000多座钢筋混凝土堡垒,号称比二战时的斯大林格勒还要强固33.3%。记者在刘行国际电台当年碉堡遗址看到,半米多的混凝土坚不可摧,机枪子弹打上去也就是一个半厘米深的坑。然而,解放军"宜将剩勇追穷寇",不到16天就将染满硝烟的战旗插到了永安百货的顶层,通过记者的细节解析,充分展现人民解放军勇往直前、不被任何困难打倒的战斗精神。第三期《最艰难的战斗——从鏖战高桥到攻克邮政大楼》中记者与嘉宾来到邮政大楼,332会议室依旧保持着当年的风貌,找到了当时玻璃窗上留下的弹孔,通过记者与嘉宾的场景还原与解析,说明了当年解放军不用重型武器进攻、将上海毫发无伤地交给人民群众的重要意义。

向历史致敬,是为了壮行未来。2019年也是上海人民广播电台成立70周年。70年前的5月27日,"上海解放"的第一声从上海人民广播电台发出;70年后的5月27日,上海广播人在烈士长眠的龙华烈士陵园启动开播全国首个红色网络电台"从哪儿来",以此作为《胜利之路》全媒体系列直播特别篇的特殊环节加以宣传。此举是将红色文化和受众不断更迭的媒介使用习惯有机融合,以大众尤其是年轻人喜闻乐见的形式加以传播,用声音的力量宣传上海红色文化,助力上海文化品牌建设。"从哪儿来"红色网络电台的成立,体现了广播人学习领会习近平总书记讲话精神以及贯彻落实讲话精神的主动性和行动力,在深化红色文化记忆当代价值的过程中用"内容︱"赢得新优势,扩大主流价值影响力版图。

这一项目自2019年5月4日推出微博话题页预热、5月10日正式上线视频直播节目以来,由同一个团队制作完成了"1+6+6+6+6+1"的组合拳产品,包括1轮社交媒体话题讨论、6场广播直播节目、6场标准视频节目、6场3个平台以上的网络视频直播、6场图文直播、1个App端的新闻专题页。截止到2019年5月27日,微博话题页阅读量达296.1万,直播视频及相关短视频收看数量超过630万次,其中最高一场直播单场收看量达150万;传统平台上收听率也超过去年同期。上海广播在主题红色宣传中的融媒体矩阵实现了新的突破。

《胜利之路》项目曾在全国各优质节目的激烈竞争中脱颖而出,获评国家广电总局2019年二季度创新创优节目奖。

2019年度上海广播电视奖媒体融合奖项参评作品推荐表

作品标题	我们都是长三角人——对话长三角市长	参评项目	融合创新
作品网址	http：//m.ajmide.com/touch/plugins/event/index_v2.htm？zid=9120（阿基米德App） http：//www.news1296.com/smg-media/cms/news.html？key=1576826594762（话匣子App）		
主创人员	集体（上海东广新闻台·长三角之声　王治平、翁伟民、范嘉春、丁芳、沈洁、高嵩、曹晨光、张莹莹、李欣、陆敏）、南京新闻综合广播、杭州之声、合肥新闻第一频率、宁波新闻综合广播、嘉兴综合广播、湖州综合广播、苏州新闻广播、常州新闻综合广播、盐城综合广播、扬州新闻广播		
主管单位	上海广播电视台 东方广播中心	首发日期及时间	9月4日、9月11日、9月29日、10月17日、10月18日、10月23日、10月31日、11月19日、12月06日、12月9日、12月17日，以上日期的12点至13点30分
发布账号（App）	阿基米德App、话匣子App、杭州之家App、话匣子FM、在南京App、在合肥App、看宁波App、看苏州App、智慧盐城App、禾点点App、爱湖州App、扬帆App、常州手机台	作品时长	第1期作品75分钟，第2至11期作品每期90分钟，共11期
采编过程（作品简介）	本次大型新闻行动由长三角区域合作办公室、上海市政府新闻办作为指导单位、中广联城市台广播新闻委员会、上海人民广播电台联合发起，邀请长三角主要城市的市长做客各地广播电台直播间，聚焦各城市如何各扬所长，增强长三角地区创新能力和竞争能		

采编过程 (作品简介)	力,提高经济集聚度、区域连接性和政策协同效率,为全国高质量发展,为我国积极参与全球合作竞争作出更大贡献。系列访谈特别节目用全媒体融合的形式立体呈现,展示长三角各个城市区域一体化发展的思路、亮点和举措。 　　在四个月的时间里,上海东广新闻台·长三角之声联合长三角广播媒体邀请上海、南京、杭州、合肥、苏州、常州、盐城、宁波、嘉兴、湖州等11家长三角主要城市的市长做客各地电台直播间,和11个城市甚至更多听众交流互动,内外联动直播加外延,融媒体形式立体呈现,这称得上是长三角广播电台的第一次"破界"大规模合作,开创一个长三角广播媒体的新时代,带着传统媒体的新思考,用电台出产的内容、网络平台的推介、手机移动端的推广形成一个"声三角"。 　　特别访谈节目不仅在广播呈现,还以网络视频直播、短视频、图文直播和微信推送等融媒体立体呈现的形式,畅谈长三角区域一体化发展的思路、亮点和举措。节目开始前,在阿基米德App等10多个电台的网络平台开展"我有问题问市长"活动,广泛征集网友提问。直播节目进行时段开通热线电话以及话匣子FM、阿基米德、在南京、杭州之家、在合肥、在宁波、看苏州、智慧盐城、禾点点、爱湖州App、常州手机台等新媒体端的互动平台和广大听众、网友进行互动交流。整个访谈期间热线电话爆满,直播帖下留言上万,成为一个积极向上的舆论热点。 　　整个系列访谈特别节目,统一栏目名称、统一视觉画面、统一制作格式,统一直播时段,同频共振、同时传播,使主流媒体具有更加强大的传播力、引导力、影响力、公信力。整齐划一的表现形式,使得每一家长三角城市广播电台的一点点星光最终连成了一片星河,更加璀璨。十一家长三角城市的广播电台同频共振,更像是一双手的十指变开为合,双手紧握,成为长三角的一大盛事。
社会效果	5G助力,大数据揭示"长三角洞察"。本次系列访谈中记者利用5G技术,为听众和网友多次进行了一次音视频直播报道,颠覆了传统广播媒体"只闻其声,不见其人"的固有模式,在新媒体融合的大背景下,重新出发,不断思考和探索着传统媒体的发展新空间,增强了广播媒体的传播手段。特别是在苏州的直播访谈中,更是启用了高清虚拟演播室,使得广播节目的视觉效果得到极大提升。 　　本次融合传播活动除了通过各家电台和新媒体端口进行视音频直播外,还通过蜻蜓FM、喜马拉雅FM等网络音频媒体平台同步直播,以首期节目为例,广播节目覆盖11城市近1亿人口,在网络音频平台覆盖近2300万人,在整个长三角地区的舆论场掀起强力

社会效果	"共振"。东方网、新浪直播、网易直播、看看新闻、话匣子 FM、一直播等平台对首期特别节目进行网络视频直播并在显著位置给予推荐,观看总量超过 41 万次。 主流媒体聚焦,深入诠释"长三角一体化"关键词。新华社 App 以"聚焦七大领域、三大区域 上海推进长三角一体化'施工图'"为题报道此次特别节目,阅读量超五万。《人民日报》以"长三角广播电台开展媒体联动"为题,报道了此次对话长三角市长的大型全媒体联合新闻行动。《解放日报》《文汇报》《新民晚报》等媒体通过各自的移动客户端与新媒体平台发布报道,第一时间传递权威声音。"上海发布"微信公众号以"【聚焦】'长三角人'的未来生活会怎样?今天的访谈这样描绘"为题,以问答的形式解读长三角一体化发展中百姓最关心的问题,阅读量达 5.2 万,文章下方,网友踊跃留言,说共鸣、表关切、话心愿。 直播前,长三角各台都对此次联合新闻行动进行充分宣传和滚动预告,并连续通过各台新媒体矩阵传播。9 月 4 日当天,各台也充分运用新媒体进行宣传和二次传播。新媒体播发平台包括人民日报客户端、阿基米德 FM、话匣子 FM、"今日头条"App、网易新闻客户端、"在南京"App、"牛咔视频"App、杭州之声公众号、"杭州之家"App、"声音合肥"公众号、"合肥新闻第一频率"公众号、"在合肥"APP、常州手机台、中吴网、常州新闻综合广播公众号、"在宁波"App、盐城广播公众号、"智慧盐城"App、盐城网、江苏有线、湖州新闻综合广播公众号、"爱湖州"App 等。首期 75 分钟的市长访谈在阿基米德平台的《中国长三角》节目社区,通过图、文、音、视全媒体推出,图文直播浏览量达 87362 人次;"我有问题问市长"话题征集和图文直播浏览量近十万。 本次融合传播活动展示了各个城市区域一体化发展的思路亮点和举措。长三角广播联盟成员台,积极响应,同频共振,同步联播,多媒体呈现,多渠道分发,这一合作项目也成为一个范例,为各个长三角广播给长三角一体化战略实实在在地作一点贡献提供了一个机会。 《我们都是长三角人——对话长三角市长》在长三角地区已经成为现象级事件,激起的涟漪越来越大,舟山、芜湖、南通、马鞍山等城市也纷纷要求加入新闻行动。目前,节目组已经在着手准备明年《对话长三角市长》大型新闻行动的第二季,将宣传一体化的"火炬"一站站传递下去,长三角一体化,广播发声、媒体先行,我们将做每一位长三角人的眼睛和耳朵,点燃起长三角人共同建设好家园、打造世界级城市圈的热情。

2019年度上海广播电视奖媒体融合奖项参评作品推荐表

作品标题	会晤刘鹤时特朗普回答了Knews记者这个问题	参评项目	短视频
作品网址	http://www.kankanews.com/a/2019-10-12/0039021457.shtml		
主创人员	张经义、李源清、陶秋石、杨颖杰		
主管单位	上海广播电视台	首发日期及时间	2019年10月12日19时05分
发布账号（App）	看看新闻	作品时长	50秒
采编过程（作品简介）	2019年10月11日，美国总统特朗普在白宫会见了到访的中共中央政治局委员、国务院副总理、中美全面经济对话中方牵头人刘鹤。在会晤现场，东方卫视看看新闻Knews记者张经义被特朗普点名，获得提问机会。基于当天的中美经贸磋商取得了实质性的第一阶段成果，张经义提问特朗普："在全球经济放缓的情况下，这种双赢将如何使世界经济受益？"对此，特朗普也给出了积极回答，认为中美两国一直做得很好，而且可以做得更好。这段独家问答的视频第一时间在看看新闻网发布，虽然只有短短50秒，但所传达的信息分量重。		
社会效果	该短视频抓住网络热点，内容独家且有分量，同时又很好地把握了中国外交部在中美贸易磋商中的一贯立场和口径。通过这一问一答，透露出美国总统特朗普对中美合作共赢的意愿。新闻发布后，被今日头条、爱奇艺等多家视频新媒体转载，其中今日头条的播放量达15.5万。		

会晤刘鹤时特朗普回答了Knews记者这个问题(简介)

这是一条在现场、独家、有分量、体现主流媒体价值的网络短视频作品。2019年10月11日,美国总统特朗普在白宫会见了到访的中共中央政治局委员、国务院副总理、中美全面经济对话中方牵头人刘鹤。在会晤现场,东方卫视看看新闻Knews记者张经义被特朗普点名,获得提问机会。基于当天的中美经贸磋商取得了实质性的第一阶段成果,张经义提问特朗普:"在全球经济放缓的情况下,这种双赢将如何使世界经济受益?"对此,特朗普也给出了积极回答,认为中美两国一直做得很好,而且可以做得更好。这段独家问答的视频第一时间在看看新闻网发布,虽然只有短短50秒,但所传达的信息分量重。

该短视频抓住网络热点,内容独家且有分量,同时又很好地把握了中国外交部在中美贸易磋商中的一贯立场和口径。通过这一问一答,透露出美国总统特朗普对中美合作共赢的意愿。新闻发布后,被今日头条、爱奇艺等多家视频新媒体转载,其中今日头条的播放量达15.5万。

短视频体现了主流媒体的实力和价值,也为中美经贸磋商营造良好的舆论环境贡献了一份力量。该片发布后,不仅获得了良好的网民反应,也得到了中宣部阅评组的点名表扬,体现了东方卫视和看看新闻网团队的专业性和主流媒体导向性。

2019年度上海广播电视奖媒体融合奖项参评作品推荐表

作品标题	天目路立交改造功能启动绕行方案戳这里	参评项目	融合创新
作品网址	https：//file01c5ebab5ab1.aiwall.com/v3/idea/X2LyvWot？unid＝ohAJ7wYmLQ3O7JRAhi8HUD4im4Dg&latestUser＝1&suid＝8B0916C8－74BF－4792－9BE2－2F8ECD584BC2&sl＝4&from＝singlemessage&isAPPinstalled＝0&wxid＝odVsFjxIhD74jmM9bJH7jd0RL70w		
主创人员	集体		
主管单位	上海广播电视台	首发日期及时间	2019年3月29日
发布账号（App）	看看新闻网移动端	作品时长	/
采编过程（作品简介）	天目路立交位于本市中心城区，且与车流量最大的南北高架主线接壤，进入封闭施工后，影响面非常大，市民对相关绕行线路信息的需求度高。为此，节目主创人员提前1个月与交警部门进行了深度沟通，并制作了包括绕行攻略与天目路立交的前世今生等短视频，在全市所有媒体中领先向网端投送相关信息。 在H5中，从不同角度切入，提供了多方位的服务类信息。形式上，也发挥出了电视媒体的视频特色，通过记者出镜、航拍以及在车辆上架设gopro、insta等设备，用不同角度的画面，立体呈现了天目路立交的封交情况。		
社会效果	通过新媒体短视频、航拍等手段，全方位地对天目立交改造进行了报道，在融合传播上一改电视线性传播的缺点，通过H5的形式，与受众产生互动，在传播效果上取得了较大的反响。		

天目路立交改造功能启动
绕行方案戳这里(简介)

  天目路立交位于本市中心城区,且与车流量最大的南北高架主线接壤,进入封闭施工后,影响面非常大,市民对相关绕行线路信息的需求度高。为此,节目主创人员提前1个月与交警部门进行了深度沟通,并制作了包括绕行攻略与天目路立交的前世今生等短视频,在全市所有媒体中领先向网端投送相关信息。

  在H5中,从不同角度切入,提供了多方位的服务类信息。形式上,也发挥出了电视媒体的视频特色,通过记者出镜、航拍以及在车辆上架设gopro、insta等设备,用不同角度的画面立体呈现了天目路立交的封交情况。

  该节目一改电视线性传播的缺点,通过H5的形式,与受众产生互动,在传播效果上获得了较大的反响。

  在实际筹备过程中,团队积累了宝贵的融合传播经验,对将来其他重大选题的报道起到了积极的引领作用。

2019年度上海广播电视奖媒体融合奖项参评作品推荐表

作品标题	风口调研：双十一店家亏损50万元？和李佳琦合作并不挣钱	参评项目	短视频
作品网址	https://www.yicai.com/news/100446772.html		
主创人员	时晔、颜静洁、葛妍、章驰、徐峥巍		
主管单位	第一财经	首发日期及时间	2019年12月25日
发布账号（App）	第一财经	作品时长	1分55秒
采编过程（作品简介）	电商直播无疑是2019年下半年最热的新商业，尤其李佳琦、薇娅等超头部主播让电商直播火出圈。在热闹当下，很多人想知道电商直播究竟是一门怎样的生意经。这些主播的生存状态是怎样的？对整个商业生态产生了怎样的影响？ 要回答这些问题，第一财经进行了长达半个多月的走访，不仅采访了各个电商平台、各类主播、MCN机构、品牌商，也深入到直播小镇现场，推出了系列"风口调研"短视频。在这过程中，独家采访到与网络红人李佳琦合作的品牌商，挖掘到直播虽然火了但品牌商却亏钱了的情况。 这条视频作为系列报道中的首发视频，点出了这一圈内还未公开的"秘密"，引起了全网关注，并被多家友媒转发甚至推送。视频在网络上发布后，当晚就被李佳琦在直播间回应，他在直播中调侃道"来我直播间的商家都做好亏钱准备"。 整个系列除了这条视频外，还陆续发布了《风口调研｜电商直播有多难？还没比薇娅红就先比薇娅哑了》《风口调研｜探秘薇娅直播间和背后公司，仓库爆满工作不停歇》《风口调研｜电商主播孵化机构"哭诉"：300主播中只1人成功》《风口调研｜机构预言拼多多开直播将干掉快手，你同意吗？》等另外4集。		

社会效果	《风口调研丨双十一店家亏损50万元？和李佳琦合作并不挣钱》主要发布于第一财经App及网站、微博、腾讯、秒拍等，全网播放量214万多，并在微博上被其他媒体转发，引发网友多方观点争论。 在视频投放后，当晚李佳琦在直播间随即表示："来我直播间的商家都做好亏钱的准备。"我们立刻进行视频二次创作，跟进的视频播放量当晚就达339万。 短视频投放期间，网友们自发在网络上进行观点讨论，说明该视频挖掘出了电商直播中值得被讨论的角度，的确给大家带来了思考的空间。

2019年度上海广播电视奖媒体融合奖项参评作品推荐表

作品标题	马云、马斯克观点交锋,你站谁?	参评项目	短视频现场新闻
作品网址	https://www.yicai.com/video/100312879.html		
主创人员	集体		
主管单位	第一财经	首发日期及时间	2019年8月29日
发布账号（App）	第一财经	作品时长	2分33秒
采编过程（作品简介）	作为2019世界人工智能大会系列报道中最重要的视频传播部分,资讯短视频系列以快速传播、精确内容呈现给观众。大会举办之前,采编人员做足准备掌握人工智能传播要点,在采编过程中,及时抓取出席嘉宾的发言重点及相关新闻。2019人工智能大会开幕式首日,马云激辩马斯克成当日最大亮点,双马分别从AI、教育观、就业、地球生命等话题展开了长达43分钟的对话,采编团队迅速抓取双马观点,推出2人观点交锋版本视频,以轻快、节奏感强的剪辑方式呈现给观众。同时,团队还推出了多条不同角度的英文原声视频,展现出极强的专业度,重点突出人工智能对全球经济及社会的积极影响,第一时间在全网发布。		
社会效果	世界人工智能大会短视频主要发布于第一财经App,网站,及微博,腾讯,秒拍,"马云、马斯克观点交锋,你站谁?"全网流量超过150万,另外,"3分钟看完双马45分钟对话"的视频也被"上海发布"转发,全网流量破100万,转发&评论超100条。 团队制作的双马系列短视频一共15条,全网流量超过1300万。其中"马斯克进入'夸夸群',连夸中国好成绩"全网流量破333万,共有5条短视频分别破百万流量。 观众非常关注马云、马斯克对AI现状,未来发展方向,AI对世界经济影响等热点话题的观点,话题讨论持续,达到广泛传播,引发网友持续关注等效果。相比其他媒体,第一财经这一系列视频不仅发布快,同时角度全、新,将这一盛会的内容及时传播给大众。		

2019年度上海广播电视奖媒体融合奖项参评作品推荐表

作品标题	有梦想谁都了不起！自学英语的外卖小哥，还想去进博会送外卖……	参评项目	融合创新
作品网址	https://www.shmedia.tech/APP_pt/pt_tj/20191108/0101d2b669ab4003aed87503179451c2.html		
主创人员	易雯、王笛		
主管单位	普陀区融媒体中心	首发日期及时间	2019.11.8
发布账号（App）	上海普陀	作品时长	1分
采编过程（作品简介）	徐小超来沪三个月，是一名"星享送"的外卖小哥，他经常在幸福里的星巴克里利用送外卖的间隙和晚上的时间学习英语。采访拍摄前，我们进行了初步的交流沟通，发现外卖小哥身上有一种好学、不安于现状的精神，对此在后续采访中加以重点挖掘。采访围绕徐小超如何在做外卖员的同时，兼顾英语学习，同时发掘更多的资源帮助自己学好英语。此片记录了一个平凡人为梦想而努力的样子，画面丰富，有白天工作的镜头，也有夜晚读书镜头，用延时镜头表现出繁忙生活中安静学习的状态，表现出人物在学英语上的坚定。		
社会效果	报道一经刊播，引发社会热议，不少网友留言，赞赏骑手的励志，为他的勤奋点赞。报道还引发众多媒体的转发转载，一度冲上了微博热搜榜前五名，报道还引起了新华网、央视新闻等微博转发，新民网、新民晚报等转载刊发。		

附录：

2019年度"上海广播电视奖"获奖作品名录
（广播新闻）

一 等 奖

序号	体裁	单位	作品	时间	作者
1	新闻访谈	东方广播中心	《从心出发——"不忘初心 牢记使命"2019对话区委书记》系列访谈	54′55	集体
2	新闻专题（连续）	东方广播中心	全国首份跨领域《免罚清单》出台之后……	5′22 4′48 5′27	胡旻珏、孟诚洁、赵宏辉
3	新闻专题（系列）	东方广播中心	没有围墙的养老院	5′52 5′31 5′23	汤丽薇、汪宁、孟诚洁

二 等 奖

序号	体裁	单位	作品	时间	作者
1	新闻专题（系列）	东方广播中心	临港日记	3′14 3′11 5′07	集体
2	现场直播	东方广播中心	"垃圾分类第一天"特别报道	26′57	刘匀娴、沈馨、李英蕤
3	新闻专题	东方广播中心	《新上海的70个瞬间》城市声音笔记短音频系列	3′30 5′27 3′20	集体
4	新闻编排	东方广播中心	5月27日《990早新闻》纪念上海解放70周年	112′10	集体

续表

序号	体裁	单位	作品	时间	作者
5	短消息	闵行区融媒体中心	"扶贫先扶志"——学子扶贫项目意义深远	1′28	符强、薛唯侃
6	新闻专题（系列）	东方广播中心	医美贷火爆背后的乱象	3′41 4′20 4′20	集体

三 等 奖

序号	体裁	单位	作品	时间	作者
1	长消息	东方广播中心	厘清居委会"一面墙"，为基层干部减负松绑！	3′59	周导、曹梦雅、李斌
2	新闻专题（连续）	东方广播中心	智慧社区究竟是方便管理,还是方便群众？	3′22 2′48 0′40	王迪杰、张怡、何周导
3	新闻专题	金山区融媒体中心	一个村一部史 留住看得见的乡愁	16′42	周伟、赵奕翔
4	长消息	东方广播中心	从两年到两分钟,税务注销新规便捷破产企业注销	3′33	俞承璋、李斌
5	评论	东方广播中心	别让巴黎圣母院烧毁心中的文明	3′02	周仲洋、范嘉春
6	新闻访谈	东方广播中心	"共话城市治理"特别节目	29′56	集体
7	新闻访谈	东方广播中心	"直面黑洞"特别直播	21′07	集体
8	长消息	东方广播中心	从一见钟情到"闪婚",这家跨国"隐形冠军"缘何情定长三角示范区？	3′40	姚轶凡、俞倩
9	长消息	东方广播中心	让信息多跑路,让患者少折腾	3′53	吕春璐、李斌

（电视新闻）

一 等 奖

序号	体裁	单位	作品	时间	作者
1	现场直播	SMG融媒体中心	长江之恋——长江流域十二省市联合大直播	60′	集体
2	新闻专题	东方卫视	这就是中国	45′	集体
3	新闻专题（系列）	SMG融媒体中心	优化营商环境系列报道:"店小二"炼成记	4′56 4′51 4′41	集体

二 等 奖

序号	体裁	单位	作品	时间	作者
1	新闻专题（系列）	SMG融媒体中心	家国70载	5′02 4′57 3′13	集体
2	新闻专题（纪录片）	SMG纪录片中心	彩色新中国	50′	朱宏、谢申照、冯迪韡
3	新闻专题（纪录片）	SMG纪录片中心	上海解放一年间	48′×3	朱宏、谢申照、诸颖政、金莹
4	长消息	SMG融媒体中心	外滩：瞬时客流达22万创新高 "雨刷式过马路"首次启动	2′31	李恩蟾、屠佳运
5	新闻专题（系列）	第一财经传媒有限公司	《一线大调查：区块链上升为国家战略后,中国将"链"向何方？》系列报道	5′42 5′20 5′41	薛一婧、江晨咏

续表

序号	体裁	单位	作品	时间	作者
6	长消息	SMG融媒体中心	数学教育的"上海魔法"在伦敦管用吗？	3′50	虞之青、吴骥、刘水、陶余鑫
7	新闻专题（纪录片）	SMG融媒体中心	《人间世》（第二季）——《命运交响曲》	52′08	秦博、范士广、周全、谢抒豪、李闻、丁璨
8	新闻专题	SMG融媒体中心 黄浦区融媒体中心	城市晚高峰：老年人，不容忽视的"痛"	6′55	刘惠明
9	长消息	SMG融媒体中心	江苏响水一化工企业发生爆炸 现场不断有伤员被救出	2′40	冷炜、胡苏青

三 等 奖

序号	体裁	单位	作品	时间	作者
1	短消息	SMG融媒体中心	特斯拉上海超级工厂建设神速 中美联合项目组全力冲刺	1′21	陈慧莹、丁元骐、张鹰
2	短消息	SMG融媒体中心	"金特会2.0"：未签署协议 期待进一步接触	1′23	张经义、严相莉、杨颖杰
3	长消息	五星体育传媒有限公司	周冠宇首驾F1飞驰上赛道 中国车手步步接近F1	3′20	夏菁、文劼、万齐家、陈玮
4	超长消息	上海教育电视台	记者关注：初中学生"参政议政"！"校门口"的调研报告走进政协专题会议	4′57	陈菁楠、申宁
5	长消息	金山区融媒体中心	拆除沪浙"堵心桩"架起两地"连心桥"	3′30	金宏、李巾、朱奕
6	长消息	SMG融媒体中心 静安区融媒体中心	"彭三"食堂今起用 完善配套更惠民	3′25	杨嫣、李敬寒、戚勐

续表

序号	体裁	单位	作品	时间	作者
7	新闻专题（系列）	SMG融媒体中心	市民议事厅："社会监护"系列观察	18′30 12′45 9′04	王国林、施琰、胡晓雯、朱家伟、陈蓓儿
8	新闻专题	东方卫视	大型电视理论节目《思想的田野》（上海篇）	59′	段红
9	新闻专题	宝山区融媒体中心	"一带一路"上共同的"甜蜜"	23′02	唐捷、赵维杰、卫珏、杨玮琦、张淑慧
10	新闻专题	SMG融媒体中心	代购"救命药"的情与法	18′34	王抒灵、张凯、李响、陶余鑫
11	新闻专题（纪录片）	SMG融媒体中心	SHANGHAI MARVELS 上海奇迹	47′	集体
12	现场直播	第一财经传媒有限公司	科创板开市大直播	29′14	集体
13	新闻栏目	SMG融媒体中心	今晚60分	60′×2	集体

（国际传播）

一等奖

序号	体裁	单位	作品	时间	作者
1	新闻专题（系列）	SMG融媒体中心	"特斯拉"上海工厂系列报道	1′42 1′19 2′40	集体

二 等 奖

序号	体裁	单位	作品	时间	作者
1	短消息	SMG融媒体中心	F1"千站大奖赛"轰鸣上赛场 上海市中心街道赛车"首秀"	1′30	严玮骊、师玉诚、瞿元良、徐杰、乔建华
2	新闻专题	SMG融媒体中心	中日新视界——长崎·上海电视周特别节目	24′	集体

三 等 奖

序号	体裁	单位	作品	时间	作者
1	长消息	SMG融媒体中心	香港特区政府严厉谴责"平安夜"暴力破坏行为	1′51	冷炜、屠佳运
2	长消息	SMG融媒体中心	上海成功实施全市首例针对儿童的心脏移植手术	2′49	宋雯婧、沈曦
3	新闻专题（系列）	SMG融媒体中心	"老外过新春"年味系列	3′33 3′23 2′40	集体

（媒体融合）

一 等 奖

序号	体裁	单位	作品	时间	作者
1	短视频	SMG纪录片中心	彩色新中国	2′01	集体
2	短视频	东方广播中心	春运中的桶	2′32	顾隽翊、常洛、盛陈衔、杨黎萱、孟诚洁

二 等 奖

序号	体裁	单位	作品	时间	作者
1	短视频	SMG融媒体中心	丢弃空瓶的正确"姿势" 李强书记为你手动演示	1′23	丁元骐、庄毅、寿子扬、沈姝艳
2	新媒体品牌栏目	SMG融媒体中心	交叉点		集体
3	移动直播	SMG融媒体中心	上海昭化路一改造建筑坍塌 消防正在全力救援	46′	王幼帆、方哲敏、陈茜、金计玮、杨柳依、张鹰
4	短视频	SMG融媒体中心 静安区融媒体中心	是亲生的？上海一爸爸凌晨把孩子丢到火车站，走前还发个碗让他讨饭	1′58	张琦、舒政、许馨元

三 等 奖

序号	体裁	单位	作品	时间	作者
1	融合创新	东方广播中心	胜利之路全媒体系列直播	51′ 51′20 52′30 52′40 52′	集体
2	融合创新	东方广播中心	《我们都是长三角人——对话长三角市长》全媒体大型新闻行动	75′ 90′	集体
3	短视频	SMG融媒体中心	会晤刘鹤时特朗普回答了Knews记者这个问题	0′55	张经义、李源清、陶秋石、杨颖杰
4	融合创新	SMG融媒体中心	天目路立交改造功能启动 绕行方案戳这里		集体
5	短视频	第一财经传媒有限公司	风口调研｜双十一店家亏损50万？和李佳琦合作并不挣钱	1′55	时晔、颜静洁、葛妍、章驰、徐岭巍

续表

序号	体裁	单位	作品	时间	作者
6	短视频	第一财经传媒有限公司	马云、马斯克观点交锋,你站谁?	2′33	集体
7	融合创新	SMG融媒体中心 普陀区融媒体中心	有梦想谁都了不起!自学英语的外卖小哥,还想去进博会送外卖		易雯、王笛

(广播文艺)

一 等 奖

序号	体裁	单位	作品	时间	作者
1	音乐节目	东方广播中心	壮丽70年——新中国交响乐回眸	27′27	王平、顾超、李长缨、李欣
2	综艺节目	东方广播中心	第26届东方风云榜音乐盛典	184′25	集体

二 等 奖

序号	体裁	单位	作品	时间	作者
1	戏曲曲艺	东方广播中心	敦煌女儿·上海女儿	29′57	王丽芳、简之、刘北辰
2	连续剧	东方广播中心	种子方舟	30′×4	集体
3	音乐节目	东方广播中心	遗失的美好——王渊超沪语童谣	6′47	臧艳雯、周旭峰
4	音乐节目	东方广播中心	经典广告歌 深深上海情	15′28	李欣

三 等 奖

序号	体裁	单位	作品	时间	作者
1	综艺节目	东方广播中心	《星期戏曲广播会》庆祝上海人民广播电台成立七十周年专场	109′55	戏曲广播集体
2	音乐节目	东方广播中心	搞笑动物园	19′01	刘岗
3	广播文艺	浦东新区融媒体中心	浦东英烈传	5′×30	集体
4	音乐节目	东方广播中心	从《春上海1949》到《我的祖国》	23′51	李长缨、王静文
5	音乐节目	东方广播中心	古典音乐界的大乌龙	30′	虞莉娅
6	综艺节目	东方广播中心	2019最爱金曲榜音乐盛典	172′20	集体

(电视文艺)

一 等 奖

序号	体裁	单位	作品	时间	作者
1	文艺专题	东方卫视	《闪亮的名字》2（第二季）	50′	陈辰、吴钧、陈家翔、石权琢等
2	纪录片	SMG纪录片中心	大上海	50′×8	王韧、徐冠群、郑波、秦敏
3	音乐节目	东方卫视	《中国梦之声——我们的歌》	90′	陈虹、曹毅立、汤沐恩

二 等 奖

序号	体裁	单位	作品	时间	作者
1	歌舞节目	东方卫视	向祖国致敬——上海人民庆祝中华人民共和国成立七十周年文艺晚会	76′	侯捷、房志超、陈超、鲍疏桐
2	文艺专题	东方卫视	我们在行动	55′	陈蓉、高峰、左瑞娟、王蕾、汪甜盈、陈宇
3	歌舞节目	东方卫视	春满东方 2020东方卫视春节晚会	210′	赵蕾
4	纪录片	SMG纪录片中心	长江之恋	45′×6	集体
5	综艺节目	SMG影视剧中心	2019电视剧品质盛典	135′	王磊卿等

三 等 奖

序号	体裁	单位	作品	时间	作者
1	歌舞节目	东方卫视	2019年上海国际电影电视节金爵盛典	72′34	章瀚
2	歌舞节目	东方卫视	第十五届世界武术锦标赛开幕式	56′	章瀚
3	歌舞节目	东方卫视	2019—2020梦圆东方跨年盛典	300′	陈虹、胡亚楠、李航、汤沐恩
4	歌舞节目	东方卫视	8K版《火种》MV	5′10	胡倩秋、史永福、于宁、蒋演、张沉、董健剑
5	纪录片	东方卫视	大城无小事——派出所的故事2019	54′45	集体
6	文艺专题	上海教育电视台	汇聚爱的力量——《帮女郎》十周年特别节目	95′	郭枫、单忠等

续表

序号	体裁	单位	作品	时间	作者
7	纪录片	宝山区融媒体中心	遇见另一个自己	40′	缪婧瑛、卫珏、赵维杰、张淑慧、龚春平

（播音主持）

一等奖

序号	体裁	单位	作品	时间	作者
1	广播播音	东方广播中心	11月1日《清晨新闻》（国内、要闻部分）	13′35	甄迪、于子洋
2	电视主持	SMG融媒体中心	夜线约见：见证湿垃圾的变身"奇迹"	8′29	周瑜

二等奖

序号	体裁	单位	作品	时间	作者
1	电视主持	SMG融媒体中心	《这就是中国》之《谈谈台湾民主》	28′49	何婕
2	广播主持	东方广播中心	《开放的中国，全球的盛会》中国国际进口博览会8小时特别节目上午版	45′59	秦畅、宇皓
3	广播主持	东方广播中心	"量子波动速度"为什么是伪科学？	44′31	旭东
4	电视主持	东方卫视中心	中国梦之声——我们的歌	88′21	林海

三 等 奖

序号	体裁	单位	作品	时间	作者
1	电视主持	东方卫视中心	闪亮的名字——索南达杰	43′15	陈辰
2	广播播音	东方广播中心	《朱鹮的遗言》配乐朗读片段	8′36	丁薇
3	广播播音	奉贤区融媒体中心	德朗能迈入世界"第一阵营" 动力电池再现"黑马"	15′11	侯阔
4	电视播音	第一财经传媒有限公司	财经夜行线	40′	黄伟
5	电视主持	SMG融媒体中心	以色列前总理西蒙·佩雷斯之子专访	6′09	爱新觉罗贝（外语）
6	电视主持	上海教育电视台	《周末开大课》第二季——《寻医者初心使命 为医学强国奋进》	30′	赵梦然

第二十九届上海新闻奖获奖作品名录

(广播电视部分)

广播电视新闻

一 等 奖

作品体裁	作品标题	作者（主创人员）	编辑	刊播单位
广播访谈	《从心出发——"不忘初心 牢记使命"2019对话区委书记》系列访谈	集体	集体	上海广播电视台
广播专题	全国首份跨领域《免罚清单》出台之后……	胡旻垚、赵宏辉	孟诚洁	上海广播电视台
电视现场直播	长江之恋——长江流域十二省市联合大直播	集体	集体	上海广播电视台等
电视专题	这就是中国——谈谈言论自由	集体	高韵斐 袁 雷 任 静	上海广播电视台

二 等 奖

作品体裁	作品标题	作者（主创人员）	编辑	刊播单位
电视专题	优化营商环境系列报道:"店小二"炼成记	集体	集体	上海广播电视台

续表

作品体裁	作品标题	作者（主创人员）	编辑	刊播单位
广播专题	没有围墙的养老院	汤丽薇、汪宁	孟诚洁	上海广播电视台
广播专题	临港日记	胡旻珏、赵宏辉	集体	上海广播电视台
电视专题	彩色新中国	朱宏、谢申照冯迪韡、诸颖政金莹、方达威	集体	上海广播电视台
电视消息	外滩：瞬时客流达22万创新高 "雨刷式过马路"首次启动	李恩蟾、屠佳运	顾筠	上海广播电视台
广播现场直播	"上海立法实施垃圾分类第一天"现场直播	刘匀娴、沈馨、李英蕤	毛维静	上海广播电视台
电视专题	"一线大调查：区块链上升为国家战略后，中国将'链'向何方？"系列报道	薛一婧、江晨咏	薛一婧	上海广播电视台

三 等 奖

作品体裁	作品标题	作者（主创人员）	编辑	刊播单位
广播消息	"扶贫先扶志"——学子扶贫项目意义深远	符强、薛唯侃	薛唯侃	闵行区融媒体中心
电视消息国际传播	数学教育的"上海魔法"在伦敦管用吗？	虞之青、吴骥、刘水	陶余鑫	上海广播电视台
电视专题	人间世(第二季)——《命运交响曲》	秦博、范士广、周全、谢抒豪、李闻、丁璨	秦博范士广周全	上海广播电视台
广播专题	医美贷火爆背后的乱象	陆兰婷、吴雅娴、白瑞	孟诚洁唐晓婷	上海广播电视台

续表

作品体裁	作品标题	作者（主创人员）	编辑	刊播单位
电视消息	拆除沪浙"堵心桩" 架起两地"连心桥"	金宏、李巾、朱奕	徐庆 汤岚岚	金山区融媒体中心
电视专题	城市晚高峰：老年人,不容忽视的"痛"	刘惠明	刘惠明	上海广播电视台
广播专题	新上海的70个瞬间——城市声音笔记短音频系列	集体	张明霞	上海广播电视台
电视消息	江苏响水一化工企业发生爆炸 现场不断有伤员被救出	冷炜、胡苏青	沈操	上海广播电视台
广播编排	5月27日《990早新闻》纪念上海解放70周年	沈馨、李英蕤、林思含	刘匀娴 毛维静	上海广播电视台
电视专题	"家国七十载"系列报道	集体	赵晶 曹怡	上海广播电视台

媒体融合传播

一等奖

作品标题	作品类别	作者（主创人员）	编辑	刊发媒体	推荐单位
丢弃空瓶的正确"姿势" 李强书记为你手动演示	短视频现场新闻	丁元骐、庄毅寿子扬、沈姝艳、谈燕	宋炯明 华伟 张佰量	看看新闻网	上海广播电视台

二 等 奖

作品标题	作品类别	作者（主创人员）	编辑	刊发媒体	推荐单位
春运中的桶	短视频现场新闻	盛陈衔、常洛、杨黎萱	顾隽絜 孟诚洁	新浪微博 话匣子App	上海广播电视台
三人俘虏一千多人 90岁迟浩田上将口述解放传奇	短视频专题报道	陈瑞、訾力超、王毅	曾瑶婷	看看新闻网	上海广播电视台
谷建芬：一直希望"今天是你的生日"在天安门唱响	短视频专题报道	邢维、陈慧莹、王天峰	李响	看看新闻网	上海广播电视台

三 等 奖

作品标题	作品类别	作者（主创人员）	编辑	刊发媒体	推荐单位
视频丨马云、马斯克观点交锋，你站谁？	短视频现场新闻	集体	周海涛	第一财经网	上海广播电视台
从"心"出发——"不忘初心 牢记使命"全媒体党课	融合创新	秦畅、张喆、崔翔、邬佳力、朱应、沈颖婕、顾頔琳	翁伟民 张明霞 李军	话匣子App	上海广播电视台
载着11个月宝宝的私家车冲入北淀浦河，橙衣英雄上演一分钟生死救援	融合创新	顾舜丽、严欣慰	小土方（曹嵘）	今日青浦	青浦区融媒体中心

新闻名专栏

类别	专栏名称	刊发媒体	主创人员	编辑	创办日期	推荐单位
广播专栏	财经早餐会	上海广播电视台	集体	毛维静	2018/1/1	上海广播电视台
电视专栏	今晚60分	上海广播电视台	集体	集体	2019/1/1	上海广播电视台

新闻论文

二等奖

作品标题	作者	编辑	字数	刊发媒体	推荐单位
"中央厨房"模式如何扬长避短?——关于全媒体时代新闻制作及传播发展模式的思考	黄铮	吕怡然	6011	《新闻论文选》(《新闻记者》增刊)	上海广播电视台

三等奖

作品标题	作者	编辑	字数	刊发媒体	推荐单位
基于互联网思维的广播理论宣传创新策略——以《给90后讲讲马克思》为例	李军	熊勇	4786	探究真谛——纪念上海人民广播70周年论文专辑	上海广播电视台

网 络 作 品

一 等 奖

作品标题	作品类别	作者（主创人员）	编辑	刊发媒体	推荐单位
独家｜武汉不明原因肺炎已做好隔离 检测结果将第一时间对外公布	文字消息	一财大政（周芳、马晓华）	杨小刚 张国良	第一财经网站、第一财经App	第一财经日报

二 等 奖

作品标题	作品类别	作者（主创人员）	编辑	刊发媒体	推荐单位
维修好不到两个月的两座跨线桥，居然就拆了！一个区里的三个部门，你们彼此不通气的？	页面设计	陆兰婷 吴雅娴 李斌	顾隽契	话匣子 微信公众号	上海广播电视台

三 等 奖

作品标题	作品类别	作者（主创人员）	编辑	刊发媒体	推荐单位
脱欧第一"线"	页面设计	集体	张经义 孙晓旻 陶秋石	看看新闻Knews客户端	上海广播电视台

第十五届上海长江韬奋奖获奖名录

（广播电视部分）

长江系列

姓　名	单　位
徐冠群	上海广播电视台纪录片中心
范士广	上海广播电视台纪录片中心

韬奋系列

姓　名	单　位
蔡征	上海广播电视台东方卫视中心
何卓莹	上海广播电视台东方广播中心

首届(2017—2018年度)中国广播电视大奖获奖作品名录

(上海广播电视)

(获奖时间 2020 年 10 月)

序号	作品名称	奖项类别	获奖人员	获奖等级
1	共享单车乱象何时休?	广播消息	东方广播中心:车润宇、周导、孟诚洁、胡旻珏	大奖
2	听总书记讲故事	广播专题	东方广播中心:杨叶超、向晓薇、徐国春、陈敏、邬佳力、陈丽、范嘉春	大奖
3	新时代,共享未来	广播现场直播	东方广播中心:集体	大奖
4	遇见,魅力上海	广播对外节目	东方广播中心:范嘉春、邬佳力、李博芸、李英蕤、杨燊、盛蓓蕾	大奖
5	我在上海工作啦!——访上海市第一位台籍社工简敏安	广播对台港澳节目	东方广播中心:陈书玥、盛陈衍、陈唯	大奖
6	巨鹿路888号历史建筑被毁连续报道	电视消息	SMG融媒体中心:吴骥、师玉诚、施政、虞之青	大奖
7	陈望道与《共产党宣言》	电视专题	SMG纪录片中心:谢申照、黄山、朱骞、柯丁丁	大奖
8	垃圾分类何以知易行难	电视评论	SMG融媒体中心:集体	大奖
9	新时代,共享未来——首届中国国际进口博览会直播特别报道	电视现场直播	SMG融媒体中心:集体	大奖

第三十届中国新闻奖获奖作品名录
（上海广播电视）

二 等 奖

作　　品	单　　位	主创人员	奖项类别
"共话城市治理"特别节目—从执法背后的人情味说起	上海广播电视台	蔡雪瑾、赵路露、宋宇浩、迟讯、陆佳慈、杨叶超、毛维静	广播新闻访谈节目
上海立法实施垃圾分类第一天—现场直播	上海广播电视台	刘匀娴、沈馨、李英蕤、毛维静	广播现场直播

三 等 奖

作　　品	单　　位	主创人员	奖项类别
全国首份跨领域"免罚清单"出台之后……	上海广播电视台	胡旻珏、赵宏辉、孟诚洁	广播新闻专题
SHANG MARVELS 上海奇迹	上海广播电视台	顾佳、周鑫、徐雨月、袁枫涛、朱艳、赵翌、符律	国际传播—电视专题

图书在版编目(CIP)数据

2019年度上海广播电视奖(新闻)获奖作品选 / 上海市广播电视协会编. —上海：文汇出版社,2020.11
ISBN 978-7-5496-3397-5

Ⅰ.①2… Ⅱ.①上… Ⅲ.①新闻报道—作品集—中国—当代 Ⅳ.①I253

中国版本图书馆CIP数据核字(2020)第234059号

2019年度上海广播电视奖(新闻)获奖作品选

上海市广播电视协会 编

责任编辑 / 熊　勇
校　　对 / 蔡建华　高　原
封面装帧 / 张　晋

出版发行 / 文匯出版社
　　　　　 上海市威海路755号
　　　　　 (邮政编码200041)
经　　销 / 全国新华书店
排　　版 / 南京展望文化发展有限公司
印刷装订 / 启东市人民印刷有限公司
版　　次 / 2020年11月第1版
印　　次 / 2020年11月第1次印刷
开　　本 / 787×1092　1/16
字　　数 / 580千字
印　　张 / 32.75

ISBN 978-7-5496-3397-5
定　　价 / 78.00元